道教の斎法儀礼の思想史的研究

道教の斎法儀礼の思想史的研究

小林正美編

知泉書館

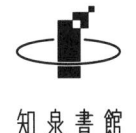

はしがき

（一）　道教とは、中国の歴史上存在した諸思想・諸宗教のうち、どれを指すのであろうか。一見自明なことと思われるこの問題が、現在でもなお未解決である。道教研究者の間でも、道教が何を指すのか、いまだに見解が分かれている。学問の世界では種々の見解が存在するのは決してマイナスの事柄ではなく、その学問が発達するうえでむしろ望ましいことではあるが、しかし道教研究において研究対象である道教の観念の意味がいつまでも定まらないのは、道教研究にとってかなりの障礙になるのではなかろうか。道教研究と言っても、各自が自分で道教と思うことを研究しているのでは、厳密な学問としての道教研究は成り立ち難いであろう。道教研究という場合の道教が何を指すのか、改めて問い直す必要があろう。そこで筆者はこの場を借りて、道教の概念について少しく考えてみたい。

中国の歴史上存在した道教が何を指すのか、研究者によって一定していないのは、道教の概念定義の方法がまちまちであるからである。概念定義に客観性をもたせようとするならば、道教が存在した中国の人々の道教観に立脚するのがもっともよい方法であろう。この場合に、現代の中国の人々の道教観よりも、むしろ中国の長い歴史の中で何が道教と考えられてきたのか、という点に注目する必要があろう。なぜならば、中国人の道教観の歴史的変遷を見ることによって、中国人の道教に対する考え方を正確に理解できるようになるからである。

では、中国人の道教観の歴史的変遷を知るにはどうしたらよいのであろうか。それには道教観を端的に表す観念の歴史的用法を見るのがよいであろう。中国の歴史のなかで中国人の道教観を端的に表現している観念は儒仏道三教の「道教」という概念である。現代のわれわれが用いる道教という宗教名も、中国の歴史上存在した儒仏道三教の「道教」の概念に由来している。そこで、われわれが研究対象とする道教は、中国の歴史上厳然と存在していた儒仏道三教の「道教」を指すと定義すれば、道教が何を指すのか曖昧であるということもなくなる。この「道教」を指して道教とすることは、概念定義の方法としてはもっとも妥当なやり方であろう。そこで筆者は、儒仏道三教の中の「道教」がいわゆる道教である、と道教の概念を定義したい。

筆者の見解は、道教という観念の対象を中国の歴史上実際に存在した「道教」に一致させるものである。したがってこの概念定義によれば、中国における道教の歴史的展開を解明したい場合には、中国の「道教」の歴史を研究すればよいことになる。このように、道教の歴史研究が「道教」の歴史に即して具体的に研究できるようになるので、この概念定義は道教の歴史研究に非常に有効である。

また、この道教の概念定義に基づけば、道教と儒教と仏教を比較研究する場合にも、中国に歴史的に存在していた「道教」と「儒教」と「仏教」を比較し対照することになるので、三教の比較研究が歴史の事実に即して行われるようになる。あるいは儒教や仏教の研究者の間に従来しばしば見られる、道教に対する誤解や偏見も取り除かれることになろう。儒教や仏教の研究者の中には「道教」以外の民間信仰を道教と考えて、道教を低俗な宗教のように位置づける傾向があるが、しかし「儒教」や「仏教」と並ぶ「道教」が道教であることを知れば、道教に対する誤解や偏見もおのずと除去されるであろう。さらに道教と仏教と儒教との交渉史を研究する場合にも、道教が歴史的に存在していた「道教」であれば、学問的に厳密な三教交渉史の研究が可能となる。

(二) 歴史的に存在した儒仏道三教の中の「道教」が道教であると定義することは、中国の道教という宗教を「教」の一種と見ていることを意味する。儒仏道三教とは「儒教」・「仏教」・「道教」の三種の「教」を指すのであるから、「道教」は三教の中の一つの「教」である。道教が「教」であるという事実は、道教の構造を考えるうえでもっとも重要な点である。中国の歴史資料ではしばしば仏教と道教あるいは儒教と仏教を合わせて「二教」と呼び、儒教と仏教と道教を合わせて「三教」と呼ぶが、これは儒教も仏教も道教も皆、「教」という思想形態を備えているからである。それゆえ、儒仏道三教の「道教」を道教と規定することは、道教を「教」と見ていることになる。また道教が「教」であるということは、中国の文化や思想における道教の地位を考える場合にも非常に重要な事柄である。なぜならば、道教が儒教や仏教と同様に、聖人の教えとして高く評価されていたことを意味するからである。過去の中国人は道教を聖人の優れた教えとして受けとめていたのである。

道教が儒教や仏教と並ぶ「教」であるのであれば、「教」の思想形態をもつ「道教」が形成された時に道教が成立したことになる。換言すれば、「道教」という名称はその思想が「教」という思想形態を備えた時に初めて創られる名称であるから、「道教」という「教」が形成される時期と「道教」という名称が成立する時期はほぼ一致している。それゆえ、「道教」という名称の成立をもって「道教」、すなわち道教が成立したと考えることができるのである。

それでは、「道教」はいつ頃成立したのであろうか。「教」という思想形態には聖人である教主と教主の教えを記した経典が存在していなければならない。南朝宋(四二〇―七九)の中頃過ぎの天師道では最高神の大道と老子を同一の神格と認めていたので、大道の老子を「道教」の教主とした。また、南朝宋の中頃には天師道の信奉する道教経典は三洞説によって分類されて「三十六部尊経」と呼ばれていたので、天師道ではこの三十六部尊経を「道教」の経典とした。したがって、教主の大道（老子）と大道（老子）の教えを記した三十六部尊経とを備えた「道教」が成立したのは、南朝宋の中頃過ぎであろう。

「道教」とは「大道（老子）が説いた教え」の意味であり、またこの宗教は「老子の説いた教え」の意味で「老教」とも呼ばれた。「道教」や「老教」の称呼は、南朝梁の蕭子顕（四八九－五三七）編纂の『南斉書』巻五十四顧歓伝の地の文や伝中の『夷夏論』や袁粲に与えた顧歓の答書に見られるので、顧歓（四二〇－八三）が『夷夏論』を書いた泰始三年（四六七）頃には広く行われていたようである。また、南朝陳の馬枢『道学伝』巻七陸修静伝には「宋の明帝は道教を弘《ひろ》めんと思い、広く名徳を求む。」や「宋帝（明帝）は乃《すなわ》ち北郊に於いて崇虚館を築き、以てこれ（陸修静）に礼し、盛んに造構を興《おこ》し、広く勝侶を延《ひ》く。先生（陸修静）は乃《すなわ》ち大いに法門を敞《ひら》き、深く典奥を弘む。朝野は意を注ぎ、道俗は心を帰す。道教の興るや、斯《ここ》に於いて盛んと為る。」とあり、南朝宋の明帝が在位した泰始年間（四六五－七二）に「道教」が隆盛になったように記している。これらの記載から、「道教」は南朝宋の中頃過ぎ（四六〇年代）に始まると見れば大過なかろう。

それでは、「道教」という「教」を最初に立てた人々は誰であろうか。それは、南朝宋の時代の天師道の道士である。『南斉書』顧歓伝では顧歓が『夷夏論』を著す動機を「仏道二家の教を立つること既に異なり、学者互いに相非毀す。歓は夷夏論を著して曰く、」と述べており、当時仏家と道家の二家がそれぞれ「教」を立てて互いに相手の「教」を非難しあっていたという。ここにいう道家とは天師道を指し、道家の立てた「教」とは「道教」である。さらに顧歓伝では『夷夏論』を引用した後で「歓は二法を同じうすと雖も、而《しか》も意は道教に党《くみ》す。」と記しており、天師道の道士顧歓が「道教」を賛美したという。先に引用した馬枢『道学伝』の陸修静伝でも、天師道の道士陸修静（四〇六－七七）によって「道教」が盛んになったと記している。

「道教」は天師道の立てた「教」であるが、十三世紀半ば過ぎの元の時代になると、王重陽（一一一二―七〇）が始めた全真道も天師道の「道教」を信奉するようになり、元初以後は天師道と全真道が「道教」を信奉していた。したがって本書においては、全真道の信奉する「道教」も研究対象になっている。

このように「道教」の用法を見てくると、「道教」とは一個の独立した聖人の教えであり、特定の宗教の名称としての「道教」という概念が一個の具体的な対象を指し示す固有名詞であることが理解できるであろう。したがって道教研究においては、歴史的に「道教」と呼ばれている宗教が道教であると規定して、道教の歴史研究を進めるべきであろう。

従来の道教研究の中には「道教」が成立する以前の思想や宗教、あるいは「道教」が成立した後でも「道教」から外れる思想や宗教に対して道教という名を与えて、あたかも道教が中国に古代から存在するかのように、あるいは民衆の宗教が道教であるかのように説く研究があるが、しかし今後は「道教」以外の諸思想・諸宗教を指示する場合には道教という用語を用いずに、その思想や宗教の内容を具体的に表す用語を使用して説明するのがよいであろう。

(三) 本書は、道教の斎法儀礼の成立と展開、及び斎法儀礼と深く関わる道教文物と道教造像の形成、さらに道教儀礼と密接な関係にある儒教と仏教の宗教儀礼を、思想史的方法によって研究した論文を編集したものである。

「I 道教の斎法儀礼の成立」には、三洞四輔説を唱えた劉宋・南斉期の天師道の教理形成と道教儀礼について考察した論文「劉宋・南斉期の天師道の教理と儀礼」（小林正美）、道教の諸斎法の原型となった指教斎法の成立と構造を解明した論文「道教の斎法儀礼の原型の形成――指教斎法の成立と構造」(小林正美)、道教の斎法儀礼の中でもっとも中心的な役割を果した霊宝斎法の成立と歴史的展開を考究した論文「霊宝斎法の成立と展開」(小林正美)を収める。

「II　道教の斎法儀礼の展開」には、道教の斎醮と民間信仰の儀礼に現れる元帥神の成立について考察した論文「『法海遺珠』の元帥神について――道教の醮・民間信仰の儀礼と元帥」(二階堂善弘)、明初の第四十三代天師張宇初の『道門十規』や『峴泉集』に記載の斎法の歴史を手がかりにして祭錬・錬度の諸法と諸派について考察した論文「張宇初の斎法観とその周辺――南昌派考察序説」(横手裕)、清朝の道士陳仲遠の『広成儀制』に収める『広成儀制太清章全集』の編纂の経緯を分析し、清朝期の四川の全真教で実施された天師道の上章儀礼の内容を解明した論文「清朝四川の全真教と天師道儀礼――『広成儀制』太清章をめぐって」(森由利亜)を載せる。

「III　道教文物と斎法儀礼」には、木簡と墓券を中心に簡牘・券契類の特徴、鏡を中心に金属器具類の道教文物の特徴、石刻銘文類を中心に唐代の道教墓石の問題について考究した論文「道教文物の概説」(王育成)、四川省摩崖道教造像の調査に基づいて道教造像と金籙斎法との関係を解明した論文「金籙斎法に基づく道教造像の形成と展開――四川省綿陽・安岳・大足の摩崖道教造像を中心に」(小林正美)を収める。

「IV　儒仏二教と道教儀礼」には、宋朝の宗室の始祖趙玄朗を祀る景霊宮が黄籙斎等の道教の斎法儀礼を実施する道観としての性格と、皇帝の廟を内部に建てて儒教的祖先祭祀を実施する宗廟としての性格とをもつことを解明し、その造営の経緯とそこで執り行われた道教と儒教の儀礼を分析した論文「宋代の景霊宮について――道教祭祀と儒教祭祀の交差」(吾妻重二)、道教の斎法儀礼と近似した儀礼形式を一部にもつ、仏教の菩薩戒と八斎戒の受戒作法の歴史を考察した論文「受菩薩戒儀及び受八斎戒儀の変遷」(阿純章)を載せる。

本書の執筆者は、早稲田大学道教研究所（早稲田大学プロジェクト研究所。所長小林正美。設置期間：平成十四年七月〜十八年六月）研究員の小林正美（早稲田大学文学学術院教授）、森由利亜（早稲田大学文学学術院教授）、客員研究員の王育成（中国社会科学院歴史研究所研究員・教授）、吾妻重二（関西大学文学部教授）、横手裕（東京大学大学院・人文社会系研究科助教授）、二階堂善弘（関西大学文学部教授）、阿純章（早稲田大学文学部非常勤講師）である。道教研究所では平成十四年度・十五年度・十六年度科学研究費補助金（基盤研究（B）（2）、課題番号14310010、課題「斎醮の研究」）の交付を得て、研究代表者小林正美、研究分担者吾妻重二、森由利亜、二階堂善弘、阿純章、吉村誠（駒澤大学仏教学部専任講師）、研究協力者王育成からなる研究班を組織した。

本書は早稲田大学道教研究所の研究報告書であり、科学研究費補助金の研究成果報告書「斎醮の研究」（平成十七年三月、研究代表者小林正美）の一部に横手裕氏の論文を加えて出版するものである。「はしがき」と「目次」の英語訳は道教研究所客員研究員ショーン・アイクマン博士（Dr. Shawn Eichman, ヴァージニア美術館キュレーター）が行った。また、索引の作成には酒井規史氏（早稲田大学大学院文学研究科東洋哲学専攻博士後期課程）、廣瀬直記氏（同上）、趙晟桓氏（同上）の協力を得た。

なお、本書の出版には独立行政法人日本学術振興会平成十八年度科学研究費補助金（研究成果公開促進費）の交付を受けている。

平成十八（二〇〇六）年七月七日

小林正美

目　次

II　道教の斎法儀礼の展開

Ⅲ　道教文物と斎法儀礼

IV　儒仏二教と道教儀礼

道教の斎法儀礼の思想史的研究

I

道教の斎法儀礼の成立

劉宋・南斉期の天師道の教理と儀礼

一　はじめに

劉宋の中頃過ぎ（四六〇年代）より、天師道の信奉する宗教は「道教」や「老教」と呼ばれている。また天師道も自らの信奉する宗教を「道教」や「老教」と呼んでいる。したがって、劉宋の中頃以降に「道教」や「老教」と呼ばれる宗教は天師道の信奉する「道教」を指す。劉宋の顧歓『夷夏論』にいう「道教」(1)も、また陳の馬枢『道学伝』(2)第七巻陸修静の項で「宋の明帝は道教を弘《ひろ》めんと思い、広く名徳を求む。」や「先生（陸修静）乃ち大いに法門を斂《ひら》き、深く典奥を弘《ひろ》む。朝野は意を注ぎ、道俗は心を帰す。道教の興るや、斯《ここ》において盛んと為る。」とある「道教」も、天師道の「道教」を指す。劉宋以後は、この天師道の「道教」が儒・仏・道三教の中の道教である。唐代の道教とはこの天師道の「道教」を指し、唐代には天師道の「道教」が中国全土に及び、道教の道士は全員が天師道の道士であった(3)。

道教史上もっとも重要な役割を果した道教教理は、劉宋・南斉期の天師道が唱えた「三天」の思想と三洞説と四輔説である。劉宋・南斉期の天師道はこれらの教理に基づいて経典や儀礼や教団の整備を行う。その結果、南斉末・梁初の天師道では自派の信奉する道教経典が三洞四輔に分類され、その分類法に従って道士の受法のカリキュラムや位階制度が整えられた。また三洞四輔の道教経典に基づく斎醮儀礼も実施された。

小稿では、劉宋・南斉期の天師道が唱えた、「三天」の思想と三洞説と四輔説について考察する。

二　「三天」の思想と「三天」の観念

（一）　劉宋初めの天師道が編纂した『三天内解経』[4]（ＨＹ一一九六）巻上には、『三天内解経』の述作の目的が次のように記されている。

> 今、三天の要解を撰集し、以て未悟に示す。謹んでこれを秘すべし。妄りに軽がるしく伝うる勿れ。その人に非ざるに伝うれば、殃《わざわい》は子孫に流る。（巻上・二ａ）

これによると、『三天内解経』は「三天」の思想の根本趣旨を解説するために編纂された経典であるという。『三天内解経』の経典名の「三天内解」も、「三天」の思想の解説という意味であるから、『三天内解経』は「三天」の思想を解き明かすために編纂された経典であることがわかる。『三天内解経』では作者を「三天弟子徐氏」（巻上・一ａ）と記しているが、作者徐氏の「三天弟子」という称号は、『三天内解経』が「三天」の思想の信奉者によって撰述されたことを示唆している。すなわち、『三天内解経』は「三天」の思想を解説し宣揚する目的で編纂された経典である。

『三天内解経』で説かれる「三天」の思想とはどのような思想であろうか。『三天内解経』では次のように述べている。

> 老君は沖和の気に因《よ》りて、化して九国を為《つく》り、九人の三男六女を置く。伏義・女媧の時に至りて、各々姓

名を作り、因りて三道を出し以て天民を教う。中国は陽気純正なれば、無為大道を奉ぜしむ。外の胡国八十一域は陰気強盛なれば、仏道を奉ぜしむ。禁誡甚だ厳にして以て陰気を抑《おさ》う。楚越は陰陽の気薄ければ、清約大道を奉ぜしむ。此の時、六天の治興り、三道の教行わる。老子は帝帝に出て国師と為る。（中略）漢世に至ると、群邪は滋《ます》々盛んにして、六天の気は勃《もと》り、三道は交錯し、癘気は縦横し、医巫は滋々彰《あきら》かなり。皆、真を棄てて偽に従い、絃歌鼓舞し、六畜を烹殺し、邪鬼を酌祭し、天民は夭横暴死して狼藉す。

（中略）

太上は漢の順帝の時を以て、中使を選択し、六天の治を平正にし、真偽を分別し、上三天の気を顕明にせんとす。漢安元年壬午の歳五月一日を以て、老君は蜀郡の渠亭山の石室中に於いて、道士張道陵と将《つれだ》って崑崙の大治の新出太上を詣《もう》づ。太上は謂う、世人は真正を畏れずして、邪鬼を畏る、と。因《よ》りて自ら号して新出老君と為す。即ち、張を拝して太玄都正一平気三天の師と為し、張に正一盟威の道・新出老君の制を付し、六天の三道を罷廃して、時に平正の三天に事《つか》え、浮華を洗除し、朴を納め真に還《かえ》さしむ。

〔張道陵は〕太上の真経を承受して、科律を制《つく》り、積むこと一十六年、永寿三年歳丁酉に在るに到りて、漢帝の朝臣と、白馬の血を以て盟と為し、丹書鉄券をもって信と為し、天地水三官・太歳将軍と共に、永く三天正法を用い、天民を禁固するを得ず、と約す。民は妄りに他の鬼神を淫祀せず、鬼をして飲食せず、師をして銭を受けざらしむ。〔師は〕淫盗して病を治め疾を療するを得ず、〔鬼神は〕酒を飲み肉を食らうを得ず。民人は唯だ五臘の吉日に家親・宗祖・父母を祠り、二月・八月に社竈を祠祀するを聴《ゆる》さる。三天の正法に非ざるより、諸天の真道は皆、故気たり。疾病者は但だ年七歳にして識有るより以来、犯す所の罪過を首謝し、諸々の跪儀章符を立てて久病困疾を救療す。医の治むる能わざる所は、帰首すれば、則ち差《い》ゆ。二十四治を立てて男女の官祭酒を置き、三天正法を統領し、民を化し戸を受けて、五斗米を以て信と為し、民を化すること百日にして、万戸の人来たること雲の如し。（巻上・二b－六b）

ここで述べられている事柄を、「六天」と「三天」に焦点をあてて整理してみると、次のようになる。太古の伏義・女媧の時代より長い間、鬼神界の支配者は「六天」であったが、後漢の順帝の時には「六天」の統治が乱れてきたために、鬼神界の支配者は「六天」から「三天」に代った。順帝の末年の漢安元年に「三天」の部下の新出老君（太上老君）は、「三天」の統治を助ける任務を張道陵（張陵）に与え、張道陵に太玄都正一平気三天の師という称号と正一盟威の道を授けた。新出老君（太上老君）から張道陵に授けられた正一盟威の道は、「六天」の統治の時代の三道（無為大道・仏道・清約大道）に代る新しい道であり、それは「三天」の統治下の真正の道であるので、「三天の正法」と呼ばれた。張道陵は「三天」の庇護を得るために、三天の正法である正一盟威の道を祭酒や信徒に実践させた。

これが「三天」の思想の根本趣旨である。劉宋の天師道の改革派の道士はこの「三天」の思想を旗印にして天師道の宗教改革を行ったのである。劉宋の道士陸修静（四〇六－七七）も天師道の改革派の道士であり、彼の著作『陸先生道門科略』（HY一一一九）も「三天」の思想に基づいて書かれている。(5)

劉宋及び劉宋以後の天師道では改革派が主流となったので、「三天」の思想は天師道の基本的な教理となり、天師道の教理は「三天」の思想に基づいて形成されている。

劉宋及びそれ以降の天師道では教祖張道陵を指して「正一真人三天法師」とも呼ぶが、「三天法師」という称号は『三天内解経』の「太玄都正一平気三天の師」に由来する張道陵の称号である。「三天法師」は、「三天」の思想に基づいて作られた張道陵の称号であるので、『三天内解経』の「三天」の思想の形成以前にはこの称号は存在しない。

さて、「三天」の思想では、後漢の張道陵以後の鬼神界の真正な統治者は「三天」であると考えるので、劉宋の天師道改革派の信奉する最高神は「三天」である。『三天内解経』では、「三天」は「太清玄元無上三天無極大道」（巻上・二a）とも呼ばれている。

「太清玄元無上三天無極大道」には二種の意味があり、一つは「太清玄元無上三天である無極大道」という意味であり、もう一つは「太清玄元無上三天にいる無極大道」という意味である。

「太清玄元無上三天無極大道」にこの二つの意味があるのは、「三天」の思想における「三天」に二種の意味があるからである。一つは神格としての意味であり、この「三天」は天師道の最高神である無極大道（太上大道）と同一の神格である。もう一つは無極大道（太上大道）のいる天界の意味であり、東晋末期の五斗米道の『女青鬼律』（ＨＹ七八九）に見える「太清玄元上三天」（巻二）に由来する。この二つの「三天」は「三天」の思想では明確には区別されておらず、天界の「三天」がそのまま神格の「三天」とも考えられている。

（二）「三天」の思想の成立後、「三天」の観念は種々の観念と結びついて発展していく。その最初の展開は「玄元始三気」の観念との結合である。元始系霊宝経[6]の『太上洞玄霊宝赤書玉訣妙経』（ＨＹ三五二。以下、『玉訣妙経』と略称す）巻上の北方五気玄天真文赤書玉訣に「無上三天玄元始三気太上老君」という神格名、あるいは『洞玄霊宝長夜之府九幽玉匱明真科』（ＨＹ一四〇〇。以下、『明真科』と略称す）の金籙斎法の発炉には「無上三天玄元始三気太上道君」（二六ｂ）という神格名が見えるが、これらの神格名には「無上三天玄元始三気」とあって、「無上三天」と「玄元始三気」とが結合している。この無上三天は天師道の「三天」の思想における「三天」

の名称の一つであり、『三天内解経』の「太清玄元無上三天無極大道」の無上三天に由来する。また、『明真科』の金籙斎法は天師道の斎法の指教斎法を模倣して作られた斎法(7)であるので、金籙斎法の発炉の儀式に現れる「無上三天玄元始三気太上道君」という神格は指教斎法の発炉に見える「三天太上玄元大道君」(「三天玄元太上大道君」と同じ)に由来する。そして指教斎法は劉宋初めの天師道の「三天」の思想に基づいて作られた斎法であり、『洞玄請問上経』(『無上秘要』巻四五所引)では指教斎法を「三天斎法」と呼んでいる(8)。したがって、指教斎法の発炉に見える「三天太上玄元大道君」の三天は天師道の「三天」の思想における「三天」であり、それを模倣して作られた「無上三天玄元始三気太上道君」という神格名の無上三天も、天師道の「三天」の思想の「三天」である。そうすると、金籙斎法の「無上三天玄元始三気太上道君」では、天師道の「三天」の思想における「三天」に「玄元始三気」が結び付けられているのである。

『玉訣妙経』巻上の北方五気玄天真文赤書玉訣に載せる儀式も金籙斎法の発炉とほぼ同様であるので、そこに現れる「無上三天玄元始三気太上老君」という神格は金籙斎法の発炉の「無上三天玄元始三気太上道君」に相当する。したがって、「無上三天玄元始三気太上老君」の無上三天も天師道の「三天」の思想における「三天」である。

劉宋の天師道の編纂と推定される『洞玄度霊宝自然券儀』(HY五二二)の呪香(発炉)や『洞玄霊宝自然斎儀』(HY五二三。敦煌資料P三二八二・P二四五五)の発炉にも「無上三天玄元始三気(あるいは、無上三天玄元始気)太上老君」という神格が現れている。この神格名は天師道の「三天」の思想によって形成された名称であるから、この神格は本来は天師道の神格である。金籙斎法の「無上三天玄元始三気太上道君」も、『玉訣妙経』の「無上三天玄元始三気太上老君」も、恐らく天師道の神格を借用しているのであろう。

唐代の『辯正論』巻五の注に所引の『出官儀』は天師道の上章儀礼に関する経典であるが、そこにも「無上三天玄元始三気太上老君」という神格名が見える。このことからも、「無上三天玄元始三気太上老君」は、天師道の「三天」の思想によって形成された、天師道の神格であることが確かめられる。

「玄元始三気」の観念が「三天」と結びつくと、天界の「三天」は、始気から成る清微天と、元気から成る禹余天と、玄気から成る太赤天とに分けられるようになる。天師道が劉宋初めの四二〇年代前半に編纂した(9)『太真科』(『道教義枢』巻七所収)には次のような宇宙生成論が説かれている。

太真科云う、三天の最上、号して大羅と曰う、是れ道境の極地なり。妙気は本一にして、唯だ此の大羅、玄元始三気を生じ、化して三清天と為るなり。一に曰く、清微天の玉清境、始気の成る所なり。二に曰く、禹余天の上清境、元気の成る所なり。三に曰く、大赤天の太清境、玄気の成る所なり。此の三気より、各々三気を生じ、合して九気と為り、以て九天と成る。（五b）

ここには、大羅天の一気から玄元始三気の「三天」が形成され、更に三気から九気の九天が生成する、という宇宙生成論が説かれている。この宇宙生成論においては「三天」が始気から成る清微天と元気から成る禹余天と玄気から成る太赤天に分かれており、さらに清微天は玉清境、禹余天は上清境、太赤天は太清境であるように考えられている。

『太真科』より少し遅れるが、ほぼ同時代に作成された『洞玄霊宝自然九天生神章経』(HY三一八。以下『九天生神章経』と略称す)の三宝章(10)では天界の「三天」にさらに三宝君が結びついている。三宝章はそれぞれ始青清微天宝章、元白禹余霊宝章、玄黄太赤神宝章と名づけられており、始青清微天宝章では始気と清微天と天宝君、元白禹余霊宝章では元気と禹余天と霊宝君、玄黄太赤神宝章では玄気と太赤天と神宝君が結びつけられている。

これは、始気の清微天には天宝君という神格、元気の禹余天には霊宝君という神格、玄気の太赤天には神宝君という神格がいるという意味である。

三宝章の始青清微天宝章では「正一の法を洞明し、六天の文を厳修す。」（八b）と述べられていて、正一盟威の法を明らかにし、「六天」の符文を取り締まるように説いている。ここに天師道の正一盟威の法が説かれていることから、三宝章は天師道によって述作されたことがわかる。また元白禹余霊宝章には「左に三天の文に命じ、右に六天の兵を摂す。」（九a）とあり、「三天」の符文に命じて、「六天」の鬼兵を取り締まるように説いている。この句も、三宝章に天師道の正一盟威の法が説かれていることから判断すれば、天師道の「三天」の思想に基づいていると解釈すべきであろう。このように三宝章には天師道の「三天」の思想が説かれているので、三宝章の始気の清微天・元気の禹余天・玄気の太赤天の「三天」は、天師道の「三天」の思想における「三天」を表しているのである。

清微天・禹余天・太赤天の「三天」は、本来は上清経の『太上三天正法経』（HY一一九四。その前半部は東晋中頃過ぎに編纂された上清経の『除六天之文三天正法』に相当する）[11]に見える「清微之天」（一b）・「禹余之天」（一b）・「大赤天」（一b）に由来する。天師道の「三天」の思想は、『太上三天正法経』の前半部に見える三天正法の思想にその着想を得て形成されているので[12]、清微天・禹余天・太赤天の三天の名称を取り入れて、玄元始三気の「三天」に清微天・禹余天・太赤天の三天を当てたのである。[13]

劉宋の天師道が唱えた「三天」の思想では「三天」の観念に神格と天界の二種の意味があり、天界の「三天」は「玄元始三気」の観念や「清微天・禹余天・太赤天」の観念や「玉清境・上清境・太清境」の観念や「天宝君・霊宝君・神宝君」の観念と結びついて、「三天」の宇宙論を形成した。劉宋の天師道では「三天」の思想が基本的教理となったために、「三天」の観念に基づいて教理を整備していった。道教の三洞説も「三天」の宇宙論に基づいて作られた天師道の教理である。次にその三洞説について考えてみたい。

三　三　洞　説

（一）　三洞説とは道教経典を洞真部・洞玄部・洞神部の三洞に分類する方法を指すが、この経典の分類法は一つの思想に基づいている。その思想を「三洞思想」と呼ぶことにする。三洞思想は梁代の『太上洞玄霊宝業報因縁経』（HY三三六。以下、『業報因縁経』と略称す）巻十叙教品第二十六に次のように見える。(14)

道君曰く、元始は一気を以て三気を化生し、分れて三天と為る。一に曰く、始気は清微天と為り、玉清境と号し、天宝君の化する所、洞真経十二部を出し、以て天中の九聖を教う。二に曰く、元気は禹余天と為り、上清境と号し、霊宝君の化する所、洞玄経十二部を出し、以て天中の九真を教う。三に曰く、玄気は大赤天と為り、太清境と号し、神宝君の化する所、洞神経十二部を出し、以て天中の九仙を教う。

（巻十・四a―b）

ここにいう洞真経・洞玄経・洞神経とは、三洞の洞真部・洞玄部・洞神部の各経典を指しているので、この一節から三洞部の経典分類がどのような思想を背景にして行われていたのかがわかる。

『業報因縁経』の三洞思想の構造を知るために、三洞思想を組み立てている諸観念を、三洞の系列別に図式的に並べてみると、次のようになる。

始気――清微天――玉清境――天宝君――洞真経――九聖

元気——禹余天——上清境——霊宝君——洞玄経——九真
玄気——太赤天——太清境——神宝君——洞神経——九仙

ここで注意すべきは、洞真経・洞玄経・洞神経の三洞が始気の清微天・元気の禹余天・玄気の太赤天に対応していることである。このことは、三洞の分類が天師道の「三天」の思想の「三天」の観念に基づいて作られていることを示唆していよう。

『業報因縁経』の三洞思想に近い考えが劉宋初期の『九天生神章経』の序の冒頭に記す三宝君説話と三宝章、あるいは先に見た『太真科』(『道教義枢』巻七所収)の宇宙生成論に現れている。先ず『九天生神章経』の序の三宝君説話を示せば、次のようにいう。

天宝君は、則ち大洞の尊神なり。天宝丈人は則ち天宝君の祖気なり。丈人は是れ混洞太無元高上玉虚の気なり。九万九千九百九十億万気の後、龍漢元年に至りて天宝君を化生し、書を出す。時に高上大有玉清宮と号す。

霊宝君は、則ち洞玄の尊神なり。霊宝丈人は則ち霊宝君の祖気なり。丈人は是れ赤混太無元玄上紫虚の気なり。九万九千九百九十万気の後、龍漢に至りて図を開き、霊宝君を化生す。一劫を経て、赤明元年に至り、書を出し人を度す。時に上清玄都玉京七宝紫微宮と号す。

神宝君は、則ち洞神の尊神なり。神宝丈人は則ち神宝君の祖気なり。丈人は是れ冥寂玄通元無上清虚の気なり。九万九千九百九十万気の後、赤明元年に至りて神宝君を化生す。二劫を経て、上皇元年に至りて書を出す。時に三皇洞神太清太極宮と号す。此の三号は年殊なり号異なると雖も、本は同一なり。分れて玄元始三気と為りて治む。三宝は皆な三気の尊神なり。号は三気を生じ、三号合して、九気を生ず。(一a—b)

また、『九天生神章経』の三宝章の章名は次の通りである。

始青清微天宝章
元白禹余霊宝章
玄黄太赤神宝章

（八ａ―九ａ）

『九天生神章経』の序の三宝君説話は、三宝章の三宝君を説明する内容となっているが、三宝君の神格名は次の『三皇経』（『無上秘要』巻六帝王品所収）の一節に由来する。

黄帝曰く、三皇は、則ち三洞の尊神にして、大有の祖気なり。
天宝君は、是《こ》れ大洞太元玉玄の首元なり。
霊宝君は、是れ洞玄太素混成の始元なり。
神宝君は、是れ洞神皓霊太虚の妙気なり。
故に三元は凝変し、号して三洞と曰う。気洞は高虚にして、大羅の分に在り。故に大洞は玉清の上に処る。洞玄は則ち上清の域に在り。洞神の総号は、則ち太極に在り。大洞の気は、則ち天皇是《こ》れなり。洞玄の気は、則ち地皇是れなり。洞神の気は、則ち人皇是れなり。天皇は気を主《つかさ》どり、地皇は神を主どり、人皇は生を主どる。三合して徳を成し、万物化す。故に天皇は甲子元建の始めに起り、太元三玄空天を治む。地皇は甲申太霊の始めに起り、三元素虚玉天を治む。人皇は甲寅虚成の始めに起り、七微浩鬱虚玉天を治む。

（五ａ―ｂ）

この『三皇経』の一節に見える三宝君説話と、先の『九天生神章経』の三宝君説話とを対照してみると明らかなように、『九天生神章経』の序の三宝君説話は『三皇経』の三宝君説話に基づいている。しかし、両者の三宝君説話には大きな差異がある。それは『三皇経』の三宝君の説話には玄元始三気のことがまったく触れられていないが、『九天生神章経』では三宝君に玄元始三気を結び付けて、「此の三号は年殊なり号異なると雖も、本は同一なり。分れて玄元始三気と為りて治む。三宝は皆な三気の尊神なり。」と述べていることである。『九天生神章経』の序の三宝君説話では、「三宝皆な三気の尊神なり」と述べるように、三宝君が玄元始三気の尊神と考えられているのである。

三宝君が玄元始三気の尊神であると説くところは『九天生神章経』の序の三宝君説話の特徴である。では、なぜ『九天生神章経』の序では三宝君が玄元始三気の尊神であると説くのであろうか。それは、三宝君が「三天」の神格であることを主張するためである。

先に引用した『九天生神章経』の三宝章の章名によれば、始青清微天宝章では始気の清微天が天宝君に、元白禹余霊宝章では元気の禹余天が霊宝君に、玄黄太赤神宝章では玄気の太赤天が神宝君に結び付いているので、玄元始三気の尊神である三宝君は、清微天・禹余天・太赤天の「三天」の尊神でもある。『九天生神章経』の序の三宝君説話で三宝君の事跡を述べて三宝君を賛美するのも、三宝君が「三天」の尊神であるからである。

既に述べたごとく、玄元始三気と「三天」の観念を結びつけるのは、劉宋の天師道の「三天」の思想であるから、『三皇経』の三宝君の観念に、玄元始三気や「三天」の観念を連結させたのは劉宋の天師道である。このことは、『九天生神章経』の序の三宝君説話と三宝章を書いた人物が「三天」の思想を信奉する劉宋の天師道の道士であることを示唆していよう。劉宋の天師道が元始系霊宝経を自派の経典の中に摂取するときに、『九天生神章経』の場合には原本『九天生神章経』をそのまま受け入れるのではなく、三宝君説話を冒頭に載せる序の前半部と三宝章とを書き足して、つまり『九天生神章経』を天師道の「三天」の思想を説く霊宝経に改編して、受容したのである。[15] なお、「三天」と三宝君が結び付くのは、『九天生神章経』の序の三宝君説話と三宝章が最初のようである。

（二）『九天生神章経』の三宝章と序の三宝君説話に現れる諸観念の対応を図式で示すと、次のようになる。

始気――清微天――玉清――天宝君――大洞
元気――禹余天――上清――霊宝君――洞玄
玄気――太赤天――太清――神宝君――洞神

この対応表と先の『業報因縁経』の三洞思想の諸観念の対応表を照し合せてみると、三洞の「大洞」が三洞思想では「洞真」となっている点に違いがあるだけで、他は一致している。しかし、三清の観念については、『九天生神章経』の序の三宝君説話よりも、先に引用した『太真科』の宇宙生成論の玉清境・上清境・太清境の三清境の方が『業報因縁経』の三洞思想に合致する。このことから、三洞思想の作者は『九天生神章経』の序の三宝君説話と三宝章の他に、『太真科』の宇宙生成論も参照していたことがわかる。つまり、三洞思想は『九天生神章経』の序の三宝君説話と三宝章、さらに『太真科』の「三天」の宇宙生成論に基づいて作成されているのである。なお、『業報因縁経』の三洞思想で「大洞」が「洞真」になっているのは、三洞思想では「大洞」に上清経の『大洞真経』を当てるので、『大洞真経』の経名の真ん中の「洞真」を取って、「大洞」に代えたのである。

そうすると、三洞思想の成立年代は『九天生神章経』に序の前半部と三宝章が付加された時期や『太真科』の編纂時期よりも遅れるので、劉宋の元嘉三年（四二六）以降であろう。また、三洞思想を形成し、それに基づいて三洞説を唱えた人物[16]は「三天」の思想や「三天」の宇宙生成論を信奉する天師道の祭酒あるいは道士であろう。

ちなみに、天師道の道士陸修静は元嘉十四年（四三七）に霊宝経の目録を作成し、その序の「霊宝経目序」（『雲笈七籤』巻四所収）で自らを「三洞弟子」（三洞思想の信奉者）と称しており、また「三天」の思想に基づいて『陸先生道門科略』を著し、あるいは太始七年（四七一）に三洞説に基づいて『三洞経書目録』を編纂しているので、この陸修静が三洞思想を形成し、三洞説を唱えた可能性は非常に高い。

(三)　さて、劉宋の天師道が三洞説を唱えた目的は何であろうか。

三洞説では上清経・霊宝経・『三皇経』を洞真部・洞玄部・洞神部に分類するが、その分類法は、先に『業報因縁経』の三洞思想で見たごとく、天師道の「三天」の思想に基づいている。劉宋の天師道では『九天生神章経』の序の三宝君説話や三宝章、あるいは『太真科』の宇宙生成論に立脚して三洞思想を構成したのであるが、その三洞の分類は「三天」の思想の「三天」の観念に従っている。すなわち、洞真部の上清経は始気の清微天、洞玄部の霊宝経は元気の禹余天、洞神部の『三皇経』は玄気の太赤天に対応している。さらに天上界で三洞経を説いた神格は天宝君・霊宝君・神宝君という「三天」の神格であり、洞真部の上清経は清微天の天宝君、洞玄部の霊宝経は禹余天の霊宝君、洞神部の『三皇経』は太赤天の神宝君が説いた天書である。

このように三洞の経典が「三天」と三宝君に結び付けられるのは、上清経と霊宝経と『三皇経』の三洞経が「三天」で生まれた天書である、と見なされているからである。このことは、換言すれば、上清経と霊宝経と『三皇経』が「三天」の天書であることを示すために、三洞思想が形成されたことを示唆している。つまり、天師道が三洞思想を形成して三洞説を唱えた目的は、上清経と霊宝経と『三皇経』に、「三天」の天書という特別の価値を与えるためであったのである。

このことは、三洞説で洞真部に上清経、洞玄部に霊宝経、洞神部に『三皇経』を配置した経緯からも説明できる。三洞説で洞真部に上清経、洞玄部に霊宝経、洞神部に『三皇経』を配当するのは、三洞思想の基となった『九天生神章経』の序の三宝君説話に由来する。洞真部の前身の「大洞」に上清経が入れられたのは、天宝君の「大洞の尊神」と、代表的な上清経である『大洞真経』の経名とが、「大洞」の観念を共有するからである。三洞思想では「大洞」に『大洞真経』を配置した後、「大洞」部を「洞真」部に名称変更したのである[17]。次の洞玄部に霊宝経が収められたのは、「洞玄の尊神」の霊宝君と霊宝経の経名とが「霊宝」の観念を共有するからである。また洞神部に『三皇経』が当てられたのは、神宝君の項に「時に三皇洞神太清太極宮と号す」とあって、神宝君の「洞神」と、『三皇経』の経名の「三皇」とが結び付いているからである。

このように見てくると、劉宋の天師道が『九天生神章経』の序の三宝君説話に基づいて三洞思想を形成した時点で、既に洞真部には上清経の『大洞真経』、洞玄部には霊宝経、洞神部には『三皇経』を配置することが決まっていたことがわかる。つまり、上清経と霊宝経と『三皇経』に、「三天」の三宝君が説いた天書という特別の資格を与えるために、天師道は三洞思想を形成し、三洞説を唱えたのである。

(四)　劉宋の天師道が上清経と霊宝経と『三皇経』に対して、「三天」の天書という特別の資格（価値）を付与する目的で三洞思想を形成したのであれば、三洞説が唱えられた時点で既に天師道において、上清経や霊宝経や『三皇経』が特別の価値ある聖典として尊重されていなければならないであろう。上清経を特別の聖典とみる経典観は、劉宋初めの四二〇年代前半に編纂された『太真科』（『道門経法相承次序』巻中所収）に次のように見える。

謹んで太真科を按ずるに、曰く、盟威を下科と為し、太清を中科と為し、上清・道徳を上科と為し、三科を三乗と為す。（二三a）

これによると、劉宋初めの天師道では上清経を、天師道の聖典である『道徳経』とともに、自派の最上の経典と見なしている。

『太真科』では霊宝経については触れていないが、劉宋初めの天師道が編纂した『三天内解経』巻下では劉裕の受命にちなむ瑞祥の一つとして「霊宝出世」（九a）が記されており、天師道では早くに元始系霊宝経の出現に注目している。さらに三洞説を唱える以前に、元始系霊宝経の原本『九天生神章経』を受容し、それに三宝章と序の前半部を付加して天師道の経典に改編している。天師道が葛氏道の編纂した元始系霊宝経を積極的に取り入れるようになるのは、『太真科』の編纂以後、すなわち元嘉三年（四二六）以後の時期のようであるが、三洞説の成立とほぼ同時代に天師道が編纂した仙公系霊宝経の『太極真人敷霊宝斎戒威儀諸経要訣』（HY五三二。以後、『敷斎経』と略称す）や『洞玄霊宝玉京山歩虚経』（HY一四二七。以後『玉京山歩虚経』と略称す）では『道徳経』や上清経とともに、元始系霊宝経を最高の経典として賛美しているので、三洞思想の形成以前に元始系霊宝経を摂取し信奉していたことは間違いない。

天師道において『三皇経』が実際に伝授されるようになるのは『敷斎経』や『玉京山歩虚経』以後のことであるが、[18]『九天生神章経』の序の三宝君説話の三宝君が『三皇経』の三宝君に由来していることから容易に推察できるように、天師道では三洞思想の形成以前に既に、『三皇経』を高く評価していたのである。

三洞思想の形成時期には既に天師道は上清経も元始系霊宝経も受容していたのであるから、三洞思想・三洞説の成立は元始系霊宝経を積極的に摂取し始める元嘉三年以降であり、元嘉三年からおおよそ数年を経た元嘉七、八年（四三〇、三一）頃と見れば、大過ないであろう[19]。

（五）　三洞思想が形成された後、三洞説を唱える天師道では洞真部、洞玄部、洞神部の充実を図り、各部に経典を追加していく。特に、洞玄部には元始系霊宝経を取り入れる以外に、新たに仙公系霊宝経を編纂して増補している。三洞説の成立後に編纂された仙公系霊宝経の『敷斎経』には、霊宝経の斎法である「霊宝斎法」が説かれているが[20]、天師道教団では「霊宝斎法」を模範にして黄籙斎法や三元斎法や自然斎法等の諸斎法を作成し、天師道の斎法を整備していった。その成果が劉宋の天師道の道士陸修静の『洞玄霊宝五感文』（HY一二六八）にまとめられている。『洞玄霊宝五感文』の衆斎法では、斎法を大きく「洞真上清の斎」と「洞玄霊宝の斎」と「三元塗炭の斎」の三種に分類し、さらに「洞玄霊宝の斎」では、金籙斎・黄籙斎・明真斎・三元斎・八節斎・自然斎・洞神三皇斎・太一斎・指教斎の九法の斎法について解説している。

陸修静はまた『太上洞玄霊宝授度儀』（HY五二八）という霊宝経の授度儀を編集しており、天師道ではこれによって霊宝経の伝授が行われた。『太上洞玄霊宝授度儀』は天師道で行われる経籙の伝授儀の模範となり、これを模倣して霊宝自然券の伝授の儀式を述べる『洞玄度霊宝自然券儀』が作られている。劉宋の天師道が編纂した、仙公系霊宝経の『上清太極隠注玉経宝訣』（HY四二五）にも上清経や霊宝経や『三皇経』等の種々の経籙の伝授儀が説かれている。

（六）　三洞説の成立に関して、「三洞説が東晋の末頃に霊宝経を作成した霊宝派によって唱えられた」という見解がある。この見解は今でも道教研究者の間にかなりの影響力を持っているので、ここでこの見解について検討しておきたい。この見解の論者は、『一切道経音義妙門由起』（HY一一一五。以下、『妙門由起』と略称す）明経法第六に所引の『霊宝金籙簡文三元威儀自然真経』に三洞説が見えることから、元始系霊宝経（元始旧経）の『太上洞玄霊宝金籙簡文三元威儀自然真一経』（P二八六一・P二二五六の「霊宝経目（仮）」に所載）が編纂された東晋末期に既に三洞説が形成されていたと主張する。(21)

しかし実は、『妙門由起』に見える『霊宝金籙簡文三元威儀自然真経』は「太上洞玄霊宝金籙簡文三元威儀自然真一経」の真経ではなく、唐代初期に作られた偽経である。そこで、『妙門由起』に載せる『霊宝金籙簡文三元威儀自然真経』の成立について少しく述べてみたい。

梁末頃に編纂された敦煌本『三洞奉道科戒儀範』（P二三三七）巻五や道蔵本『洞玄霊宝三洞奉道科戒営始』（HY一一一七）巻五の「霊宝中盟経目」には、「霊宝経目（仮）」所載の『太上洞玄霊宝金籙簡文三元威儀自然真一経』に該当する経名は存在しない。「霊宝中盟経目」は、梁末の天師道教団において道士が無上洞玄法師という法位を得るときに授けられる霊宝経のリストであるから、「霊宝中盟経目」に見えない霊宝経は梁末には実在していなかった可能性が高い。「霊宝経目（仮）」に載せる『太上洞玄霊宝金籙簡文三元威儀自然真一経』が「霊宝中盟経目」にその経名が見えないのは、梁末には既に散逸してしまっていたからであろう。そうすると、唐の玄宗皇帝の即位の年（七一三）に完成した『一切道経音義』に付されていた『妙門由起』に『霊宝金籙簡文三元威儀自然真経』が引用されているのは、この『霊宝金籙簡文三元威儀自然真経』が梁末の『三洞奉道科戒儀範』の編纂以後に作成された偽経であることを示唆していよう。

では、『妙門由起』所載の『霊宝金籙簡文三元威儀自然真経』はいつ頃作成されたのであろうか。『無上秘要』巻十九に『洞真金籙簡文真一経』という経典が引用されているが、『妙門由起』の『霊宝金籙簡文三元威儀自然真経』の冒頭の箇所はこの『洞真金籙簡文真一経』を節略したものである。[22] このことから、『霊宝金籙簡文三元威儀自然真経』は『無上秘要』所載の『洞真金籙簡文真一経』よりも後の時代に作成されたことがわかる。『無上秘要』には『霊宝金籙簡文三元威儀自然真経』からの引用文は見出せないので、『無上秘要』が編纂された北周の武帝の末年頃にはまだ、『霊宝金籙簡文三元威儀自然真経』は作成されていなかったようである。つまり、『霊宝金籙簡文三元威儀自然真経』は『無上秘要』の編纂以後に、『無上秘要』巻十九所載の『洞真金籙簡文真一経』を借用して偽作されたもののようである。[23] また唐初の『三洞珠嚢』（HY一一三一）巻八には「金籙簡文経」（一三a）が見えるが、その内容は『霊宝金籙簡文三元威儀自然真経』と異なるので、別の経典のようである。『三洞珠嚢』には『霊宝金籙簡文三元威儀自然真経』は引用されていないので、『三洞珠嚢』の編纂時には『霊宝金籙簡文三元威儀自然真経』はまだ存在していなかったようである。偽経の『霊宝金籙簡文三元威儀自然真経』は『妙門由起』が述作された時期に比較的近い、唐代初期の後半に作成されたものと推測される。『妙門由起』所引の『霊宝金籙簡文三元威儀自然真経』が唐代初期に作成された偽経であるとすれば、この経典に三洞説が見えても、なんら不自然なことではない。むしろこの偽経を根拠にして、三洞説が東晋末期の霊宝派によって形成されたと主張してきた見解こそ、その論拠を失うことになるのである。

ところで、論者は『妙門由起』所引の『霊宝金籙簡文三元威儀自然真経』を『金籙簡文』と同一の経典と見なしているが、[24] しかし『霊宝金籙簡文三元威儀自然真経』は『金籙簡文』ではない。『金籙簡文』は劉宋の陸修静『洞玄霊宝斎説光燭戒罰燈祝願儀』（HY五二四）に「金籙曰く」（一六a－b）と、また陸修静『太上洞玄霊宝授度儀表』（HY五二八）にも「金黄二籙」（二a）と引用されており、あるいは敦煌資料の『霊宝自然斎儀（擬）』（S六八四一、P二四五五）には「右、金籙簡文に出づ」と表記しているので、陸修静の時代に『金籙簡文』が存在していたことは確かである。『金籙簡文』が梁末の敦煌本『三洞奉道科戒儀範』巻五や道蔵本『洞玄霊宝三洞奉道科戒営始』巻五の「霊宝中盟経目」には「霊宝上元金籙簡文一巻」とあるので、梁末にも『金籙簡文』は存在していた。唐初の『三洞珠嚢』所引の「金籙簡文経」もこの『金籙簡文』であろう。つまり、『金籙簡文』と『妙門由起』所引の『霊宝金籙簡文三元威儀自然真経』は別個の経典であるから、『霊宝金籙簡文三元威儀自然真経』を『金籙簡文』と見るのは誤りである。

ちなみに、『妙門由起』所引の『霊宝金籙簡文三元威儀自然真経』を除くと、現存の元始系霊宝経（元始旧経）には三洞説の影響がまったく見られない。現存の元始系霊宝経（元始旧経）に現れる「三洞」や「洞玄」の観念は、すべて三洞思想や三洞説とは関係のないものであるから、[25]初期の元始系霊宝経（元始旧経）の編纂された時点では三洞思想や三洞説はまだ形成されていなかったようである。三洞説の影響が窺える、もっとも早い時期の霊宝経は仙公系霊宝経の『敷斎経』と『玉京山歩虚経』である。[26]

四　四輔説

（一）　劉宋の天師道では自派の経典の中に取り入れた上清経と元始系霊宝経と『三皇経』を洞真部・洞玄部・洞神部の三洞部に分類する経典分類法を確立すると、さらに三洞の各部の経典等を十二部に分類する十二類という経典分類法を設けた。天師道の道教経典を総称して「三十六部尊経」と呼ぶのは、三洞の各部を十二類に分けると、全体で三十六部になるからである。

劉宋の時期の十二類の具体的な名称は不明であるが、唐代の『道教義枢』巻二・十二部義によれば、本文・神符・玉訣・霊図・譜録・戒律・威儀・方法・衆術・記伝・賛頌・章表とある。ただし、三洞部成立時の天師道の経典類の状況から判断すると、三洞各部にこの十二類を置くことは不可能であろう。恐らく、十二類は実際に使われた分類法ではなく、天師道の信奉する経典が全体で三十六部あるように見せかけるために作られた、名目だけのものであろう。三十六は天の聖数であるので、天師道では自派の経典が三十六部あることが重要であり、そのために三洞の各部に十二類があるように説いたのである。十二類の具体的な経籙を明示せずに、単に「三十六部尊経」（『敷斎経』七b—八a、『太上洞玄霊宝授度儀』四一b）と表現するのも、天師道では自派の経典が全体で三十六部に分類されることを述べさえすればよいからである。

（二）　劉宋期の天師道では三洞部を充実させるために、洞真部に新しく作成された上清経を追加し、洞玄部には新たに編纂された元始系霊宝経や仙公系霊宝経を補充し、あるいは洞神部に『三皇経』関係の経典（例えば、『洞淵神呪経』等）を取り入れた。さらに天師道はこれまでの三洞部に収められていない『太平経』等の経典をも新たに摂取した。また劉宋末・南斉期には天師道の教法や道術を説く多量の正一経を編纂した。その結果、天師道では自派の経典全体を改めて整理し分類し直す必要が起り、三洞部に加えて、新たに四輔部という経典の分類項目を設置した。

四輔部とは三洞部を補佐する正一部・太玄部・太平部・太清部の四部を指す。『道教義枢』巻二・七部義所引の『正一経図科戒品』では四輔部について次のように述べている。

正一経図科戒品云う、太清経は洞神部を輔し、金丹已下の仙品なり。太平経は洞玄部を輔し、甲乙十部已下の真業なり。太玄経は洞真部を輔し、五千文已下の聖業なり。正一法文は道徳を宗《たっと》び、三洞を崇び、偏《あまね》く三

乗を陳《の》ぶ。（十二a）

これによると、太清部は洞神部を補佐し、金丹経以下の諸経がその中に入れられた。太平部は洞玄部を補佐し、甲乙十部（『太平経』）以下の諸経が収められた。太玄部は洞真部を輔し、五千文（『道徳経』）以下の諸経が当てられた。正一部は三洞全体を補佐し、『正一法文』（正一経）が配された。そして太清・太平・太玄の三部の間には序列があり、上位が聖業の太玄部、中位が真業の太平部、下位が仙業の太清部である。(27)

四輔部の序列については、『道教義枢』巻二・七部義に所引の『正一経』では次のように述べている。

正一云う、三洞は三と雖も、兼ねて之を該《つつ》まば、一乗道なり。太玄を大乗と為し、太平を中乗と為し、太清を小乗と為す。正一は三乗に通ずるなり。（巻二・一二b）

ここで正一部を一乗、太玄部を大乗、太平部を中乗、太清部を小乗と判定しているが、この格付けから、四輔説の考案者は天師道の道士であると推定できる。なぜならば、正一部が一乗、太玄部が大乗とあって、天師道が作成した正一経を入れる正一部と、同じく天師道が特別に尊尚する『道徳経』を収める太玄部とを、上位に格付けしているからである。また『道教義枢』巻二・七部義によれば、四輔説は正一経で説かれている教理であるから、四輔説は当然、天師道の教理である。

四輔説の成立年代は、四輔説が正一経で初めて説かれているところから推測すれば、正一経の編纂とほぼ同時期であり、劉宋末・南斉の頃、四七〇年代後半から四八〇年代の頃であろう。(28)

(三)　こうして見てくると、三洞説も四輔説も劉宋・南斉期の天師道が作成した天師道の教理であることがわかる。南斉・梁初の天師道ではこの三洞四輔説に基づいて、天師道の道士の受法のカリキュラムと位階制度を整備した。次にこの点について考えてみたい。

四輔説の形成によって、天師道で信奉されるすべての経典が三洞四輔の七部に分類されたが、同時に四輔説によって、三洞四輔の七部の間に序列が形成される。先に引用した『正一経』によれば、四輔のうち、太玄部が大乗、太平部が中乗、太清部が小乗、正一部が一乗であるので、一乗の正一部と大乗の太玄部が四輔の上位、中乗の太平部が四輔の中位、小乗の太清部が四輔の下位という序列が四輔の間にできる。さらに、四輔によって補佐される三洞の間にも序列が形成される。大乗の太玄部に補佐される洞真部が三洞の上位、中乗の太平部に補佐される洞玄部が三洞の中位、小乗の太清部に補佐される洞神部が三洞の下位である。そして三洞と四輔との関係は、三洞が四輔によって補佐されるという関係にあるので、三洞は四輔の上位に位置する。そこで三洞四輔の七部全体の序列を記せば、最高位が三洞の洞真部、次位が三洞の洞玄部、三位が三洞の洞神部であり、その下に四輔の太玄部と正一部、六位に四輔の太平部、七位に四輔の太清部である。このようにして三洞四輔の経典全体の序列が定まると、天師道ではこの七部の序列に則った道士の受法のカリキュラムと道士の位階制度の整備に取り掛かった。

天師道では道士になる前の年少者を「籙生」あるいは「籙生弟子」と呼ぶが、これは天師道の入門者には最初に正一盟威の籙（童子一将軍籙・三将軍籙・十将軍籙、等）を授けるところから、正一の籙を受けた者という意味で「籙生」あるいは「籙生弟子」と称するのである。この「籙生」の制度は『老君音誦誡経』（HY七八四）にも見えるので、東晋期の五斗米道や北魏の寇謙之の新天師道で既に実施されていた制度である。

劉宋初めの天師道では、道士になる場合も初めに正一盟威の籙（七十五将軍籙・百五十将軍籙、等）が授けられる。前に引用した『太真科』に「盟威を下科と為し、太清を中科と為し、上清・道徳を上科と為す。」とあって、正一盟威の籙が下科と評価されていたが、これは天師道に入門する道士に最初に授けられる正一盟威の籙は、初心者のための籙であるという理由で天師道の経典の中では下位に位置づけられていたからであろう。

このように、天師道では伝統的に、入門者には初めに正一盟威の籙を授けることになっている。そこで、三洞四輔に基づいて道士のカリキュラムを作る際にも、最初に正一盟威の籙を載せる正一経の正一部を置くのである。道士の受法のカリキュラムは道士の修行の進展に合わせるように作られているので、正一経の正一部の次には正一部と同等ないしはそれよりも上位の経典を置かざるを得ない。そのために天師道の受法のカリキュラムでは正一部の次にそれとほぼ同等の太玄部の経典を配した。その後はより高い地位の、洞神部の経典、洞玄部の経典、洞真部の経典がこの順番で授けられ、最後に畢道券等が授けられるのである。

ここで注意すべきは、七部のうち、最下位の太清部と次の太平部の経籙が受法のカリキュラムから除外されていることである。太清部と太平部の経籙が受法のカリキュラムから除外されたのは、経籙の序列が正一部や太玄部よりも低いからである。受法のカリキュラムでは順次により高位の経籙を伝授する必要があるので、入門時に正一部の正一経を授けた後は、次に太玄部の『道徳経』等の経典を授けることになり、正一部や太玄部よりも下位の太平部と太清部の経典を正規のカリキュラムの中に置くことができないのである。

天師道では受法のカリキュラムの成立とともに、道士の位階制度も整えられる。天師道に入門して正一部の経典を受けた道士が正一道士、次の太玄部の経籙を受けた道士が高玄法師（と弟子。以下、同じ）、次の洞神部の経籙を受けた道士が洞神法師、次の洞玄部の経籙を受けた道士が洞玄法師、次の洞真部の経籙を受けた道士が洞真法師、最後の畢道券等を受けた道士が三洞法師という法位を授けられる。(29)

天師道の受法のカリキュラムと道士の位階制度は四輔説が唱えられた南斉期に編成され、梁初には制度として機能していた。その後、梁末には受法のカリキュラムの中に新しく『洞淵神呪経』や『太上洞玄霊宝昇玄内教経』が加わり、洞淵神呪法師や昇玄法師の法位も作られるが、しかし四輔説の成立によって形作られた天師道の道士のカリキュラムと法位の基本形はその後も継承されて、唐末・五代まで天師道教団の中で実施されていた。(30)

五　結び

（一）従来、三洞説は道教の諸流派を統合する理論のごとく考えられてきた。しかし、三洞説は道教の諸流派を統合するために作られた理論ではない。これまで見てきて明らかなように、三洞説は、天師道が上清派や葛氏道から摂取した上清経と霊宝経と『三皇経』を、洞真・洞玄・洞神の三洞部に配分し、三洞部の経典がそれぞれ清微天・禹余天・太赤天の「三天」で形成された天書である、と説くことが目的である。したがって、三洞部は天師道の信奉する経典の分類項目であって、他の流派の経典を収集し分類するために作られた項目ではない。三洞説はどこまでも、天師道の経典の中に摂取された上清経と霊宝経と『三皇経』に「三天」の天書という、特別の資格（価値）を与えるために考え出された天師道の教理である。

三洞部が天師道の信奉する経典の分類項目であったことは、天師道の教理である三宝（道宝・経宝・師宝）説において、経宝が「三十六部尊経」であることからも確かめられる。三宝とは、無極大道の道宝と三十六部尊経の経宝と玄中大法師（太上老君）の師宝を指し、劉宋の天師道では三宝に帰依する三帰依戒を「三帰」や「三戒」あるいは「三帰戒」と称して、天師道教徒全員にこれを守らせている。(31)劉宋の天師道の道士陸修静は『太上洞玄霊宝授度儀表』で「謹んで身を潔め、三宝の御前で清斎す。」（二b）と述べて、三宝への帰依を表明している。さらに陸修静は『太上洞玄霊宝授度儀』でも、三帰依を次のように記している。

歩虚一首を誦すること訖《おわ》る毎《ごと》に、弟子は善と唱え、散花し、礼すること一拝、畢《おわ》らば三礼を唱えて曰く、

至心に稽首して太上無極大道に礼す。

至心に稽首して三十六部尊経に礼す。

至心に稽首して玄中大法師に礼す。　　　　（四一b）

三帰依戒は天師道教徒の全員が守るべき戒であるので、経宝の「三十六部尊経」は天師道教徒全員が尊崇し帰依する経典である。すべての天師道教徒によって敬礼される三十六部尊経は、天師道教徒全員が信奉する天師道の経典である。このように天師道の三帰依戒からも、三洞部の経典全体が天師道の経典として信奉されていたという事実が確かめられるのである。

既に見てきたように、四輔部の経典もすべて天師道の経典である。三洞説と四輔説は、天師道で信奉されている経典を分類し格付けするために考え出された教理であるから、それらはまさに天師道の教理である。三洞四輔に基づく受法のカリキュラムと道士の位階制度も、天師道の道士のために作られた受法のカリキュラムであり、位階制度である。したがって、正一部の経籙を伝授された正一道士も、『太上洞淵神呪経』を伝授された洞淵神呪法師も、太玄部の経籙を伝授された高玄法師も、洞神部の経籙を伝授された洞神法師も、『太上洞玄霊宝昇玄内教経』を伝授された昇玄法師も、洞玄部の経籙を伝授された洞玄法師も、洞真部の経籙を伝授された洞真法師も、そして最高位の三洞法師も、全員天師道の道士である。

ところが、これまで三洞四輔は道教の諸流派の経典を分類する項目のごとく考えられてきた。つまり、洞真部は上清派の経典、洞玄部は霊宝派の経典、洞神部は三皇派の経典、太玄部は太玄派の経典、正一部は正一派（天

師道）の経典、あるいは太玄部と正一部は正一派（天師道）の経典を収めていると見られていたのである。そのために、洞真部の上清経を信奉する道士は上清派、洞玄部の霊宝経を信奉する道士は霊宝派というように、経典の分類項目ごとにその項目の経典を信奉する道士の流派が存在するかのように考えられていた。この考え方によって、従来、天師道は狭義には正一部の経籙を信奉する道士の流派、広義には正一部と太玄部の経籙を信奉する道士の流派と見なされてきた。しかし、これらの見解は三洞四輔説に対する誤解から生じたものである。

（二）　唐代になると、道蔵の編纂が始まる。[32] 道蔵の編纂は唐の玄宗の開元年間（七一三－四一）の『三洞瓊綱』（通称「開元道蔵」）に始まり、明の英宗の正統年間（一四三六－四九）の『正統道蔵』に至るまで、歴代の王朝で実施されてきた。代表的なものとして、唐の玄宗の『瓊綱経目』、北宋・真宗の『大宋天宮宝蔵』、北宋・徽宗の『政和万寿道蔵』、金・章宗の『大金玄都宝蔵』、元の『玄都宝蔵』、明の英宗の『正統道蔵』がある。歴代の道蔵はすべて三洞四輔の分類法を採用している。また、道蔵の編纂はおおむね皇帝の勅令によって実施されるが、その編纂の実務を司る道士は、元の『玄都宝蔵』を除く、他のすべての道蔵において天師道の道士である。これは、唐の玄宗の『瓊綱経目』から金の章宗の『大金玄都宝蔵』までの道蔵が、すべて天師道で信奉されている三十六部尊経を収集し、それを三洞四輔に分類した天師道経典の叢書であるからである。道蔵が天師道経典の叢書であれば、それを編纂する道士は当然、天師道の道士である。元の『玄都宝蔵』だけは例外的に全真道の道士宋徳方とその弟子の秦志全によって編纂されているが、これは全真教関係の道書を道蔵に入れるために、全真道の道士である宋徳方が自ら編集責任者となって『玄都宝蔵』を編纂したからである。[33] しかし、元の『玄都宝蔵』の経典分類法は、天師道の三洞四輔説を借りている。それは恐らく、三洞四輔に分類しないと、道蔵の体裁にならないからであろう。なお、明の『正統道蔵』は天師道（正一派）[34]の道士によって編纂されたが、元・明代には天師道と全真道が道教の二大流派であったので、『正統道蔵』には天師道の経典とともに、全真道の経典も多く収められている。

歴代の道蔵が基本的には、天師道の経典を収集・整理した叢書になっているのは、唐から南宋までの時期の道教が天師道の「道教」[35]であったからである。北宋末頃から、道術の発展によって天師道内部に幾つかの流派が形成されるが、全体的に見れば、それらはすべて天師道の中の流派であるので、北宋・南宋期の道教も天師道の「道教」と見ることができる。

「道教」の斎醮の儀礼は、民間信仰と違って、すべて三洞四輔の経典に基づいている。金籙斎法のように、その最初は葛氏道が編纂した元始系霊宝経（元始旧経）の『明真科』に載せられていた斎法であっても、劉宋の天師道が元始系霊宝経を摂取して自派の経典としてから後は、金籙斎法は天師道で実施されている。劉宋の天師道の道士陸修静が編纂した『洞玄霊宝五感文』の衆斎法には金籙斎・黄籙斎・明真斎・三元斎・八節斎・自然斎・塗炭斎等の多くの斎法が載せられているが、これらの斎法はすべて当時の天師道で実施されていた斎法である。金籙斎・黄籙斎・明真斎・三元斎・八節斎・自然斎等の霊宝斎法が道教のいわゆる霊宝派によって作られ、霊宝派の中で実施されていたという見解が道教研究者の間に流布しているが、以上見てきたところからわかるように、この見解は誤りである。全真道が出現する以前の、劉宋から南宋末頃までの期間は、霊宝斎法は天師道の間で実施されてきたのである。[36]

（小林正美）

(1) 顧歓『夷夏論』の「道教」の意味については、拙稿「顧歓『夷夏論』における「道教」について」（『早稲田大学大学院文学研究科紀要』第四六輯・第一分冊、二〇〇一年二月）、参照。「道教」の成立については、拙著『中国の道教』（創文社、一九九八年七月）序章「道教」の構造、及び第二章「道教」の成立、参照。

(2) 陳の馬枢『道学伝』は陳国符『道蔵源流考』（中華書局、一九六三年十二月）下冊・附録七「道学伝輯佚」、参照。

(3) 唐代の「道教」については、拙著『唐代の道教と天師道』（知泉書館、二〇〇三年四月）、参照。

(4) 『三天内解経』の編纂年代については、楊聯陞「老君音誦誡経校釈」（『歴史語言研究所集刊』第二十八本、一九五六年、三四頁）、大淵忍爾『道教史の研究』（一九六四年、五〇二頁）、および拙著『六朝道教史研究』（創文社、一九九〇年十一月、二〇八頁）、参照。

(5) 前掲の拙著『六朝道教史研究』第三篇第二章二、「三天」の思想と構造、および前掲の拙著『中国の道教』第二章第一節一、「三天」の思想、参照。

(6) 元始系霊宝経については、前掲の拙著『六朝道教史研究』第一篇第三章 霊宝経の形成、参照。

(7) 金籙斎法と指教斎法の関係については、本書所収の拙稿「道教の斎法儀礼の原型の形成——指教斎法の成立と構造——」六、結び、参照。

(8) 指教斎法と天師道の「三天」の思想との関係は、本書所収の拙稿「道教の斎法儀礼の原型の形成——指教斎法の成立と構造——」二—(2) 劉宋の天師道の「三天」の思想と指教斎法、参照。

(9) 『太真科』の成立年代については、大淵忍爾著『道教とその経典』（創文社、一九九七年十一月）第五章五、太真科成立の時期とその意味について、参照。大淵氏は『太真科』の成立を「四二〇年代前半頃」（四五七頁）と推定している。

(10) 『九天生神章経』の三宝章の作成時期については、前掲の拙著『六朝道教史研究』第二篇第一章『九天生神章経』五、三宝章と序の前半部と太極真人頌、参照。

(11) 『太上三天正法経』と『除六天之文三天正法』との関係については、前掲の拙著『六朝道教史研究』第三篇第二章第二節二
(1)『除六天之文三天正法』、参照。

(12) 『除六天之文三天正法』に相当する『太上三天正法経』の前半部には「六天の治此に於いて興る。故に太上大道君は給するに鬼兵を以てし、三代の中に於いて悪人を駆除せしむ。……是に於いて太上は後聖九玄上相青童君と共に三天正法を序《の》べ、六天

の文を除き、宝訣・祝説・投祭・法度を施用し、以て二君に付し、後学を教えしむ。諸々の真人たる者は以て六天を制し、郡凶を収戮す。」（二a－五b）とある。『三天内解経』の「三天」の思想はここに見える六天と三天の対立と交替の思想に着想を得て、形成されたものと推測される。前掲の拙著『六朝道教史研究』第三篇第二章三（3）三天と六天の対立と交替、および第三篇第二章第二節二（1）『除六天之文三天正法』、参照。

（13）『太上三天正法経』の注には「清微の天は是れ始気の澄なり。」、「禹余の天は是れ元気の澄なり。」、「太赤天は是れ玄気の澄なり。」（1b）とあって、清微天・禹余天・太赤天の三天と玄元始三気とが結び付いている。しかし、『太上三天正法経』の本文には三天の観念のみが記されていて、玄元始三気の観念はまったく見えないので、東晋末期の『除六天之文三天正法』では清微天・禹余天・太赤天の三天と玄元始三気はまだ結びついていなかったと推測される。上記の注は道蔵本『太上三天正法経』が編纂された際に付されたものであろう。

（14）三洞思想は、『道門経法相承次序』（HY一一二〇）巻上や『道教義枢』巻二・三洞義第五や『雲笈七籤』巻三・道教三洞宗元にも見える。それぞれの三洞思想は『業報因縁経』の三洞思想あるいは『九天生神章経』の序の三宝君説話に依拠している。

（15）『九天生神章経』の序の前半部と三宝章の編纂の経緯は、前掲の拙著『六朝道教史研究』第二篇第一章『九天生神章経』、参照。

（16）『雲笈七籤』（HY一〇二六）巻六・三洞の項に「玉緯云う、洞真は是れ天宝君の出す所なり。」（三a）、「玉緯云う、洞玄は是れ霊宝君の出す所なり。」（四a）、「玉緯云う、洞神は是れ神宝君の出す所なり。」（五a－b）とある。ここに見える『玉緯』とは、『道教義枢』（HY一一二一）巻二に「孟法師玉緯七部経書目」（三b）とある『玉緯』を指し、孟法師（孟景翼あるいは孟智周）が劉宋末・南斉の頃に編纂した、三洞四輔の七部に分類された道教経典目録である。この『玉緯』で「洞真経は天宝君、洞玄経は霊宝君、洞神経は神宝君が説いた経典」とあるので、劉宋期の三洞説が三洞思想に基づいていたことが確かめられる。

（17）道士の法位で洞真部上清経を伝授された法師を「洞真法師」あるいは「大洞法師」と呼ぶのも、洞真部の前身が大洞部であったからである。

（18）天師道における『三皇経』の摂取の時期については、本書所収の拙稿「霊宝斎法の成立と展開」二、霊宝斎法の成立年代とその制作者、参照。

（19）三洞説の成立時期については、前掲の拙著『中国の道教』第二章第一節四、三洞説と「道教」、の項で「劉宋の元嘉十年

(四三三)前後と推定される」(九〇頁)と述べているが、今は二、三年遡らせて「元嘉七、八年(四三〇、三一)頃」と考える。

(20) 霊宝斎法については、本書所収の拙稿「霊宝斎法の成立と展開」、参照。

(21) 三洞説の成立について、大淵忍爾氏は、『一切道経音義妙門由起』(以下、『妙門由起』と略称す)に所引の「霊宝金籙簡文三元威儀自然真経」に三洞説が見えることから、三洞説は東晋末頃に編纂された元始旧経で説かれていたと主張する。この主張において、大淵氏は『妙門由起』に所引の「霊宝金籙簡文三元威儀自然真経」を、「霊宝経目(仮)」(P二八六一・P二二五六の宋文明『通門論』所収)所載の「太上洞玄霊宝金籙簡文三元威儀自然真一経」に相当する元始旧経と見なしている。大淵忍爾著『道教とその経典』(創文社、一九九七年十一月)第一章 三、三洞・三蔵・三乗、参照。

(22) 『妙門由起』明経法第六所収の『霊宝金籙簡文三元威儀自然真経』の冒頭は次のように記されている。

太上大道君以上皇元年九月一日西遊玉國龍崛山中。時有元始天尊忽乗碧霞、浮雲而来、前導鳳歌、後従天鈞、五老啓塗、太極驂軒、衆真並降於龍崛山中。(二三b—二四a)

『無上秘要』巻十九所引の『洞真金籙簡文真一経』は次のように記す。

太上大道君以上皇元年九月十日西遊玉國龍崛山中、與太真真王夫人共座一嵎華林之下。時有元始天尊忽乗碧霞緑輿、二素飛雲、神仙羽蓋。三十二天、上帝玉真、飛仙玉女十億萬人、建九色之節、十絶靈幡。散華燒香、浮空而来、前導鳳歌、後従天鈞、獅子白鵠、嘯歌邕邕、五老啓途、太極叅軒、衆真並降於龍崛山中。(四b—五a)

この二つの文章を対照してみれば、『霊宝金籙簡文三元威儀自然真経』の冒頭部分は『洞真金籙簡文真一経』の節略であることは明白であろう。

(23) 『妙門由起』所引の『霊宝金籙簡文三元威儀自然真経』と『無上秘要』巻十九所引の『洞真金籙簡文真一経』との間には幾つかの差異がある。

第一は経名の違いである。『霊宝金籙簡文三元威儀自然真経』には「霊宝」、『洞真金籙簡文真一経』には「洞真」の語が冠されている。この違いは、一方が洞玄部霊宝経として、他方が洞真部上清経として作成されたものであることを示している。経名のもう一つの違いは、「金籙簡文三元威儀自然真経」と「金籙簡文真一経」の違いである。『霊宝金籙簡文三元威儀自然真経』には「道君は九拝し、三起三伏して、威儀自然真経を奉受す。」(二五a)とあって、『霊宝金籙簡文三元威儀自然真経』が『威儀自然真経』と略称されている。これは「金籙簡文三元威儀自然真経」に「威儀自然真経」という語があるからである。ところが、

「金籙簡文真一経」では単に「真一経」とあるだけで、「威儀自然真経」に相当する語はない。また「真一経」は「威儀自然真経」の略称でもない。すなわち、「金籙簡文真一経」には「威儀自然真経」を意味する語はまったくないのである。したがって、『洞真金籙簡文真一経』は『威儀自然真経』ではない。つまり、経名から見ると、『霊宝金籙簡文三元威儀自然真経』は『威儀自然真経』であるが、『洞真金籙簡文真一経』は『威儀自然真経』ではなく、両者は別個の経典である。

第二は、神格名の違いである。『洞真金籙簡文真一経』には「太真真王夫人」という神格が現れるが、『霊宝金籙簡文三元威儀自然真経』には「太真真王夫人」という神格名はまったく現れていない。「太真真王夫人」という神格は、太真王とその夫人の意味であるから、上清経の神格である。上清経の神格が主要な役割を演じているのは、『洞真金籙簡文真一経』が洞真経として作成されたからであろう。注(22)に挙げてある『霊宝金籙簡文三元威儀自然真経』を見ると明らかのように、「太真真王夫人」の現れる箇所が削除されている。これは、『霊宝金籙簡文三元威儀自然真経』を霊宝経として作成するために、経中から上清経の神格を削除する必要があったからであろう。

このように『霊宝金籙簡文三元威儀自然真経』と『洞真金籙簡文真一経』との間には経典の種類や経題、あるいは現れる神格にかなりの差異があるので、両経典は別の種類の経典である。『妙門由起』所引の『霊宝金籙簡文三元威儀自然真経』は『無上秘要』巻十九所引の『洞真金籙簡文真一経』の一部を利用して、唐代初期の後半に作成された霊宝経の偽経である。

なお、『無上秘要』巻十九所引の『洞真金籙簡文真一経』も、それに該当する経名が『三洞奉道科戒儀範』にはまったく見られないので、恐らく『三洞奉道科戒儀範』以後に作成された洞真経の偽経であろう。

(24) 大淵忍爾氏は『妙門由起』明経法第六所収の『霊宝金籙簡文三元威儀自然真経』を「金籙簡文」と別称しているので、この経典と『金籙簡文』とを同一視しているようである。前掲の大淵忍爾著『道教とその経典』第一章 三、三洞・三蔵・三乗、参照。また大淵忍爾著『敦煌道経　図録篇』(福武書店、一九七九年二月)では『下元黄籙簡文』のP三一四八とP三六六三を、誤って「太上洞玄霊宝金籙簡文三元威儀自然真経(擬)」と記しているが、これは大淵氏が『下元黄籙簡文』と『太上洞玄霊宝金籙簡文三元威儀自然真一経』とを同一の経典と思い違いをしたからであろう。

(25) 前掲の拙著『中国の道教』第二章第一節の注(5)三洞説の成立(三四八—三五三頁)、参照。

(26) 本書所収の拙稿「霊宝斎法の成立と展開」二、霊宝斎法の成立年代とその制作者、参照。

(27) 『南斉書』巻三七顧歓伝に顧歓の見解として神仙二十七品説が述べられている。それによると、「仙は変じて真と成り、真は変じて神と成り、或はこれを聖と謂う。各々九品有り。」とあるので、天師道の道士の顧歓は「仙」を下品、「真」を中品、「神」あるいは「聖」を上品と見ている。この神仙の格付けは、既に『太平御覧』巻六五九・道部一所引の『太真科』に「三善道は聖・真・仙なり。上品は聖と曰い、中品は真と曰い、下品は仙と曰う。」とあるので、劉宋の天師道で広く行われていたようである。

(28) 注(16)に引用した「孟法師玉緯七部経書目」に依れば、梁代の道士孟景翼あるいは孟智周の編纂した『玉緯』では三洞四輔の七部の分類法が用いられているので、梁代初めには四輔説が確実に存在していたことが確かめられる。

(29) 天師道の受法のカリキュラムと道士の法位との関係、および道士の法位についての詳細は、前掲の拙著『唐代の道教と天師道』第二章 天師道における受法のカリキュラムと道士の位階制度、参照。

(30) 天師道の道士の位階制度の成立と展開については、前掲の拙著『唐代の道教と天師道』第一章 唐代の道教教団と天師道、第二章 天師道における受法のカリキュラムと道士の位階制度、に詳細な考察がある。

(31) 三帰依戒については、拙著『中国の道教』（一六、一七、八七、九二、一二八、一五二、二〇〇、三〇八頁）、参照。

(32) 道蔵の編纂については、陳国符『道蔵源流考』（中華書局、一九六三年十二月）上冊・歴代道書目及道蔵之纂修與鏤板、および前掲の拙著『中国の道教』第二章「道教」の歴史、参照。

(33) 前掲の拙著『中国の道教』第二章六 南宋・金の「道教」、参照。

(34) 明の『正統道蔵』の初代編集長の張宇初（一三五六―一四一〇）は正一派の道士である。前掲の拙著『中国の道教』第二章八 明・清の「道教」、参照。

(35) 天師道の「道教」の意味については、本書の「はしがき」や前掲の拙著『中国の道教』序章「道教」の構造、および第二章「道教」の成立、参照。

(36) 本書所収の拙稿「霊宝斎法の成立と展開」、参照。

（付記） 本論文は第四十九回国際東方学者会議（東方学会、二〇〇四年五月二一日）のシンポジウムⅠ「六朝道教の教理と教団」での報告（題目「劉宋・南斉期の天師道の教理」）に基づいて作成されたものである。

道教の斎法儀礼の原型の形成

——指教斎法の成立と構造——

一　はじめに

劉宋の陸修静（四〇六—七七）が孝建元年（四五四）頃に編纂した『洞玄霊宝五感文』（HY一二六八）の衆斎法の項には当時の道教で行われていた斎法が整理されて載せられているが、この中に指教斎法がある。指教斎法は道教の斎法としてはもっとも早い時期に形成された斎法であり、その他の道教の斎法、例えば、金籙斎法、黄籙斎法、三元斎法、霊宝斎法、自然斎法、三皇斎法、太真斎法、塗炭斎法（『無上秘要』巻五〇塗炭斎品所収）等の斎法はこの指教斎法を模倣して、あるいはその影響を受けて形成されている。そこで、小稿では道教の斎法の原型を知るために、指教斎法の成立と構造について考察してみたい。

諸々の斎法を載せる『無上秘要』（HY一一三〇）の斎品には、巻五八から巻六四までが欠損しているために、指教斎法を載せる指教斎品がない。しかし幸いにも、『正統道蔵』には指教斎法の宿啓儀を記す『正一指教斎儀』（HY七九七）と指教斎法の清旦行道儀を記す『正一指教斎清旦行道儀』（HY七九八）が収められており、この指教斎儀は梁の陶弘景『登真隠訣』（HY四二一）巻下の入静の條に載せる「正一真人三天法師張諱告南嶽夫人口訣」の入静法と発炉・関啓・復炉の儀式が一致している。『登真隠訣』の入静法が『正一指教斎儀』と『正一指教斎清旦行道儀』の指教斎法に一致するのは、「正一真人三天法師張諱告南嶽夫人口訣」が天師道の指教斎法を模倣して書かれているからである。

『正一指教斎儀』と『正一指教斎清旦行道儀』に記す指教斎法と「正一真人三天法師張諱告南嶽夫人口訣」の入静法とが発炉・関啓・復炉の儀式で一致しているということは、道蔵本の『正一指教斎儀』と『正一指教斎清旦行道儀』の指教斎法が梁の陶弘景『登真隠訣』以前の指教斎法を比較的正確に伝えていることを示唆していよう。そうすると、劉宋期の指教斎法も、『正一指教斎儀』や『正一指教斎清旦行道儀』とほぼ同じであったと見ることができるので、小稿では『正一指教斎儀』と『正一指教斎清旦行道儀』に依って劉宋期の指教斎法について考えてみることにする。

二　指教斎法の成立

（1）指教斎法と塗炭斎

唐初の『三洞珠嚢』（HY一一三一）巻一所収の『太真科』に次のようにいう。

〔太真科上に〕又た云う、父母・師君・同道の大災病戹《やく》を救解するに、斎官は露壇に大謝し、闌格に髪を散らし、額に泥ぬりて三十二天に礼す。斎中に子午章を奏し、苦到れば必ず感ず【旨教塗炭斎法に依るなり】。斎には悉く門中に七燈を然《も》やし、祖に光明を延《ひ》く。又た五燈は、井竈門閤に各々一なれば、聡明の福を致す、と。（巻一・二三b）

ここに記す斎法は文中にある「旨教塗炭斎法に依るなり。」という注記によれば、「旨教塗炭斎法」という斎法である。しかし「旨教塗炭斎法」という斎法は存在しないので、これは恐らく、旨教斎法と塗炭斎を結び付けた名称であろう。『太真科』の本文に記す儀礼の内容から判断すると、この儀礼は塗炭斎のようであるが、注記者は塗炭斎と旨教斎法（指教斎法）とを混同しているために、塗炭斎を「旨教塗炭斎法」と呼んだようである。しかしこの注記から、『太真科』の編纂された劉宋初期[1]の天師道では塗炭斎と指教斎法が実施されていたことが知られよう。

通常、道教の斎法の始まりは塗炭斎と考えられている。[2] しかし斎法儀礼の形式の完備という点では、指教斎法の方が塗炭斎よりも早くに斎法儀礼の形式を完成させていたようである。『太真科』に見られる塗炭斎を参考にすれば、塗炭斎には指教斎法のような斎法の形式が、まだ十分には整っていなかったようである。『太真科』の塗炭斎の儀礼は、北魏・寇謙之の『老君音誦誡経』[3]（HY七八四）にいう、次の上章儀礼と非常によく似ている。

> 老君曰く、道民の家に疾病有らば、告帰して宅に到る。師先ず民の香火をして靖中に在らしめ、民は靖外に在りて、西に向いて髪を散らし叩頭し、愆違罪過を謝寫し、皆な尽くさしむ。未だ蔵匿有らずして、原赦を求め乞う。若《も》し、過ち一事なるも、意を尽くさず、心を実にせず、法を信ぜざれば、章奏するも何ぞ解けん。
> （一六a）

この上章儀礼を見てみると、『太真科』の塗炭斎は上章儀礼とほとんど異ならないことがわかる。ただ両者の懺悔の方法には少しく違いがあり、一方の上章儀礼では師が靖室内で上章を行う際に、民は靖室の外で西に向かって髪を散らして叩頭し謝罪するが、他方の塗炭斎では斎主が上章を行う際に、斎官が露壇で謝罪の儀式を行い、欄格に髪をザンバラにして結びつけ、額には黄土の泥を塗って三十二天に拝礼する。塗炭斎の懺悔法では、上章を行う際に斎官が野外の壇において泥中を這いずり回って顔面に黄土を塗りつけ、髪を振り解いて欄格に縛りつけ、頭を地面に叩きつけて懺謝する、という激しい苦痛を伴う、自虐的な行為を実践するところにその特徴がある。

このように見てくると明らかなように、劉宋初期の塗炭斎は儀礼の形式（構造）面ではまだ上章儀礼の段階にあり、斎法としての儀礼形式を十分には備えていなかったようである。[4] それに比べて指教斎法は、斎法としての儀礼の形式（構造）を完成させていた。したがって、その後の道教の諸斎法の範型となった斎法は、塗炭斎ではなく、指教斎法である。本論文で道教の斎法儀礼の原型として指教斎法を取り上げるのはこうした理由による。

（2）劉宋の天師道の「三天」の思想と指教斎法

（一）『無上秘要』巻四七斎戒品所引の『洞玄請問上経』に次のようにいう。

高上老子曰く、……又た三天斎法有り、霊宝と相似る。

仙公曰く、三天斎は、是れ三天法師の受くる所の法なり。名づけて旨教経と曰う。（以下略）

右、洞玄請問上経に出づ

（『無上秘要』巻四十七、一b—二a）

『洞玄請問上経』とは、梁・宋文明の「霊宝経目[5]」所載の「太極左仙公請問経上一巻」を指すので、陸修静が泰始七年（四七一）に劉宋の明帝に献上した『三洞経書目録』には仙公系霊宝経として載せられていた。[6] したがって、『洞玄請問上経』は劉宋の泰始七年までには確実に存在していた仙公系霊宝経である。陸修静が元嘉十四年（四三七）に記した「霊宝経目序」（『雲笈七籤』巻四所収）によれば、当時仙公系霊宝経は十九巻存在していたようであるから、[7]『洞玄請問上経』もこの中に含まれていたものと推測される。そうすると、『洞玄請問上経』で言及される三天斎法（三天斎）は元嘉十四年以前に既に存在していた斎法である。この三天斎法は「旨教経」とも呼ばれているが、それは三天斎法が『旨教経』[8]に載せられていたからであろう。『旨教経』に載せられていた三天斎法は経典名をとって「旨教斎法（旨教斎）」とも呼ばれた。つまり、「三天斎法」である旨教斎法（旨教斎）は元嘉十四年以前に存在していたのである。

さらに、先に引用した『太真科』の注に「旨教塗炭斎法」とあるので、『太真科』の成立した劉宋初めの四二〇年代前半には旨教斎法は天師道の間で実施されていたようである。

このように、旨教斎法が「三天斎法」と呼ばれて、劉宋の初めに存在していたのであれば、劉宋初めの天師道が形成した「三天」の思想の影響のもとに、旨教斎法（すなわち指教斎法）が成立した可能性は非常に高いであろう。そこで、次に指教斎法における「三天」の思想の影響について検討してみたい。

（二）「三天」の思想とは、「後漢の張陵のときに天上界・地上界の鬼神の支配者が六天から三天に代わり、三天である太清玄元無上三天無極大道が最高神となった。そこで、三天の部下である太上老君は張陵に古い六天を斥け、新しい三天に従うように求めた。太上老君は、張陵が三天の統治を助けることができるように、張陵に太玄都正一平気三天の師という称号と正一盟威の道を授けた。」と説く思想である。この「三天」の思想は、劉宋初めの天師道が編纂した『三天内解経』において初めて説かれた思想であるが、その後の天師道のもっとも根本的な教理となる。

指教斎法が劉宋初めの天師道の「三天」の思想の影響下で形成されていることは、『正一指教斎儀』で威儀十二法を説く人物が「正一真人三天法師」であることからも、明らかに知られる。なぜならば、「正一真人三天法師」とは、劉宋初めの天師道が「三天」の思想に基づいて作った、天師道の教祖張陵の称号であるからである。

また、指教斎法に現れる神格名にも「三天」の思想の影響が窺える。『正一指教斎清旦行道儀』の次便四方朝に、

次に東に向かう

謹んで太清玄元上三天無極大道、太上老君、太上丈人、天帝君、天帝丈人、九老仙都君、九氣丈人等百千万重道炁、千二百官君、太清玉陛下に関啓す。（三a—b）

とある。ここに見える神々は、天帝丈人を除けば、『三天内解経』巻上に次のように見える神々とまったく同じである。

太清玄元無上三天無極大道、太上老君、太上丈人、天帝君、九老仙都君、九氣丈人等百千万重道氣、千二百官君、太清玉陛下有り。今の世人上章して太清と書くは、正に此の諸天真を謂うなり。（巻上・二a—b）

劉宋初めの天師道が編纂した『三天内解経』は、その序に「今、三天の要解を撰集し、以て未悟に示す。」（巻上・二a）と述べるように、「三天」の思想の根本趣旨を解説するために述作された経典である。『三天内解経』の経題の「三天内解」も「三天」の思想の解説という意味であり、この経題からも『三天内解経』が「三天」の思想を説く経典として編纂されたことがわかる。その編者も自らを「三天弟子徐氏」（巻上・一a）と称して、「三天」の思想の信奉者であることを表明している。すなわち、『三天内解経』が「三天」の思想を解説し宣揚する目的で編纂された経典であることは明らかである。そうすると、指教斎法に見える神々が『三天内解経』で説く「三天」の神々と一致するのは、指教斎法が『三天内解経』の「三天」の思想の影響を受けて作られていることを示唆していよう。

また、『正一指教斎儀』の宿啓儀の発炉や『正一指教斎清旦行道儀』の次便四方朝に、

太上玄元五霊老君よ。当に功曹使者、左右龍虎君、捧香使者、三炁正神を召して、急ぎ上りて三天太上玄元大道君に関啓すべし。（『正一指教斎儀』一a－b。『正一指教斎清旦行道儀』二b）

とあるが、ここに見える「三天太上玄元大道君」は先の指教斎法や『三天内解経』で説く「太清玄元無上三天無極大道」と同じ神格である。この神格は「三天」の語が冠されているように、「三天」の思想の影響下で形成された神格である。

この他にも、指教斎法には「三天」の語が冠された神格名が「三天万福君」（『正一指教斎儀』宿啓儀二b。『正一指教斎清旦行道儀』三b）あるいは「三天監斎仙官」（『正一指教斎清旦行道儀』二b）と見えるが、これらの神格名も劉宋の「三天」の思想の影響を受けて付けられた名称のようである。

このように見てくると、指教斎法が「三天斎法」と呼ばれているのも首肯できよう。「三天」の思想は、劉宋初めに形成された思想であるから、東晋末までの五斗米道は「三天」の思想をまだ持っていない。したがって、東晋末までの五斗米道では張陵を正一真人三天法師と呼ぶこともない。正一真人三天法師の称号や「三天」とその配下の神々が現れる指教斎法は、明らかに劉宋の天師道が「三天」の思想の影響のもとに作った斎法である。既に述べたごとく、『太真科』の注には指教斎法のことが見えるので、その成立時期は劉宋の永初元年（四二〇）から元嘉二年（四二五）までの頃であろう。『三天内解経』の編纂時期もほぼ同じ頃であるので、指教斎法と『三天内解経』は同時期に成立したようであり、ともに劉宋の永初年間（四二〇－二四）の成立と推測される。(9)

ところで、『正一指教斎清旦行道儀』の読辞の項で次のように述べている。

辞言懇倒、謹んで具《つぶさ》に陳請す。為《ため》に漢中の旧典に依り、指教斎直を建つ。一日一夜三時に行道し、日夜祇《た》だ

誠にして、特《ひと》り玄沢を賜る。（二a－b）

ここに「漢中の旧典に依り、指教斎直を建つ。」とあって、指教斎法が後漢の五斗米道の旧典に依って実施されるように記している。この記載通りであれば、指教斎法は後漢の五斗米道で既に行われていたことになるが、しかしこれまで見てきたように、指教斎法は劉宋初めの天師道が「三天」の思想に基づいて作った斎法である。また、劉宋以前に指教斎法が実施されていたことを示す証跡も見出せない。そうすると、「漢中の旧典に依り」というのは、指教斎法を単に権威付けるために述べているに過ぎないと言えよう。

三　指教斎法の構造と上章儀礼

次に指教斎法の構造を分析して、指教斎法と上章儀礼との関係について考察してみたい。

『正一指教斎儀』宿啓儀によれば、指教斎法の宿啓儀では初めに発炉、次に四方朝、次に読辞、次に説威儀十二法、次に補職、次に復炉、次に詠紫霞頌、次に出壇が行われる。

『正一指教斎清旦行道儀』によれば、指教斎法の清旦行道儀では初めに発炉、次に出官、次に読辞、次に便四方朝（発炉と四方朝）、次に三上香三祝願、（次に復炉）(10)、次に誦詠三首が行われる。

（1）発炉と出官

先ず、指教斎法における発炉と出官を見てみる。

先ず発炉す

太上玄元五霊老君よ。当《まさ》に功曹使者、左右龍虎君、捧香使者、三炁正神を召して、急ぎ上りて三天太上玄元大道君に関啓すべし。臣等は正爾として焼香し、清旦斎事す。願わくは、八方の正炁来りて臣等の身中に入り、啓《もう》す所を速やかに達《とど》けて、径《ただ》ちに至真無極道の前に御せん。

次に上香し周廻して還り、東に向いて再拝す

次に長跪し、叩歯すること二十四通、出官す

謹んで臣等の身中の五体真官、功曹吏を出ださん。臣等の身中の治職君吏、建節監功大将軍、前部效功、後部效殺、駅亭令、駅亭丞、四部監功謁者、及び臣等の佩《お》ぶる所の仙霊の二官直使、正一功曹、治病功曹、左右官使者、陰陽神決《ママ》吏、科車赤符吏、剛風騎置駅馬上章吏官を出ださん。各々二人出づ。出づる者、厳装す。顕服冠帯し、纓を垂れ、其の威儀を整え、臣等の前後左右に住立す。咸な臣の口中の辞語を受け、分別して泰清の官属、監斎君吏、天師の布下する所の二十四治の諸官君将吏、道上二玄三元四始甲子の諸官君、七十二官、三官考召、直日直符、五嶽四瀆、丘沼廟神、山林孟長、山川渓谷、及び此の間の州県郷里の里域真官、注炁監察考召、土地の主、社里邑君に関啓す。一時に厳装し、臣等の身中の功曹使者、及び飛龍駅吏とともに、太上大道、太上老君、太上丈人、四方衆真、道徳尊君、天師、嗣師、系師、女師、三師君の門下、典者君吏、泰清霊神、正一諸官君に上啓す。臣等は謬りて法教に参《まじ》わり、職《つと》めは披述に在り、爰《ここ》に帰告に値《あ》い、輒《すなわ》ち宣騰を為す。謹んで云々有り。

(『正一指教斎清旦行道儀』一a—二a)

(注) 宿啓儀では、発炉の「清旦斎事」が「宿啓斎事」とある。

儀式の順序は前後するが、初めに出官の儀式から検討してみる。出官では法師の祭酒や道士が体内神を呼び出して、これらの神々を天上界や地上界の神々のところに遣わして関啓(上啓)させる、という儀式が行われる。

この出官の儀式は天師道の上章儀礼に由来するようである。上章儀礼では『玄都律文』（HY一八八）に、

律に曰く、治に入りて上章す。皆な自ら衣冠を厳装し、法服を正し、平坐して五方の生氣及び身中の功曹吏兵を存す。（一九a）

とあるように、五方の生気や体内の功曹吏兵を存思（瞑想）する。そして出官とは、『正一威儀経』（HY七九〇）に、

正一章奏威儀。……出官、各々身中の仙官を出す。謬濫を得ず。（一四b）

とあるように、上章儀礼で身中の仙官を体外に出すことを「出官」という。さらに、出官した仙官が天上界に昇って神々に願い事を伝えることを「関啓（上啓）」という。上章儀礼には天上界の神々（天官）に降下を請う方法もあり、これを「請官」という。

指教斎法の出官において身中の五体真官・功曹使者等の仙官を体内より出す方法は、明らかに上章儀礼の出官のやり方をまねたものである。このことは、指教斎法の出官に見られる「二官直使、正一功曹、治病功曹、左右官使者、陰陽神訣吏、科車赤符吏、剛風騎置駅馬上章吏官、各々二人を出だす。」という表現が、唐初に編纂された『赤松子章暦』（HY六一五）に載せる多くの章文の中にほとんどそのまま見出せることによっても確かめられる。その一例を挙げれば、天旱章に、

特《ひと》り太上・三師に従い、応験の効信に負《そむ》かざるを丐乞《きっかい》す。太上の分別して臣の愚劣を哀しむを、恩に惟《おも》う。謹んで二官直使、正一功曹、左右官使者、陰陽神訣吏、科車赤符吏、剛風騎置駅馬上章吏官に因《よ》らん。各々二人出でて操《おこな》え。（巻三・三b）

とある。ここに見える神格はすべて指教斎法の出官にも現れているが、ここで注意すべきことはこの中に「上章

吏官」の仙官名が見えることである。つまり、二官直使・正一功曹・左右官使者・陰陽神訣吏・科車赤符吏・剛風騎置駅馬上章吏官は元々は上章儀礼の出官において使者となる仙官である。指教斎法の出官の神々の中にこれらの神格名が見えるのは、指教斎法の出官の儀式が上章儀礼の出官に基づいていることを示唆していよう。

次に、出官の儀式の前に行われる発炉について、その由来を検討してみたい。発炉では、法師の祭酒や道士が太上玄元五霊老君に依頼して、身中の功曹使者・左右龍虎君・捧香使者・三炁正神を呼び出すが、五霊老君に出官を依頼する方法は上章儀礼の出官にはない方法である。また呼び出される身中の神々も上章儀礼の出官に現れる神々とは少しく異なる。この点から見て、発炉の儀式は上章儀礼の出官をそのまま用いたものではない。しかし、体内神を呼び出して天上の三天太上玄元大道君（太清玄元無上三天無極大道）のところに派遣するというその発想は劉宋初めの天師道の上章儀礼の出官に似ている。恐らく発炉の儀式は指教斎法を作る際に、上章儀礼の出官にその発想を借りつつ、斎法独自の出官の儀式として新たに考案したものであろう。(12)

(2) 四方朝

指教斎法の四方朝では初めに発炉を行うが、この発炉の儀式は清旦行道儀の最初に行う発炉と同一の儀式であるので、ここで改めて紹介することは省略したい。

続く四方朝では、先ず西北東南の神々に関啓し、その後で読辞を行う。

次に法師は東面に還り、西に向いて長跪し上香す。周《めぐ》ること竟《おわ》りて還る

次に西に向かい、各々治職を称す。再拝して平坐して読む

謹んで天師、嗣師、系師、女師、三師君夫人門下、典者君吏に関啓す。

次に北に向かう

謹んで上皇太上北上大道君に関啓す。

次に東に向かう

謹んで太清玄元上三天無極大道、太上老君、太上丈人、天帝君、天帝丈人、九老仙都君、九氣丈人等百千万重道炁、千二百官君、太清玉陛下に関啓す。

次に南に向かう

謹んで南上大道君、司命衆官、三天万福君に関啓す。臣等宿世の因果により、正教を稟承し、運りて僥倖に逢い、叨《かたじけ》なくも冥津に擢ばれ、業は清虚に愧じ、行いは忍辱に慚じ、恒に功を立て過を補い、福を延き咎を抜き、累欲を消遣し、勝縁を増長し、憂危を拯接し、苦難を祈済せんと願う。今、謹んで斎忱《しん》有り、用《もっ》て宣読を伸《の》ぶ。

読　辞

具に翰墨の陳《の》ぶる所の如く、宜しく騰《のぼ》りて奏すべし。輒ち相携率して、施主某乙の為に、天師の指教斎直を建立す。一日一夜、三時に行道す。願わくは、是の功徳を以て、斎主の家の七世父母・先過後亡の一切の神爽の為に殃對を消釈し、基罰を和解し、長夜の魂を抜き、永劫の罪を購い、地獄の縁を断ち、天堂の業を結ばん。故《ここ》に大道に帰身し、大道に帰神し、大道に帰命す。（『正一指教斎清旦行道儀』三a－四a）

四方朝の東方の神々は、既に見たごとく、天帝丈人を除いて、すべて『三天内解経』巻上に記す神々と一致する。『三天内解経』巻上では「今の世人が上章して太清と書くは、正に此の諸天真を謂うなり。」（二b）と述べるように、「太清玄元無上三天無極大道、太上老君、太上丈人、天帝君、九老仙都君、九氣丈人等百千万重道氣、千二百官君、太清玉陛下」（二a－b）とは、劉宋初期の天師道の上章において法師（祭酒・道士）が関啓する対象の神々である。四方朝の東方で法師の関啓する対象の神々が、天師道の上章儀礼に現れる神々と同一であるところから明らかなように、四方朝の儀式は天師道の上章儀礼を模倣して作られたものである。

四方朝の関啓に現れる神々は、東方の神々のみならず、西方の「天師、嗣師、系師、女師、三師君夫人門下、典者君吏」も、北方の「上皇太上北上大道君」も、南方の「南上大道君、司命衆官、三天万福君」も、劉宋初期の天師道が信奉していた神々である。四方朝には上清経や霊宝経に特有の神々の名は見出せない。また四方朝に現れる方位も、四方や五方や八方であって、霊宝経の十方の方位は使われていない。さらに関啓や読辞の内容にも、霊宝経の思想の影響は見られない。こうした点から推測すると、指教斎法は、劉宋の天師道が霊宝経を積極的に摂取するようになる元嘉三年（四二六）以前に作られた斎法のようであり、その成立は劉宋のごく初めの永初元年（四二〇）頃であろう。なお、指教斎法が天師道の創作した斎法であることは、読辞に「天師の指教斎直を建立す」と述べるところからも、確認できる。(13)

（3）三上香三祝願

指教斎法では四方朝に続いて、三上香三祝願が行われる。三上香三祝願では、三回焼香し、その都度祝願を述べる。この祝願の内容が斎法の目的である。次に、指教斎法の三上香三祝願を見てみる。

第一に上香す。願わくは、是の功徳を以て、上、七世の父母の過去の神識に延《およ》び、当に災厄《やく》の苦難を免離して、咸な煩悩の悪根を解脱するを得せしめ、朱陵に受錬し、南極に輪化し、永く三途を出で、長く五道を遠ざかり、六趣に更《かわ》らず、八門に渉らず、沢は後徒を被《おお》い、福は見在に流るるべし。今、故《ここ》に焼香し、自ら師君に帰依し、昇りて無形に入り、道と真を合せん。

第二に上香す。願わくは、是の功徳を以て、奉りて帝主国王・君臣吏民の為に、皇基を保鎮し、社稷を興隆し、邦《くに》を安んじ壌《とち》を利し、福を延《ひ》き祚を享《う》けんことを。故《ここ》に、大道に帰身し、大道に帰神し、大道に帰命す。是の功徳を持《もつ》て、上、帝主国王・君臣吏民に延《およ》び、当に災厄の苦難を免離して、咸な煩悩の悪根を解脱するを得せしめ、寿は乾坤より永く、年は椿嶽を逾えしめ、国は治まり民は安んじ、功は成り道は泰らかにして、上は慈、下は孝、君は礼、臣は忠にして、六合は寧静、九有は清平なるべし。今、故《ここ》に焼香し、自ら師君に帰依し、昇りて無形に入り、道と真を合せん。

第三に上香す。願わくは、是の功徳を以て、供主自身及び家門眷属の為に、尊きものも卑しきものも善く慶《めぐ》まれ、災を救《まぬ》がれ厄を度《わた》り、命を保ち年を延ばし、禍いを滅し凶を消し、殃を除き患を却け、恩を祈り福を請い、罪を抜き愆を解き、並びに及び同炁左右の衆官、治所の領民、天下の吏民等が普《あまね》く福慶を同じくし、徧《あまね》く洪潤を受けんことを。故《ここ》に大道に帰身し、大道に帰神し、大道に帰命す。是の功徳を持《もつ》て、某等の身及び家門眷属の尊卑大小、同炁左右の衆官、治所の領民、天下の吏民に帰し、当に災厄の苦難を免離して、咸な煩悩の悪根を解脱するを得せしめ、五刑六害は一切消弭《び》し、千殃萬患は並びに皆な迴伏し、四関九竅は故を吐き新を納め、三一の五神は宮府を鎮衛し、心は開き意は朗らかにして、耳目は聡明、向う所・欲する所は必ず従果を獲、営む所・住する所は萬事諧《かな》い克《よく》し、道を求め真を降し、財を求め宝を得、南昌は籍を領《おさ》め、司命は名を記し、長存久視し、徳は天地に合し、畜牧の属、蝗飛蠢動、已生未生、咸な成就を蒙るべし。今、故《ここ》に焼香し自ら師君に帰依し、昇りて無形に入り、道と真を合せん。再拝。

（『正一指教斎清旦行道儀』四a―五b）

指教斎法の三上香・三祝願は上章儀礼で行われる焼香の儀式に由来するようである。北魏・寇謙之の『老君音誦誡経』には死者の滅罪を祈願する上章儀礼が次のように記されている。

老君曰く、亡人の為に会を設く。焼香の時、道官一人は靖壇の中正にて東に向かい、籙生及び主人も亦た東に向う。各々八拝し九たび叩頭し、九たび頰を搏《う》つ。三たび三過（回）するを満たさば、止む。各々皆な再拝し懇《ねんご》ろにす。若し人多くんば、亦た坐して礼拝して叩頭するも可なり。主〔人〕は官号・姓字を称し、無極大道に上啓す。「万万たる至真の無極大道よ。」と。手を以て香を捻じ、三たび上《あ》げて炉中に著《つ》く。口並びに言う、「亡者甲乙の為に罪過を解け。」と。焼香し願言す。余人は次を以て壇前に到り、懇ろに上香す。法の如く各々を尽す。訖《おわ》らば、靖主は上章し、余人は当席にて拝す。主人は東に向いて叩頭し上章す。訖らば、設会は坐を解く。訖らば、靖主は靖に入り事を啓《もう》す。主人の為に福を収めんと求願して言う。時に当り、主人は東に向いて叩頭して坐す。罷《や》みて出づる時、客は靖に向いて八拝して家に帰る。主人は一宿の中に三過（回）の焼香を満す。明らかに慎みて奉行すること律令の如くせよ。（一五b－一六a）

この上章儀礼では、焼香がしばしば行われている。道官（道士）が無極大道に向かって上啓する前に焼香し礼拝し、さらに上啓する際にも、三上香して死者の滅罪を祈願する。その後、出席者全員が焼香する。続いて靖主が上章し、主人が上章する。法会が終了した後も、主人は一夜の間に三回焼香する。このように、北魏の寇謙之の新天師道で実施されていた、死者の滅罪を目的とする上章儀礼では焼香し祈願することが儀式として重要な役割を果している。

『要修科儀戒律鈔』（HY四六三）巻十所引の『太真科』にも三上香三祝願の儀式が次のように見える。

科に曰く、道民は化に入らば、家家各々靖室を立つ。西に在りて東に向かい、一香火を西壁の下に安《お》く。天師は道治の主たり。靖に入らば、先ず西の香火に向かい、師を存して再拝し、三上香して啓願す。次に北、次に東、次に南。訖《おわ》らば、便ち出づ。転顧する勿れ。（巻十・四a）

これによると、『太真科』が編纂された時期の劉宋初めの天師道では、信者が祈願する際には静室（靖室）に入って、先ず西の香火に向かい、師を存思して再拝し、三上香して祈願を述べる。続いて北、東、南へと順次に廻って同様のことを行う。このように上章を実施しない場合でも、天師道の信者が静室で祈願するときには三上香を営むのである。

天師道の上章儀礼では必ず焼香の儀式を行うので、天師道教徒の静室には香炉が常置されていた。『陸先生道門科略』（HY一一一九）には、

奉道の家、靖室は是れ誠を致すの所なり。其の外は別絶し、他屋に連ならず。其の中は清虚にして、余物を雑えず。門戸を開閉するに、妄りに触突せず。灑掃し精《もっぱ》ら粛《つつし》み、常に神が居るが若くす。唯だ香炉・香燈・章案・書刀の四物を置くのみ。（四b）

とあり、静室には香炉が香燈や章案（章を置く机）や書刀（章を書いたり、章を封ずるときに使う小刀）とともに置かれていたという。これらは上章儀礼を実施するときに使用する道具であるので、静室に常置されていたのである。

（4）復炉

指教斎法では最後に復炉を行う。

次に復鑪《ママ》す

香官使者、左右龍虎君、侍香諸霊官よ。当《まさ》に静室にて行道し、霊壇の露悃《こん》の所にて自然に金液・丹精・芝英を生ぜしめ、百霊衆真をして交会して、此の香火の案前に在らしむべし。某等をして道を得て、剋《よ》く神仙を獲せしめ、臣の身をして福を受け、合門をして恩を荷《にな》わしむ。八方の玉女は香煙を侍衛し、言う所を伝奏し、徑《ただ》ちに至真無極道の前に御せよ。

（『正一指教斎儀』宿啓儀六ａ）

復炉は『正一指教斎清旦行道儀』にはなく、『正一指教斎儀』宿啓儀に載せられているが、発炉と復炉は一対をなしているので、本来は『正一指教斎清旦行道儀』でも復炉が三上香三祝願の後で行われていたものと推測される。復炉に現れる、香官使者・左右龍虎君・侍香諸霊官という神々は、発炉において法師の体内より呼び出された神々である。復炉とは、法師の体内から呼び出された使者の神々を再び法師の体内に戻す前に、法師が使者の神々に最後の願い事を述べる儀式である。すなわち復炉では、香官使者・左右龍虎君・侍香諸霊官に向かって、香火の置かれている静室に金液・丹精・芝英の仙薬が生じ、香火の案《つくえ》の前に百霊衆真の神々が集合するように、また斎の依頼者たちが道を得て神仙になれるように、また斎を行う者たちが福を得て、一門がその恩恵を受けられるように、八方の玉女が香煙を護って、願い事を天上の至真無極道の所まで届けるようにと、願いを述べるのである。この復炉の儀式も、発炉と同様、指教斎法において初めて考案された儀式のようであるが、この復炉も上章儀礼の復官に着想を得るものであろう。

このように指教斎法における発炉・出官・関啓（上啓）・四方朝・三上香三祝願・復炉の儀式を見てくると、指教斎法は天師道の上章儀礼から発展した斎法であることがわかる。指教斎法は上章儀礼を基盤にして、形式（構造）的に斎法として整備したものと言えよう。道教の斎法、例えば、金籙斎法・黄籙斎法・三元斎法・霊宝斎法等の斎法は指教斎法の影響を受け、形式（構造）的にはそれを模倣して作られているようであるので、劉宋初めの天師道が「三天」の思想に基づいて指教斎法（三天斎法）を構築した意義は大きい。道教の斎法儀礼は劉宋初めの天師道が作った指教斎法に始まるのである。

四　指教斎法の戒——威儀十二法

指教斎法では、宿啓儀において四方朝の後で、次のように「威儀十二法」を説く。

次に還りて西に向かい坐して威儀十二法を説く

正一真人三天法師曰く、指教斎の戒に十二法有り。

一は、血を含み生炁有るの物や薫辛の属を食うを得ず。唯だ菜を食うを得るのみ。向生の月は、非なり。

二は、平旦に粥を飲み、日中に則ち食う。是れよりの後、水は歯を過ぎず。昼は則ち焼香し、夜は則ち然燈す。燈香の光をして須臾《しゆゆ》も輟《や》めざらしむ。坐起臥息は、法則（規則）を離れず。

三は、因縁を棄捨し、唯だ道のみ是れ務む。

四は、経を思い戒を念じ、心を洗いて精進す。

五は、一切を慈孝し、不知を愍念し、愚癡を開示し、これが為《ため》に心を痛む。

六は、罪過を悔謝し、恒に毒を持するが如くす。叩頭し自搏《はく》し、礼謝に誠を竭《つく》す。

七は、世の爵禄を棄て、宝とする所は唯だ道のみ。

八は、身を労し体を苦しめ、恭敬して節を尽し、道の為に驅馳す。

九は、衆病・十苦・八難を除き、戹《やく》世を免るるを得て、太平の種民と為るを願う。

十は、道を尊び徳を貴び、心と口が相副《かな》う。洗漱し精進して、内外を清潔にす。斎直の礼拝は、敢えて怠倦せず。

十一は、経を誦し道を講じて、心を安んじ意を定む。志願は分明にして、邪乱有る無し。

十二は、此の時に当り、浄戒に入らしめ、(14)静念に入らしむ。

（四ａ－五ａ）


威儀十二法は指教斎法を実践する祭酒・道士の守るべき戒である。この戒が「正一真人三天法師」の張陵が説いた戒ということであるから、指教斎法が天師道の間で実践される斎法として作られていることがわかる。また既に述べたごとく、「正一真人三天法師」の称号からも、指教斎法が劉宋初めの天師道の「三天」の思想に基づいて作られた斎法であることが確認できる。

五　指教斎法の斎官

指教斎法の宿啓儀では「威儀十二法」を説き終わった後、斎法を実施する斎官を指名する。これを補職という。斎官には、高功（法師）、都講、監斎、侍経、侍香、侍燈の六種があり、『正一指教斎儀』宿啓儀では斎官の補職について次のように述べている。

次に補職す

高功　姓名。其の職たるや、道徳は内に充ち、威儀は外に備り、俯仰・動止は、法式にあらざる莫く、三界の尊ぶ所、鬼神の贍《すく》う所なり。関啓・祝頌は、真に通じ霊を召す。疑滞を解釈して、衆賢を導達す。
都講　姓名。其の職たるや、儀範を閑習し、憲章を綜括し、誠理を宣暢し、疑昧を引導す。必ず俯仰をして度に合わせ、規矩をして式に従わしむ。漏越して唱えて、礼儀に違忤《ご》する勿れ。

監斎　姓名。其の職たるや、才は貞審を用い、質は厳明を範とす。己を励まし衆を斉しくし、取りて人の則《のり》と為り、方《まさ》に邪違を糾察し、規範を縄正すべし。科典を軽略し、任を縦《ほし》いままにして、替わるを怠たることを得る勿れ。

侍経　姓名。其の職たるや、位服は端厳にして、堂筵を敬い粛しみ、必ず巾帳をして厳整にし、几案をして斉列せしめよ。巻を開き軸を蘊《かさ》ぬるに、毎《つね》に祗《つつ》しみ励むを存し、執置をして序に乖《そむ》き、典章をして虧失せしむる勿れ。

侍香　姓名。其の職たるや、言を通じて理を暢べ、資《よ》る所は香に在り、必ず煙炁をして氛氳《ふんうん》にし、謦《しわぶき》を飛ばし馥《かおり》を散らさしむ。然る後に響きは太空に聞こえ、声は上境に伝う。灰炭をして沈冥にし、芬《ふん》芳をして輟《てつ》息せしむる勿れ。

侍燈　姓名。其の職たるや、幽を洞《あきら》かにし夜を朗《あきら》かにするには、寔《まこと》に燈燭に寄れ。必ず焰《ほのお》を列《なら》べ明を斉しくし、光を月路に通ぜしむれば、始めて能く泉途（黄泉への途）を皎《あきら》かに鏡《てら》し、沈《ちん》穴（深い穴）を炳《あきら》かに煥《かがや》かす。煙光をして扇《あお》ぎ蕩《みだ》し、暉影をして傾け翳《かげ》らしむる勿れ。

指教斎法において定められた六種の斎官は、その後の諸々の斎法において継承された。この点からも、指教斎法が道教の諸斎法の原型であったことがわかる。

『正一指教斎儀』宿啓儀では補職の後に、復炉を行い、最後に紫霞頌を詠じて、壇を出る。ここでは紫霞頌は省略に従う。

また、『正一指教斎清旦行道儀』では、最後に「誦詠三首」が記されているが、これも省略に従う。ただ「誦詠三首」の第三首で「此れ天師に由るを知り、情に勝《たえ》ずして喜躍し、天師君に礼拜す。」と詠じており、この句から、指教斎法が明らかに天師道の斎法であると確認できる。

六　結　び

指教斎法（三天斎法）は、劉宋初めの天師道が「三天」の思想を背景にして作った斎法儀礼である。天師道における指教斎法の形成は他の流派にも影響を及ぼし、葛氏道では指教斎法を模倣して、金籙斎法を作成した。金籙斎法は劉宋初期の葛氏道が編纂した元始系霊宝経の『洞玄霊宝長夜之府九幽玉匱明真科』（HY一四〇〇。以下『明真科』と略す）に見える。『無上秘要』巻五十三所収の「金籙斎品」では、『明真科』の「長夜之府九幽玉匱明真科法」の箇所を引用しているので、『明真科』に載せる「長夜之府九幽玉匱明真科法」がいわゆる金籙斎法である。

指教斎法と金籙斎法は斎法の構造が非常によく似ている。指教斎法では発炉・出官・関啓（上啓）・三上香三祝願・四方朝・復炉が行われるが、金籙斎法では発炉・上啓・請官・三上香三祝願・謝十方・復炉が行われる。両者を比べてみると、発炉・関啓（上啓）・三上香三祝願・復炉が共通し、指教斎法の出官と四方朝に対して、金籙斎法では請官と謝十方を行う。両斎法の構造上の類似は一方が他方を模倣しているからであるが、両者のうち先に作られたのは天師道の指教斎法であろう。なぜならば、斎法を構成する発炉・出官（あるいは請官）・関啓（上啓）・三上香三祝願・復炉の儀式が天師道の上章儀礼に由来するからである。つまり、最初に劉宋初めの天師道が上章儀礼を基盤にして指教斎法を作り、その後に葛氏道がそれを模倣して金籙斎法を作ったと推測するのがもっとも穏当であろう。

金籙斎法が指教斎法を模倣していることは、それぞれの発炉の儀式に見られる神格名からも推察できる。金籙斎法の発炉は次の通りである。

次に発炉す

无上三天玄元始三炁太上道君よ。臣の身中の三五功曹、左右官使者、左右捧香、駅龍騎吏、侍香金童、伝言玉女、五帝直符を召し出せ。各々三十六人出づ。出づる者厳装し、土地里域の四面真官に関啓せよ。臣は今正爾として焼香し行道す。願わくは、十方の正真の炁をして臣の身中に入り、啓す所を速やかに達《つた》え、径《ただ》ちに太上无極大道至尊玉皇上帝の御前に御せしめん。（『明真科』二六b－二七a）

ここに見える「无上三天玄元始三炁太上道君」という神格名には「无上三天」の観念が付されているが、これはこの神格名が劉宋の天師道の唱えた「三天」の思想に基づいて形成されていることを示している。(15) この神格と密接な関係にある神格が、指教斎法の発炉に見える「三天太上玄元大道君」である。この神格名は別言すれば、「三天玄元太上大道君」である。この「三天玄元太上大道君」と金籙斎法の発炉の「无上三天玄元始三炁太上道君」とを照し合わせてみると、「无上三天玄元始三炁太上道君」は「三天玄元太上大道君」の「三天」に最高の意味の「无上」を付加し、「玄元」を「玄元始三炁」に代えたものであることがわかる。

「玄元始三気」説は、『三天内解経』巻上に「玄氣元氣始氣、三氣は混沌し、相因りて玄妙玉女を化生す。」（二b）や「老君は玄元始気を布散す。清濁分れず、混沌として状は雞子の中黄の如し。因りて分散し、玄気は清淳にして、上昇して天と為る。始気は濃濁にして、凝下して地と為る。元気は軽微にして、通流して水と為る。」（二b）と見えるが、『三天内解経』では玄元始三気と「太清玄元無上三天無極大道」という神格とは別個なものとして扱われており、玄元始三氣がまだ「三天」と結びついていない。『三天内解経』の「太清玄元無上三天無極大道」では「三天」と連結している語は「玄元」であって、玄元始三氣ではない。玄元始三氣が「三天」と結びつくのは『三天内解経』の編纂よりも少し時代が下るようである。つまり、「三天」と結びつく観念としては「玄元」の方が「玄元始三氣」よりも、古いのである。[16] したがって、神格名としては指教斎法の「三天玄元太上大道君」の方が金籙斎法の「无上三天玄元始三炁太上道君」よりも古い神格名であるので、神格名から金籙斎法と指教斎法の形成の前後を推測すれば、指教斎法の方が金籙斎法よりも早い成立であることがわかる。

ちなみに、金籙斎法の発炉とほぼ同じ儀礼が『太上洞玄霊宝赤書玉訣妙経』（HY三五二）巻上の「北方五炁玄天真文赤書玉訣」（一四b—一六b）の最後の箇所に見える。ここでは霊宝五篇真文の祭祀として発炉の儀式が行われている。金籙斎法を載せる元始系霊宝経の『明真科』や金籙斎法の発炉と同様の儀式を載せる『太上洞玄霊宝赤書玉訣妙経』が、劉宋初めの指教斎法の成立以後に編纂されていることは明らかであろう。[17]

葛氏道が天師道の指教斎法を模倣したにせよ、霊宝経の大乗思想に基づく斎法として金籙斎法を作ったことは、斎法の歴史において画期的なことである。斎法に霊宝経の大乗思想が取り入れられて、斎法が一切衆生の救済を目的とする宗教儀礼になったからである。金籙斎法が葛氏道で作られると、天師道は霊宝経の『明真科』を自派の経典の中に摂取するとともに、この金籙斎法も自派の斎法の中に取り入れて、天師道の斎法として実施した。その後、天師道は指教斎法と金籙斎法に基づいて霊宝斎法を考案し、[18] さらに自然斎法や黄籙斎法等の諸斎法を作り、斎法儀礼の拡充を図っている。劉宋期の天師道はさまざまな斎法を備えて「道教」の宗教儀礼を整えていったが、天師道で実践された諸斎法の原型は上章儀礼に基づく指教斎法であったのである。

（小林正美）

（1）『太真科』の編纂年代については、大淵忍爾『道教とその経典』（創文社、一九九七年十一月）第五章五、太真科成立の時期とその意味について、参照。大淵氏は『太真科』の成立年代を「四二〇年代前半頃」（四五七頁）と推定しているが、妥当な見解であろう。

（2）山田利明『六朝道教儀礼の研究』（東方書店。一九九九年一月）第二篇第一章道教における斎法の成立、参照。

（3）『老君音誦誡経』の編纂年代については、楊聯陞「老君音誦誡経校釈」（『歴史語言研究所集刊』第二十八本、一九五六年、三四頁）、参照。

（4）塗炭斎法については、山田明広「塗炭斎考――陸修静の三元塗炭斎を軸として――」（日本道教学会。『東方宗教』第一〇〇号、二〇〇二年十一月）、参照。山田明広氏は塗炭斎法の発展段階を、陸修静以前の塗炭斎と、陸修静『洞玄霊宝五感文』に載せる三元塗炭斎と、『無上秘要』巻五十塗炭斎品所収の塗炭斎の三段階に分けているが、妥当な見解であろう。

（5）宋文明の「霊宝経目」については、大淵忍爾『敦煌道教 目録編』（福武書店、一九七八年三月）「附録一 霊宝経目」、および拙著『六朝道教史研究』（創文社、一九九〇年十一月）第一篇 第三章 霊宝経の形成 二、陸修静の霊宝経の分類――元始系と仙公系――、参照。

（6）「霊宝経目」に載せる陸修静の目録が泰始七年（四七一）の『三洞経書目録』に基づくという見解は、前掲の拙著『六朝道教史研究』第一篇 第三章 霊宝経の形成 二、「陸修静の霊宝経の分類――元始系と仙公系――」、参照。

（7）「霊宝経目序」によれば、「或は是れ旧目の載する所、或は自ら篇章の見《あらわ》す所、新旧五十五巻」とあり、陸修静は「旧目」に載せる三十六巻と、「旧目」にはない新経十九巻、合わせて五十五巻を霊宝経と見なしている。

（8）『旨教経』は五斗米道・天師道で行われていた宗教儀礼を集めた経典のようである。『旨教経』に載せる儀礼の中では三天斎法がもっとも代表的な儀礼であるところから、三天斎法が旨教（指教）斎法と呼ばれるようになったのであろう。『太真科』（『三洞珠嚢』巻一所収）の注で塗炭斎を「旨教塗炭斎法」と呼んでいたのも、塗炭斎が指教斎法とともに『旨教経』に収められていたので、両者を混同したものと思われる。『正一論』（HY一二一八）によれば、「答えて曰く、旨教斎法及び塗炭謝儀は、共に一巻の経中に出づ。」（二b）とあり、旨（指）教斎法と塗炭斎が同じ『旨教経』に収められていたという。『旨教経』については、王承文『敦煌古霊宝経與晋唐道教』（中華書局、二〇〇二年十一月）第四章第二節二、古霊宝経中的定期斎戒與早期天師道《旨教経》、参照。ただし、王承文氏は『旨教経』の成書年代の推定において、『女青鬼律』（HY七八九）巻三に見える

「天師曰く、吾れ太上の旨教を受く。禁忌甚だ重し。」（三b）の「旨教」を『旨教経』と解釈しているが、これは誤りであろう。この「旨教」は同じ巻三に「太上の教勅を受く。厳切なり。」（一a）の「教勅」と同義であり、『旨教経』を指すのではない。「旨教」が教勅（教え）の意味で用いられている用例は『無上秘要』（HY一一三〇）巻五十塗炭斎品に「謹んで相攜率し、為に天師の旨教を承け、塗炭を建義す。」（一b）と見える。筆者は『旨教経』の編纂も劉宋初期の天師道で行われたものと推測する。

(9)『三天内解経』の編纂年代については、楊聯陞「老君音誦誡経校釈」（『歴史語言研究所集刊』第二十八本、一九五六年、三四頁）、大淵忍爾『道教史の研究』（一九六四年、五〇二頁）、および前掲の拙著『六朝道教史研究』（二〇八頁）、参照。

(10) 誦詠三首の前に復炉の儀式が脱落しているようである。

(11) 指教斎法の発炉には功曹使者等の神々の前に「身中」の語は付されていないが、他の斎法の発炉の儀式では「身中」の語が付されているので、指教斎法の発炉にも本来は付されていたものと推測される。

(12) 発炉の儀式が天師道の上章儀礼に由来することを示す事例として、次の金籙斎法の発炉がある。

无上三天玄元始三炁太上道君よ。臣の身中の三五功曹、左右官使者、左右捧香、駅龍騎吏、侍香金童、伝言玉女、五帝直符を召し出せ。各々三十六人出づ。出づる者厳装し、土地里域の四面真官に関啓す。臣は今正爾として焼香し行道す。願わくは、十方の正真の炁をして臣の身中に入り、啓す所を速やかに達《つた》え、径《ただ》ちに太上无極大道至尊玉皇上帝の御前に御せしめん。（『洞玄霊宝長夜之府九幽玉匱明真科』一六b―一七a）

この発炉の儀式では无上三天玄元始三炁太上道君によって法師の体内より呼び出された三五功曹、左右官使者等の神々が土地里域の四面真官に関啓している。土地里域の四面真官に関啓するこの儀式は、上章儀礼に由来するようである。『老君音誦誡経』には「章表の文書、皆な土地の治官の真神に由りて上達するを得。」（二〇a）とあり、東晋期の五斗米道および北魏・寇謙之の新天師道の上章儀礼では、章文が土地の治官によって無極大道に伝達されると考えられている。金籙斎法の発炉で三五功曹、左右官使者等の神々が土地里域の四面真官に関啓するのは、この東晋期の上章儀礼のごとく、土地里域の四面真官が願い事を無極大道に伝達すると考えられているからであろう。

また、金籙斎法の発炉では十方の正真の気を法師の身中に入れ、それに願い事を無極大道に伝達させるようにも考えられている。この方法は指教斎法の発炉で八方の気を道士の体内に入れて神格に変え、その体内神に願い事を至真無極道に伝達させる方法と同様に、劉宋期の上章儀礼の方法を取り入れたものであろう。劉宋末に編纂された『玄都律文』には、上章の際に祭酒や道士が「平坐して五方の生氣及び身中の功曹吏兵を存す。」（一九ａ）とある。上章において「五方の生気」を存思（瞑想）するのは、五方の生気を体内に取り入れ、瞑想によってそれを神格に変えて天上界に赴かせることをいう。

（13）劉宋の天師道が霊宝経を積極的に摂取するようになった年代については、本書所収の拙稿「霊宝斎法の成立と展開」、参照。

（14）原文の「令淨入戒」は「令入淨戒」の誤りであろう。

（15）「无上三天」の観念は『三天内解経』巻上の「太清玄元無上三天無極大道」（二ａ）の「無上三天」に由来し、『三天内解経』の「三天」の思想で初めて用いられた「三天」の観念である。

（16）「玄元」と「三天」が結び付いた用例は、東晋末期の編纂である『女青鬼律』（ＨＹ七八九）巻二に「太清玄元上三天」（一ａ）とある。『女青鬼律』の編纂年代については、前掲の拙著『六朝道教史研究』補論一、三『女青鬼律』の成書年代、参照。なお、「太清玄元」は五斗米道では特別の意味があった。『華陽国志』巻二・漢中志に「漢末に沛国の張陵、道を蜀の鶴鳴山に学び、道書を造作し、自ら太清玄元と称し、以て百姓を惑す。」とあり、「太清玄元」は元は張陵の自称であったという。

（17）元始系霊宝経（元始旧経）が東晋の隆安末（四〇一）頃に葛巣甫によって編纂された、という見解を支持する道教研究者が今でもなお少なからずいる。この見解の代表的な研究としては、大淵忍爾『道教とその経典――道教史の研究　其の二――』（創文社、一九九七年十一月）第二章「霊宝経の基礎的研究――敦煌鈔本霊宝経目を中心として――」がある。しかし、筆者は、既に論文「劉宋における霊宝経の形成」（『東洋文化』六二号。東京大学東洋文化研究所、一九八二年三月。前掲の拙著『六朝道教史研究』に所収）において、元始系霊宝経（元始旧経）の編纂は劉宋の永初元年（四二〇）頃に始まるという見解を発表している。なお、元始系霊宝経の『元始五老赤書玉篇真文天書経』（ＨＹ二二）巻下にも『三天内解経』巻上に列記されている、太清玄元無上三天無極大道、太上老君、等々の神格名が引用されているので、この霊宝経の成書年代も劉宋初である。前掲の拙著『六朝道教史研究』第三篇第二章劉宋期の天師道の「三天」の思想とその形成、三「三天」の思想の形成（四九四－四九六頁）、参照。

（18）霊宝斎法については、本書所収の拙稿「霊宝斎法の成立と展開」、参照。

（付記）本論文は『アジア文化の思想と儀礼』（福井文雅博士古稀記念論文集、春秋社、二〇〇五年六月）に掲載の論文「道教の斎法儀礼の原型の形成――指教斎法の成立と構造――」を訂正し補筆したものである。

霊宝斎法の成立と展開

一　はじめに

霊宝斎法は道教のもっとも代表的な斎法としてよく知られている斎法であるが、しかし霊宝斎法の歴史については不鮮明な部分や誤解されている事柄が多いように思われる。[1] そこで小稿では、試みに霊宝斎法の成立と展開について考えてみることにする。

霊宝斎法の源流は『太極真人敷霊宝斎戒威儀諸経要訣』（HY五三二。以下、『敷斎経』と略称す）に記す「霊宝斎法」（『敷斎経』の霊宝斎法を指すときには「霊宝斎法」と表示する）である。そこで初めに、「霊宝斎法」の成立時期と制作者、およびその特徴について考察する。その後、「霊宝斎法」の展開について検討し、霊宝斎法が天師道で実施されてきたことを明らかにしたい。

二　「霊宝斎法」の成立年代とその制作者

（一）「霊宝斎法」の成立の考察にあたっては、先ず「霊宝斎法」を載せる『敷斎経』の成立時期とその編纂

者について検討したい。

『敷斎経』は梁の宋文明の作成した「霊宝経目」[2]（仮称）（ペリオ二八六一の二、二二五六）に「太極真人敷霊宝文斎戒威儀諸要解経訣下一巻」の名で記載されている。「霊宝経目」は劉宋の陸修静（四〇六－七七）が明帝の勅令により泰始七年（四七一）に提出した『三洞経書目録』と記載の内容が一致するので、「霊宝経目」にその名の見える『敷斎経』は泰始七年には存在していたことが確かめられる。

「霊宝経目」では『敷斎経』を、葛仙公（葛玄）が太極真人より授かったといわれる仙公系霊宝経の一種として載せている。陸修静が元嘉十四年（四三七）に編纂した「霊宝経目序」（『雲笈七籤』巻四所収）によれば、当時、仙公系霊宝経は十九巻存在したようであるから[3]、『敷斎経』もその中に含まれていたものと推測される。そうすると、『敷斎経』は元嘉十四年には存在していたことになり、その編纂時期は元嘉十四年以前であると推定できる。

次に、『敷斎経』の成立をその思想から推察してみたい。『敷斎経』の思想においては二つのことが注目される。第一は劉宋初めの天師道によって形成された「三天」の思想[4]の影響が見られることである。第二は三洞説の影響が窺われることである。

「三天」の思想では後漢の張陵に「正一真人三天法師」という称号を授けているが、『敷斎経』に「正一真人三天法師」（一四b）の称号が見られる。あるいは『敷斎経』に記す「霊宝斎法」の発炉において「無上三天玄元大道」（一b）という神格が現れているが、この神格は劉宋初めに編纂された『三天内解経』（HY一一九六）巻上の「太清玄元無上三天無極大道」（二a）と同一の神格であり、劉宋初めの天師道において形成された「三天」の思想における最高神を指す。このように、『敷斎経』には劉宋初めに形成された「三天」の思想の影響が見られるので、その成立はいかに早くとも劉宋初めの永初年間（四二〇―二二）以後である。

第二の『敷斎経』への三洞説の影響は、第一に道教経典を三洞十二部に分類したときの総称である「三十六部尊経」（七b－八a）という語が見えること、第二に三洞の洞真部に由来する「洞真三十九篇」（一九b）や「洞真経」（二〇a）や「洞真玉清経」（一九b）という経名が見えること、第三に三洞部の経典すべてを信奉する者という意味の「三洞弟子」（七a）の語が見えること、等から窺える。『敷斎経』は三洞説の影響を受けているので、その編纂は三洞説の成立後と推測される。

ところで、『敷斎経』では三洞部の上清経・霊宝経・『三皇経』のうち、上清経と霊宝経は最高の経典として特別に賛美されているが、『三皇経』についてはまったく触れられていない。『敷斎経』に三洞説の影響があるにもかかわらず、洞神部の『三皇経』に言及がないのは、なぜであろうか。この問題は『敷斎経』の成立時期とも関連があるように思われるので、次に『敷斎経』に『三皇経』が見えない理由について少しく考えてみたい。

(二)『敷斎経』では『道徳経』と『大洞真経』と霊宝経とについて次のように述べている。

唯だ道徳五千文のみ至尊無上正真の大経なり。大なること包まざる無く、細なること入らざる無くして、道徳の大宗なり。…（中略）…所謂大乗の経なり。

又た大洞真経三十九章は人間《じんかん》にてこれを誦するを得ざるなり。爾《しか》る所以は、是れ真道幽昇の経なればなり。諸天・帝王下り迎えて、香花を散らす。六天の大魔王の官属侍衛し慶《よ》きかなと称す、皆な来り稽首して受事す。…（中略）…

霊宝経は是れ道家の至経にして、大乗の玄宗なり。俯仰の品有り。十方の已得道の真人は恒《つね》にこれが為めに礼を作し、焼香し散華す。衆道の本真なり。道士は霊宝を奉仰し、朝拝し斎戒し、法を案じてこれを修む、皆な便《すなわ》ち道を得。豈に然らざること有らんや。（一二a—一三a）

太極真人曰く、霊宝経は、衆経の宗にして、言を以て宣べ難し。五千文は微妙にして、衆経は大いに義一に帰す。洞真三十九篇は、三十九真人これを説くものなり。蓋し無生の文なり。此れ真人伝えてこれを出すのみ。（一九a—b）

天地に終始有り、故に大小劫有り、諸経は亦たこれに随いて滅尽するなり。後代の聖人は更に法を出す。唯だ道徳五千文・大洞真経・霊宝のみ滅せず尽きずして、無窮に伝告す。故に曰く、無生の篇、衆経の王なり、と。（二〇a）

これらの文を見ると明らかなように、『敷斎経』では『道徳経』と『大洞真経』と霊宝経とが特別に尊い経典と見なされている。『道徳経』とともに上清経の『大洞真経』と霊宝経を特別に尊重する事例は、『洞玄霊宝玉京山歩虚経』（HY一四二七。以下、『玉京山歩虚経』と略称す）にも次のように見える。

正一真人無上三天法師張天師頌して曰く、霊宝及び大洞は、至真の道経の王なり。唯だ五千文有りて、高妙にして等双無きなり。（九b）

ここでは、『道徳経』とともに、霊宝経と『大洞真経』が道経の王と賛美されている。劉宋の陸修静が編纂した『太上洞玄霊宝授度儀』（HY五二八。以下、『授度儀』と略称す）にも『玉京山歩虚経』の上記の一段が引用されている。それはほぼ同文であるが、『授度儀』では「正一真人無上三天法師」が「太上正一真人三天大法天師」

とある。

さて、『玉京山歩虚経』の一文で注目すべきことは、『道徳経』とともに、霊宝経と『大洞真経』を最高の経典と賛美している人物が、正一真人無上三天法師張天師であるということである。天師道の祖師張陵の称号である「無上三天法師」や「三天大法天師」は、劉宋の天師道が「三天」の思想に基づいて作った称号であるから、このような称号をもつ張天師の頌は、劉宋の天師道の手に成るものである。張天師の頌が劉宋の天師道の作であれば、この頌から、劉宋の天師道では『道徳経』とともに、上清経の『大洞真経』と霊宝経を最高の経典と見なしていたことが知られよう。

では、劉宋の天師道で『道徳経』とともに、上清経の『大洞真経』と霊宝経を最高の経典として讃美するようになるのは、いつ頃からであろうか。『道門経法相承次序』（HY一一二〇）巻中に所引の『太真科』では、劉宋初期の天師道における経典の格付けを次のように記している。

謹んで太真科を按んずるに曰く、盟威を下科と為し、太清を中科と為し、上清・道徳を上科と為す。三科を三乗と為す。(5)（二三a）

これによると、『太真科』が編纂された四二〇年代前半(6)の天師道では、上清経と『道徳経』を自派の最上の経典と見なしていた。(7)このことから、上清経は劉宋の初めには既に天師道に摂取されていたことが知られる。ただ、ここで注意すべきことは、『太真科』の中では霊宝経について言及していないことである。(8)『太真科』で霊宝経について触れていないのは、『太真科』が編纂された四二〇年代前半の天師道では、霊宝経を読誦し伝授することを、まだ実施していなかったからであろう。そうすると、先の『敷斎経』や『玉京山歩虚経』のように、『道徳経』と上清経のほかに霊宝経を加えて、三経を最高の経典と尊尚するようになるのは、『太真科』以後の状況のようである。つまり、劉宋の天師道で葛氏道の編纂した元始系霊宝経を自派の経典の中に積極的に取り入れて信奉するようになるのは、元嘉三年（四二六）以後のことのようである。

ところで、劉宋の天師道では葛氏道の元始系霊宝経の摂取において、次の三つのことを行っている。第一は元始系霊宝経の原本『九天生神章経』に、天師道の「三天」の思想を述べる一段を三箇所に付け加えたことである。新たに付加された箇所は『洞玄霊宝自然九天生神章経』（HY一六五。以下、『九天生神章経』と略称す）の、序の前半部と三宝章と太極真人頌二首である。[9] ここには劉宋の天師道の「三天」の思想が窺える。第二は三洞説を唱えたことである。第三は元始系霊宝経（旧経）を模倣して、天師道が新たに仙公系霊宝経（新経）を作成したことである。

（三）　天師道では『太真科』の編纂後、元始系霊宝経を積極的に自派の経典の中に取り入れ始めたが、しばらくして、摂取した元始系霊宝経を天師道経典の中でどのように位置づけたらよいのか、という問題が起きた。すなわち天師道経典として元始系霊宝経の地位を定める必要があったのである。この問題の解決のために考案されたのが三洞思想である。三洞思想はおもに『九天生神章経』の序の前半部の三宝君説話と三宝章とに基づいて構成されているが、[10] 天師道の唱えた三洞思想においては洞真部上清経と洞玄部霊宝経と洞神部『三皇経』を天師道の最上の経典と見なしている。天師道が三洞部の経典である上清経・霊宝経・『三皇経』を最上の経典と見なすのは、「三天」の思想によって三洞部の経典を、天上界の「三天」で形成された特別の天書と考えたからである。[11]

天師道は三洞説を唱える時点で既に、『三皇経』を洞神部の経典と見なしていたのである。しかし天師道が『三皇経』を自派の中で実際に読誦し伝授するようになるのは、三洞説が成立してからしばらく後のことのようである。その状況を反映しているのが『敷斎経』と『玉京山歩虚経』である。『敷斎経』や『玉京山歩虚経』には三洞説の影響が現れているにもかかわらず、『三皇経』についてはまったく触れられていない。それは『敷斎経』や『玉京山歩虚経』の編纂時期が三洞説の唱えられたばかりの頃で、まだ『三皇経』は天師道の間で広く読誦され、伝授されていなかったからであろう。仙公系霊宝経でも「太極左仙公請問経」に相当する『太上洞玄霊宝本行宿縁経』（HY一一〇六。以下、『本行宿縁経』と略称す）には、「道徳上下経、及び洞真、洞玄経、三皇天文、上清の衆篇詠等は、皆な是れ太上虚皇衆真、十方自然真仙及び帝君の隠位なり。……（中略）……太上故に撰して文を為すなり。是を以て毀謗・妄宣すべからず。」（一〇b―一一a）とあって、『道徳経』や洞真経（上清経）や洞玄経（霊宝経）とともに、「三皇天文」（『三皇経』）が賛美されている。『本行宿縁経』には「三洞玄経」（六a）や「三洞大経」（八a）の語が見えるので、その編纂時には既に三洞説は行われており、「三皇天文」（『三皇経』）が賛美されているのも、天師道が三洞説に基づいて既に『三皇経』を摂取し、『三皇経』を読誦し伝授していたからである。『太上無極大道自然真一五称符上経』（HY六七一）にも「老君曰く、霊宝は道の先たり、神霊の常に憑る所なり、諸天諸地諸聖の共に宗《たつと》ぶ所なり。玄洞通霊神真符、三皇天文大字、洞真経は本より霊宝に同じ。故に先に撰して五称符と為す。」（一一a―b）とあり、霊宝経や上清経とともに「三皇天文大字」（『三皇経』）のことが見える。また、『上清太極隠注玉経宝訣』（HY四二五）では『三皇経』の伝授の儀礼が次のように述べられている。

太上玉経隠注曰く、太上三皇天文を授く。師は北のかた案の上の経に向う。師は経を執り、弟子は法信を擎《ささ》ぐ。師は叩歯すること二十四下（回）、心に三宮の各一の真人が嬰児の状の如く、衣を着けず、口に紫気を吐き、以て経を薫ずるを存す。師は徒《ある》きて祝して曰く、太上の天文は天地の初めを伝説す。皇人は玄旨を宣

べ、是《これ》を至真の書と為す。賢者は今、奉受し、太虚に昇るを志願す、と。畢《おわ》りて、弟子再拝して経を受く。（三b）

『上清太極隠注玉経宝訣』では、『三皇経』の伝授の儀礼が上清経や霊宝経の伝授の儀礼と並んで説かれている。上清経や霊宝経とともに『三皇経』を賛美し、その伝授儀を述べる『太極左仙公請問経』（『本行宿縁経』）や『太上無極大道自然真一五称符上経』あるいは『上清太極隠注玉経宝訣』等の仙公系霊宝経は三洞説成立後少し時を経てから編纂されたものと推測される。

このように見てくると、三洞説の成立と『敷斎経』の編纂とがほぼ同時期であることがわかる。三洞説は、天師道が『太真科』の編纂後に元始系霊宝経を自派の経典の中に摂取した後、その格付けを行わなければならなくなって創案した教理であるから、三洞説の成立は『太真科』の編纂から数年を経た元嘉七、八年（四三〇、三一）頃と推定される。そうすると、『敷斎経』の編纂もほぼ同時期の、元嘉七、八年頃であろう。先に見たごとく、元嘉十四年に記された陸修静の「霊宝経目序」によれば、当時仙公系霊宝経が十九巻も存在していたようであるから、最初期の仙公系霊宝経である『敷斎経』が元嘉七、八年頃に編纂されたと推測するのは、無理な推測ではなかろう。

『敷斎経』の編纂年代がほぼこの頃であることを裏付ける資料として、元始系霊宝経の『洞玄霊宝長夜之府九幽玉匱明真科』（HY一四〇〇。以下、『明真科』と略称す）と『太上洞玄霊宝赤書玉訣妙経』（HY三五二）がある。両経典には劉宋初めの天師道によって作られた指教斎法の「発炉」とほぼ同じ儀式が説かれており、そこに見られる神格名の「無上三天玄元始三気太上老君」と「無上三天玄元始三気太上道君」には劉宋の天師道の「三天」の思想における「三天」の観念の影響が窺われる。(12) その「三天」の観念では、玄元始三気と三天とが結びついており、このような「三天」の観念は『三天内解経』以後に現れたものである。したがって、「三天」の観念の内容から推測すると、両経典は『三天内解経』以後の編纂である。そして『敷斎経』の「霊宝斎法」の三上香三祝願の儀式は『明真科』に載せる金籙斎法に基づいて作られていることはほぼ明白であるので、『敷斎経』の成立は『明真科』よりもさらに遅く、先に推測した元嘉七、八年頃というのがもっとも穏当であろう。

（四）初期の仙公系霊宝経においては、『敷斎経』や『玉京山歩虚経』のように、『道徳経』と上清経とともに、霊宝経を特別な経典として称賛している。『太真科』において上清経と『道徳経』を天師道の最高の経典と見なしていたのに比べると、初期の仙公系霊宝経では上清経と『道徳経』に加えて、霊宝経をも天師道の信奉する最高の経典と見なしているところにその特徴がある。これは、『太真科』以後に新たに摂取した元始系霊宝経を賛美するために、天師道において『敷斎経』や『玉京山歩虚経』のような、初期の仙公系霊宝経が作成されたことを示唆していよう。両経の出現は、三洞説によって上清経と霊宝経が天師道の最高の経典と認められたことと、呼応しているのである。

『敷斎経』が劉宋の天師道の編纂した仙公系霊宝経の一種であることは、これまでの考察で明らかであろうが、『敷斎経』の編纂者が劉宋の天師道であることは以下の事例からも十分に確認できる。ここに『敷斎経』の編纂者が天師道であることを示す証左を七点挙げる。

第一に、五斗米道・天師道の聖典である『道徳経』を最高の経典と賛美していることである。あわせて上清経の『大洞真経』と霊宝経を最上の経典として称賛しているのも、劉宋の天師道の特徴である。

第二に、劉宋の天師道の唱えた三洞説を受け入れていることである。

第三に、劉宋の天師道の「三天」の思想において初めて説かれた「正一真人三天法師」という張陵の称号が見られることである。『敷斎経』では「正一真人三天法師」の張陵が昇天するときに、「霊宝斎法」の飯賢福食の儀式を設けたように記していて、張陵の役割を重視しているが、これも編纂者が天師道であるからであろう。

第四に、「仙公曰く」や「左仙公曰く」という注記が付されていることである。元始系霊宝経を自派の経典の中に摂取した劉宋の天師道では、自派の祖師張陵とともに、元始系霊宝経を編纂した葛氏道の祖師葛仙公（葛玄）を尊尚していた。[13]

第五に、霊宝斎法では「斎主」を天師道の治の祭酒が務めていることである。

第六に、祭酒の戒律である「老君百八十大戒」（一七a）のことが述べられていることである。

第七に、天師道を意味する「道家」[14]の用語が、「霊宝経は是れ道家の至経にして、大乗の玄宗なり。」（一一b）や「霊宝の本経と倶にこれを授く、道家の要妙なり。」（一三a）と見えることである。

（五）「霊宝斎法」の成立年代は『敷斎経』の編纂年代と一致するので、劉宋の元嘉七、八年頃であろう。また、その制作者は『敷斎経』の編纂者と同じ、天師道である。

「霊宝斎法」の制作者が天師道であることは、『敷斎経』の次の一節に見られるように、天師道の治の祭酒が「霊宝斎法」の「斎主」を務めていることからも確認できる。

　次の一時に持斎者は長跪す。斎主自ら某治の祭酒某先生臣某甲等は今焼香すと称す。因りて捻香しこれを焼く。祝願す。皆な三たび焼香し、三たび祝願す。（四b）

『敷斎経』には「霊宝斎法」の儀礼に参加する人の資格や参加者の座位の決め方が次のように述べられている。

余人に斎を好む者有らば、斎するを聴《ゆる》す。若し時に黄赤太一祭酒の斎法を見るを好む者有らば、斎して大法化を観るを聴す。但だ牀を同じうして坐するを得ず。縦《たと》い復た人間《じんかん》に至徳あり、世に名望あるとも、悉く当《まさ》に後行に在るべし。其の治籙を以て次第と為すなり。焼香同じく爾《しか》り。爾る所以は、其の人宿〔世〕に微縁有ればなり。故に今これに預《あずか》るを得。（二〇b―二一a）

ここでは、天師道の黄赤太一祭酒の「霊宝斎法」への参加が認められていることや、出席者の座位の序列が治籙によって決められていることから、「霊宝斎法」が天師道で実施される斎法として作られていることがわかる。このことからも、「霊宝斎法」が天師道の手によって作られた斎法であることは明らかであろう。

また、仙公系霊宝経の『太極左仙公請問経』に相当する『本行宿縁経』には「昔、正一真人が道を学びし時に霊宝斎を受く。道成りて後、此の斎は尊重なりと謂う。」（五b）とあり、ここに正一真人張陵が学道の時に霊宝斎（「霊宝斎法」）を授かり、成道後は霊宝斎（「霊宝斎法」）を尊重したと述べている。この記載からも、「霊宝斎法」は天師道の斎法であると推察できよう。

三　「霊宝斎法」の特徴

（一）「霊宝斎法」の特徴として次の二つのことを取り上げたい。第一は、「霊宝斎法」が洞玄部霊宝経の斎法として作られていることである。第二は、「霊宝斎法」が諸斎法の模範と考えられていることである。先ず、第一の特徴について述べてみたい。

「霊宝斎法」では転経が重要な役割を果しており、その「転経法」の冒頭に「小牀を安《お》く。東に向いて転経し、案の霊宝を伝う。」（七b）とある。ここにいう「案の霊宝を伝う」とは、机案の上にある霊宝経の教法を伝授するという意味である。このような「伝」の語の用法は「聖人は経教を伝授し、後世を教化し、未だ聞かざる者をして聞かしめ、未だ知らざる者をして知らしめ、此の法橋を以て普く一切の人を度《すく》わんと欲するなり。」（九b）にも見える。つまり、「霊宝斎法」の転経では、霊宝経を読誦し講説するのである。

「転経法」では更に次のように述べている。

次に高座に向かい経に礼す、都《すべ》て三拝して言う

臣等は今、太上無極大道、至真無上三十六部尊経・宝符、太上の三尊に帰命す。今、焼香し転経し、太上の済度の恩を希仰し、七世の父母以及《およ》び帝王民人、一切衆生、臣等の身、及び家門の大小が、前世今世の生死の重罪悪過を赦除するを得んと願うを乞う。（以下省略）（七b－八a）

ここでは、初めに太上無極大道と三十六部尊経・宝符と太上の三尊とに帰依し、続いて焼香し転経して太上無極大道の済度の恩に懇願し、七世父母・帝王民人・一切衆生・臣等の身および家門の大人や子供の全員が、前世と今世で犯した重罪や悪過を赦免し除去していただくように願うことを、乞うている。この願文によれば、霊宝経の転経には太上無極大道の心をも動かすことのできる効能があるという。

また、陸修静『洞玄霊宝斎説光燭戒罰燈祝願儀』（HY五二四。以下、『祝願儀』と略称す）に所引の「経」[15]に次のようにいう

経に言う、夫れ斎法の大なる者は、太上の霊宝斎に先ずるもの莫し。霊宝の文は是れ天地の元根、神明の戸牖、衆経の祖宗、無量の大法橋なり。若し経一句を誦さば、則ち響は九霄に徹し、諸天は礼を設け、鬼神は振粛す。（一一a）

これによると、霊宝斎（「霊宝斎法」）が最高の斎法であるのは、「天地の元根、神明の戸牖、衆経の祖宗、無量の大法橋」である霊宝経を用いる斎法であるからである。この偉大な呪力をもつ霊宝経の一句を読誦すれば、諸天や鬼神をも感動させることができる、という。

「霊宝斎法」の転経で霊宝経が用いられるのは、「霊宝斎法」が洞玄部霊宝経の斎法であるからである。陸修静の『祝願儀』の経題に「洞玄霊宝斎」とあるのも、「霊宝斎法」が洞玄部霊宝経の斎法であることを表している。あるいは宋文明の「霊宝経目」でも『敷斎経』の経名が「太極真人敷霊宝文斎戒威儀諸要解経訣下一巻」とあって、「霊宝斎法」を「霊宝文の斎戒」と表記していることから明らかなように、「霊宝斎法」は霊宝文（霊宝経）の斎戒（斎法）と考えられているのである。

（二）　次に、「霊宝斎法」の第二の特徴について述べる。『敷斎経』には「諸々の斎法は皆な霊宝本斎を上宗す。」（一三a）とあって、諸斎法はみな「霊宝斎法」を尊んでいるという。先に引用した『祝願儀』に所引の『敷斎経』でも、「経に言う、夫れ斎法の大なるは、太上の霊宝斎に先んずるものなし。」と述べている。また『本行宿縁経』でも「斎は、霊宝に過ぐるもの莫し。其の法は高妙にして、世に宣ぶべからず。」（五a）と述べている。あるいは、『無上秘要』巻四十七所引の「洞玄請問上経」でも、次のように「霊宝斎法」を賛美している。

高上老子曰く、夫れ道家の先んずる所は、斎より近きもの莫し。斎法甚だ多けれども、大同小異なり。其の功徳の重きものは、唯だ太上の霊宝斎のみ。但だ世に能くこれを学ぶもの希《ま》れなり。これを学ぶ者は、大乗の士にして、前世の積慶の鐘《あつ》むる所なり、仙を去ること近し。

（巻四七・一b―二a）

太上の霊宝斎（「霊宝斎法」）が諸斎法の模範となるのは、それが天上界で実施される斎法を模倣して作られた、模範的な斎法だからである。『敷斎経』では「霊宝斎法」で行われる、香炉を旋繞する行法について次のように述べている。

斎人は次を以て左行し、香鑪を旋繞すること三匝《そう》（周）し、畢《おわ》る。是の時亦た当《まさ》に口に歩虚躡無披空洞章（虚を歩み無を躡み空洞を披くの章）を詠ずべし。香〔鑪〕[16]を旋繞する所以は、上、玄根の無上玉洞の天の大羅天上の太上大道君の治むる所の七宝自然の台に法《のっと》るなり。無上の諸真人は持斎し誦詠し、太上の七宝の台を旋繞す。今これに法る。

又た三洞弟子の諸々の修斎法は、皆な当に焼香し歌誦し、以て上は真人・大聖衆の太上道君の台を繞ぐるの時に象《かたど》るなり。（六b－七a）

斎の時、日夕の各々三時に焼香し悔過す。唯だ一心に経法の妙賾の義を聴受す。故に転経し説法するは、古真人の教化の時に象どるなり。（九a－b）

「霊宝斎法」において香炉を旋繞するのは、真人たちが太上道君の七宝自然の台の周りを巡る、天上界の斎法の儀式をまねたものであり、また三洞弟子の行う「霊宝斎法」において焼香し歌誦するのも、天上界の斎法で真人の大聖衆が太上道君の台を廻る時に焼香し歌誦する、その儀式を模倣したものであるという。あるいは「霊宝斎法」における転経や説法も、真人たちの教化の方法をまねたものであるという。

天上界の斎法を模倣した「霊宝斎法」においては、斎法で守るべき規則も天上界で定められた規則に準じている。『無上秘要』巻四八に「右、敷斎経に出づ」とあって、次のような禁戒三十六条が『敷斎経』から引用されている。

次に科罰愆失三十六條

若《も》し斎堂に対《むか》いて、鞋履《あいり》整わざれば、
若し善声を唱えて斉《そろ》わざれば、
若し法服巾冠整わざれば、
若し法座に於いて髪を垂るれば、

右の件、各々罰礼十拝

若し坐起し揖譲するに儀を失わば、
若し侍燈、燈火を中ごろに滅すれば、
若し念を清虚に注《そそ》がず、衆の悟る所と為れば、
若し法座に於いて睡眠すれば、

右の件、各々罰礼二十拝

若し鍾声中ごろに絶《た》えて行伍に及ばざれば、
若し師に朝《まみえ》るに及ばざれば、
若し礼拝して上下斉《ととの》わざれば、
若し侍香、香煙を中ごろに絶てば、

右の件、各々罰礼三十拝

若し都講、讃唱せざれば、
若し出入去来に三宝に礼せざれば、

若し読経忽ち乱れて、敗句（読み損じた句）を問うを請わば、
若し起坐に詳序ならざれば（心がゆきとどかず、行いが整わなければ）、
　右の件、各々罰礼四十拝
若し讃詠に善《よ》きかなと唱えざれば、
若し居を起ちて斎堂を出るに関白せざれば、
若し経を聴くに倚拠し、坐して整わざれば、
若し法服を反《うらがえ》して着れば、
　右の件、各々罰礼五十拝
若し巡行するに次第に依らざれば、
若し都講、鍾を鳴らすに、早晩に時を失わば、
若し壇に登るに級を越えれば、
若し監斎、過ちを見て弾ぜずして、衆の糾《ただ》す所と為れば、
　右の件、各々罰礼六十拝
若し褐衣を着て行道に及び、巾冠して出入すれば、
若し香炉・燈火を翻覆すれば、
若し焼香に手を洗わざれば、
若し行事に臨み、外の人と語れば、
　右の件、各々罰礼七十拝

若し唱えて静思すること訖《おわ》りて後に至れば、
若し侍座、飾りを整えず、触物（手が触れる器物）に欠有《きず》れば、
若し論じ語りて世務に及べば、
若し起ちて出るに因《よ》りて還らざれば、
右の件、各々罰礼八十拝
若し法座に於いて戯笑すれば、
若し法座に於いて綺語すれば、
若し一時を闕《のぞ》きて起たざれば、
若し斎の限《くぎり》に於いて声を高くし色を厲《はげし》くすれば、
右の件、各々罰礼九十拝
右、敷斎経に出づ

これらの禁戒三十六條は、天上界で定められたものであり、陸修静『祝願儀』では次のように、禁制は天上界の玄都上宮の明科の旧典に記されているものであると述べている。

凡そ此の禁制は並びに玄都上宮の明科旧典に出づ。惰慢を戒《いま》しめ、愆違を検粛す。（一六b）

玄都上宮の明科の旧典は、天上界の玄都上宮にあるとされる架空の経典であり、それは実在していないが、ここでは禁制三十六條が天上界の経典に記されていると述べることによって、禁制三十六條が天上界で定められた規則である、と主張しているのである。

陸修静『祝願儀』では、この禁制三十六條を地上で行う「霊宝斎法」に適用できるように、罰の内容を次のよ

うに改変している。

斎堂に到り屐《げき》履整わず。罰油二升。

坐起に庠（詳）序ならず。罰硃《しゅ》半両。

正坐せず。罰香二斤。

香火を翻覆す。罰香半斤。

行事に臨み外の人と言う。罰香一斤。

侍経、高座・触物を整飾せず。罰香半斤。

語りて世務に及ぶ。罰油二升。

語言し戯笑す。罰硃一両。

倚（綺）語し低睡す。罰硃半両。

灯油を翻覆す。罰油五升。

巾褐整わず。罰香半斤。

内外を豫《あらかじ》め相い検飭《けんちょく》せず、音声高く厲《はげ》し。罰油五升。

経を聴くに倚拠し、簡を執らず。罰油一升。

念を清虚に注《そそ》がず、心に倦《う》みたりと想意し（思い）、衆の覚る所と為る。罰油二升。

起ちて斎堂を出づるに、相い関白せず。罰油二升。

髪を垂れて馳歩す。罰香一斤。

読経忽ち乱れて、敗句を問うを請う。罰油五升。

唱声斉わず。罰油二升。
行香するに手を洗い口を漱がず。罰油二升。
坐起し揖譲するに儀を失う。罰香半斤。
巡行するに次第に依らず。罰香半斤。
侍香、香煙を中ごろに絶《た》つ。罰油四升。
都講、謹んで唱讃せず。罰香一斤。
起ちて行来し、坐に還るに及び、経に礼せず、三拝して径《ただ》ちに去る。罰香一斤。
侍燈、燈火を中ごろに滅す。罰香一斤。
焼香に臨み突《にわか》に行く。罰油一升。
斎主、供具を弁ぜず、触物に欠有り。罰香一斤。
執糾〔の者〕過ちを見て弾ぜずして、私隠す。罰油六升。
関（関白）を受けて啓上せず。罰油三升。
斎の次《とき》に起居に因りて逃遁して返らず、衆の糾《ただ》す所と為る。罰油一斗、香一斤。
妄言綺語し、論じて私鄙に及ぶ。罰香一斤、油五升、硃三両。
（一四b—一六a）

『祝願儀』の禁制では『敷斎経』の罰礼が罰物に変更されている。ただし、道蔵本『祝願儀』には禁制は三十一條しかないが、これは道蔵本『祝願儀』の禁制に五條の脱落があるからである。天上界で定められたとされる禁制の数は、本来は天の聖数の三十六でなければならないから、『祝願儀』の原本には三十六條あったはずである。

禁制三十六條は金籙斎法や黄籙斎法等の霊宝斎が実施される際には必ず守らなければならない規則として後世にも継承されている。劉宋末に編纂された『玄都律文』[17]や南宋・蔣叔與編纂の『無上黄籙大斎立成儀』（HY五〇八）巻十六と巻三十三や『金籙大斎補職説戒儀』（HY四八六）にも、禁制三十六條が記されている。

四　総称としての「霊宝斎」と霊宝斎法

（一）『敷斎経』で述べる「霊宝斎法」は、実際にはほとんど実施されることはなかったようである。『敷斎経』の「霊宝斎法」を具体的に指し示す用例は、わずかに陸修静『祝願儀』や先に引用した『洞玄請問上経』（『無上秘要』巻四十七所収）や『洞玄請問上経』に相当する『本行宿縁経』、あるいは『玉京山歩虚経』に見える程度である。『玉京山歩虚経』では「霊宝斎法」について次のように記している。

仙公曰く、宜しく至人の霊宝斎を修むる者に伝うべし。浮華の徒に示すべからず。これを慎め、これを慎め。（七a－b）

また、『玉京山歩虚経』の「歩虚吟」では「霊宝斎法」の実施方法について述べているが、その冒頭で次のようにいう。

霊宝洞玄斎を修め、空洞歩虚章を誦す。先ず叩歯すること三通、咽喉すること三過、（以下省略）（三a）

『洞玄請問上経』も『本行宿縁経』も『玉京山歩虚経』も、『敷斎経』の成立時期に近い頃に編纂された仙公系霊宝経であり、これらの経典に見える「霊宝斎」や「霊宝洞玄斎（洞玄霊宝斎）」はどれも『敷斎経』の「霊宝斎法」を指している。また陸修静の『祝願儀』も『敷斎経』の「霊宝斎法」を解説したものであり、その述作時期は『敷斎経』が成立してから間もなくの頃と推測される。『敷斎経』の「霊宝斎法」を明確に指示している用例は、『敷斎経』の成立した頃に編纂された天師道の仙公系霊宝経やほぼ同時代の『祝願儀』に見える程度であるので、これらの用例だけで『敷斎経』の「霊宝斎法」が実際に人々の間で実施されていたと断定するのは無理であろう。むしろ、『敷斎経』の「霊宝斎法」は天師道の間で具体的に実行されることはほとんどなかったと考えるべきである。なぜならば、元嘉三十年（四五三）の末頃か翌年頃に記された陸修静の『洞玄霊宝五感文』（HY一二六八。以下、『五感文』と略称す）の「衆斎法」においては、「霊宝斎法」は金籙斎法や黄籙斎法や明真斎法と並ぶ、一品の斎法として取り上げられていないからである。後世の斎法のリスト、例えば、梁代の『太上洞玄霊宝業報因縁経』（HY三三六）巻五や隋代の『洞玄霊宝玄門大義』（HY一一一六）や唐中期の朱法満『要修科儀戒律鈔』巻八・斎名鈔や『大唐六典』巻四、等に列記する諸斎法の中にも、あるいは『道門定制』（HY一二一四）巻六に記す十品斎法の中にも、また『金籙大斎啓盟儀』（HY四八五）の二十七品斎法の中にも、「霊宝斎法」という斎法の名は見出せない。

（二）『敷斎経』の「霊宝斎法」は一品の斎法としてはほとんど実施されることはなかったが、しかし『洞玄請問上経』や『玉京山歩虚経』や『祝願儀』では『敷斎経』の「霊宝斎法」を指示する「霊宝斎」や「洞玄霊宝斎」という語が、陸修静『五感文』や唐の朱法満『要修科儀戒律鈔』巻八・斎名鈔所引の『聖紀経』では諸斎法を包括する項目の名称として用いられている。

陸修静『五感文』の衆斎法には「二に曰く、洞玄霊宝の斎に九法有り、有為を以て宗と為す。」（五b）とあり、また朱法満『要修科儀戒律鈔』巻八・斎名鈔の『聖紀経』には「第二の霊宝斎に六法有り。」（一b）とあって、

「洞玄霊宝の斎（洞玄霊宝斎）」や「霊宝斎」が一定の斎法を包含する項目の名称として使われている。陸修静『五感文』の衆斎法の「洞玄霊宝の斎（洞玄霊宝斎）」の項目には金籙斎・黄籙斎・盟真斎・三元斎・八節斎・自然斎・洞神三皇の斎（洞神三皇斎）・太一の斎（太一斎）・指教の斎（指教斎）の九法が収められており、朱法満『要修科儀戒律鈔』巻八・斎名鈔所引の『聖紀経』の「霊宝斎」の項目には金籙斎・黄籙斎・明真斎・三元斎・八節斎・自然斎の六法が当てられている。金籙斎法や黄籙斎法等の諸斎法を収める項目名に「洞玄霊宝の斎（洞玄霊宝斎）」や「霊宝斎」という名称が使用されているのはなぜであろうか。

陸修静は「洞玄霊宝斎説光燭戒罰燈祝願儀」という『祝願儀』の経題で、『敷斎経』の「霊宝斎法」を指して「洞玄霊宝斎」と名付けているが、この名称は『五感文』の「洞玄霊宝の斎（洞玄霊宝斎）」と同じである。このことは、『五感文』の「洞玄霊宝の斎（洞玄霊宝斎）」という項目名が『敷斎経』の「霊宝斎法」の名称である「洞玄霊宝斎」に由来していることを意味している。

「洞玄霊宝の斎（洞玄霊宝斎）」や「霊宝斎」の項目名が『敷斎経』の「霊宝斎法」の斎法名に由来しているのであれば、それは何を意味するのであろうか。

これは、「洞玄霊宝の斎（洞玄霊宝斎）」や「霊宝斎」に収められている個々の斎法が『敷斎経』の「霊宝斎法」の一種と見られていることを示唆している。金籙斎法や黄籙斎法等の諸斎法がどれも『敷斎経』の「霊宝斎法」の一種と見られているがゆえに、「霊宝斎法」の一種である諸斎法を集めた項目の名称に「霊宝斎法」の斎法名を借りて、「洞玄霊宝の斎（洞玄霊宝斎）」や「霊宝斎」と名づけたのである。この場合に、「洞玄霊宝の斎（洞玄霊宝斎）」や「霊宝斎」という項目名は『敷斎経』の「霊宝斎法」の斎法名を使用しているのであるから、「霊宝斎法」の斎法名が諸斎法を包含する総称として用いられているのである。

さて、「洞玄霊宝の斎（洞玄霊宝斎）」や「霊宝斎」に収められている金籙斎法や黄籙斎法等の諸斎法は、なぜ『敷斎経』の「霊宝斎法」の一種と見られるのであろうか。それは、これらの斎法が『敷斎経』の「霊宝斎法」に似ているからであろう。しかし『五感文』の「洞玄霊宝の斎（洞玄霊宝斎）」と『聖紀経』の「霊宝斎」とでは、それぞれの項目に収める諸斎法と『敷斎経』の「霊宝斎法」との間に存在する類似点に、少しく違いがあるようである。そこで、両項目における類似点の差異について考えてみたい。

『洞玄請問上経』（『無上秘要』巻四十七所収）に「又た三天斎法有りて霊宝と相似る。」（二ａ）という一文がある。ここにいう三天斎法とは指教斎法のことである。(18) つまり、指教斎法と「霊宝斎法」とは似ているというのである。しかし、何が似ているのであろうか。恐らく、似ているのは斎法としての構造であろう。指教斎法でも「霊宝斎法」でも、発炉や出官や三上香三祝願や復炉の儀式が行われ、構造的には両者は似ている。陸修静が『五感文』の衆斎法の「洞玄霊宝の斎（洞玄霊宝斎）」に「指教の斎（指教斎）」を入れたのは、指教斎法が「霊宝斎法」と儀礼の構造が類似しているからであろう。その他の、金籙斎や黄籙斎や盟真斎や三元斎や八節斎や自然斎や洞神三皇斎や太一斎が「洞玄霊宝の斎（洞玄霊宝斎）」に収められているのも、これらの斎法の構造が「霊宝斎法」と似ているからである。この中に洞神部の『三皇経』の斎法である洞神三皇斎までもが「洞玄霊宝の斎（洞玄霊宝斎）」に分類されているのは、洞神三皇斎の斎法としての構造が『敷斎経』の「霊宝斎法」と似ていると見るからであろう。「霊宝斎法」との構造上の類似以外に、洞神三皇斎が「洞玄霊宝の斎（洞玄霊宝斎）」の項目に入れられる理由は見当らないのである。

朱法満『要修科儀戒律鈔』巻八・斎名鈔の『聖紀経』では、陸修静『五感文』の「洞玄霊宝の斎（洞玄霊宝斎）」に含まれていた洞神三皇斎と太一斎と指教斎の三法を「霊宝斎」から除外しており、霊宝経に基づく斎法のみを「霊宝斎」の項目に収めている。[19] これは、『聖紀経』の「霊宝斎」の項目には『敷斎経』の「霊宝斎法」の特徴の一つである、洞玄部霊宝経の斎法という特徴を共通にもつ斎法だけを集めているからである。すなわち『聖紀経』の場合には、「霊宝斎」の各斎法と『敷斎経』の「霊宝斎法」との間に「霊宝経の斎法」という共通点があるので、両者は似ていると見るのである。

総称としての「霊宝斎」の用語は斎法の項目名として用いられるほかに、梁の陶弘景『真誥』（HY一〇一〇）巻十一稽神枢第一の注にある「而《しか》も上道を学ぶ者は甚だ寡なし。霊宝斎及び章符を修むるに過ぎざるのみ。」（一五b）にも見出すことができる。ここの「霊宝斎」は、黄籙斎法や金籙斎法等の諸斎法を含んだ総称としての「霊宝斎」である。

このように「霊宝斎」という用語は『敷斎経』の「霊宝斎法」に似た諸斎法を包括する総称として用いられたが、初めは『敷斎経』の「霊宝斎法」を指示していた「霊宝斎」が早くに総称としての意味で用いられたのは、そもそも『敷斎経』の「霊宝斎法」が諸斎法のモデル（模範）として作られた斎法であったからである。

(三)『敷斎経』の「霊宝斎法」に似ていると判断された斎法は、「霊宝斎法」の一種と見なされ、それは霊宝斎法（この場合の霊宝斎法には「　」を付けない。以下、同じ）とも呼ばれた。後世の資料ではあるが、南宋の王契真編纂『上清霊宝大法』巻三二の「監斎幕右三」では、黄籙斎法を指して霊宝斎法（七a）と呼んでいる。

総称としての「霊宝斎」に含まれる金籙斎法や黄籙斎法等の霊宝斎法は朱法満『要修科儀戒律鈔』以後さらに増加を続け、唐末・五代の杜光庭の頃には二十七品ほどあったようである、しかし、この中で科儀が備っているのは、太一斎・九天斎・金籙斎・玉籙斎・黄籙斎・盟真斎・洞淵斎・九幽斎・五錬斎・正一斎の十品であったというから[20]、唐末・五代の時期に実施された霊宝斎法はこれらの斎法の中の数品であったようである。唐末以後も霊宝斎法の数は増加したが、実際に実施される斎法の数は少なく、南宋末頃までの間にもっとも盛んに行われた霊宝斎法は金籙斎法と黄籙斎法である。

五　結び

最後に、霊宝斎法はいかなる人々の間で実施されていたのかを見てみたい。

『敷斎経』の「霊宝斎法」は劉宋初期の天師道によって作成されたが、作成された当初は仙公系霊宝経の『玉京山歩虚経』や『洞玄請問上経』や『本行宿縁経』あるいは陸修静の『祝願儀』等の天師道の道典に引用されているところから知られるように、「霊宝斎法」の最初の信奉者は天師道の祭酒や道士であった。

総称としての「霊宝斎」に含まれる諸々の霊宝斎法も天師道で実施されていた。天師道の道士陸修静が編纂した『五感文』の「洞玄霊宝の斎（洞玄霊宝斎）」に収められている金籙斎や黄籙斎や盟真斎や三元斎や八節斎や指教斎等々の霊宝斎法は天師道で実施されていたようである。劉宋末の天師道が編纂した『玄都律文』に「霊宝斎法」の禁制三十六條が引用されているところからも推測されるように、諸々の霊宝斎法が劉宋末頃も天師道で実施されていたのである。

梁の陶弘景『真誥』巻十一稽神枢第一の注には、南斉末の茅山の道館（道観）とその周囲の状況が次のように記されている。

斉初に至らば、乃ち句容人王文清に勅し、此に仍《よ》りて館を立て、号して崇元と為す。堂宇廂廊を開き置き、殊に方副を為す。常に七八の道士有り、皆な俸力を資す。二十許《きょ》年より、遠近の男女互に来たり、約に依りて周流すること数里、廨舎十余坊あり、而《しか》も上道を学ぶ者甚だ寡なし。霊宝斎及び章符を修むるに過ぎざるのみ。

（一五b）

これによると、南斉末年（五〇〇）頃の茅山・崇元館の近隣にある廨舎では上清派の上道を学ぶ者は少なく、「霊宝斎」と上章・符籙を修める者ばかりであるという。ここで「霊宝斎」の諸々の霊宝斎法を営む者は上章や符籙を行う者と同じく、天師道の信徒であろう。

隋代の天師道の手に成る『洞玄霊宝玄門大義』（HY一一二六）釈威儀第七では、「済度」の斎法を三籙七品に分類している。三籙とは金籙斎・玉籙斎・黄籙斎であり、七品とは三皇斎・自然斎・上清斎・指教斎・塗炭斎・明真斎・三元斎である。これらの斎法には儀軌が備っていたようであるから、隋代の天師道で実行されていた斎法であろう。この中に金籙斎・玉籙斎・黄籙斎・自然斎・明真斎・三元斎等の霊宝斎法が見えるので、諸々の霊宝斎法が隋代の天師道で実施されていたことがわかる。

『無上黄籙大斎立成儀』（HY五〇八）巻十六の「科儀門」には、その撰述と編集にかかわった人々の名前が次のように列記されている。

東晋盧山三洞法師陸修靖《ママ》撰。

大唐清都三洞法師張萬福補正。

上清三洞法師李祈集定。

三洞法師冲靖先生留用光伝授。

太上執法仙士蔣叔與編次。

これによれば、巻十六の「科儀門」は劉宋の天師道の道士陸修静が撰述し、唐の三洞法師の法位[21]をもつ天師道の道士張万福が補正したとあるので、「科儀門」に載せる黄籙斎法は唐代中期には天師道で施行されていたようである。また、「科儀門」には「霊宝斎法」の禁制三十六條（ただし、実際には三條を欠いている）が収められており、そこには「三十六禁は太極威儀経に出づ。」（二四b）という注記があるので、『太極威儀経』（『敷斎経』）に由来する禁制三十六條が唐代の黄籙斎法においても遵守されていたことがわかる。

唐中期の朱法満『要修科儀戒律鈔』巻八・斎名鈔の『聖紀経』の「霊宝斎」には、金籙斎・黄籙斎・明真斎・三元斎・八節斎・自然斎が収められているが、『要修科儀戒律鈔』を撰述した朱法満は『聖紀経』の「霊宝斎」に載せる諸斎法を当時実施されていた霊宝斎法として扱っている。朱法満は天師道の最高位の道士の三洞法師であるので、彼の引用する『聖紀経』の「霊宝斎」の諸斎法は唐代中期の天師道で実践されていた霊宝斎法である。

唐末・五代に活躍した天師道の道士杜光庭が編集した『太上黄籙斎儀』（HY五〇七）巻五八には、黄籙斎法の斎主の法位が「上清玄都大洞三景弟子无上三洞法師」とあるが、この法位は天師道の道士の最高位の法位であるから、唐末・五代の黄籙斎法は天師道で実施されていたことがわかる。

南宋の寧全真授、王契真編纂の『上清霊宝大法』（HY一二一一）巻三二では黄籙斎法を施行する際に立てる六幕について述べているが、六幕とは玄師幕・五帝幕・天師幕・三師幕・三官幕・監斎幕のことである。この中の天師幕について、

　天師幕左二

正一天師は三天法主たり、乃ち出法の師なり。応《まさ》に斎修有るべし、皆当《まさ》に関啓し、敷闡すること法の如くすべし。（六b）

と記して、三天法主の正一天師張道陵（張陵）を黄籙斎法の祖師として尊崇している。この天師幕が黄籙斎法において必ず立てられるのは、黄籙斎法が天師道で実施されていた霊宝斎法であるからである。『無上黄籙大斎立成儀』巻十六・科儀門一に載せる「古法宿啓建斎儀」の冒頭でも六幕について次のように記している。

法師は堂に坐し、弟子は九礼三伏す。衆官は威儀を具し、高功法師を賛引し、堂を出でて五帝・三師・監斎・三官・天師幕に上る。香畢らば、悉く玄師幕に詣づ。（一a－b）

これによれば、古法の黄籙斎法の宿啓儀においても六幕を立てているので、黄籙斎法で六幕を立てることは既に唐代の天師道でも行われていたようである。

南宋末・元初の道士林霊真編輯『霊宝領教済度金書』（HY四六六）の「嗣教録」では、

〔林霊真〕乃ち琳宇に退居し、三洞領教の諸科及び歴代祖師の著す所の内文秘典を尽し、正一の教法に準縄して、譔輯して篇目を為《つく》り、済度の書一十巻・符章奥旨二巻と為す。（八a－b）

と記している。これによると、『霊宝領教済度金書』は「正一の教法に準縄し」て編纂されたものであるから、『霊宝領教済度金書』で述べる霊宝斎法は天師道の教法に準拠しているのである。つまり、南宋末期頃まで霊宝斎法は天師道の中で実施されてきたのである。

以上、劉宋初期から南宋末期までの霊宝斎法の実施状況を見てきて、『敷斎経』の「霊宝斎法」が天師道の手によって作られ、総称としての「霊宝斎」に含まれる黄籙斎法や金籙斎法等の霊宝斎法が天師道において実施されてきたことが確認できるであろう。

（小林正美）

（1）従来、多くの道教研究者によって、霊宝斎法は霊宝派によって形成され、霊宝派において実施されてきた斎法と考えられている。しかし、この見解は誤りのようである。そもそも唐代には霊宝派の教団組織や道士の位階制度が存在していた形跡がまったく見られないので、霊宝派の歴史的存在を否定する見解もある。拙著『唐代の道教と天師道』（知泉書館、二〇〇三年四月）、参照。

（2）「霊宝経目」（仮称）は大淵忍爾著『敦煌道教』（福武書店、一九七八年三月）附録に所収。

（3）拙著『六朝道教史研究』（創文社、一九九〇年十一月）第一篇第三章霊宝経の形成、四・（1）霊宝経の分類における二、三の問題、参照。

（4）本書所収の拙稿「劉宋・南斉期の天師道の教理と儀礼」二、「三天」の思想と「三天」の観念、および拙著『中国の道教』（創文社。一九九八年七月）第二章第一節天師道の成立とその思想、一「三天」の思想、あるいは前掲の拙著『六朝道教史研究』第三篇第二章　劉宋期の天師道の「三天」の思想とその形成、参照。

（5）本文には「三科為三乗下」とあるが、「下」は衍字であろう。

（6）『太真科』の成立年代については、大淵忍爾著『道教とその経典』（創文社、一九九七年十一月）第五章　太真科とその周辺、五　太真科成立の時期とその意味について、参照。

（7）劉宋の天師道が上清経を最高の経典として評価していた証跡は、『玄都律文』（HY一八八）の「律に曰く、道士・女官・籙生の身の年十八已上、大法を受くるを得。若し外法の百五十将軍籙を受くるより已上なれば、黄色法服衣冠を著くるに堪う。内法の自然昇玄真文已上、上清大洞已下は、須《すべか》らく紫色の法服を用うべし。褐笏履袴褶を衣る。」（一七ａ）にも見える。ここでは、上清経の『大洞真経』は天師道の道士の受ける経籙の中では最高の経典として位置づけられている。

（8）大淵忍爾『道教とその経典』第一章の「附　太真科輯本稿」に所収の『太真科』には、霊宝経を意味する語は見出せない。ただ、『雲笈七籤』巻二・「混洞」に所引の『太真科』には「元始天尊」の神格名が次のように見えるが、この「元始天尊」は霊宝経の元始天尊ではないようである。

太真科云う、混洞の前、道気未だ顕れず。恍莽の中に於いて、無形象天尊有り。象の察すべきもの無きを謂うなり。後に一劫を経て、乃ち無名天尊有り。質の覩る可きもの有るも、名づく可からざるを謂うなり。又た一劫を経て、乃ち元始天尊生る。名有り質有り、万物の初始たるを謂うなり。（以下、省略）

（巻二・五ａ）

右の宇宙生成論は霊宝経で説く宇宙生成論とは異なるので、霊宝経からの引用ではないであろう。

(9)『九天生神章経』の構成とその成立の経緯については、前掲の拙著『六朝道教史研究』第二篇第一章『九天生神章経』、三『九天生神章経』の構成、参照。

(10) 本書所収の拙稿「劉宋・南斉期の天師道の教理と儀礼」三、三洞説、および前掲の拙著『六朝道教史研究』第二篇第一章『九天生神章経』、四 序の前半部と〈三洞説〉の成立、参照。

(11)『太上洞玄霊宝業報因縁経』（HY三三六）巻十叙教品第二十六の三洞思想によれば、洞真経は清微天、洞玄経は禹余天、洞神経は大赤天の三天で形成されたという。詳しくは、本書所収の拙稿「劉宋・南斉期の天師道の教理と儀礼」三、三洞説、参照。

(12) 本書所収の拙稿「道教の斎法儀礼の原型の形成――指教斎法の成立と構造――」六、結び、参照。

(13) 前掲の拙著『六朝道教史研究』第一篇序章　葛氏道と上清派、三　東晋・劉宋期の葛氏道、参照。

(14)「道家」と天師道の関係については、前掲の拙著『唐代の道教と天師道』第一章　唐代の道教教団と天師道、三（1）「道家」と天師道、参照。

(15) 小稿では引用文の「経に言う」の「経」を『敷斎経』と解しているが、王承文氏によると、この引用文は敦煌資料S六八四一の『霊宝自然斎儀』所引の「金籙簡文」とまったく同じであり、「経」は『金籙簡文』を指すという。王承文『敦煌古霊宝経與晋唐道教』（中華書局。二〇〇二年十一月）第五章第二節一、古霊宝経中所見斎官制度（四六一頁）、参照。しかし、『祝願儀』で「経言」とある場合の他の例はすべて『敷斎経』からの引用であり、同時に『祝願儀』では『金籙簡文』からの引用は「金籙曰」と表記しているので、「経」は『敷斎経』を指すものと思われる。なお「金籙簡文」に『祝願儀』からの抜粋が数箇所に見えるのは、『金籙簡文』の一部が『祝願儀』の文を借用して作られているからである。筆者は『金籙簡文』の編纂時期を『祝願儀』とほぼ同時期と考えている。『金籙簡文』の編纂年代はおおよそ元嘉八年（四三一）頃から十三年（四三六）頃までの間であろう。

(16)「鑪」の脱字があろう。

(17) 禁制三十六條は朱法満『要修科儀戒律鈔』巻八と巻九に所引の『玄都律文』に見える。『玄都律文』の禁制三十六條については、前掲の王承文『敦煌古霊宝経與晋唐道教』第五章第二節二、古霊宝経中的斎官與天師道《玄都律》之関係、参照。しかし、『玄都律文』の編纂年代を「四〇一年から四一〇年までの間」（四八一頁）と推定する王承文氏の見解は承服し難い。筆者は『玄都律文』の成立年代を劉宋末頃と推定するが、私見については前掲の拙著『唐代の道教と天師道』第4章の注(21)を参照。

(18)「三天斎法」が指教斎法の別称であることについては、本書所収の拙稿「道教の斎法儀礼の原型の形成――指教斎法の成立と構造――」、参照。

(19) 道蔵本『洞玄霊宝太上六斎十直聖紀経』(HY一一九一)には「霊宝斎」等の斎法は載せられていない。恐らく、道蔵本は欠本であろう。

(20)『道門定制』巻六に「右、十品の斎法、皆な科儀有り。其の余の一十七品、詳かには〔杜〕広成の黄籙序事儀中に在り。」(二一b)とある。

(21) 唐代の天師道の道士の法位については、前掲の拙著『唐代の道教と天師道』第一章二、唐代の道士の位階制度、および第二章 天師道における受法のカリキュラムと道士の位階制度、参照。

(付記) 本論文は『東方宗教』百三号(日本道教学会、平成十六年五月十日発行)所収の論文「霊宝斎法の成立と展開」を訂正し補筆したものである。

II　道教の斎法儀礼の展開

『法海遺珠』の元帥神について
——道教の醮・民間信仰の儀礼と元帥——

一　前　言——道教の醮・民間信仰の儀礼と元帥神

現在、中国大陸と台湾・香港で行われる醮の儀礼、また民間信仰における儺戯などの儀式においては、数多くの元帥神が祭神の一部の座を占めることが多い。

例えば、台湾の「金籙玉壇発表科儀」について、大淵忍爾氏は次のように述べる。(1)

発表科儀は総ての醮の最初に行われる正規な科儀で、発表科儀とも云われ、その名の如く、神々に表文を呈上して、醮儀厳修の事を上申する儀礼である。

このような、醮において重要な役割を担う発表科儀において招請される元帥神は、次のようなものがある。(2)

上清天枢院火急天蓬都大提挙元帥　尹元帥
副総管獬豸　呉元帥
北極駆邪院大聖天罡都統　趙元帥
大力天童副統　劉元帥
雷霆剡火律令大神炎帝　鄧天君

玉府大都督青帝判官　辛天君
先天一炁火雷使者暘谷　張天君
雷門　龐・劉・苟・畢四大元帥
三山木郎大神
嘶風舞雨大神廻転　轟使者
玉清　総召邵陽雷公八大秘将
華・璧・蔣・雷・陳五大雷神
五方斬勘使者
五方蛮雷使者

（略）

雷霆響報　劉元帥
洞玄奏告　劉天君
九州社令陽雷　康・劉・呂三使者
天神龍水社五大雷神
上清正一玄壇　趙元帥
酆都朗霊院馘魔上将　関聖帝君
泰山英烈　康元帥
三天持奏　謝・白二元帥

斗口魁神霊官　馬元帥
神威豁落玉壇総管　王元帥
地司太歳至徳武光　殷元帥
地祇翊霊昭武上将　温元帥
温・李・鉄・劉・楊・康・張・岳・孟・韋　十太保
火犀雷府管打不信道法　朱元帥
崔・盧・鄧・竇四大元帥
三元　唐・葛・周三大将軍
玄枢　楊・耿・方三使者
解呪詛使者　顚元帥
北斗　捲簾大将軍
糾察応報　曹使者
北斗君臣使者
九天魁孩黃龍奪命　金元帥
北魁玄範府升天入地　鉄牛大将
陰府　魯元帥
神虎　何・喬二大将軍
九天衛孩催生保産　鄧・趙二金剛元帥

監生　高元帥
青妻　陳大神
霊宝大法司天将天兵都司典史　趙大将
天医朗霊院　高・許・陶・趙四大元帥

これらの元帥神の多くは武神であり、駆邪を担当する。三眼や三頭六臂を有するものも多数存在し、恐らくは密教の影響を受けて成立した神であると考えられる。

唐代以前の道教においては、恐らく元帥の信仰はなく、また伝統的な醮においては、これらの元帥神が登場することはなかったと思われる。この点については丸山宏氏の指摘がある。(3)

発奏儀すなわち発表科儀は、唐末の杜光庭の時代にはまだ存在しなかったものであり、南宋においても、地方ごとに挙行の仕方が一定していなかった新しい科目であった。（略）それらの起源は、古い霊宝斎にはもとめることができず、むしろ法官の儀礼において城隍や土地に牒を発出したり、死霊の変化した陰兵のような存在を駆邪に援用する場合に帖を発出したりする、基層的な民間信仰の客体に多く働きかけるために新しい道法が作り出した儀礼方法に由来する。

道教の醮におけるこのような元帥神の流入については、五代から北宋代に興起した雷法の影響が強く作用している。元帥神の多くは雷法とともに発展していった面が強いからである。ただ、これらの元帥神の影響は単に台湾の道教に止まるものではない。例えば四川の道壇の儀礼においては、次のような元帥神を招請する。(4)

主壇三十二天雷霆大都督炎帝　鄧天君
副壇八十一天雷霆都総管青帝　辛天君

先天一霆火雷使者　張天君

（略）

八卦洞神　龐元帥

刷鞭走火　劉元帥

左伐魔使　苟元帥

得伐魔使　畢元帥

先天首将　王天君

斗口霊官　馬元帥

地神霄主令　趙元帥

地祇上将　温元帥

皇門太保　康元帥

地司太歳　殷元帥

西台御史　関元帥

火犀滅巫上将糾不信道法　朱将軍

風輪盪鬼　周元帥

（略）

風火如意　田元帥

（略）

斗中　楊・耿二大元帥

さらに、民間信仰の儀礼においても、これらの元帥神は重要な役割を担うことが多い。

民間儀礼の場合、道教の「醮」などの儀礼と異なり、これを統一的に捉えることが難しい。民間においては「儺戯」や「還願」の儀礼、さらに「跳財神」や「跳五猖」などの所謂「跳神」の儀式などがあり、その形式は様々である。さらに「醮」と称するものもあるが、これは道教の醮とは異なったものであると考えられる。例えば、湖南における「観音醮」のように、仏道教と民間信仰の混淆によって行われるものも多い。

その「観音醮」を記録した『湖南省黔陽県湾渓郷的観音醮和辰河木偶戯香山』(5)によれば、「三界牒」において「王・馬・殷・趙四大元帥」という元帥を招請する。すなわち、王霊官・馬元帥・殷元帥に趙元帥である。また「開壇」では王霊官が現れて中心的な役割を果たす。また『江西省南豊県三渓郷石郵村的飛儺』(6)では、「雷部打邪朱元帥・地司太歳殷将軍・正一霊官馬元帥・主将玄壇趙将軍」があり、朱・殷・馬・趙の四元帥の名が見えている。

また『接龍喪戯』(7)に見える元帥神は、「恩将玄壇趙元帥・五安法主関元帥・押瘟上将温元帥・地祇上将殷元帥・雷門飛天張使者・大法風火田元帥」である。さらに『江蘇省通州市横港郷北店村胡氏上童子儀式』(8)の儺戯において登場する元帥神は、鄧天君・辛天君・張天君・劉天君・陶天君・王天君・馬天君・殷天君・鉄天君・朱天君・高天君・趙天君・温天君・周天君・関天君・陳天君・邱天君・鍾天君・白天君といったものである。

このように、現在も伝わる多くの儀礼において元帥神の名が見えることは、雷法が道教や民間信仰の儀礼に対して、広範囲にわたって影響を与えたことを示すものであると考えられる。ここでは、主として『法海遺珠』を取り上げて、これらの元帥神の源流について考えてみたい。

二　『法海遺珠』の性格

北宋から元代にかけて発展した神霄派・天心派などの雷法に関して『正統道蔵』中、最も重要な経典は、『道法会元』(9)と『法海遺珠』(10)の二種である。『道法会元』は、全二百六十八巻にも及ぶ浩瀚なものであり、その内容も、清微・神霄・天心・酆都地祇など様々な流派の系統の法術が収められている。それに比して『法海遺珠』は、全部で四十六巻と、やや少ない。但し『正統道蔵』の中では、比較的大部に属する経典である。また『道法会元』が多くの雷法を網羅する傾向があるのに比べ、『法海遺珠』の方は神霄系統の幾つかの流派の雷法が収録されているのみである。

『法海遺珠』の各個の法術については、『道法会元』に収録されるものと同じ系統の内容を有するものも多い。例えば、巻三から巻四にかけての「太乙火府秘法」の法術は、『道法会元』巻百八十八に見える「太乙火府五雷大法」などと同じく、太乙火府雷法の性格を有するものである。さらに、巻二十六の「策役社令玄秘」は、『道法会元』巻百二十六「九州社令雷法」などの九州社令雷法の系統に属するものである。また巻十七「南院火獄大法」は、『道法会元』巻百二十一「南宮火府烏暘雷師秘法」に近く、南宮火府系の法術である。これらはいずれも大きくは神霄派の系統に属す。

巻二十三「鄧帥大神九変欻火符法」は、鄧天君を中心とする法術で、『道法会元』巻八十の「欻火律令鄧天君大法」と同類の性格を持つものである。同様に、巻四十の「六一飛捷秘法」は、『道法会元』巻九十五の「雷霆飛捷使者大法」と同じく張使者を、巻三十「太歳秘法」及び巻四十四「糾察地司殷帥大法」は、『道法会元』巻

巻	『法海遺珠』
1	神霄十字天経
2	洞玄秘旨
3/4	太乙火府秘法
5	太乙火府秘旨
6	三宮内旨
7/8	九天雷晶使者梵炁隠書機法
9	太極雷隠秘法
10	神霄上道
11	雷機玄秘
12	璉璣建壇祈告次序
13	玄霊黙告秘文
14	告斗求長生法
15	奏伝混錬法式
16	雷霆諸帥秘要
17	南院火獄大法
18	九天魁罡雲路追捉三陣大法
19	九天魁罡黄龍奪命秘法
20	召紫姑仙法
21	混合五雷内修
22	五雷総摂
23	鄧帥大神九変欻火符法
24	大洞飛捷五雷大法
25	五雷迭運妙法
26	策役社令玄秘
27	金闕先生家書秘文
28	総召蛮霊符秘
29	上元重明九斗陽茫火鈴符法
30	太歳秘法
31	九陽上将劉天君秘法
32	北帝四聖伏魔秘法
33	北帝御前小四聖秘法
34	紫微玉音召雷大法
34	雷門左右伐魔使苟畢二元帥法
35	太歳武春雷法
35	斗口魁神霊官秘法
35	十七字霊官秘法
36	神霄都督金輪執法趙元帥秘法
36	三天風火独雷大法
36	雷電地祇秘法
37	紫霄護法五雷黒虎劉大神法
37	青玄地雷主令温元帥変用秘法
37	斬勒飛捷火雷使者大法
38	雷霆辛都督秘法
38	天罡統首逐凶退土符法
39	酆都西台朗霊馘魔関元帥秘法
40	六一飛捷秘法
40	先天一炁火雷使者秘法
41	無上混沌一炁天書
42	太上禳告心奏秘文
42	司命祈禳大法
43	太玄煞鬼関帥大法
43	地祇温帥大法
44	糾察地司殷帥大法
44	雷箭大法
45/46	紫宸玄書

二百四十六の「天心地司大法」と同じく殷元帥を、これは巻三十五「太歳武春雷法」と『道法会元』巻三十七「上清武春烈雷大法」も同様に殷元帥を、それぞれ主たる将師として行われる法術である。また巻三十五「斗口魁神霊官秘法」は、『道法会元』巻二百二十六「正一霊官馬帥秘法」と同じく馬元帥を、巻三十六「神霄都督金

輪執法趙元帥秘法」は、『道法会元』巻二百三十四「正一龍虎玄壇金輪執法如意秘法」と同じく趙元帥を、また巻三十七「青玄地雷主令温元帥変用秘法」及び巻四十三「地祇温師大法」は、『道法会元』巻二百五十五「地祇温元帥大法」と同じく温元帥を、巻三十九「酆都西台朗霊馘魔関元帥秘法」及び巻四十三「太玄煞鬼関帥大法」は、『道法会元』巻二百五十九「地祇馘魔関元帥秘法」と同じく関元帥を、それぞれ主な将帥とする。

このような類似性からすれば、『法海遺珠』は『道法会元』を節略して成ったものであるとの推察も可能である。しかし、両経典の間には異なるところも多い。以下ではその相違点に注意し、『法海遺珠』の特色について考えてみたい。

三 『法海遺珠』の成立

『法海遺珠』の巻四十五と四十六に収録される「紫宸玄書」は、『法海遺珠』がどのように成立したかを考える上での重要な記録である。

ここにはまず、章舜烈が書いた序文があり、そこには「至正甲申」、すなわち元の至正四年（一三四四）の日付がある。またこの法術は、「祖師董飛霞・一代方真人・二代厳道隆・三代郭応岐・四代章元長・五代章舜烈」という系譜によって伝えられたと記す。さらに神将としては、「趙光淵・毛尾・童立羊・熊世勝・鄧行文・李史近」などの元帥が挙げられている。これに類する法術の系統は、『道法会元』の中に類似のものが少ない。恐らく、章舜烈及びその法系統を継ぐ者たちによって、元末或いは明の初期に『法海遺珠』は編纂されたと推察される。

『道法会元』は、特にその前半部分に「清微」の名を冠するものが多く、清微派の強い影響下のもとに編纂された可能性が高い。しかし『法海遺珠』については、その法術に「清微」と付くものは全くといってよいほど無い。むろん両者はそれぞれ古い要素と新しい要素が混在しているため、単純に言えるものではないが、少なくとも清微派の影響力が少ないことは首肯されてよいであろう。また『法海遺珠』には「上清」を冠した法術も少ない。

影響力という点では、清微派よりも神霄派の太乙火府系統の法術の方がより顕著であろう。すなわち『法海遺珠』の巻三から巻五までは、すべて太乙火府雷法系の法術が中心となる。太乙火府法は、劉浩然・許志高といった道士たちによって伝えられたもので、火部の将である丘元帥・王元帥・陳元帥などを中心とする法である。また『法海遺珠』巻十四の「告斗求長生法」においては、王行真・鍾離権・鄭思遠・呂洞賓・張果・白玉蟾をその祖師とする。ここでは一部の霊官や六甲六丁神を招請するものの、元帥神に類するものは少ない。この法術は雷法系統に属するものではないと思われ、全真教系の影響が強く感じられる。この時期においては、白玉蟾を介して雷法に所謂南宗系の考え方を強く取り込むことはあり得ることであったであろうが、『道法会元』のそれに比して、『法海遺珠』のこの記載はより直接的な影響を感じさせるものである。

巻二十の「召紫姑仙法」も、かなり特異な法術である。紫姑神は厠の神として有名な存在であるが、扶乩と関係が深いことでも知られている。(11) この法術の冒頭にも、その扶乩の方法が記されている。とはいえ、この法術も後半部は玄天上帝の命による駆邪の法に中心が移るため、やはり雷法が基盤になったものと思われる。

また『法海遺珠』においては「木郎呪」を多用する。すなわち祈雨の法術が多いということである。雷法において祈雨はむろん重要な要素ではあるが、特に『法海遺珠』についてはその使用頻度が高いように思われる。恐らく白玉蟾系統の法術を強く受け継ぐことが影響していよう。

『法海遺珠』では、神霄系の諸派のうちでは、太乙雷法・九州社令・南宮火府などの法術が含まれており、また酆都地祇系の法術も強い。これを『道法会元』と比べると、やや網羅的とは言い難い面がある。恐らく太乙雷法系から紫宸玄書系に至る伝統を意識して、編集に際してはある程度の選択が行われているものと思われる。そのため、幾つかの重要と思われる他の神霄派の法術に関しては記載が無い。

四　『法海遺珠』の元帥神

『法海遺珠』に見える元帥神は、末尾の「紫宸玄書」に記されるものを除けば、基本的にほぼ『道法会元』に含まれるものと類似のものである。ただ全く同じとは言えない面があるので、ここではその点に注意してみたい。

巻三「太乙火府秘法」では、丘青・王成之・陳一言の三元帥を中心に、李・孔・崔・周・紀などの元帥を配する。先にも述べたように、『道法会元』にも見える太乙火府雷法系統の元帥とほぼ同じ構成である。巻六「三宮内旨」では、天蓬元帥・天罡大聖と、さらに辛天君がある。これは天心派系統によく見られるものである。ただ『法海遺珠』においては、天心法に関する記載はそれほど多くはない。

巻十七「南院火嶽大法」では、宋無忌・許汲と趙公明の三元帥、さらに陳・劉などの各将軍を招請する。これは先にふれたように恐らく南宮火府系統の法術である。巻二十三「鄧帥大神九変欻火符法」と巻二十四「大洞飛捷五雷大法」及び巻二十五「五雷迭運妙法」では、雷部の筆頭元帥である鄧天君を中心に、劉天君・辛天君などの天君たちが中心となる。

巻二十六「策役社令玄秘」は先にも見たように、神霄派九州社令系の法術である。ただ九州社令の法術では、『道法会元』においても様々な元帥を組み合わせる事例が目立つ。この「策役社令玄秘」における元帥神は以下の通りである。

将班
主壇八十一天欻火律令大神　鄧伯温
監壇太一捷疾直符使者　張元伯
監壇太一捷疾直符使者　許先定
総轄三界九州社令雷神主者　蔣沢
主帥九天雷声普化大神　宋光沢
副将東嶽主令司駆陰雷大将　関羽
九州社令　雷神
揚州社令　鄒混
掌駆伐悪大将　温瓊

ここでは雷部の主たる鄧天君・張天君・許天君などの元帥の名が見える一方で、酆都系の関元帥や温元帥の名も存在する。すなわちこのように種々の元帥が組み合わされているのが九州社令法の特色である。とはいえ、ここにおける元帥の称号については、非常に古い形式をよく保存したものと考えられる。例えば宋元帥であるが、「主帥九天雷声普化大神」となっている。これは後の雷部の主帥たる「雷声普化天尊」の称号に極めて近い。これは恐らく、この称の方がより古い形式を反映したものと思われる。また関元帥の称号も、酆都地祇法との関連を感じさせる「東嶽」の号が使われている。

主要な元帥を組み合わせて法術を形成する九州社令の法術は、恐らく後の主流たる清微派にも大きな影響を与えたものと考えられる。

巻三十「太歳秘法」においては、太歳殷元帥が主となっている。これは巻三十五「太歳武春雷法」及び巻四十四「糾察地司殷帥大法」も同様である。巻三十一「九陽上将劉天君秘法」では、雷部の劉天君と、「閻・張・寗・任」の四大天君を主とする。

巻三十二「北帝四聖伏魔秘法」では、天心法において重んじられた北極四聖をその法術の中心とする。ここでは真武は真君の一人となっているが、他の法術では玄天上帝として首座にいる場合も多く、やや矛盾がある。もっとも、同様の傾向は『道法会元』にも見えている。特徴的なのは巻三十三の「北帝御前小四聖秘法」であり、ここでは「陳勝・呉広・炅容・耿温」の四将軍を「小四聖」と称す。秦末の陳勝と呉広などを雷法の元帥として扱うのがその特色である。

巻三十四「紫微玉音召雷大法」では、次のような主法と将班の構成になっている。

主法

祖師西河救苦妙道一元無上薩君真人

将班

雷霆欻火律令大神　鄧天君（略）

雷霆猛吏都督大神　辛天君（略）

副帥南方火鈴大神　宋元帥（略）

副帥北帝曠野大神　竇元帥（略）

すなわち、薩真人つまり薩守堅と、鄧・辛・宋・竇の四元帥という組み合わせになっている。薩真人は、『道法会元』によれば王霊官との組み合わせがよく行われるが、ここでは雷部の天君との組み合わせになっている。

実はこれは大きな問題を含む記載である。『法海遺珠』にはそもそも王霊官に関する記載がほとんど見られない。王霊官は恐らく他の元帥神に比して、やや後に流入した可能性が高い。そのため、温・関・馬・趙の四大元帥などの幾つかの元帥神の組み合わせの外にある。先に見たように、太乙雷法系においては、一般に丘・王・陳の三元帥を主とするが、『道法会元』巻二百四十一「雷霆三五火車霊官王元帥秘法」など、王霊官を主とする法術においては、その王元帥を王霊官に代えて神将を構成する。すなわち王霊官と丘・陳二元帥の組み合わせが行われるのである。この『法海遺珠』の編纂期においては、王霊官はまだ有力な元帥神とみなされていないということであろう。或いは、この時期にまだ王霊官信仰が盛んでなかった可能性も高い。

巻三十四の「雷門左右伐魔使苟畢二元帥法」においては、雷部の苟元帥・畢元帥を重視する。巻三十五の「斗口魁神霊官秘法」「十七字霊官秘法」では、霊官馬元帥を主とする。馬元帥は火神として、また四大元帥の一として有名な存在である。特に「十七字霊官秘法」では、火神の馬勝元帥と、水神の王文淵元帥を組み合わせて神将を構成する。

巻三十六の「神霄都督金輪執法趙元帥秘法」と「三天風火独雷大法」は、趙公明元帥を主とする。趙元帥はやはり四大元帥の一であり、後世では財神として知られる。同じく巻三十六「雷電地祇秘法」と巻三十七「青玄地雷主令温元帥変用秘法」、及び巻四十三「地祇温帥大法」では、温瓊元帥を主とする。温元帥は、四大元帥の一であり、地祇法において重視される元帥である。巻三十七の「紫霄護法五雷黒虎劉大神法」では黒虎大神劉元帥を主とする。ただ劉元帥は、ここでは玄天上帝の配下となっている。

巻三十七「斬勒飛捷火雷使者大法」と巻四十の「六一飛捷秘法」と「先天一炁火雷使者秘法」は張使者を主とする法であり、巻三十八「雷霆辛都督秘法」は辛天君を中心とする法である。いずれも雷部の主要な天君である。

巻三十八の「天罡統首逐凶退土符法」は、ややこれらの諸法と異なった性格を持つものであり、天罡統首大神の趙元帥を主とするものである。ここでは祖師として初代天師張道陵を中心に据える。この元帥の地位はやや定かではないところがあるが、冒頭に挙げた台湾の発表科儀における「北極駆邪院大聖天罡都統・趙元帥」と近く、これはすなわち天罡大聖を指すと思われる。また発表科儀においては、天蓬元帥の姓を尹、天猷元帥の姓を呉とするが、これに関しては『法海遺珠』は類似の記載に乏しい。

巻三十九「酆都西台朗霊馘魔関元帥秘法」及び巻四十三「太玄煞鬼関帥大法」は、後に関帝となる四大元帥の一、関元帥を中心としたものである。いずれも酆都法の系統に属するものである。

総じて言えば、『法海遺珠』に見られる元帥神は、鄧・辛・張・苟・畢といった雷部の主要な天君と、温・関・馬・趙の四大元帥、これに太歳殷元帥や許元帥・劉天君などが加わったものが中心となる。さらに太乙雷法系の丘・王・陳元帥、南宮火府系の宋元帥などがある。また天蓬・天猷・真武・黒煞の北極四聖の法があり、陳・勝・呉広などを「小四聖」として扱う法術がある。この他、閻・張・甯・任などの四大天君の名も見え、一方で唐・葛・周三将軍に関する記載もある。また、真武を玄天上帝として、駆邪の主帥として扱う記載が目立つ。

五　結　語――現今儀礼との関係

始めに見たように、道教と民間信仰の儀礼の中に元帥神は深く入り込んでいる。そこに見られる各元帥神の称号や性格は、『道法会元』や『法海遺珠』に見られるものと一致することが多い。これにより雷法が道教や民間信仰の中に取り込まれていった形跡は明らかであろう。しかし一方で、『道法会元』の後半部や『法海遺珠』では、各個の法術が独立して使用されることが多く、また元帥神も、法術の系統によって招請されるものがそれぞれ異なっている。ただ、『道法会元』の前半部、恐らく清微派の手になると思われる箇所では、幾つか系列の異なる元帥神を一緒に並べて扱うという傾向がある。『法海遺珠』においても、一部九州社令系統においてはそのような傾向が見られるが、清微派に見られるような網羅的なものではない。

『法海遺珠』には、また王霊官信仰の影響が少ないなど、『道法会元』より古い雷法の形を残す一方で、全真教系の影響が見られたりする面もある。むろん『道法会元』には、『法海遺珠』よりもさらに古層を反映すると思われる天心法や金火天丁系統に関しての詳しい記載もあるので、単純に比較はできない。また、『法海遺珠』における法術の記載は、『道法会元』に比べてかなり簡略であり、例えば各元帥神の由来に関しては、これを見ただけではほとんど不明確であろう。とはいえ、これが南宋から元にかけて発展した雷法諸派と元帥神の状況を記した貴重な資料であることは間違いない。しかしながら、ここに記載されている元帥がどのように具体的に伝統的な儀礼に流入していったかの経緯については、ここでは詳細に検討出来なかった。これについてはまた別の機会に検討したい。

（二階堂　善弘）

（1）大淵忍爾編『中国人の宗教儀礼――仏教・道教・民間信仰』（福武書店、一九八三年）二四一頁。
（2）前掲大淵忍爾編『中国人の宗教儀礼――仏教・道教・民間信仰』二四七―二四八頁。
（3）丸山宏『道教儀礼文書の歴史的研究』（汲古書院、二〇〇四年）二七六頁。
（4）段明編著『四川省江津市李市鎮神霄派壇口科儀本（上）』（『中国伝統科儀本彙編3』新文豊出版公司、一九九九年）二三一―二三二頁。
（5）李懐蓀『湖南省黔陽県湾渓郷的観音醮和辰河木偶戯香山』（『民俗曲芸叢書』施合鄭民俗文化基金会、一九九六年）。
（6）余大喜・劉之凡『江西省南豊県三渓郷石郵村的飛儺』（『民俗曲芸叢書』施合鄭民俗文化基金会、一九九六年）。
（7）胡天成『接龍喪戯―重慶市巴県接龍郷劉家山合作社楊貴馨五天仏教喪葬儀式之調査』（『民俗曲芸叢書』施合鄭民俗文化基金会、二〇〇〇年）。
（8）曹琳『江蘇省通州市横港郷北店村胡氏上童子儀式』（『民俗曲芸叢書』施合鄭民俗文化基金会、一九九五年）。
（9）『道法会元』（『正統道蔵』正一部 S.N.1220）。
（10）『法海遺珠』（『正統道蔵』太平部 S.N.1166）。
（11）呂宗力・欒保群『中国民間諸神』（河北人民出版社・改訂版、二〇〇一年）三三八―三三九頁。

張宇初の斎法観とその周辺
――南昌派考察序説――

一　はじめに

道教史全体を考え描き出してみようとした場合、各時代において偏りのない立場から当時の道教全体を鳥瞰したような文献が残されていれば、まことにありがたい資料となる。そのようなものが各王朝ごとに存在すれば、それらを時代順に列べることにより、いつ頃にどのような宗派や教理があり、どのように栄えたかなどについて一定の客観性をもつ道教史の像をおおまかではあるが浮かび上がらせることができるというものであろう。しかし、正史の中に仏教と合わせて「釈老志」あるいは「釈老伝」と呼ばれる部分が設けられ、その頃の道教が概説される場合などもあるが、残念ながらごく僅かな例にすぎない。また、藝文志もしくは経籍志の道家の部分などの冒頭で、歴史なり教理なりを概説する場合もあるが、これとてあまり多く行われているわけではなく、体例もまちまちであるなどで、上のような目的に利用できるものではない。もちろんこの種のものは別に正史の中のものでなくてもよく、数え方によっては少なからずあるとも言えるが、書かれた事情なり、作者の立場なりを考えると、視点に偏向のない十分に客観性のある情報と見なしてよいものは、やはり極めて少ない。

さて、このような観点からしてみると　明初に現れた第四十三代天師の張宇初（一三六一－一四一〇）による

『道門十規』は、宋から明初にかけての道教の全体的状況を考えるに当たって、なかなか有用な資料なのではないかと考えられる。

張宇初その人については、既に基本的な部分はおおむね知られているように思うので、ここで改めて詳しく論じることは控えたい。父の張正常を引き継いで当時の道教界の頂点と言える立場に身を置き、幾たびか皇帝の依頼による大斎を催し、永楽帝から「道典の纂修」(『道門十規』冒頭)、即ち今日残る『正統道蔵』の編纂を委ねられた人物である。(1) 政治的要請もあってそこから道教界を出来る限り熟知していなければならなかった人物であったと捉えてもあながち間違いではなかろう。

著作物はかなり多く、詩文を集めた『峴泉集』四巻もしくは十二巻、(2)『度人経』の注釈である『元始無量度人上品妙経通義』四巻、および『道門十規』一巻が残されている。これら以外にも、道蔵内外の道教文献などに寄せられた序跋等を少なからずあちこちに見つけることができるようである。(3)

さて、その『道門十規』は、道士としての心得、および知っておくべき事項について、書名の通り十箇条にまとめて記された文章である。禅門において、初めて五家七宗について明言したものとして知られる法眼文益の『宗門十規論』があるが、題名はもとより内容や性格が似ていなくもないので、あるいはこれを模倣もしくは意識したものであるのかもしれない。いずれにせよ、宋から明初にかけての道教の状況に基づきつつ記されたかなり見事な道教概説として読むことができる著作と言える。

筆者はこれまで宋元時代の道教に関心をもち、その解明に努めてきた。そして上記のような時代の大局的把握の指標としての観点からこの『道門十規』に関心を持ち、当時の原資料と照合させつつその全文に対する完全な理解(もちろん何故そのような対象・事柄が取り上げられ、この時代のこの人にそのような扱われ方をされるのかを含めて）を目指した。そしてもうかれこれ十年ばかり経つのであるが、いまだ遅々として進まない。特に斎法関係の事情については元来疎く、ほとんど素人に近いと自覚している。しかし、いつかは取り組まなければならないとも考えていたので、今回自分なりの初歩的な考察を試みたいと思う。十分な基礎知識がないため、極めて不備なものとなるかもしれないが、何分ご海容いただきたい。

二　霊宝斎法

『道門十規』十則の中で、専ら「斎法」について述べられる一則がある。以下の通りである。(4)

斎法行持は、乃ち上古の籥天禴祭の礼なり。霊宝天尊、元始の説経を受けし自り以来、立教の本と為る。其の目は最も多く、其の文は最も浩然たり。太極徐真人、仙翁葛真人、朱陽鄭真人の三師自り下、則ち杜、葛、陸、甯、項、寇、又た其の最も世に名ある者なり。是れ由りして分かれ、則ち林、田、金、白諸師有りて、遂に東華、南昌の分派有り。同じからざると雖も、其の源は則ち一なり。故に符篆呪訣、亦た相い去ること遠からず。是れ皆な後の師徳《ししょう》の各々宗門を立て、後来を接引するの一端なりて、初めより二道無きなり。此の数派の称えて正宗と為すを舎《お》きて、余は師とするに足らざる者多し。世に三籙の内文、金書、玉鑑、道門定制、立成儀等の書伝わり、既に定規有り。

凡そ行持の士は、必ず広く参じ博く究め、務めて性命の根宗を明らめ、真功実行を累積すべし。

凡そ行持に遇えば、必ず須く斎明盛服し、己を潔め心を清むべし。先ず諸れを己に錬り、後に魂を度すべし。必ず斎戒して以て神明に通ずべくして、外は塵務を絶ち、内は形神を錬り、符籙簡札の事に非ざれば、妄りに与るを得ず。

凡そ陞壇朝叩の次《とき》には、務めて一誠を積み、精思黙存し、衆の模範とする所と為り、上は以て天地の鬼神を感ぜしめるべく、下は則ち幽冥の苦趣に負かざらんことを庶うべし。三籙の設の如きは、金籙は惟だ帝王建つべく、玉籙は惟だ后妃建つべく、黄籙は則ち士庶建つべし。大小各々分数に依り、定規を僭乱すべからず。一に太祖皇帝の立てて儀範を成すに遵い、恪み守りて則と為すべし。

凡そ符籙簡札の類は、……

まずは最初の段落についてみると、斎法の歴史について記されていると考えられるが、これと同様のことを述べる張宇初の文章がいくつかある。その最も詳しいものが、『峴泉集』に収める「玄問」であり、清微、霊宝、神霄、酆岳の各派に対する解説の中の霊宝について、次のような書き方がされている(5)。

霊宝は玉宸に始まり、之を度人経法に本づき、而して玄一三真人之を闡き、次いで太極徐君、朱陽鄭君、簡寂陸君あり、其の宗を倡えし者は、田紫極、甯洞微、杜達真、項徳謙、王清簡、金允中、高紫元、杜光庭、寇謙之、鏐(留)沖靖、而して趙、林、白、陳より下、派は益々衍れり。是れに東華、南昌の異有り。

これらを合わせて考えれば、「斎法」とはすなわち霊宝派にほぼ完全に重なることになる。ここに列挙された人物については、いつ頃のどのような人物かはっきりとわからない者もあるが、他の資料と照合することで、かなりの部分について判明させることができる。たとえば『道法会元』巻二四四「玉清霊宝無量度人上道」冒頭に載せる「霊宝源流」をみれば、上記の多くの人々が列挙されており、各人の詳細まで一応の確認をすることができる。

このような人々が出て、さまざまな宗派に分かれつつ、「金書」(おそらくは甯全真授、林霊真編『霊宝領教済度金書』を指す）、「玉鑑」（おそらくは『霊宝玉鑑』を指す）、『道門定制』（呂元素集成、胡湘龍編校）、「立成儀」（おそらくは沖靖先生留用光伝授、蔣叔輿編次『無上黄籙大斎立成儀』を指す）といった代表的な科儀書が編纂されつつ展開したとみなすのであろう。そして行持の士すなわち斎法を行う者は、性命の根源を究め、斎戒して心身を清め、自らを錬磨し、そこで神明に通じ、亡魂を済度し得るのであり、人々の分際に応じて金、玉、黄の三籙の斎法を行うのである。
(6) (7) (8) (9)

三　南昌と丹陽

しかし、ここでやはり大きな問題としてわからないことも依然として残る。

たとえば、「是れ由りして分かれ、則ち林、田、金、白諸師有りて、遂に東華、南昌の分派有り」と、東華と南昌の分派について言われている。この東華派が甯全真～林霊真を軸とする一派であることは既にこの時代のこの方面について論じる大概の文章で指摘されることであり、間違いのないところであろう。しかし、一方の南昌なる派は何であろうか。本稿で中心の問題としたいのは、この点である。

これについて、鄭所南すなわち鄭思肖（一二四一－一三一八）の手に成る『太極祭錬内法』（『太極祭錬内法議略』）が関連する資料と言えるようであり、これも既に多くの文章で指摘されることであるが、その冒頭に置かれる永楽四年（一四〇六）の張宇初の序文が特に注目されるものである。
(10) (11)

霊宝斎法は、徐葛鄭三師に始まりて世に流《つたわ》り、漢唐宋元に迄《およ》びて以来、蹊は殊なり逕は異なりて、紛糾交錯すること、啻だ千百にては求むべからず。……且つ魂爽《れいこん》を錬度するは、猶お霊宝の要為り。而して錬度の箇捷なるは、猶お祭錬の事略にして功博きを以てす。仙公葛真君其の教を葳《とと》え、位は仙品を証して自り、世に伝わるは則ち丹陽、洞陽、通明、玉陽、陽晶の諸派有り。而して仙公の丹陽より要なる者は莫きなり。丹陽は夫の南昌に本づき、而して南昌は乃ち霊宝の一名なり。丹陽の要を得しは、所南鄭先生の『内法議略』より詳らかなるは莫し。深切著明なること、誠に所謂る仙公未だ発かざるの蘊を発くなり。

ここに見える丹陽、洞陽、通明、玉陽、陽晶はそれぞれ霊宝が流伝して分かれ出てきた一派を指し示す言葉となっていることは間違いなく、文脈からすると、その後にみえる南昌の語もやはり一派の呼称なのではないかと考えさせられずにはいられないのである。この南昌がどのようなものであるのか特定するのがなかなかに困難なのであるが、以下に順を追って考察してみたいと思う。

まずこれによれば、『太極祭錬内法』は、上記の各派の中の「丹陽の要を得」ているということになるが、ではこの「丹陽」とはどのようなものであろうか。これについては、その本文をよく読めば、おおかた理解できるように思う。巻上に基づき要約すれば、以下のようになろう。

「丹陽」とは、要するに「丹陽祭錬」、「丹陽錬度」などという祭錬法もしくは錬度法を指すのが基本である。その方法は、まず日頃から内錬法を行い、内は精神を養い、外は戒行を守る。それにより祭錬を行持すればかならず鬼神と感応するとする。行持にあたっては、まず太一救苦天尊の名号、「霊書中篇」を称えて、丹陽符や宝籙を書し、その後に内錬を行う。絳宮心府の南昌上宮、別名朱陵火府の火が体を焼き尽くした後、自己の体を錬り嬰児の姿として絳宮に出現させ、それが頭頂の泥丸へ登って太一救苦天尊に変化し、十方無辺無数の一切の鬼魂が東北鬼門からやって来るのを存想し、丹陽呪を唱えるなどしながら、太一救苦天尊が施食などをするさまを思いつつ、内錬に基づく水錬・火錬のいわゆる水火錬度を行うことによって、一切の幽魂が宝籙を給付され、上昇して天に生ずるとする。中心となる内容はこのようなものである。

巻中と巻下ではそれに関わる様々な事柄について詳細な解説がなされている。

さて、『道法会元』巻二一〇に、「丹陽祭煉内旨」というものがある。この末尾に付された句曲外史張雨の一文によれば、大癡黄先生すなわち黄公望（一二六九－一三五四）に従い全真を学んでいる王玄真、字は無偽、号は体玄なる人物による編集である。王の序文（一三五六年）が冒頭にあり、それには次のようにある。[12]

夫れ祭錬は、鬼神を祭る所以を祭り、自己を錬る所以を錬るなり。苟も己を錬らざれば、則ち鬼神は昇度する能わず、……今則ち謹んで雷鑑講師潘君、三洞法師戴君、所南錬師鄭君の著す所の善本、及び諸師友授受の玄微を按じ、煩蕪を芟薙し、要妙を採摭し、一巻を為すに足れり。初めより前後を以て序せず、勒いて十八篇と為し、名づけて丹陽祭錬内旨と曰う。

この一篇全体を見渡すと、内容的には全く同じ「丹陽符」や内錬法が中心となるもので、一見して先の『太極祭錬内法』に類似しているが、ここに「所南錬師鄭君」の著す所にも基づいていることが明言され、確かに鄭所南の丹陽祭錬の伝統を多かれ少なかれ受け継ぐもののようである。

なお、鄭と列んでここに「雷鑑講師潘君」、「三洞法師戴君」なる人物が挙げられている。これについて、『太極祭錬内法』の文中に、「水火作用、亦た多法有るも、倶に此の本の内錬法に若かず。戴君浄熠の祭錬刊本の洞陽内錬の法と相い同じきなるも、彼は特だ口中に水生ぜしを運らすの妙を欠くのみ」（巻中・七葉表）、「戴君祭錬の附録に云く、……」（巻下・二四葉裏）、「龍虎（山）に刊する潘法師本も亦た議論未だ粋然なり、皆な泰定に入りて祭錬するに非ざるなり」（巻下・二六葉表）などと述べられるものと関係があるかもしれないが、詳細は今のところ不明である。

四　祭錬／錬度の諸法と諸派

ところで、『太極祭錬内法』の序文で張宇初が述べていた、「丹陽、洞陽、通明、玉陽、陽晶の諸派」について、改めて「派」としての観点から「丹陽」を含めて検討してみたい。

丹陽派なるものを考えるとすれば、それはやはり「丹陽祭錬」ないしは「丹陽錬度」を内容とするものということになるのであろう。

たとえば、金允中の『上清霊宝大法』(13)巻十三末尾にも、「諸方の祭錬は、生天籙を以て主と為す。而るに浙東の伝える所の祭錬諸科は、黄炁陽精符を以て主と為す。又た丹陽錬度符と名づく。上清霊宝の古法内を参考するも載せず、独だ世に仙翁祭錬を称する者乃ち之を有す。……有する所の丹陽錬度の一符、近来の法中に已に漸く盛んなりと雖も、然り而るに古式に従いて敢えて本法に編入せず。……」とみえる。「丹陽符」が別名「黄炁陽精（洞明霊）符」であることは、『太極祭錬内法』および『道法会元』巻二一〇「丹陽祭煉内旨」にも明言されており(14)、金允中もその符の祭錬法を「丹陽錬度」の名をもって呼んでいるようである。浙東などにそれを行う人々が多く現れ、それなりの勢力となっていたらしいことが窺える。

その他の諸派については、まずわかりやすいものからみてみると、『道法会元』巻二一〇「丹陽錬度」のすぐ前の巻二〇八－九は、「太極玉陽神錬大法」、「玉陽祭錬文検品」と題するものが収められている。すなわち「玉陽神錬」もしくは「玉陽祭錬」の法であり、これが張宇初が「玉陽」と呼んでいる一派に結びつくものであることは、「丹陽」の例に鑑みればほぼ疑いなかろう。序文や解説などはないので詳しいことはわからないが、泰霊火都玉陽宮なる神仙の世界にその名は由来するようである。また、そこで薩守堅かと思われる「玉陽啓教大慈救苦薩君真人」なる神仙を祖師（の一人）としているが、これは『太極祭錬内法』巻下に、「玉陽宮刊本の如きは、則ち薩真人の派なり。玉陽宝誥も亦た数様有り、相伝うるに既に遠く、殊に秘旨を失う。……清微法中に紫陽祭錬、玉陽祭錬等の法有り、……」とあるのと何らかの関わりがありそうである。

それから、「通明」に関しては、やはり『道法会元』の巻三一―三五に、「上清龍天通明錬度大法」なるものが載せられており、要するに「通明錬度」ということになろうが、おそらくはこれに結びつくものなのであろう。これも詳細はよくわからないが、祖師として金闕昭凝妙道保仙祖元君（祖舒）、丹山雷淵黄真人（黄舜申）、淩儀原陽趙真人（趙宜真）らを挙げており、清微派系のものということになろう。

「洞陽」については、先にも挙げたが『太極祭錬内法』に、「水火作用、亦た多法有るも、倶に此の本の内錬法に若かず。戴君浄熠の祭錬刊本の洞陽内錬の法と相い同じきなるも、彼は特だ口中に水生ぜしを運らすの妙を欠くのみ」（巻中、七葉表）とみえた「洞陽内錬」に関わるかもしれないが、詳細はいまのところ不明である。金允中『上清霊宝大法』の巻八に「洞陽符火品」なる部分があるが、これもあるいは何らかの関係があるかもしれない。ただ、金もこれに対するコメントで、「理が通じない」との旨を何度か述べているように、名前の由来や内容について俄にはわかりにくいように思われる。

「陽晶」に至っては、その実態を窺う手がかりがほとんど得られない。ただ、甯全真・王契真『上清霊宝大法』巻五十の冒頭に一つの符が載せられ、それについて「丹陽符、又た寅炁陽晶洞明真符と曰う」と記されている。一緒に記されているその符篆の構成要素（部分）についての詳しい解説に拠れば、この符の中のある一部分が「陽晶」を表現するものとなっているようである。この符篆の形は、『太極祭錬内法』等にみられる「丹陽符」と全く同じとは言い難いが、構成要素やそれらの配置はかなり似ている。そこで、この「寅炁陽晶洞明真符」という名も「黄炁陽精洞明霊符」がいささか訛ったもので、もともとはこれらの符は同じものだったのではないかという憶測が湧いてこなくもない。「陽晶」と「陽精」の発音は同じであろう。さらに、甯全真・林霊真『霊宝領教済度金書』巻二八一にやはり『上清霊宝大法』巻五十と似た「丹陽符」の構成要素の解説がみられるが、ここはそれと同じ部分が「陽晶」ではなく「陽精」となっている。そうなると、「陽精」に絡んでくる祭錬／錬度法についてまたいろいろ調べてみる必要があるかもしれないが、今回は手がまわらないので、今後注意深くみてゆくべき課題としておきたい。

五　南昌錬度

以上、やはりわからないことが少なくないが、上記の検討をひとまず基づく価値ありとすれば、張宇初が列挙していた「丹陽」以下の諸派は、基本的にはその派名を冠した祭錬法もしくは錬度法が存在し、それを行持する人々を指したと考えられるであろう。

さて、そこで再度話を「南昌」とは何かに戻したい。『太極祭錬内法』序文で、「丹陽は夫の南昌に本づき、而して南昌は乃ち霊宝の一名なり」という書き方がされていたわけであるが、この表現について厳密に言えば、「南昌」は一派の名か、方法か、あるいは人の呼称かかならずしも確定はできず、いろいろな可能性が考えられる。しかし、ここで、丹陽∧南昌∧霊宝なる包含もしくは派生関係が言われていることは確かであり、この序文の内容は、霊宝にしても丹陽にしても、斎法や祭錬法という方法、およびそれを伝える流派が念頭に置かれていることもほぼ明らかなので、「南昌」も同様と捉えるのはまずもって自然な方針であろう。

さて、序文を書く人は、多かれ少なかれその書物の本文に目を通し、それをそれなりに念頭に置きながら文章を作るのが通例である。そこで、そもそもこの『太極祭錬内法』の中で「南昌」とはどのようなものとされているのか検討しておきたい。これが張宇初の言う「南昌」と関係がある可能性は少なくないであろう。

まず第一に目につくのは、巻上「内錬法」に、「絳宮心府、号して南昌上宮と曰い、亦た号して朱陵火府、流金の庭と曰う」というように、南昌＝心、別名朱陵宮としていることである。南昌上宮とは、むろん死者が錬化され、再生し昇仙してゆく場であるいわゆる南宮（朱陵宮、朱火宮）を念頭に置いた呼称である。巻上の「丹陽符」のすぐ後には「南昌受錬司印」が示されている。この南昌上宮は祭錬法において関鍵となる場とされるようであり、たとえば次のような記述がみられる[15]。

或るひと水火錬度の義を問う。今、諸家の霊宝法の中に水火錬度品有り。其の説は亦た数様有り、倶に深奥無し。……予曰わく、水錬の水と曰うは、水に非ず。吾が精の沢なり。吾の精を錬りて彼の精を生ず。故に之を化して水と為して之を錬るなり。火錬の火と曰うは、火に非ず。吾が神の光なり。吾の神を錬りて彼の神を生ずるなり。故に之を化して火と為して之を錬るなり。精亡び神離れ、昔堕ちて鬼と為ると雖も、精生じ神全くなれば、今当に升りて天に生ずべし。錬れば則ち度す、錬らざれば則ち度せざるなり。故に水火錬度と曰う。……故に先に水錬し、……故に次いで火錬す。……火錬の処は、即ち南昌上宮、受度の所なり。火錬を経しの後、衆魂皆な化して嬰児と為り、膏潤たりて光明あり、神炁は精采あり、変形し更生し、仙化し人と成り、玉の潤うが如く、月の明らかな如く、初来の黯然の垢魂に非ざるなり。惟だ戒を説かれ籙を頒けられて天に生ずるを待つ。……或るひと又た謂う、毎月の初三、初四、初五、十三、十四、十五、二十三、

二十四、二十五の凡そ九日、南昌上宮、錬度府を開くと。世人悟らず、天地の造化の大柄は、皆な我の天に在りて、天に在るの天に在らざるなり。

自己の南昌宮において、自己の火すなわち神を錬ることによって、亡魂の神をも再生せしめ、水錬による精の再生と併せてそれにより幽鬼を済度し、升仙せしめるのである。そしてその南昌上宮とは、天のそれではなく、我が内なるそれなのだという。もちろんこのような内面化した南昌宮などの亡魂救済説は鄭所南なり丹陽派だけではないが、それにしてもまずはその典型的な説を大いに語っていることはわかる。

それからもう一点、更に気になるのは、次のような記述がみられることである。(16)

或るひと問う、如何なるを太極錬度と曰うや。曰く、太極錬度、其の始まりは本と霊宝法より出づ。此の法は簡易なりて、太極葛仙公の派に原づくを以て、因りて太極祭錬と曰う。猶お霊宝錬度、南昌錬度と曰うは各々出づる所に因りて之に名づくるがごとし。霊宝錬度は九錬有り、南昌錬度は五色紙を用いて符を書すは、此に較ぶれば則ち甚だ鄭仲（鄭重?）なり。亦た多派有り、詳らかに数うるべからず。

これによれば、太極錬度が太極葛仙公の派に由来とし、霊宝錬度や南昌錬度もそれが出てきた派による命名であるとか、霊宝錬度や南昌錬度などを内容とする派そしてそれ以外の幾多の派があることを述べている。すなわち、南昌錬度の一派が想定されているように思われる。

関連する記述として、『道法会元』巻二四五「上清霊宝無量度人上道」の末尾の「錬度歌」に次のようことが述べられている。(17)

今、斎法を行うの士、未だ自ら其の神を錬らざると雖も、亦た須く先ず其の義を明らかにすべし。況んや錬度の法、伝流頗る多し。霊宝大錬の法有り、神霄六陽九陽錬法有り、南昌・青玄・九天の諸錬有り、悉く各々義有り、混淆錯乱して別《わかち》無かるべからず。霊宝大錬の法を行わんと欲すれば、当に金母木公を祖とするを知るべし。請炁上表するに、他求すれば不可なり。神霄錬を行わんと欲する者は、当に三師・日月を祖とするを知るべし。請炁上表するに、神霄日月を捨《お》きては不可なり。南昌錬は南辰北極を以て祖と為し、九天は則ち九天上帝を以て祖と為すに至りては、皆な其の隷属なり。壇場を敷列し、水火を排列するに至りては、亦た其の方謂を拘定すべからず。霊宝行持の如きは、存用は則ち水火を以て寅申の方に置き、存想は則ち祖炁金木を以て宗と為す。神霄行持は、存用は則ち水火を以て乾巽の方に置き、想いて九霄の炁は心腎肺肝五臓の間に在り、三焦の碧炁は神霄の炁と為り、肺中の素炁は玉霄の炁と為り、……此れ神霄錬度の用なり。南昌錬度に至りては、水火を南北に置き、水火を心腎に想い、九天錬度は水火を九方に置き、九炁を身中に運らす。

「霊宝錬度」は「大錬」と呼ばれてやはりいささか別格の感があるが、それとともに神霄錬度、九天錬度など同じく「南昌錬度」が一つの錬度法の「伝流」として語られていることになる。「南昌錬度」は「水火を心腎に想い」とあるのも、前出した『太極祭錬内法』にみられる心（南昌）を場とした神による火錬、そして精による水錬――明記されてはいないが常識的には腎に結びついているはずであるが、そのような内容と少なくとも無関係ではないのではないかと思われる。また今回は一瞥したに過ぎず今後の検討が必要だが、「南辰北極を以て祖と為し」というのも、やはり全く無関係ではなさそうにも思える。

それから、これとどの程度関わってくるか俄にはわからないが、霊宝錬度と南昌錬度とを並列するものとしては、たとえば『霊宝無量度人上経大法』(18)の巻五十七「錬度秘訣品」以降に錬度関係の方法が収められており、巻五十九「三光煉度品」、巻六十「南昌受煉品」、巻六十一「霊宝煉度品」、巻六十二「混元陰煉品」等と列べられている。この「三光煉度品」の冒頭でそれについて、「夫れ幽冥を超度するに、如し南昌の科を行わず、只だ三光の符炁の受煉を用いるも、亦た霊宝自然無量度人と謂う者なり」と述べているほか、その第三葉に、「如し南昌煉度法を用うれば、此に就きて科に入る。如し三光煉度ならば、次いで亡魂を引き聖前に至り上香するを用いず」などとあるのをみれば、これらの題名の「受煉」も「煉度（錬度）」も実質的にはほとんど違いはないように思われ、「三光錬度」、「南昌錬度」、「霊宝錬度」などが列べられていると捉えてよいように思われる。

以上を要するに、「南昌錬度」と呼ばれる、もしくは呼び得る方法が錬度の一法として存在し、さらにそれを中心に行う伝流すなわち一派のようなものが存在すると認識する人がいたことは確かであると思われるのである。そして張宇初は、「丹陽錬度」、「玉陽錬度（祭錬）」、「通明錬度」等について、「丹陽、洞陽、通明、玉陽、陽晶の諸派」と呼んでいた感覚からすると、「丹陽は夫の南昌に本づき」と述べていた「南昌」は「南昌錬度（祭錬）」の一派ということになるのではないかと考えられ、『道法会元』や『霊宝無量度人上経大法』などにも現れる「南昌錬度」がそれに当たると考えられるのである。

六　おわりに

以上、張宇初の『道門十規』の中の斎法に関する総合的な文章の中で、霊宝の流れから二分したとされる東華・南昌両派のうちの南昌派について考察した。その結果、さらにその南昌派から派生したらしい丹陽派関係の文献およびその周辺の資料の検討から、南昌派は要するに「南昌錬度」の方法を行う一派であると推定され、それについて言及すると思われる当時の文献も確認された。

しかし、ここでたどり着いた南昌派は、本当に『道門十規』に言う南昌派と重なるのであろうか、一致するのであろうか。実はこの点には甚だ疑問も多い。

まず、張宇初が「東華、南昌の分派有り」と列べて述べている一方の東華派については、林霊真による編纂の巨冊『霊宝領教済度金書』三百二十一巻があり、また王契真による編纂の『上清霊宝大法』六十六巻などもあり、さらに霊宝斎法の大家である金允中も彼の大著『上清霊宝大法』などで「天台法」と呼んでさかんに批判するなど[19]、大きな力をもつ一派であったことがさまざまな資料からわかるのであるが、南昌派に関しては、当時の道教界もしくは社会の中でどの程度の勢力となっていたのか、どのような位置にあったのか、そしてどのような人々をその担い手としていたのかなど、詳しい実態については未だわからないことが多い。『道門十規』の文面を改めて確認してみると、「……是れ由りして分かれ、則ち林、田、金、白諸師有りて、遂に東華、南昌の分派有り」という書き方がされている。この一文をそのまま読めば、「林、田、金、白の諸師が現れて、それで東華、南昌の分派が起こった」という解釈が基本として為されるであろう。ここで、林は林霊真、田は田思真（紫極）で、いずれも東華派の（あるいは後世そこに組み込まれる）著明な道士であることを考えると、それに続く金、白が南昌派の著明な道士を挙げているのではないかとも感じられる。金はまず金允中以外に考え難いであろう[20]。自らの『上清霊宝大法』でさかんに天台法すなわち東華派を批判している金が、東華派に対するもう一方の大派の領袖であるとすれば、話はわかりやすいとも言えよう。白は誰か不明であるが、あるいは当時にあってもさまざまな方面に影響が残っていた白玉蟾（一一九四―一二二九？）であろうか。白による「南昌」の語を含んだ「錬度」についての解説は、錬度法関係の文献で何度か引かれているのを目にしたが[21]、このような言葉が影響を持ったとすれば、あるいは仮託等で当時その関係の文献がある程度存在したのかもしれない。彼のネームバリューからすると、そのようなものが作られて一定の影響力を持っていたとしてもおかしくない。また、当時白姓の道士というのは他にほとんど見当たらないように思われる。ただ、金允中は特に「南昌」の語や「南昌錬度」を旗印にしている、もしくはそう見なされている文献があるわけではないように思う。また先にも引いたが、彼は次のようなことを述べている。「諸方の祭錬は、生天籙を以て主と為す。而るに浙東の伝える所の祭錬諸科は、黄炁陽精符を以て主と為す。又た丹陽錬度符と名づく。上清霊宝の古法内を参考するも載せず、独だ世に仙翁祭錬を称する者乃ち之を有す。……有する所の丹陽錬度の一符、近来の法中に已に漸く盛んなりと雖も、然り而るに古式に従いて敢えて本法に編入せず」。してみると、金は「丹陽錬度」とは袂を分かつことを表明していることになり、丹陽派が由来する南昌派の大家であったと考えるのは、穏当ではないように思われる。

なお、「南昌」が江西南昌という土地や地域に由来する呼称である可能性を考えてみれば、浄明系の霊宝法との関係も確かめなければならないし、そもそも霊宝の中心地である閤皀山との関係も気になるが、時間の関係上考察するに至っていない。

結局、張宇初の言う南昌派とは何か、ということについて現在筆者は満足のゆく結論を出せていないと言える。本稿は、それを模索する初歩的な過程を記したに過ぎず、徒に紙幅を費やしたのではないかと慚愧の念をも感じざるを得ない次第である。しかし、今後同様の問題を考察研究してくれる同志がいた場合、なんらかの参考になってくれれば、望外の喜びとなろう。無論、筆者としては今後一層資料の捜索と内容の検討に努めてゆく所存である。『道門十規』のこの部分のについて、確たる理解が得られる日が来るまで、弛まず研究を重ねてゆこうとの思いに変わりはない。

（横手　裕）

（1）陳國符『道蔵源流考』一七四―一七六頁の考証参照。

（2）四庫全書集部に四巻本、道蔵正一部に十二巻本が収められている。内容は四庫本の方がはるかに充実している。本稿に引用する場合も四庫本に拠る。

（3）例えば、本文中で後に取りあげる『太極祭錬内法』序文のほか、『上清大洞真経』後序（道蔵一―五五五上。道蔵は文物出版社、上海書店、天津古籍出版社によるいわゆる三家本に拠る。以下も同じ）、趙孟頫旧蔵心太平本「王羲之黄庭経」後跋、等々。

（4）道蔵三二―一四九上「斎法行持、乃上古籲天禴祭之礼。自霊宝天尊受元始説経以来、為立教之本。其目最多、其文最浩然。自太極徐真人、仙翁葛真人、朱陽鄭真人三師而下、則杜葛陸甯項寇又最名世者。由是而分、則由林田金白諸師、遂有東華南昌之分派、雖不同而其源則一。故符篆呪訣、亦相去不遠。是皆後之師徳、各立宗門、接引後来之一端、初無二道也。舎此数派称為正宗、余不足師者多矣。世伝三籙内文、金書玉鑑、道門定制、立成儀等書、已有定規。凡行持之士、必広参博究、務明性命根宗、累積真功実行。凡遇行持、必須斎明盛服、潔己清心、先錬諸己、後可度魂。必斎戒以通神明、外絶塵務、内錬形神、非符籙簡札之事、不得妄与。凡陞壇朝叩之次、務積一誠、精思黙存、為衆所模範、庶上可以感天地鬼神、下則不負幽冥之苦趣。如三籙之設、金籙惟帝王可建、玉籙惟后妃可建、黄籙則士庶可建。大小各依分数、不可僭乱定規。一遵太祖皇帝立成儀範、恪守為則。凡符籙簡札類、……」。

（5）四庫全書本巻一・十九葉裏「霊宝始於玉宸、本之度人経法、而玄一三真人闡之、次而太極徐君、朱陽鄭君、簡寂陸君、倡其宗者、田紫極、甯洞微、杜達真、項徳謙、王清簡、金允中、高紫元、杜光庭、寇謙之、鐳沖靖、而趙林白陳而下、派益衍矣。是有東華南昌之異焉」。

（6）道蔵七―一。

（7）道蔵一〇―一二九。

（8）道蔵三一―六五三。

（9）道蔵九―三七八。

（10）道蔵一〇―四三九。正確に言うとこの書の中・下巻の書名は『太極祭錬内法議略』であるが、本稿では便宜上『太極祭錬内法』に統一する。

(11)「霊宝斎法、始徐葛鄭三師流於世、迄漢唐宋元以来、蹊殊逕異、紛糾交錯、不啻千百而求。……且錬度魂爽、猶為霊宝之要。而錬度之簡捷、猶以祭錬事略而功博。自仙公葛真君蔵其教、位証仙品、世伝則有丹陽、洞陽、通明、玉陽、陽晶諸派。而莫要於仙公丹陽者也。丹陽本夫南昌、而南昌乃霊宝一名也。得丹陽之要者、莫詳於所南鄭先生内法議略。深切著明、誠所謂発仙公未発之蘊也」。

(12)「夫祭錬者、祭所以祭鬼神、錬所以錬自己也。苟不錬己、則鬼神不能昇度、……今則謹按雷鑑講師潘君、三洞法師戴君、所南錬師鄭君所著善本、及諸師友授受玄微、芟薙煩蕪、採摭要妙、足為一巻。初不以前後序、勒為十八篇、名曰丹陽祭錬内旨」。

(13) 道蔵三一―三四五。

(14)『太極祭錬内法』巻下・二五葉裏（道蔵一〇―四六六下）、『道法会元』巻二一〇・一五葉表（道蔵三〇―三一七中）。

(15) 巻中・二四葉裏―二七葉裏「或問水火錬度之義。今諸家霊宝法中有水火錬度品。其説亦有数様、倶無深奥。……予曰、水錬之曰水者、非水也。吾精之沢也。錬吾之精而生彼之精。故化之為水而錬之焉。火錬之曰火者、非火也。吾神之光也。錬吾之神而生彼之神也。故化之為火而錬之焉。精亡神離、昔雖堕而為鬼、精生神全、今当升而生天。錬則度矣、不錬則不度也。故曰水火錬度。……故先水錬、……故次火錬。……火錬之処、即南昌上宮、受度之所。経火錬之後、衆魂皆化為嬰児、膏潤光明、神炁精采、変形更生、仙化成人、如玉之潤、如月之明、非初来黯然之垢魂也。惟待説戒頒籙而生天。……或又謂、毎月初三、初四、初五、十三、十四、十五、二十三、二十四、二十五、凡九日、南昌上宮、開錬度府。世人不悟、天地造化之大柄、皆在乎我之天、不在乎在天之天也」。

(16) 巻下・六葉表「或問、如何曰太極錬度。曰、太極錬度、其始本出於霊宝法。以此法簡易、原於太極葛仙公之派、因曰太極祭錬。猶曰霊宝錬度、南昌錬度、各因所出而名之。霊宝錬度有九錬、南昌錬度用五色紙書符、較此則甚鄭仲。亦有多派、不可詳数」。

(17) 道蔵三〇―五一六下「今行斎法之士、雖未自錬其神、亦須先明其義。況錬度之法、伝流頗多。有霊宝大錬之法、有神霄六陽九陽錬法、有南昌、青玄、九天諸錬、悉各有義、不可混淆錯乱無別。欲行霊宝大錬之法、当知祖於金母木公、請炁上表、他求不可。欲行神霄錬者、当知祖於三師日月、請炁上表、捨神霄日月不可。至南昌錬以南辰北極為祖、九天則以九天上帝為祖、皆其隷属。至敷列壇場、排列水火、亦不可拘定其方謂。如霊宝行持、存用則以水火置於寅申之方、存想則以祖炁金木為宗。神霄行持、存用則以水火置於乾巽之方、想九霄之炁在心腎肺肝五臓之間、三焦碧炁為神霄之炁、肺中素炁為玉霄之炁、……此神霄錬度之用。至於南昌錬度、置水火於南北、想水火於心腎、九天錬度置水火於九方、運九炁於身中」。
(18) 道蔵三－六一三。
(19) この点については、丸山宏氏の「金允中の道教儀礼学について」(『道教文化への展望』、平河出版社、一九九四年) に詳しい。
(20) 『峴泉集』「玄問」では「金允中」とフルネームで挙げているのは本文中に引いた通りである。
(21) たとえば、『太極祭錬内法』巻下・七葉裏「或問、白玉蟾曰、嘗疑錬度是両件事、不知是否。答曰、度人経云、生身受度、一也。又云、死魂受錬、二也。今観朱陵景仙度命籙文、有曰南昌宮所摂二宮、……総而名之曰朱陵火府、又曰南昌受錬司、其印文只用人間畳篆、方一寸三分。玉蟾之説、頗当。……」。なお、ここで引用されている白玉蟾の言葉は、彼の語録『海瓊白真人語録』巻一・五葉裏－六葉表に留元長との問答としてみえる。

清朝四川の全真教と天師道儀礼
――『広成儀制』太清章をめぐって

一　『広成儀制』と清朝四川の全真教

(1)　考察の目的

全真教で早くから黄籙斎を主とする霊宝斎が盛んに行われていたことは、吉岡義豊氏によってつとに指摘されているところである。(1) しかしながら、実際に過去の全真教においてどのような斎醮が行われていたかをその内容に詳しく踏み込んで論じる研究は少ない。もし全真教を道教研究の中に厳密に位置づけようとするのであれば、この点に関する議論なくして先に進むことはできないであろう。小論は、こうした全真教研究の現状に問題提起することを試みる。

管見の限り、全真教道士によって行われた斎醮の内容を示す科儀書は少なくとも二点見出される。ひとつは、道蔵文献であり、所謂全真教南宗の系統に属する陳致虚『上陽子金丹大要仙派』［SN一〇七〇］に載せる「鍾呂二仙慶誕儀」である。これは全真教の祖師でもある鍾離権および呂洞賓の生日を祝う簡単な醮の次第を記した儀礼書である。(2) ただし、この文献について筆者はまだ考証に着手していないので、ここでは扱うことはできない。

もうひとつは、清朝期乾隆年に四川地方で活動していた道士陳仲遠によって残された科儀書集成である『広成儀制』に収められた『広成儀制太清章全集』（以下、『太清章』と略称）である。『太清章』には、その儀礼を行う高功法師が全真教龍門派の道士であることを明確に示す記載があり、時代を下った資料であるとはいえ現状においては全真教道士と天師道の斎法に組み込まれた上章儀礼の関係を具体的に示す貴重な文献である。『広成儀制』に収められた儀礼と全真教の関係については、すでに劉仲宇氏が概括的な見通しを述べておられるが[3]『太清章』をとりあげて具体的内容に則した議論は未だ行われてはいないようである。そこで、小論では、『太清章』についての初歩的な考察を試み、全真教と天師道との関係を具体的儀礼内容にわたって論ずるための契機を提供したい。

なお、小論の構成は前半と後半に大きく分かれる。前半部（一章）では、『広成儀制』の編者陳仲遠と、清末における『広成儀制』刊行の中心となった二仙菴が、全真教および全真教龍門派といかなる関係にあるのかを考察する。後半部（二章）では、『太清章』の内容と構造を解析し、それが伝統的な天師道儀礼であることを示す。結論（三章）では、上記の考察を踏まえて全真教と天師道についての新しい視点設定の可能性を示唆してみたい。なお小論では、正一籙から霊宝中盟籙、上清経籙へという籙およびそれに伴う三洞四輔経典の伝授の位階制を有する伝統的な道教を、小林正美氏の呼称に従って天師道と呼ぶ。[4]

（2）『広成儀制』の編者陳仲遠

『太清章』を収める『広成儀制』は、青城山天師洞に伝えられた清朝期の科儀書集成であり、一九九一年に『蔵外道書』の一三－五冊に収められたことから、はじめて一般の目にも触れるようになった。[5]後述する様に、現行の『広成儀制』には二七〇篇以上の科儀書を収めるが、その編集形態は至って雑然としており、ほとんどが版本であるなかに若干の手抄本が混入し、また篇によっては『広成儀制』の題目を載せないもの[6]、『清微儀制』のような他書の混入もある[7]。序跋の類は全く付せられておらず、系統的な編纂物としての体裁はとられていない。しかし、版本の版心には「広成儀制」と記され、各巻頭には「広成儀制」の後に科儀の名称を連記して題目としている。今回取り上げる「太清章」も巻頭の題目には『広成儀制太清章全集』として表示されており、それが『広成儀制』の一部であることが明記されている。（以下、各科儀書題目については、必要のない限り「広成儀制」の部分を省いて表記する）。

『広成儀制』に収められる各科儀書の巻頭には「武陽雲峯羽客陳仲遠校輯」とする記載があり[8]、陳仲遠を編者とすることが知られる。陳仲遠については、すでに曽召南氏（一九九五）が『龍門正宗碧洞堂上支譜』と民国『灌県志』とによりながら、彼が乾隆年間の全真教龍門派道士であることを指摘している[9]。『灌県志』の陳仲遠伝の内容は以下の通りである。

陳仲遠は青城山の道士なり。淵博能文にして、『広成儀制』数十種を校正す。清乾隆の間に邑人疫を患い、仲遠、為に水陸斎醮を建る。会《たまたま》川督巡境して灌に臨みて朝に聞し、南台真人を勅賜さる。著に『雅宜集』有り[10]。

もうひとつの資料『龍門正宗碧洞堂上支譜』は、もと青城山天師洞に伝えられていたという全真教龍門派碧洞宗の系譜を記す手抄本（『支譜』と略称。筆者未見）であり、陳仲遠を龍門派碧洞宗の第一四代として記載しているという[11]。筆者はこの抄本を実見する機会を得ていないが、曽氏によれば、『支譜』はおおよそ清朝嘉慶年間頃に編まれ、光緒から民国期に続いて編集が加えられたものであるという。したがって乾隆年間の陳仲遠に関する資料としては後次的であることを免れない。

その一方で、陳仲遠自身の著作として前引『灌県志』で言及されている『雅宜集』の重刊本が、成都青羊宮に伝えられる『重刊道蔵輯要』の中に現存していることは従来ほとんど認識されていないように思われる。この文献については、『重刊道蔵輯要』所収『重刊道蔵輯要続篇子目五巻』(五三右)に、「雅宜集四巻」として著録され、張集一続の末尾に配されているが、一般に流通している『重刊道蔵輯要』には収められていない。青羊宮で筆者が実見することを得た『雅宜集』(全四巻)は、具さには『玄宗通事雅宜集』といい、各巻の冒頭には「武陽雲峯羽客陳復慧仲遠著」と記される。[12] 本書は、陳仲遠が行った種々の祭祀儀礼の中で使われる序記類(巻一)、表疏類(巻二)、牒や意文の類(巻三)、対聯類(巻四)等を集めた儀礼文書集成である。張銑による乾隆四四年(一七七九)の序が付され、「募刊雅宜集叙引」には、『雅宜集』の刊行にあたり「予、幼き自り叩くも元教に依[13]り、事を経科に受け、意を斯に留むること二十余年、積む所の疏稿約百余条を計う。倶に事に因り言を立つるものなり」(巻一、一九右)と述べ、陳仲遠が二〇年あまりにわたって蓄積した文書を集めて出版したものであることが記されている。また、同じく巻一には「為灌邑武廟請建水陸道場稟叙」(巻一、五右)と題される叙があり、乾隆四三年(一七七八)二月に灌県武廟で行われた大規模な水陸斎についての記事を載せ、『灌県志』の内容とも符合する。このことから、陳仲遠が、一八世紀中葉、少なくとも乾隆四四年まで二〇年間にわたって四川灌県で活動していた道士であることが知られ、曽召南氏の指摘の正しさをほぼ裏付けることができる。

残念ながら、『雅宜集』には陳仲遠自身について語る記事が見えず、その出自や師承など、伝記的な側面についてはほとんど不明である。ただ、各巻の冒頭に、「武陽雲峯羽客陳復慧仲遠著」と記して陳仲遠の名が「復慧」であることを明示した上で、「梓行」に携わった「嗣派徒門人」として張本学、羅本草、魏本善、高本還、許本述、王本昱、胡本固、雷本原の名を挙げ、さらに「記録」者として「嗣教孫劉合誠」を挙げる点は注目に値する。[14]

「嗣派徒門人」の名の最初の文字が全て「本」字で統一されていることから、この門人たちの名が所謂派詩によって決定されていることが推測されるが、この推測を先後の師弟の名に敷衍するならば、師である陳復慧の「復」字、後輩である「嗣教孫」の劉合誠の「合」字も字輩によって決定されていると見ることができよう。したがって、ここに「復」→「本」→「合」という三代の字輩の存在を想定できるが、これは「道徳通玄静、真常守太清、一陽来復本、合教永円明」という全真教龍門派の派詩のうち、傍線を付した第一四代から第一六代に相当するものである。[15] 三代にわたる師承の字派が龍門字派に重なることが偶然とは考えられない以上、彼等は明らかに龍門派道士としての意識を有しているものと言わねばならない。『支譜』によって陳仲遠を龍門派道士と見る曽召南氏の指摘を踏まえ、なおかつ本書に重刊本編者による改竄が加えられていないことを想定するなら、陳仲遠（復慧）が全真教龍門派の道士であることは事実と見なしてよいものと思われる。

（3）現行『広成儀制』と二仙菴

A　現行本の構成について

次に『広成儀制』の現行本について見てみたい。

現行の『広成儀制』は、『蔵外道書』の第一三冊から第一五冊に収められ、『蔵外道書』の目次の上では全体で二七五本の文献から成っている。しかし、実際には冒頭や巻末の題目、もしくは版心に「広成儀制」の表示が全く見えない抄本が一〇本含まれる。すなわち、『蔵外道書』第一四冊所収『清微十王転案犠牲全集』、『清微（頒放）詔赦玄科』、『詔亡科』、『青玄済錬鉄罐施食全集』、『霊宝玉籙血湖』、『血湖正朝集』、『正奏天朝集』、および佚名の一書（端本のため題目編者ともに不明。『蔵外道書』には「佚名」と題される）、第一五冊所収『清微霊宝達棺三夜救苦度亡全集』、『皇旛雲篆』がそれである。更に、『蔵外道書』編集時の手違いかと思われるが、目次においては第一三冊の最後にあるとされる『祀雷集』が欠けており、実際には収録されていない。そこで、これら計一一本を除いた二六四本が『広成儀制』として本書中にあるものと認め得る。

これら二六四本を構成するのは、三三本の抄本と二三一本の版本である。まず、抄本三三本のうち、巻末に紀年のある抄本が一二本あり、そのうち道光四年（一八二四）のものが二本、咸豊年間のものが一本、光緒年間のものが八本、宣統年間のものが一本ある。このことから、抄本は一八二四年から清朝の最末期に至るまで、光緒年間に若干際立った集中を見せながら出ており、『広成儀制』においては比較的古いテキストを供給しているといえる。それに対して版本二三一本の情況は、年代表記の存する版本が八三本あり、そのうち咸豊年間の版本が一本、光緒年間の版本が一本、宣統年間の本が六五本、民国初（民国元年から民国四年まで）のものが一六本ある。すなわち、版本は宣統元年から民国四年（一九〇九―一九一五）までの七年間に集中的に版刻されたことが知られる。また、年代表記の有無にかかわらず、所収の版本（二三一本）のうち一一六本に成都二仙菴で刊行されたことが明記されている。

以上のことから、現行の『広成儀制』は、紀年の残されているテキストを中心に見る限り、一八二四年以降に書写された若干の抄本と、二〇世紀初頭に二仙菴で刊行された版本とから成り立っているものといえそうである。版本の中には、まま「重刊」と記すものもあり、原刊本のあったことが推測されるが、重刊の経緯や原刊本の存否については未詳である。いずれにせよ、現行の『広成儀制』は、全体の約四四パーセントが二〇世紀初頭の成都二仙菴の版本から成っており、現行本の刊行にあたって二仙菴が中心的地位を占めていたことが窺われる。二仙菴では、既に光緒丙午（一九〇六）において、時の住持である閻永和の主導のもと『重刊道蔵輯要』を刊刻している。『広成儀制』の出版は、彼らが『重刊道蔵輯要』を刊行した後に取り組んだ事業であったと考えられる。因みに、『広成儀制』所収版本のうち、『北斗正朝全集』、『土皇醮欵啓壇全集』、『雷霆正朝全集』の末尾には成都二仙菴閻方丈による刊行であることが明示され、閻永和の関与が明示されている。(16) 二仙菴での『広成儀制』の刊行そのものが、閻永和を中心に行われたことは充分あり得ることのように思われる。

B　二仙菴と全真教

以上の観察から、現行本の成立が成都二仙菴と深くかかわっていることが概ね了解されたかと思う。ところで、二仙菴は、清朝期の四川における全真教の代表的な道観であり、その二仙菴が清末民初期に『広成儀制』を刊行する役割を担っていたことは注目に値する。『広成儀制』の編者陳仲遠が全真教龍門派に属する道士であることは先に論じたが、それを刊刻して流布させる役割を二仙菴が負っているのであるとするなら、『広成儀制』はその誕生から流布にいたるまで、一貫して全真教と深い関わりにあることが明確になるからである。

ただ、従来の研究は、二仙菴と全真教の関係史に充分踏み込んで論じているとはいえず、このまま『広成儀制』の背景に全真教のあることを前提として論を進めるには躊躇を覚える。そこで以下では、あらためて二仙菴と全真教、とりわけ全真教龍門派との関係について検討を加えておきたい。

成都二仙菴は、康熙三四年（一六九五）に、湖北出身の道士陳清覚が、按察司趙良璧の出資を得て青羊宮の東隣に建立し、自ら初代住持となった道観である。その経緯の大略については、『重刊道蔵輯要』所収『二仙菴碑記』に比較的豊富な資料が残されていることからある程度明確に知ることができる。わけても、陳清覚「新建青羊二仙菴功徳碑記」（一六九五）と趙良璧「新建青羊二仙菴碑記」（一六九五）という、二仙菴建設の当事者自身の手になる文書が収められている点は、この文献の資料的な価値を高めている。(17) ところが、これら二種の資料には、陳清覚が全真教龍門派道士であることに全く触れないのである。この事実は、陳清覚を龍門派道士とする従来の説に対して多少の懐疑を抱かしめる。

その一方で、『二仙菴碑記』には陳清覚が全真道士であることを示唆する資料が収録されている。趙良璧が康熙三四年(一六九五)に批発した文書には、陳清覚の容貌を評して「其の容は穆然、其の貌は沖然として誠に静養の全真なり(其容穆然、其貌沖然、誠静養之全真也)」(『重刊道蔵輯要』翼集一、一〇六右)と述べる。言うまでもなく、「全真」という語は第一義的には修養を完成した得道者の心境を表す語であり、全真道士を指すとは限らない。しかし、同じく趙良璧が同年に著した「新建青羊二仙菴碑記」には、二仙菴の造りに触れて東西南北に静室を建て、「另に安単六間を立て大衆に接す」(『重刊道蔵輯要』翼集一、一〇四右)と述べ、更に「一切大衆の往来安単するに即きては、来るは拒まず、去るは追わず、一体に供養して以て大同の志を溥くす」(同上)と言い、道衆による「安単」が行われていることを明らかにしている点に注目したい。[18] 安単とは全真教で定める道観修行における用語で、正統九年(一四四四)の序を有する朱権『天皇至道太清玉冊』(以下、『太清玉冊』と略称)では道士たちが一堂に会して席(単)を定めて打坐(坐鉢)することを指し、広くは雲遊する修行者が道観に修行のために止宿することをいう(趙良璧の碑記では安単する堂をも指すようである。[19])

また、乾隆四一年(一七七六)に著された呉本固「重修二仙菴碑記」では、二仙菴の正殿には呂祖を祀り、康熙帝が康熙四五年に「丹台碧洞」の扁額と共に贈った詩が張伯端『悟真篇』中の一章であったことに言及する。[20] 全真教において呂祖が五祖の一人とされ、また張伯端が所謂全真南宗の祖の一人として奉じられていたことに照らせば、これらの事実は創設当初における二仙菴が全真教と親和性を有していたことを示唆するものといえよう。

以上を要するに、(1)趙良璧は陳清覚を「全真」と称していること、(2)二仙菴は当初より雲遊する修行者が集って修行する「安単」を目的として建立されたこと、（3）二仙菴では正殿に呂祖を祀り、また康熙帝から張伯端の詩章を下賜されるなど、全真の伝説的な祖師たちと特に関係が深いことが指摘出来るのである。これらの三点を合わせ考えると、陳清覚が全真教の道士であり、二仙菴も全真教に特徴的な集団的打坐法を行うための修行場として整備されたものと見るのが妥当であろう。

C　陳清覚と龍門派

次に、二仙菴を開いた陳清覚と龍門派との関係を検討したい。先に述べたとおり、陳清覚と趙良璧が残した文献中には陳が龍門派道士であることには触れていない。そこで、資料の上ではいつ頃から陳清覚と龍門派が関係づけられるのかを追い、現在見ることのできる資料から知られる点を整理しておきたい。

まず、陳清覚が龍門派に列なることを最も明確に示す資料として、現在青城山天師洞に存する碑文（ここでは便宜的に「青城山天師洞龍門派道統譜碑」と呼称する。以下「天師洞譜碑」と略称する。）を挙げたい【文末図参照】[21]。この碑の左端には「一十五代弟子万本円号享通道人立」とあり、この碑が龍門派第一五代弟子である万本円により立石されたものであることが明示されている。王志忠氏はその著『明清全真教論稿』の中で青城山天師洞の歴代住持を列挙し、第一五代万本円の生卒を「一七五二―一八二九」と記しておられる[22]。これに拠るなら、この碑は道光年間初期に書かれたものと見てよい。

「天師洞譜碑」には、丘処機（一一四八―一二二七）から王常月（伝一六八〇没）を経て成都や青城山の道士達へと至る、全真教龍門派の師承の系譜が示されている。碑の中心部に「祖師天仙派状元龍門正宗邱大真人長春全徳神化明応主教真君幕下」と記して、龍門派の「祖師」である丘処機を配し、その左右に丘祖師の後裔（と龍門派で想定されている人々）を配す。即ち右手には、「律脉正伝」と題して趙道堅（龍門派第一代道字派）から王常月

（龍門派第七代常字派）、さらにその弟子の譚守誠（龍門派第八代守字派）を経て詹太林（龍門派第九代太字派）へと至る龍門派の系譜が記される。左手には、「道脉淵源」として陳清覚等、龍門派第一〇代清字派以降、龍門派第一四代復字派に至るまでの系譜が記される。要するに、碑の右部分には、四川に伝道する以前の龍門派の系譜が記され、碑の左部には四川伝道以降、撰者万本円の前の世代に至るまでの主として青城山で活動する道士の師承が記されているわけである。

ただし、第六代趙復陽以前の道統は、道光元年（一八二一）に刊行された湖州閔一得編『金蓋心灯』の載せる伝説的な龍門派の系譜と同じものであり、かつて拙論に論じた如くこれらは事実とはみなし難い[23]。したがって、陳清覚に至るまでの龍門派の系譜として問題となるのは、王常月から始まる〈王常月―譚守誠―詹太林―陳清覚〉の部分である。

このうち、王常月から詹太林に至る伝授の系譜が事実と見なし得ることは、康熙戊寅（一六九八）の序を有する陳鼎『留渓外伝』巻一七所載「心月道人伝」によって確かめることができる。龍門派研究者の間では比較的よく知られるこの伝では、譚心月（名は守誠）について、「一日、王崑陽真人に遇い、相見ること故の如し。遂に契合して武当山中に往き秘密精義を伝う。操修すること二十余年、晷刻も少懈すること無し。崑陽其の得る所有るを知りて、遂に龍門心印を以て之に付す」と述べ、最後に「其の学を得る者は、蓋し黄州の詹太林晋柏なり」と加えている[24]。

他方、譚心月から詹太林へと至る系譜については、詹太林の同時代人である彭定求『南畇文稾』巻一〇所収「詹維陽律師塔銘」（以下「塔銘」）が参照される。「塔銘」によれば、詹太林（号は維陽子）は湖北黄州府の人、四九歳のとき、すなわち康熙一二年前後に江西南昌の鐵柱宮に入り、さらに呉門（蘇州）の全真律壇で受戒し、茅山の鬱岡の乾元宮に寓し、三年にわたって藏経を閲したとされる。さらに、「時に、崑陽王律師（王常月）の金陵行道の後に当たる。其の嗣、心月譚律師、先生を以て入室の高弟と為し、龍門派第九伝を付すと云う」（一六右）と述べ、王常月の弟子である譚心月から龍門派第九伝を付されたとし、その後、北京、河北、山西、河南を周遊したことを述べるのである。

以上によって、「天師洞譜碑」に記される〈王常月－譚守誠－詹太林－陳清覚〉という系譜のうち、〈王常月－譚守誠－詹太林〉が事実に基づくものであることは明らかにし得たであろう。問題は、詹太林の弟子を陳清覚とする系譜の虚実である。

詹太林から陳清覚への伝授については、『重刊道蔵輯要』所収『二仙菴碑記』に収録する劉沅「碧洞真人墓碑」（以下「墓碑」と略称）が参照される(25)。この「墓碑」には道光一〇年（一八三〇）の紀年があり、上掲の万本円立石「天師洞譜碑」と概ね同時期に作成されたものである点が注目される。「墓碑」に記された陳清覚の師承に関わる箇所は以下の通りである。

陳の清覚、楚の武昌の人なり。少年為るとき進士に名ぜられ庶常に入るも、其の天資の穎異、宜しく大いに人に過ぐべき者有り、継いで官を辞して帰隠し、武当の詹公太林に従いて遊び、養生の旨を講求す(26)。

これによれば、陳清覚は若くして進士に及第するが、ほどなく官途を辞して隠棲し、湖北の武当山に入って詹太林に従ったという。この記述そのものには、詹太林から陳清覚への伝授を敢えて龍門派と明記する文字はないが、上述の通り、詹太林が龍門派道士であったことは事実であり、ここに想定される詹から陳への伝授も龍門派の継承と見なされていることは容易に推測される。更に「墓碑」の末尾に「十七世嗣孫、甘教興体衎氏、敬書」と述べている点に注目したい。「十七世嗣孫」が龍門派第一七代目の法孫を指すことは、この人物が「甘教興」（体衎は号であろう）と称し、その名の第一字に龍門の第一七代の字輩である「教」字を有していることから明らかである。また、「墓碑」の文中には「（陳清覚）公没して之を思う者衆し。其の徒末、呉本固、甘合泰等、公を斂するに塔を以てす」と述べて、陳清覚が没したあとにその「徒末」である呉本固、甘合泰らが塔を建てて陳清覚の遺体を安置したことを述べる。いま、この記述に龍門派の字派の観念を当て嵌めれば、陳清覚は第一〇代、呉本固、甘合泰はそれぞれ第一五代、第一六代ということになる。呉本固自身は、乾隆四一年（一七七六）に「重修二仙菴碑記」を撰して、「乙亥（一六九五）自り、茲に八十年、陳覚《ママ》翁由り数伝して今に至る」（翼集一、一一一右）と述べ、二仙菴が建立されてから八〇年の間に師承が「数伝」したことを述べており、「墓碑」の記述はこの事ともおおよそ符合することが窺われよう。

以上を要するに、「墓碑」に現れた人物の名は、呉本固、甘合泰、甘教興というように、龍門派の第一五代「本」字派から第一七代「教」字派に対応しており、この「墓碑」が龍門派の系譜を極めて強く意識して書かれたものであることを如実に示していると判断できる。このことから類推すれば、同じ「墓碑」の中で明らかにされた詹太林から陳清覚への師承系譜も、当然、龍門派の系譜を成すものとして言及されたと見るのが妥当であろう。

以上から、既に道光年間には、青城山の天師洞においても、また成都二仙菴においても、陳清覚を龍門派の道士とみなし、その弟子を龍門派の系譜の中に位置づけていることが了解されるのである。それ以前の情況に関しては、先に指摘した通り、乾隆年間前半期（一八世紀中葉）に灌県で活動していた陳仲遠が龍門派の系譜を意識していたと考えられるが、陳仲遠が陳清覚や二仙菴と系譜上いかなる関係にあったかは知ることができない。ただ、上に見たように、呉本固はその「重修二仙菴碑記」の中で「乙亥自り、茲に八十年、陳覚翁由り数伝して今に至る」と述べ、陳清覚からの継承関係を意識している。呉本固がこの碑記を著したのが乾隆四一年であり、陳仲遠（復慧）が『雅宜集』を著した年よりすでに後れること約一〇年である点と、更に、先述の如く、呉本固自身、道光年間の劉沅「碧洞真人墓碑」において龍門派の系譜の中に位置づけられていることとを合わせて考慮すれば、呉本固が龍門派の系譜上に無いと考える方が困難であるかに思われる。したがって筆者としては、乾隆年間には灌県や成都において活動する全真教の中に龍門派をもって任じる道士が少なからず存在し、当時の二仙菴も基本的には龍門派の系譜を継承するという意識の上に立っていたものと考えたい。

問題は、康熙三四年（一六九五）頃から乾隆四〇年（一七七五）頃に至るまでのおよそ六〇年の間において、龍門派の系譜意識が二仙菴の道士達にどの程度浸透していたかである。『支譜』に拠る王志忠氏が示す二仙菴の歴代住持は、第一〇代陳清覚以降、第一七代の張永亮等に至るまで、龍門字派に沿った住持名で統一されている。(27)また、先述の「天師洞譜碑」では、陳清覚の同輩に張清雲、張清湖、穆清風がいずれも「清」字派として列なっているようである。もしこれが事実として認められるならば、陳清覚が入川当初より龍門派の系譜意識を有していた可能性はやはり濃厚と言わねばなるまい。しかし、王氏等が参照する手抄本『支譜』の閲覧許可が得られない現時点では、以上はあくまで暫定的な結論と言わざるを得ない。

D　道光年間以降における二仙菴と全真教

道光年間から清末光緒年間に至るまでの二仙菴については、龍門派の活動情況を伝える資料は豊富とは言えず、王志忠氏も道光二九年（一八四九）に二仙菴住持であった張永亮の世代以降については本庵住持の名を記さない。(28)ただ、『二仙菴碑記』に収められた督憲裕誠による道光二九年の文書によれば、裕誠から二仙菴に十方叢林の額を給与されていることが知られる。その後、光緒一七年に至るまでの情況については、羅緒による清末光緒二三年（一八九七）の文書に以下のように記される。

道光三十年（一八五〇）、前憲裕、十方叢林を飭帰するも、道等敢えて恩諭を仰遵せず。此れ自り、往来掛単には毎日の供給浩繁し、老病の留養には毎年の度支益ます拙たり。清斎澹粥と雖も、百餘口の衆、嗷嗷と哺を待てば、常に不給の虞れ有り。之れに兼ぬるに、近年殿宇を重修し、身は重債を負いて、益ます困苦を形わす。(29)

十方叢林の観額を下賜された事に対して「仰遵せず」と述べるのは、この碑が刻された清末の世相の反映であろうか。しかし、実際は十方叢林となったことの影響は大きく、その後、滞在する修行者の接待が「百餘口の衆、嗷嗷と哺を待つ」ほどの情況を呈したことや殿宇を重修したことが記される。記述によれば、こうした情況は二仙菴の経済を逼迫したとされているが、同時に、二仙菴が清末に至るまで打坐修行の場としての便宜を修行者に提供し続けた事実をも示していると言えるであろう。

光緒年間に至り、『重刊道蔵輯要』や『広成儀制』の重刊に深く関わった閻永和が住持を務めるようになると、二仙菴の活動は再び活況を迎えたようである。北京白雲観から伝戒法を取り入れて、盛んに開壇伝戒するようになった事は特筆すべき展開といえるであろう。閻永和が校刊した『引礼規則』「入期掛号法」には次のように言う。

而して我が成都二仙菴は、光緒癸未自り、慧安宋老律師有り、京都白雲観の雲渓高老律師の壇下へ至り、三壇大戒を拝受す。法に接して川に回り、戊子の歳に開壇演戒す。毎期一年、連開すること五次、甲午の歳に至り、法を和（閻永和を指す－森注）に伝う。(30)

ここでは、宋慧安が光緒九年（一八八三）に京師の白雲観に赴いて三壇大戒を受戒し、その法を得て四川に戻り、光緒一四年（一八八八）より伝戒を始めたこと、また伝戒の法を光緒二一年（一八九四）に閻永和に伝えたことが言われている。三壇大戒とは、初真戒、中極戒、天仙戒からなる戒を順次道士に授ける、清朝全真教の十方叢林において行われる授戒法で、清初の王常月によって初めて行われたものである。その伝授の実態には様々な問題があるにもかかわらず、清朝の全真教では丘処機以来の伝統であるとされ非常に珍重されてきた。(31) この戒法の将来が四川の全真教にとっていかに重要な意味をもつかについて、閻永和は次のように述べている。

我が祖、碧洞真人陳烟霞法派清覺師、臬憲趙公（諱）良璧（字）海岸大人に遇うことを得て、叢林を開建して自り以来、今に迄るまで二百餘年なり。雲朋霞友、或は行き、或いは来る。然れども養性修真には高明の士に乏しからざるも、登壇伝戒には、宏教の師無きを惜しむ。以て我が西川の道衆、正法聞く莫く、登真に路無きを致せり。我が祖師、邱大真人、六百餘年の金科玉条をして、已に遍く天下に伝うと雖も、未だ西蜀に闡丕すること能わざら使むるは、誠に恨事為り。前の慧安宋老律師、是に於いて跋渉の艱を辞せず、京都白雲観に入りて、大法を回らせ、道範を闡揚せんことを請う。(32)

これによれば、宋慧安によって白雲観の法がもたらされる以前、四川には三壇授戒法が全く行われていなかったという。丘処機以来六百年の伝授とは清朝龍門派の信仰の中で形成された虚構であるが、(33) この伝統の導入が全真教道観としての二仙菴の地位を著しく向上させるものとして閻永和等二仙菴の道士達によって格別重視されていたことは当然であろう。

なお、閻永和その人が全真教龍門派の継承者を以て任じていることは、彼が重刊した『威儀品』巻中「祖堂奉師法座」に、丘処機以下、歴代の伝戒に関わった龍門祖師たちの名を列し、その末尾に「第二十二代碧洞堂理和笙喈閻大真人［四川崇慶州人］」の一行を加えていることからも知られる。(34) この理和笙喈閻大真人とは閻笙喈、すなわち閻永和本人に他ならない。「理和」とは、彼が龍門派第二二代「理」字派に連なる者であることを示す法名である。

最後に、光緒年間の二仙菴においても依然として雲遊する修行者の安単が行われていたことを指摘しておきたい。『引礼規則』には、受戒準備のために道観を訪れた道士たちに律師が予め三壇大戒の概要を説いた後、「煩を諸師に仰ぎ、求戒者を率いて入堂参礼し、静かに牌示を待ち、転単入堂し、名を唱えて安単す」（五左）として、堂の中で座位を定めることを述べるくだりがある。また、二仙菴で集団的な打坐が行われていたことは、例えば『引礼規則』「圜堂規目法」において、早斎後の打坐の次第を説く部分のあることからも知られる。[35] このように、開祖陳清覚以来、清末の住持閻永和に至るまでの二仙菴の歴史の大略を通観すると、この道観が清朝期において全真教と深く関わる打坐修行場として存続してきた様が了解されるのである。

上に述べて来たところを総括すれば、およそ次のようになる。

（1）『広成儀制』の編者陳仲遠は、乾隆四四年までの二〇年間にわたる期間を中心に儀礼活動を行っていた道士であり、全真教龍門派の伝授にあずかっている。

（2）清末民初に『広成儀制』の重刊の拠点となった二仙菴は、陳清覚による康熙年間の創建以来清末民初に至るまで、一貫して全真教道士が安単打坐を行う修行場であった。陳清覚自身が龍門派であるか否かは同時代資料においては確認できないが、道光年間には、陳清覚を詹太林の龍門派を継承する者に位置づける意識が明確に存在し、遅くとも乾隆年間以降については二仙菴でも龍門派道士が活動しているものと認めてよいものと思われる。

（3）二仙菴は、清末光緒年間に、京師白雲観より三壇大戒の戒法を導入し、全真教龍門派の運営する叢林として充実の度を加える。

このように見てくると、『広成儀制』の最初の編集者である陳仲遠と、その最後の編集者の少なくとも一人である閻永和とは、いずれも全真教龍門派の系譜を引く道士であり、『広成儀制』は四川の全真教道士、とりわけ全真教龍門派の道士たちの間で編集、刊行されてきたことが明らかになる。『広成儀制』は、清朝四川の全真教道士の間に伝えられた文献なのである。

二 『太清章』と全真教龍門派

（1）『太清章』の高功

前章では『広成儀制』が全真教龍門派の道士によって編集、刊行されてきたことを明らかにした。しかし、このような状況証拠的な事実のみから、本書が即ち全真教の宗教活動に関わるものであるとの断定を下すことはできない。今回、特に『太清章』をとりあげて論じるのは、この文献のなかに、その儀礼を行う高功法師が龍門派道士であることを明確に述べる記載があるからである。その箇所を示すと以下の通りである。〈 〉内は割注。文中の○印は原文のまま。「某」の意である。）

〈奏事官、都講云う、〉

壇内の務は宜しく粛静なるべし。金堦の下に伏す者は何れの臣ぞ、と。

〈高功答えて云う、〉

臣は迺ち聖朝頒降龍門正宗天仙状元邱大真人が門下、玄裔弟子○、謹んで○省○府○県○甲○地分の信民○

を領し、○事等の情の為に、以今（いま）壇に陞り章悃を拝進す。伏して望むらくは、仙官、天庭に伝達せんことを、と。（五四左－五五右）

ここでは、奏事官と都講が高功に対して、壇で儀礼を行っている者の身分を問う。それに対して高功は、「臣は廼ち聖朝頒降の龍門正宗天仙状元邱大真人が門下玄裔弟子」某であり、信民某（すなわち斎主）の依頼を得て、某事のために上章を行った旨を、斎主の住所を添えて報告している。「龍門正宗」とは所謂全真教龍門派を指す。「聖朝頒降」とは、龍門派が清朝から認められていることを言うものであり、「天仙状元邱大真人」とは、龍門派の祖師とされる蒙古朝の丘処機を指す。その丘（邱）真人の「門下玄裔弟子」とは、高功が全真教龍門派の道士であることを表明するものに他ならない。

ただし、高功が全真教道士であることを明言するこの部分が、果たして『広成儀制』の最初の編者である陳仲遠による編纂当初から存在したものなのか、あるいは清末の閻永和によって付加されたものなのかは、俄には判断し難い。(36) ただ、清末の閻永和の時にこのくだりが存在したことは確かであるので、小論では『太清章』を清末の全真教によって用いられていた文献として考察を試みたい。

（2）『太清章』の基本構成

『太清章』は、その表題の下には「武陽雲峯羽客陳仲遠校輯」と表示され、巻末には「宣統三年成都二仙菴蔵板」と記されることから、もと陳仲遠の手に成り、一九一一年に二仙菴で刊行された版本であることが知られる。この儀礼の梗概を簡略に記せば以下の如くである。(37)

（1）浄壇　高功が天罡星の真気を摂取して壇場を清めるための法水を得て、南方丹天世界玉華司九鳳破穢宋

将軍以下、解穢の官将吏兵を召致し、太上解穢真符を宣符焚化して壇を清める。（一右―四右）

（2）三上香　高功等が斎主を率いて壇内の皇壇、三省堂、五師堂をめぐり、それぞれ三清、三省三師真君、霊宝五師へ三度上香する。（四左―八右）

（3）啓請章官　高功等が斎主を率いて壇外に出て各々の将官吏兵の牌位の前に至り、儀礼の中で交渉をもつすべての章官吏兵に対して予め臨壇を請い香茶を供える。（八左―一六左）

（4）啓師真　師堂に設けた祖師の牌位の前で、高功が具職し、「先天後天の伝経、伝籙、伝符、伝法、玄壇啓教、伝科演教の列派師真、霊宝啓教五師、三省、四相、道徳真君、龍門啓教前伝後教羽化列幕師真、南宗北派五祖七真、名山洞府古今得道の仙霊」に啓し、科儀の開始を告げるに先立ってこれらの師真の教によることで上章が成功するように求める。ここで、啓される諸師の中に龍門派の師たちである「龍門啓教前伝後教羽化列幕師真」と、全真教の「南宗北派五祖七真」が挙げられている点は、高功が全真教龍門派の道士であることをよく反映しているものと見ることができよう。（一七右―二〇右）

（5）五方取気　高功が五方に向かい、存神・点指を行いながら炁を摂取して方位に応じて五臓に入れ、さらに個々の方位に向かってその炁を嘘出する。（二〇右―二二左）

（6）発炉―後述。

（7）啓聖上聖・臨壇証盟　高功は具職して三清に上啓し、大道が法筵に臨降し、奉納する儀礼の有効性を認めるよう求める。以下同様に、玉皇上帝等の諸神・師真に上啓する。（二五右―三〇左）

（8）三献香茶　志心帰命して太清仙境太上老君降生天尊に礼し、上章を行うことを告げて香茶を三献する。さらに霊寶宗壇に礼する。（三一右―三四左）

(9) 入戸・変身・伏章　高功は入戸咒を黙念し、壇の乾方で沐浴更衣して朝朱履にはきかえ、変身し下壇する。沐浴更衣（変身）がおわると、師門から上壇し、賚章台の前で伏章する。[38]（三五右―三八左）
(10) 出官・関啓・上啓――後述。
(11) 拝章（宣讀章文）――後述。
(12) 召将遣官　儀礼を行っている壇を管轄する城隍神、真官土地および捧章金童侍章玉女に対して章を無事に天上に届けるよう命じる。（五一左―五二右）
(13) 集章焚化・三献酒　章を焚化所に致して焼く。その間、斎主（香主）からの酒が功曹に対して三度献上される。（五二左―五四左）
(14) 聴太上詔　先述。高功は自分の名前と「聖朝頒降龍門正宗天仙状元邱大真人門下」としての身分を明かし、章が無事天上に届けられることを祈願する。ついで、斎醮が太上に受け入れられたことを告げる「醮事詔」「度亡詔」が、奏事官によって宣読される。（五四左―五七右）
(15) 内官・復炉――後述。
(16) 出戸・謝師真　高功は出戸して太上無極大道、三十六部尊経、玄中大法真師に志心に稽首信礼し、道衆は各牌位の前で行礼し銭帛（紙銭の類）を焚くなどして終了。（五八左―六二右）
小論ではこれらのうち儀礼の構成上の支柱を成す要素を検討したい。すなわち、発炉、出官、拝章、内官、復炉がそれである。これらの儀礼項目は、小林正美氏が道教斎法の原型として指摘された正一指教斎の発炉、出官、関啓（上啓）、四方朝、三上香三祝願、復炉の儀礼構成と重なる部分が多い[39]。そこで、ここでは『太清章』が正統的な天師道の斎法と概ね近似することを示すため、これらの儀礼項目の内容を『正一指教斎儀』［ＳＮ七九八］

もしくは『正一指教清旦行道儀』［ＳＮ七九九］と対照し、『太清章』が伝統斎法の要素を濃厚に継承している点を示したい。さらに、もう一点、南宋期に成立した大規模な霊宝斎法に基づく蔣叔輿編纂『無上黄籙大斎立成儀』［ＳＮ五〇八］巻二二の科儀門に収められた『正一飛章謁帝儀』を対照したい。『正一飛章謁帝儀』は、管見する限りでは『道藏』資料に残された最も『太清章』に内容の近似する資料であるかに思われる。これら両者との対照により、『太清章』の儀礼が内容的には決して孤立した特殊なものではなく、道教儀礼の伝統の延長上に位置づけられることを示したい。

(3)『太清章』と伝統的上章儀礼との対照

（一）　発炉・復炉

最初は発炉である。上で示した『太清章』の第六節は、伝統的な「発炉」に相当するといえるであろう。該当箇所の原文を抜き出すと表Ｉのようである。ただし、内容を見やすくするため、掐訣や存視を指示する注は省く。なお、対照表中の改行は文献相互の対照の便宜を第一に考えて行ったので、必ずしも意味の区切りに対応するものではない。

なお、発炉に限っては六朝期霊宝経典である『洞玄霊宝長夜之府九幽玉匱明真科』（『明真科』と略称［ＳＮ一四四二］）を載せ、計四篇を対照する。これは『太清章』の発炉が『正一指教斎儀』の発炉よりも『明真科』のものと共通する点が多いため参照したのである。

表Ⅰ　発炉

『太清章』23b-25a	（1）唵、無上三天玄元始三炁、太上五霊玄老君、召出臣身中三五功曹香官使者、左右龍虎君、五帝直符、直日香官使者、 （2）合三十六人出。出者、荘厳整服、冠帯垂纓、整粛威儀、羅力鹵薄、 （3）急上関啓皇壇、通天下［土］地里域四面正神。 （4）臣今○景入靖朝元、正爾焼香、関文口奏。〈入意。〉其諸情悃、詳在章詞。臣丐求敷露、今建霊壇、普信関啓天上地下、咸使聞知、嶽峙不澄、悉皆通達。臣聞雲開金闕、霧鎖瑶壇。下民建毫髪之善功、請命丘山之罪障。 （5）願祈太上降布十方至真生炁、旺炁、道炁、金光道祖元陽正炁、流入臣身、調和四大、営衛百関、気海洋洋、臣
『正一飛章謁帝儀』2b	（1） 太上玄元五霊老君、当召功曹使者、左右龍虎君、捧香使者、 三炁正神、 （3）急上関啓三天玄元太上道君。 （4）臣今正爾焼香、奉為斎主某、伏為〈正薦亡親某乙、普薦在会衆魂〉等、取某日、修建無上黄籙大斎、用資超度。謹依科格、前期拝奏天官某章〈若干〉通上詣某宮曹治某宮。 （5）願得八方正真生炁来降臣身中、
『正一指教斎』1a-b	先発炉 （1） 太上玄元五霊老君、当召功曹使者、左右龍虎君、奉香使者、 三炁正神、 （3）急上関啓三天太上玄元大道君。 （4）臣等正爾焼香、宿啓斎事、 （5）願得八方正炁、来入臣等身中。
『明真科』26b-27a	（1） 無上三天玄元始三炁太上道君、召出臣身中三五功曹、左右官使者、左右奉香、駅龍騎吏、侍香金童、伝言玉女、五帝直符、各三十六人出。 （2）出者、厳装 （3）関啓土地里域四面真官。 （4）臣今正爾焼香行道、 （5）願使十方正真之炁入臣身中、

心豁達、（6）所啓所奏之言、速達逕詣太上無極大道、七宝至尊高真御前。	（6）令臣所啓速達逕御至眞無極大道、玉皇尊帝〈御前〉	（6）所啓速達径御至真無極道前	（6）所啓速達径御太上無極大道、至尊玉皇上帝御前。

上掲の文献の共通点に着目しながら発炉の内容をまとめると、以下の（1）から（6）の項目を摘出することができる。（1）無上三天玄元始三炁太上五霊玄老君に、高功の身中の三五功曹、香官使者、左右龍虎君、五帝直符、直日香官使者らを召出すよう求めている。（2）『太清章』と『明真科』のみ、体内神が身外に出ると、その威儀を正させる。（3）上掲の体内神を関啓させる。関啓の対象は、『正一飛章謁帝儀』と『正一指教斎儀』では三天太上玄元大道君であるのに対し、『明真科』では「土地里域四面真官」に対して行われる。『太清章』では、太上無極大道三清三境三宝高真が降臨する壇である皇壇に関啓して土地里域四面真官に通告するよう体内神に指示している。（4）正爾焼香し、これから行うべき儀礼を予告する。（5）十方もしくは八方の正炁を下して道士の身体に流入させ、（6）啓奏する内容が無極大道にすみやかに届けられることを求める。

発炉の基本的な骨格は、『正一指教斎儀』と『明真科』とでは異なっており、『太清章』は『明真科』に、『正一飛章謁帝儀』はむしろ『正一指教斎儀』に近いことが知られる。これらの差異が生み出され、それが継承される経緯についてはここでは立ち入らない。『太清章』の発炉が、伝統的な発炉の枠組みを概ね継承するものであることを明らかにできれば、いまはよいものとする。

なお、発炉に対応する儀礼である復炉については、表IIのような対照が成り立つ。

表II　復　炉

『太清章』58a-b	『正一飛翔謁帝儀』8b	『正一指教斎儀』6a
(1) 謹摂香官使者、左右龍虎君、侍香諸霊官衆、(2) 願臣奏章之(初)[所]、自然生金液丹碧之英、百霊衆真交会在此香火炉前、(3) 伝臣章奏之言、皆得上聞太上至真無極大道七宝至尊上帝御前。	復炉 (1) 香官使者、左右龍虎君、侍香諸霊官 (2)、當令臣奏章之所、自然生金液丹碧芝英、百霊衆真交会在此香火炉前、当願弟子某合家受福、幽顕蒙恩、十方仙童玉女、侍衛香烟、(3) 伝奏臣所言、并所上章文、径御至真無極大道玉皇尊帝御前	次復炉 (1) 香官使者、左右龍虎君、侍香諸霊官、(2) 当令静室行道霊壇露悃之所、自然生金液丹精芝英、百霊衆真交会在此香火案前、使某等得道、尅獲神仙、臣身受福、合門荷恩、八方玉女、侍衛香煙、(3) 伝奏所言、径御至真無極道前。

三者に共通する点は、(1) 香官使者、左右龍虎君、侍香諸霊官に対して、(2) 道士が儀礼を行った場に自然に金液や丹碧芝英が生じ、百霊衆真が香炉の前に交わり会し、(3) 奏上する所を無極大道の前にすみやかに伝えることを求めることである。復炉法においても『太清章』が伝統的な方法をよく継承していることが窺われる。

(二)　出官・納官

同じように、『太清章』に示された出官儀礼を、他の文献と対照すると表IIIの如くである。いま、『正一指教清旦行道儀』に出官として示された箇所を基準に、対照表を構成する。ここに示される出官法は、まず五体真官をはじめとする神々を道士の身体から出し、天上天下の神々に関啓して、さらに上位の神々へと道士の言葉や章文などを伝えるように求めるという儀礼であり、身体神、天下の諸神、最高神や師真という三段階の神々の間の連絡を図る儀礼である。『太清章』、『正一飛章謁帝儀』、『正一指教清旦行道儀』の文章は長短錯綜して均整を欠くが、それでも対応関係の成立していることが看取される。ここでは敢えて省略せず、三つの段階をすべて対照した。

表III　出官（関啓・啓白）

『太清章』39a-46b	『正一飛翔謁帝儀』4a-5b	『正一指教清旦行道儀』1a-2a
（1）臣、謹出心将受差先天一炁飛捷報応火雷暘谷張天君、同臣身中五体真官功曹吏兵、上仙上霊二官値符使、正一功曹、治病功曹、各二人出。 左右香官使者、陰陽神決吏、科章値符吏、駅馬上章吏、各二人従妙門而出。 （2）出者、厳整冠帯、顕服垂纓、整粛威儀。 値符功曹、代通天之冠、衣皂紈丹衣。正一功曹、腰帯龍頭之剣。操持謁簿使者、弁玄陰之徳、帯九徳之冠、五色綬命丹衣、腰繫龍頭虎符、齎持玉章。（値） [直]使功曹、住立四方、正一	次叩歯二十四通、長跪出官〈衆官皆長跪〉 （1）謹出臣身中五体真官功曹吏、出上仙上霊直使、 正一功曹、治病功曹官、各二人出。 左右官使者、陰陽神決吏、科車赤符吏、駅馬上章吏官、各二人出。 （2）出者、厳装顕服、冠帯垂纓、整其威儀。 直使功曹、戴通天之冠、皂紈單衣。正一功曹、冠朱陽之幘、絳章單衣、腰帯龍頭之剣。操持謁簿使者、弁玄陰之幘、冠九徳之冠、五色綬命單衣、腰帯虎符、齎執玉版。 直使功曹、住立四方。正一功曹、住立中央、治病功曹、営衛臣身。	次、長跪叩歯二十四通、出官 （1）謹出臣等身中五体真官功曹吏、出臣等身中治職君吏、建節監功大将軍、前部效功、後部效殺、駅亭令、駅亭丞、四部監功謁者、及臣等所佩仙霊二官直使正一功曹、治病功曹、左右官使者、陰陽神決吏、科車赤符吏、剛風騎置、駅馬上章吏官、各二人出。（2）出者、厳装顕服、冠帯垂纓、整其威儀、

功曹、住立中央、治病功曹、営衛臣身。左官使者、建節在前。右官使者、持幢在後、陽神決吏立左、陰神決吏立右、(郎)[狼]吏虎賁吏、察奸勾騎吏、飛龍飛虎吏、三官僕射、天騶甲卒、天丁力士、治正執正吏、収炁食炁吏、収神食神吏、収鬼食鬼吏、収毒食毒吏、収邪食邪吏、収精食精吏、誅邪破廟吏、罡風駅龍吏、已出[1]等官、各二人、妙門而出。

(3) 並皆羅列、住立前後左右、咸受臣口中詞語、容臣所奏正一天官○章、(4) 関啓三境真官、注炁監察君、考召里邑君、左右都平君、四面方隅諸君将吏、天師所治下道上、二玄、三元、四始、十二時辰、皇天上帝、甲子諸官君、丙丁赤官君、五七赤陽君、二十五官君、考召諸官将吏、臣等所受○籙治中男官女官二十四官、男職女職二十四職、男炁女炁二十四炁、治中左右陰陽二十四炁、建節監功大将軍、高下治中真炁、前部効功、後部効煞、

左官使者、建節在前。右官使者、持幢在後。陽神決吏立左、陰神決吏立右、狼吏虎賁、察奸鈎騎、三官僕射、天騶甲卒、天丁力士、治正執正吏、収炁食炁吏、収神食神吏、収鬼食鬼吏、收毒食毒吏、收邪食邪吏、收精食精吏、收温食温吏、誅符破廟吏、剛風騎置吏、飛龍騎吏等官、各二人出。(3) 並皆羅列、住立臣前後左右。

咸受臣口中詞語、分別臣所奏上天官某章、(4) 関啓里中真官、注炁監察、考召里邑君、左右都平君、四面方位諸君将吏、天師所布下道上、二玄、三元、四始、十二時辰、皇天大帝、甲子諸官君、丙子仁君、五七赤陽君、二十五官君、考召諸君将吏等、臣所受某治男官女官二十四官、男炁女炁二十四炁、男職女職二十四職、治中左右陰陽二十四炁、

建節監功大将軍、高下治中真炁、

前部效功、後部效煞、駅亭令、駅

---

(3) 住立臣等前後左右、

咸受臣口中辞語、

(4) 分別関啓泰清官属監斎君吏、天師所布下二十四治諸官君将吏、道上二玄三元四始甲子諸官君、七十二官三官考召、直日直符、五嶽四瀆、丘沼廟神、山林孟長、山川溪谷、及此間州県郷里里域真官、注炁監察、考召土地之主社里邑君、

駅亭令、駅亭承、四部監章従事、
接章従事、呈章従事、録章従事、
通章従事、禦章従事、定章従事、
校章従事、勅章従事、五伯応章
従事、崑崙三十六洞天仙官、七
十二福地、四夷四獣神君、
東方九夷胡老君、南方八蛮越老
君、西方六戎氐老君、北方五狄
羌老君、中央三秦傖老君、玄元
始三万六千餘神山川渓谷社稷将
吏等（臣）［官］、各二人、並従
臣衆妙門而出。
〈左威云〉
焼香皈太上　真炁襍烟歆
〈右儀云〉
惟希開大有　南斗上生名
〈高功挙〉
唵吽吽大羅三寶天尊
〈都講云、　表白云〉
各礼師存念如法　請宣科咒
五星列照　煥明五方　水星却災
木徳致昌　熒惑消禍　太白辟兵
鎮星四據　家国利亨　名刊玉簡
録字帝房　乗飈散景　飛騰太空
出入冥無　遊晏十方　五雲浮蓋
招神摂風　役使万霊　上衛仙翁

亭丞、四部監章従事、按章従事、
呈章従事、録章従事、通章従事、
禦章従事、定章従事、較章従事、
齋章従事、五百印章従事、

東九夷、南八蠻、西六戎、北五狄、
中央三秦、玄元始三万六千餘神山
川溪谷社稷将吏。

臣等皈命　与道合真
〈左威云〉
恭対皇壇
〈右儀云〉
秉称籙職
〈[高] 功具職〉（5）上啓太
清仙境混元皇帝降生天尊。〈玉
几下〉玉清聖境太上道君元始天
尊。〈玉几下〉上清真境度人無
量霊宝天尊。〈玉几下〉万天之
主昊天至尊金闕玉皇上帝。万雷
之主南極勾陳上宮天皇大帝。万
星之主北極紫微宮元皇大帝。万
地之主承天効法后土皇地祇。大
羅太皇无上三十二天諸天上帝。
東方九炁青霊始老洞空天尊。南
方三炁丹霊真老洞清天尊。西方
七炁皓霊皇老洞虚天尊。北方五
炁五霊玄老洞微天尊。中央一炁
玄霊玄老洞真天尊。玉京山応供
人天教主玄中大法師真君。三天
教主泰玄上相正一静応真君。太
極教主左宮上相冲応孚佑真君。
浄明教主都仙太史神功妙済真君。
霊宝上古経師真君。
霊宝上古籍師真君。霊宝上古度

（5）同誠上啓
太清玄元無上三天無極大道、太上
老君、太上丈人天帝君、天帝丈人
九老仙都君、九炁丈人、百千万重
道炁、千二百官君、

一時厳装、与臣等身中功曹使者、
及飛龍駅吏、（5）上啓
太上大道、太上老君、太上丈人、
四方衆真、道徳尊君、

師真君。霊宝監斎大法師真君。正一系師泰清昭化広徳真君。正一嗣師泰清演教妙道真君。正一女師泰清霊応昭順真君。上元道化唐真君。中元護正葛真君。下元定志周真君。都司府院天将雷神。先天一炁火雷暘谷張天君。上仙上霊二仙値[日][2]符吏。左右香官使者。左右建節監功大将軍。正一旬中功曹。治病功曹。上章吏。値吏功曹。正一功曹。操捧謁簿使者。三官僕射天騶甲卒天丁力士。四部監章通章諸大従事。三天門下覧章進奏仙官。三天門下値月値日功曹進奏仙官。大道門下上官典者奉行文書幹佐小吏。	太清金闕七宝玉陛下、天師、女師、嗣師、系師君夫人、大道門下上官典者幹佐小吏奉行文書事。	天師嗣師系師女師、三師君門下、典者君吏、泰清霊神、正一諸官君。

1 「已出」は、恐らくは衍字。注文が正文に混合したものであろう。

2 『太清章』九左によって補う。

三篇を対照すると、いずれの文献においても、出官──→関啓──→上啓という一連の手続きが連続していることが見て取られる。すなわち、（1）道士の身体中より五体真官功曹吏以下の諸神を出し、（2）それらの威儀を正させて、（3）道士の前後左右に住立して、道士の口より出た言葉を受け、（4）それを天上天下の諸神に関啓させ、(5)さらに、太上老君(『太清章』では太清仙境混元皇帝降生天尊)らの高神や天師、女師、嗣師、系師君夫人等の師真に上啓させることを求める、という共通の形式を踏んでいることが知られる。また、身体から召出する神名も、五体真官功曹吏(五体真官功曹吏兵)、上仙上霊二仙値符使(仙霊二官直使)、正一功曹、治病功曹、左右香官使者(左右官使者)、陰陽神決吏、科章値符吏(科車赤符吏)、駅馬上章吏、罡風騎置吏(剛風騎置)が三者で重なっている。『太清章』と『正一飛章謁帝儀』では、『太清章』に心将受差先天一炁飛捷報応火雷暘谷張天君が最初に出るのが異なるほかは、召出される神々はほぼ一致している。

関啓の対象となる神々について見ると、『太清章』と『正一飛章謁帝儀』とではかなり重なる。それに対し『正一指教清旦行道儀』の関啓対象ははるかに少ない。さらに、『正一指教清旦行道儀』では体内から召出される神に列せられる建節監功大将軍、前部效功、後部效殺、駅亭令、駅亭丞、四部監功謁者が、近世両篇では関啓対象に列せられている。その一方で、三篇全体に通じて登場するのは、三境真官(里中真官、此間州県郷里里域真官)、注炁監察、考召里邑君(考召土地之主社里邑君)、天師所治下道上、二玄、三元、四始、甲子諸官君である。

上啓の対象は、三者間で大いに異なる。太清仙境混元皇帝降生天尊(太上老君)、玉清聖境太上道君(太上大道、ただし『太清章』では元始天尊とみなされる)、および三天教主泰玄上相正一静応真君(天師)、正一系師泰清昭化広徳真君(系師)、正一嗣師泰清演教妙道真君(嗣師)、正一女師泰清霊応昭順真君(女師)らが辛うじて重なる程度である。

三篇における上啓の対象が何故異なるのかという問題については、筆者には論じる準備がない。また、『太清章』における出官・関啓・上啓の過程においては、関啓の対象となる神名を羅列した後、「並びに臣の衆妙の門従り出でよ」と述べ、これらの神々もすべて道士の身体から発出するものとされているのは独特というべきであろう。[40] いかなる原因によってこれらの異同がもたらされるかは未解明であるが、ここでは出官・関啓・上啓という儀礼上の骨格が三篇に共通していること、および出官においては道士の身体内から召し出される神格名が三篇で共通していることとに注目したい。以て『太清章』が天師道儀礼の基本を継承していることを窺うに足りよう。

なお、出官に対応する納官（内官・復官とも称する）については、『正一指教清旦行道儀』には載せられていないので、杜光庭集とされる『太上正一閲籙儀』を参照し、『太清章』、『正一飛章謁帝儀』、『太上正一閲籙儀』の三者を対照した。

表Ⅳ　納官

『太清章』57b-58a	「正一飛章謁帝儀」7b-8a	『太上正一閲籙儀』（15b）
右臣伏惟、小臣奏章事畢、喜懽交弁。	長跪納官	臣閲籙事訖、
（1）臣身所出功曹使者、一切威霊将吏等官、先従臣妙門而出、以今事畢、各請並還臣身、仍従妙門而入、	（1）臣上章事訖、所出臣身中功曹使者、一切霊官君吏、各従臣衆妙之門而入、	（1）向所出上仙上霊、功曹使者、将軍吏兵、悉還臣身中、従衆妙門而入、
（2）検点各安金堂玉室、在左還左、在右還右、弥天綸地、繞骨纏身、巡筋調脉、息気停神、営衛身形。伏請、功曹使者、主領簽押、帰元復位、毋令差互、永鎮三宮、	（2）在左還左、在右還右、直使功曹、主領検押、復於宮室、無令差互。	（2）依按次位、在左還左、在右還右、安隠金堂玉室、直使功曹、主領検押、無令錯互営衛、周帀纏繞、表裏弥綸、天地無有違越、
（3）後召符到、一如故事。	（3）後召又到一如故事〈叩歯三通、咽液三過〉	（3）須召又到、一如故事。

これら三者においては、（1）出官した官将吏兵を頭頂の妙門から道士の身体内に戻し、（2）特に「在左還左、在右還右」の如く、神々が元の位置に戻り、「金堂玉室」に安居すべきことを強調し、（3）後にふたたび出官して召し出す際にも、かならず「一に故事の如く」役割を果たすよう要請する点で一致していることがわかる。したがって、納官法でも『太清章』が伝統的な方法をほぼ継承していることが確認される。

（三）拝　章

次に、この儀礼の中心をなす拝章について検討を加える。この箇所にほぼ対応する儀礼は『正一飛章謁帝儀』に見ることができる。それに対して、六朝期の資料からは類似の資料を検出するには至っていないため、ここでは『正一飛章謁帝儀』のみを表Vに対照して示すこととする。

表V　拝　章

『太清章』46b-51b	「正一飛章謁帝儀」5b-7b
恭望天慈俯垂洞鑑。○向申啓請、諒沐光臨。（1）但臣、備員祭酒、実頼玄師賛化宣仁、為民請命、今為拝章。下民○丐為○事、求臣拝進正一天官悔罪黄素硃章一通、在臣奏案之上、函蘊之中。（2）伏冀、功曹使者、特与護送、庶獲感通。（3）謹開玉函、宣読章文。（4）〈高功、以龍刀削開玉函。開函出章、以剣決存章上。即叩歯、念開函咒。〉四明功曹、通真使者、手執龍刀、開発函軌、章文上達、開明道理、斎主蒙恩、沾徳不忘、急急如律令。〈出章提向大道御前覧。以金光炁吹布章上、	（1）臣以肉質、触事暗昧、職当申騰、咸宣師命、救済民物。今時謹有某拝奏某章、在臣素案之上、函蘊之中。（2）臣伏地宣章如法、功曹使者、対共科理、特蒙逕御、（3）謹開玉函、伏読章文。（4）次上手炉香、以龍頭書刀、啓章函。叩歯三通、祝曰、四明功曹、開函小吏、手執書刀、開発函軌、章文上奏、開通道理、亡者生天、存者蒙庇、急急如律令。次従函中出章、於香上度過、叩歯三通、

背以金書玉字燦爛、臣。〉
出章咒
臣子霊霊、通此太清、仙童玉女、開出龍函、
臣今奏章、径達天庭、急急如律令。
〈左威云〉
瑶壇粛静　鐘鼓停音
〈右儀云〉
天官章文　俯伏宣読
〈高功下壇、宣読。上壇、行三礼。畢、俯
伏宣章。宣畢、高功上捲章、封章、運章、
運楽。〉
捲章咒
無上自然真、消除諸魔精、押章到天門、摂伏
諸鬼神、急急如律令。
封章咒
五龍同運、三五将軍、仙童玉女、功曹騎吏、
侍靖玉女、封臣治炁、乞為通呈、章達金闕、
病者長生、亡者超生、急急如律令。
運章咒
五行所運、木火金水土、五星之炁、六甲之精、
三精呑食、玄霊上應、中赤黄子、守中无傾、
急急如律令。
〈虚書。勅咒後、歩罡満堂。〉
上清上帝勅　天皇上帝勅　神霄真王勅
玉清玉帝勅　玉皇上帝勅　二后元君勅
太清大帝勅　星主上帝勅　玄天上帝勅

―有符、省略［引用者注］―
〈中天使者、飛去捷疾、収捉陰陽三界五方無道之鬼、押赴天乙北獄、依律治罪、准唐葛周三大将軍令行。
陽日、用十真武将軍、持剣相待
陰日、用三天地水三官勅。〉
章上頭書―有符、省略［引用者注］―
章下尾書―有符、省略［引用者注］―
〈取罡炁、吹罩章書〉

（5）熏章咒

五色之烟、熏章上天、五色之炁、熏章達帝、
五色之香、熏章帝前、下官故炁、不得妄干。
急急一如風火駅伝。

〈取罡炁布之。存章官主将、持章上朝奏上帝庭。叩歯九過。畢、楽止。〉
〈高功挙〉
伝忱達悃天尊
〈高功陡白〉
杳杳冥冥、天地同生、五行之祖、六甲之精、
散則成炁、聚則成形、天将霊霊、随吾令行。

（5）祝曰、

五色之烟、衝章上天、五色之炁、衝章達帝、
下官故炁、不得妄干、
急急如律令。

次法師以章付侍経、侍経跪受章書、同侍香呈。金魚置右、玉鳫置左。次宣章。法師望天門、再拝長跪、至請官処、皆再拝存伏如儀。宣章畢、置案上。以書刀鎮左、筆鎮右。〈法師再拝帰位、慰章如儀。〉次法師以章置御案香上、熏之。

臣今進章行道、	次叩歯二通。遣章。
（6）謹遣臣身五体真官、官一小吏、十二書佐。勅叱功曹使者、飛龍飛虎、騎吏等官、冠帯威揚、佩剣治籙、磨硯（黙）［点］筆、為臣章悃、封印完固、虔修正一天官○章一通○上詣太上○宮　投進。 　右関治曹玉女、齎持章悃、雲程之中。幸勿稽緩、所具章関、合行宣読。 〈宣関已。　都講宣読。〉	（6）謹遣臣身中五体真官、官一小吏、十二書佐、冠帯垂纓、磨硯点筆、為臣及時操。臣謹為某、拝上天官某章、上詣某宮曹治。
（7）伏念、臣塵躬俗質、耳目昏愚、検校不明、所上章文、尚慮謬誤、事格陰陽。 伝言書佐、　習事小吏、 尋文削治、 依儀正定、毋令上官典者有所遣却。	（7）臣愚謬忝参治籙、耳目閉塞、検校不聡。所上章文、恐有錯誤、行列不端、文字不整、脱漏顛倒、音句不属。将前作後、以左為右。事任陰陽神決吏、伝言書佐、習事小吏、随章進対、龍頭書刀、尋文削治、長毫利筆、依儀証定、無令上官典者有所遣却。
（8）臣閉炁昇章、径御太上老君御前。左吏歴関、右吏歴啓、諸官歴第、以次分別、関啓願臣所奏者達、所錬者超、所救者生、所啓者遂。	（8）閉炁昇章、逕御太上老君御前。左吏歴関、右吏歴啓、諸官君歴第、以次分別、関啓当令臣所請者下、所召者到、所済者度、所奏者達。
（9）若有下官故炁、遏截章文、不能上達者、押赴天一北獄、依律定罪、以明天憲施行、開天符命、謹当宣告。	（9）若有下官故炁、邀截臣章文、不使上達者、録付所在近獄、依律治罪、以明天憲。臣伏在案左、恭待聖恩報応。

『太清章』と『正一飛章謁帝儀』の内容には多くの異同があるものの、以下の（1）から（9）の内容が共通しており、基本的には同一の儀礼と見なしてよいものと思われる。すなわち、両篇ともに、（1）上啓（既出）に続いて道士は謙遜し、民のために師命を請うて拝章する意向を明らかにし、更に案上に安置した函の中に章の

あることを述べる。（2）案上の章が功曹使者により天へと届くことを願い、（3）謹んで章函を開き、章文を読む旨を告げる。（4）高功は龍刀で章函を開いて章を出し、叩歯三通、「四明功曹」云々の咒を念じる。（その後、『太清章』にのみ「出章咒」「捲章咒」「封章咒」「運章咒」を念ずることがいわれる。）（5）「五色之烟」云々の咒が唱えられる。（6）五体真官、官一小吏、十二書佐を含む道士の体内神の威儀を正させ、磨硯点筆して、「天官某章」を天上の某宮まで上詣することを述べる。（7）道士は自分の不明を恥じ、上章する文に誤りのあることを恐れ、伝言書佐、習事小吏らの神格に文を校正し、天上の上官典者に却下されないよう求める。（8）閉気して、太上老君の御前に章をただちに上呈し、左吏は関を検閲し、右吏は啓を検閲し、天上の官により伝送されて、道士の祈願を関啓し、万事行われるべきことが行われるよう要請する。（9）もし、下官の故炁が章文の伝送を妨げれば、地獄に送って律により罰することが明らかにされる。

重要な点は、ここで上奏される祈願文が「章」とされていることであり、その伝達先が太上老君、もしくは太清と意識されていることである。劉宋に成立した天師道経典である『三天内解経』では、元気の先に道から神格が生じてきたことを述べるにあたり、

此れに因りて、太清玄元無上三天無極大道、太上老君、太上丈人、天帝君、九老仙都君、九氣丈人等、百千万重道気、千二百官君、太清玉陛下有り。今、世人章書を太清に上るは、正に此の諸天真を謂うなり。（巻上、二）

と述べ、これらの天真を太清の神々と見なし、章書を上呈する対象と見なすことを述べている。いま、『正一飛章謁帝儀』を見ると、先に対照した出官儀礼のなかの上啓の対象が、まさしく「太清玄元無上三天無極大道、太上老君、太上丈人天帝君、天帝丈人九老仙都君、九炁丈人、百千万重道炁、千二百官君、太清金闕七宝玉陛下」

であり、『三天内解経』において太清を構成する神々そのものであることが知られる。他方、『太清章』では、『三天内解経』の太清観をそのまま継承するような記述は見えないが、上章の対象が太上老君であることがはっきり明記されている。(41)『太清章』が、「章書を太清に上る」天師道の上章儀礼の伝統を継承するものであることは明らかであろう。

以上、『太清章』の内容を、南宋期の資料である『正一飛章謁帝儀』、および六朝期の資料である『正一指教斎儀』もしくは『正一指教清旦行道儀』と対照した。これにより、主として二つの観点から『太清章』がその内実においては天師道の儀礼にほかならないことを確認しえた。すなわち、第一に、『太清章』は発炉（復炉）、出官（納官）、関啓、上啓という、指教斎以来の天師道斎法儀礼の基本構造を踏襲するという点。第二に、『太清章』の目的が「正一天官某章」と呼ばれる章を太清天の太上老君に奏章するという、天師道の上章に置かれている点である。それでは、全真教道士を高功とすることにともなって、『太清章』の儀礼内容には何らかの全真教的な特色が生じたのかという点になると、わずかに、啓師真の際に「龍門啓教前伝後教羽化列幕師真」と「南宗北派五祖七真」が言及されるという点にのみ、全真教的な特徴を見るに足ると言い得よう。しかし、この一点を除けば、全真教の特色として指摘すべき事柄は一切無いかに思われる。清末四川の全真教の高功によって行われる『太清章』の儀礼は、純然たる天師道儀礼なのである。(42)

三　結　論

小論では、『広成儀制』に収められた『太清章』において全真教龍門派道士が高功とされていることに着目し、前半では『広成儀制』の編集に直接関わる陳仲遠と二仙菴が全真教龍門派といかなる関係にあったかを考証し、後半では『太清章』の内容を検討した。その結果、『広成儀制』の編集過程については、乾隆年間の陳仲遠による編集時から清末民初の二仙菴での刊行に至るまで一貫して全真教龍門派の継譜を奉じる人々の手で作られていることが確認された。その一方で、『太清章』の内容には高功が全真教道士であることと、上啓の対象となる師真に龍門派や全真教の祖師たちが含まれるという点を除けば、そこに全真教ならではの特色と言い得るものは全く含まれておらず、内実は天師道の上章儀礼であることが判明した。

かつて吉岡義豊氏は『道教の研究』において、七真時代に全真道士によって黄籙斎が行われたことを指摘し、その際、「従来の煩瑣な形式主義を脱却して新生したのが全真教であるから、おそらくその修法も、同じ黄籙醮の名称を用いていても、かなり改革されて従前のものとは異なっていたと思われる」と述べておられる[43]。しかし、吉岡氏はそのような全真教における黄籙斎の「改革」がどのように成されたかを具体的に示されることはなかった。その後は、主として全真教が旧道教といかに違うかという側面、とりわけ禅や内丹など近世の中国宗教に広く影響を与えた要素との関連については多くの研究が蓄積されて充実する反面、天師道を核とする従来の道教との共通点を基盤とする関連は等閑に付されてきた感がある。それとともに、全真教における天師道儀礼は全真教的な改変の施されたものであろうという吉岡氏の推測の確認も閑却されてきた。このような研究上の動向は、全真教のなかで行われた天師道儀礼に関する資料が極端に少ないという事情を斟酌すればやむを得ないものがある。しかし、今回とりあげた清末成都の全真教に限って言えば、彼等が天師道の儀礼を全真教の立場から改変している痕跡は見られない。むしろ、『太清章』の内容は、全真教の師承に属するものが天師道儀礼を行う際に、障壁となるような物事は何もなかったことを示しているといえるだろう。

他方、清末の全真教道士が『太清章』に記されるような典型的な天師道儀礼を行うことが明らかになることで生じる疑問もいくつかある。ひとつは、『太清章』で想定されている道士は、天師道儀礼以外の儀礼、特に全真教独自の儀礼にはどの程度参与していたのであろうかという疑問である。一見したところ、浩瀚な『広成儀制』の内容は基本的には天師道の斎醮儀礼に渉るものであり、編者陳仲遠の『雅宜集』も全真教との関連を示唆するような行事への言及はない。『太清章』の中に、高功を全真教龍門派道士とする記載が見えたことは、研究者の観点からすると奇蹟に近い事とも思われる。もしあの僅か数行の記載がなければ、『広成儀制』と全真教との内容上の紐帯は極めて希薄で、検証不可能なものになっていたであろう。小論では、全真教の高功が天師道儀礼を行っていたという言い方をしてきたが、『広成儀制』の内容を見ていると、むしろ天師道儀礼を行う道士が、全真教龍門派をも名乗っていると言ったほうがニュアンスとしては適切なのかもしれないとすら感じられる。

第二の疑問点は、『太清章』で高功となる全真道士が天師道の籙を伝授していたかどうかという問題である。小林正美氏によって論じられているように、天師道においては籙の位階に従って行うことのできる儀礼の範囲が厳密に定められており、特定の儀礼の執行には特定の籙を所持していなくてはならない(44)。その事情は近世においても変わらない。例えば、前出、明の『太清玉冊』には次のように言う。

法師、止だ都功籙及び昇玄、陽光、洞淵等の籙を受くるのみにして、却て盟威籙を受けず、或いは止だ都功職籙及び中盟五雷法籙を受くるのみにして、盟威籙を受けず、或いは止だ都功籙及び上清籙を受くるのみにして、盟威籙を受けず、或いは止だ都功籙を受くるのみにして盟威籙を受けず、或いは止だ盟威籙を受くるのみにして却て都功（録）［籙］を受けざるは、並びに霊宝斎を開建することを許さず。蓋し三五正一官吏を出さんとするに、［都功籙と盟威籙との］二籙備さに受けざれば、則ち出官に碍り有らん。皆な斎事を行う

可らず。（巻三、二三左）

ここでは、法師について（1）都功籙、昇玄籙、（紫虚）陽光籙、洞淵籙、もしくは都功籙と中盟五雷法籙を受けていながらも、正一盟威籙を受けていない場合、（2）都功籙と上清籙のみを受けており、正一盟威籙を受けていない場合、（3）また都功籙のみ受けて正一盟威籙を受けていない場合、（4）正一盟威籙のみ受けて都功籙を受けていない場合の四つの場合を想定し、これらの法師は出官が行えないため建斎の資格はないものと断じられている。要するに、都功籙と正一盟威籙が欠ければ、他の籙を備えていても出官に支障を来すことが言われるのである。

これによって考えれば、『太清章』の儀礼を行う全真道士も、正一盟威籙のような天師道の基本的な籙を具備していなければ出官は行えないことになる。上に見たとおり、『太清章』の出官儀礼は極めて正統的な天師道の作法に基づくものであり、本来であれば天師道の籙を得ていなければ行うことのできない儀礼だからである。

残念ながら、『太清章』の上章儀礼を行う全真道士が、どのようにして籙を取得しているかを伝える資料は見出されない。しかし、時代を遡って資料を検討すると、全真教の道士たちが天師道の籙を伝えていたことを示す例が見える。例えば、丘処機の十八大弟子の一人である宋披雲（一一八三－一二四七）とその弟子劉志常との間に次のような授受のあったことが記録されている。

年は己亥、披雲宋公、首に真風を暢べ、力めて絶学を紹ぎ、道蔵書を河汾の間に起こす。師（劉志常を指す－森注）幡然として喜びて曰く、此れ人天の師なり、吾れ帰依するに所有り、と。即ち弟子の礼を執りて之に事え、紫虚籙訣を受け、香火修持し、晨夜少しも懈らず。宋、其の志を偉として、後に上清三洞五雷籙法を以て焉に畀う。（王惲『秋澗先生大全文集』巻五三「故普済大師劉公道行碑」）(45)

これは蒙古朝太宗一一年（一二三九）の頃に関する記述である。当時、道蔵編纂の事業の中心人物であった宋披雲のもとに劉志常が帰依し、「紫虚籙訣」や、「上清三洞五雷籙法」を宋披雲から授かったことが言われる。

ここに謂う紫虚籙訣とは、おそらく紫虚籙に関する訣であろうと思われる。紫虚籙は北周『無上秘要』には見えず、その後に登場した籙のようであり、[46]張萬福『伝授三洞経戒法籙略説』［SN一二四一］の道徳経目中の「此左仙公及金明所説伝授修行也」（巻上、五左）とされる籙のうちに列せられる。[47]ほかに、北宋孫夷中『三洞修道儀』［SN一二三七］では高玄部道士を「太上紫虚高玄弟子」とも称し、元末から明初の成立と考えられる『道法会元』巻一七九所収「上清五元玉冊九霊飛歩章奏秘法」には籙の次第を述べるに際して「今按ずるに三洞とは、道真、洞玄、洞神なり。道真は則ち上清大洞籙、洞玄は則ち霊宝中盟籙、昇真内教籙、洞神は則ち道徳、紫虚陽光籙」（一七九、二左）として紫虚籙を洞神に位置づける。さらに明代の記事を載せる『受籙次第法信儀』［SN一二四四］においては「受道徳法信」と「受洞神三皇法信」の間に「受紫虚籙法信」が位置しているのが確認される（二右）。なお、杜光庭集とされる『太上三洞伝授道徳紫虚籙拝表儀』［SN八〇八］が『道藏』に収められる。いずれにせよ、唐代以降、紫虚籙が天師道の経籙授受の位階秩序の中に位置づけられてきた籙であることは明確である。

他方の「上清三洞五雷籙法」については、『太清玉冊』巻二の「正一諸品法籙」に「上清三洞混一成真飛魔演化飛仙上陽五雷秘籙一部」として記述されるものがこれに相当すると思われる。これについては、「此籙は、玉枢の微妙を括り、金虎の神通を運らし、威声を動盪し、造化に参賛す。至心に佩受して、事に随いて請禱せば、乖沴を転じて豊年を致し、天昏を禳いて仁寿を斉さん。至誠にして怠ること勿くば、妙応無方ならん」（二、一一右）とある。五雷法にかかわるものであり、近世における雷法の展開過程で登場した新出の籙であろうと想像されるが、「正一諸品法籙」のなかに収められており、天師道の籙として理解されていることが知られる。

これは、当時の全真教の最高実力者の一人である宋披雲が、天師道の籙を弟子に伝授していたことを示す記録であり、ここから蒙古朝期の全真教道士たちの間では天師道の籙を授受する例のあったことが知られる。この事例は、当時の道士にとって、全真教道士の師弟関係にあずかることと、天師道の授籙制度に参入することとが相互に抵触するものとはされてこなかったことを示すといえるであろう。全真教の天師道に対する垣根は実はそれほど高いものではなく、随時天師道道士を内部にとり入れながら、全真教の内部でも天師道道士を再生産していたことがここから窺える。

全真教において天師道の籙の伝授がどのようになされていたかは、小論の設定する問題の設定を大きく越えるものであり、これについては稿を改めて検討する必要がある。しかし、蒙古朝期の全真教が天師道の籙を伝えていた事実を、清末の全真教が純然たる天師道儀礼を行い得たという事例と併せて考えて見るとき、全真教と天師道は互いに排他的に対立する伝統とはいえず、むしろ全真教徒の中に天師道の伝授を継承する人々が少なからずあったことが推測される。全真教が天師道の上章や斎醮儀礼を行い、伝統的な道教儀礼の担い手となることも可能だったことの背景には、このような両者の関係が想定されてしかるべきかと思われる。

なお一言すれば、蒙古朝・元朝期の全真教と清末の全真教の間には、明末清初における全真教の変貌という深い溝が横たわっている。明末期には、「龍門派」と称して丘処機の道統の直系を自称する全真教が登場し、とりわけ清初の京師白雲観で三壇大戒の伝戒を行った王常月の功績によって、全真教は俄に活気を取り戻す。その後、龍門派は江南の呂祖扶乩信仰（湖州金蓋山における閔一得の活動がそれである）と結合するなどの複雑な様相を呈しつつ中国各地へと波及する。したがって、蒙古朝の全真教と清末の全真教を同じ俎上に載せて無条件に対照することはできない。清末四川における全真教による天師道儀礼の実践も、四川における特殊事情である可能性を考慮しないわけにはいかないであろう。しかし、小論に示したような事例の存在を意識すれば、あたかも全真教が天師道を改革する宗教であり、全真教が天師道に対して排他的な勢力を形成しているかのような図式のみを前提とすることに対する警戒感を刺激することはできるのではなかろうか。全真教も天師道も、師承関係による資格継承者のネットワークとしての性格を強くもっている反面、自己の師承継承から、他の師承継承に関与する者たちを排斥するような、排他的意識とはむしろ無縁だったのではなかろうか。そのような観点から、改めて全真教と天師道の関係を問うことを提案したい。

（森　由利亜）

（1）吉岡義豊『道教の研究』法蔵館、一九五二年参照。

（2）この文献は、スティーヴン・エスキルドセン Stephen Eskildsen 氏が修士論文で英訳もされているとのことである。Paul Katz (1994) "The Interaction between Ch'üan-chen Taoism and Local Cults: A Case Study of the Yung-lo Kung,"《民間信仰与中国文化国際研討会論文集》上冊［漢学研究中心叢刊論著類第4種］参照。

（3）劉仲宇〈近代全真儀式初探〉盧国龍編《全真弘道集　全真道――伝承与開創国際学術研討会論文集》青松出版社、二〇〇四年所収参照。

（4）小林正美『唐代の道教と天師道』知泉書館、二〇〇三年、参照。

（5）卿希泰主編《中国道教史》第四冊、四川人民出版社、一九九五年、四六六頁参照。

（6）『青玄済煉鉄罐施食全集』光緒庚子（『蔵外』⑭、五八四－六三六頁）はその例。

（7）『清微儀制霊宝玉籙』咸豊七年（『蔵外』⑭七三七－四二頁）『清微儀制血湖正朝集』（『蔵外』⑭七四三－四六頁）、『清微儀制正奏天曹集』光緒三四年（『蔵外』⑭七四七－五〇頁）がそれである。

(8) 巻によっては陳仲遠の名である「復慧」を表示し「陳復慧校輯」とする場合もある。例えば『正朝進表集』(『蔵外』⑭二一三頁)、『玉帝正朝集』(『蔵外』⑭二二一頁)。

(9) 李遠国《四川道教史話》四川人民出版社、一九八五年、上掲卿希泰主編(一九九五年)曾召南執筆の第一一章、第六節、王志忠《明清全真教論稿》巴蜀書社、二〇〇〇年参照。

(10) 民国『灌県志』巻一二、人士伝下、三五左。この記事の存在については、上掲卿希泰主編(一九九五年)曾召南執筆箇所、一四〇頁に既に指摘がある。ただし、曾氏は一部原典の文章を入れ替えている。

(11) 曾召南氏は「仲遠」が陳仲遠の号であり、名は「復慧」といい、龍門派第一四代「復」字派に属することを示される。

(12) 筆者はこの本を二〇〇五年九月二日青羊宮にて入手した。

(13) 「元教」は「玄教」。康熙帝の諱を避けたもので道教を指す。

(14) 巻一に限って「嗣教孫劉合誠記録」の一行を欠く。又、巻四のみ、更に「梓人朱文秀刊」の一行がある。

(15) 龍門派詩については、小柳司気太『白雲観志』(国書刊行会、一九八六年[一九三四年原刊])、五十嵐賢隆『太清宮志』(国書刊行会、一九八六年[一九三八年原刊])参照。

(16) 『北斗正朝全集』には「宣統元年夏月吉日成都二仙菴闔方丈刊」(『蔵外』⑬五七三頁、一四紙左)とされているが、「闔」は「閻」の誤りであろう。『土皇醮欵啓壇全集』(『蔵外』⑬六七四頁、一三左)、『雷霆正朝全集』(『蔵外』⑬八四八頁、二〇左)には「宣統元年仲夏月成都二仙菴閻永和重刊」と記されており、宣統元年の方丈が閻永和であったことは明白である。

(17) 『重刊道蔵輯要』翼集一「新建青羊二仙菴功徳碑記」には三楚烟霞道人陳清覚による康熙三十四年(一六九五年)の紀年がある(一〇八左)。同「新建青羊二仙菴碑記」には趙良璧による同年の紀年がある(一〇五右)。

(18) 『重刊道蔵輯要』翼集一、百七―八。黄海徳、龍顕昭編《巴蜀道教碑文集成》、四川大学出版社、一九九七年、二九七―九八頁参照。

(19) 全真教における安単法については、GOOSSAERT, Vincent. (1997) *La creation du Taoïsme moderne l'ordre Quanzhen.* Vol. 1-2, Thèse de doctorat Nouveau régime, Ecole Pratique des Hautes Etudes Section des Sciences Religieuses および、森由利亜「全真坐鉢―元明期の全真教儀礼を中心に」福井文雅編『東方学の新視点』五曜書房、二〇〇五年参照。

(20) 呉本固「重修二仙菴碑記」(乾隆四一年[一七七六年]『重刊道蔵輯要』翼集一、一一〇―一一)参照。

(21) この碑は、二〇〇三年一一月四日早稲田大学文学部アジア文化エンハンシング研究センターでの出張中、青城山天師洞を訪問した際に筆者が現地で撮影することを得たものである。碑は洞の前面に厳重に檻を設けて管理されていたため、碑陰を見ることはできなかった。森由利亜「青城山の天師洞に残された碑文について」『中国古籍研究』第一号、中国古籍文化研究所、二〇〇三参照。

(22) 上掲王志忠（二〇〇〇年）。王志忠氏は、このように記す根拠を明らかにしておられないが、おそらく氏が引用する『支譜』によっているのであろう。

(23) 『金蓋心灯』所載の王常月をめぐる系譜の問題については、森由利亜「全真教龍門派系譜考──『金蓋心燈』に記された龍門派の系譜に関する問題点について」道教文化研究会編『道教文化への展望』平河出版社、一九九四年参照。

(24) 『常州先哲遺書』所収『留渓外伝』巻一七、一一―一二参照。また、陳銘珪（一八七九年序）『長春道教源流』巻七、藝文印書館印行、道教研究資料第二輯所収本、三五二―五三頁参照。

(25) 『重刊道蔵輯要』翼集一一八―一九、および上掲黄海徳、龍顕昭編（一九九七年）四四七―五〇頁参照。劉沅については、同四四九頁、黄海徳「題記」参照。なお、『龍門正宗碧洞堂上支譜』を嘉慶年間頃の成立年代とする曽召南氏の見方も、推測として述べられているにとどまっており、充分な根拠が示されてはいない。卿希泰主編（一九九五年）一三六頁脚注参照。

(26) 『重刊道蔵輯要』翼集一、一一八参照。

(27) 前掲王志忠（二〇〇〇年）九五―九六頁参照。

(28) 前掲王志忠（二〇〇〇年）九六頁参照。なお、張永亮が道光二九年の時点で住持であったことについては、『二仙菴碑記』（翼集一、一二一右）参照。

(29) 『二仙菴碑記』（翼集、一二六右）参照。なお、督憲裕誠による道光二九年の文書によれば、彼が十方叢林の額を二仙菴に贈ったのは道光二九年のことである。「道光二十九年」の紀年のある裕誠の諭書に「故給与十方叢林四字、与銜鈐印、令其付梓刻額、張掛殿堂、以接十方大衆」云々（翼集一、一二〇左）とあるのを参照。

(30) 閻永和校刊『玄都律壇伝戒引礼規則』一右参照。

(31) 三壇大戒の問題については、前掲森由利亜（一九九四年）論文参照。

(32) 閻永和重刊『玄都律壇伝戒威儀品』巻中、二一右―左。

(33)前掲森由利亜（一九九四年）論文参照。
(34)閻永和重刊『玄都律壇伝戒威儀品』巻中、「祖堂奉師法座」一三左―五右参照。
(35)閻永和校刊『玄都律壇伝戒引礼規則』八〇参照。
(36)ただ、丘処機が「天仙状元」と称されることについては、道光初年（一八二一年）に刊行された閔一得『金蓋心灯』に「蓋し天上人間は、事同じく一律なり。人間の状元は三年に一たび試み、天上の状元は、五百年に一たび考す。其の例は唐に起く。故に呂祖を天上開科の状元と為す。呂に継いで元たる者は、我が龍門邱祖なり」（『金蓋心灯』巻八、二四紙）と述べることを想起させる。ここでは呂祖を天上最初の状元とし、邱処機、白玉蟾、沈一炳（太虚）がその後に続く者であると述べる。閔一得がどこからこの考え方を摂取したのか（あるいは彼自身が発想したものか）は不明であるが、もし「天仙状元」の発想がここに起因したものであれば、問題の箇所は道光年間以降付加されたものと判断できる。
(37)儀礼の細目は筆者の判断によって付したものである。筆者の研究不足から細目名に不適切な点もあるかもしれない。博雅の士の叱正を請う次第である。
(38)伏章は、地に伏して詞表を呈するさまを存想すること。呂鍾寛（一九九四年）『台湾的道教―儀式与音楽』学芸出版社、三五〇頁参照。
(39)小林正美「道教の斎法儀礼の原型の形成――指教斎法の成立と構造」福井文雅博士古稀記念論集『アジア文化の思想と儀礼』春秋社、二〇〇五年所収、参照。
(40)この点については丸山宏氏より口頭で御示教を得た。記して謝意を表す。
(41)なお、『太清章』では太上老君は混元皇帝の称号は宋真皇帝から与えられた封号を折り込んで太清仙境混元皇帝降生天尊とも称される。
(42)『広成儀制』を含む全真道の儀礼文書に全真道ならではの特色が稀薄であるという指摘は、前掲、劉仲宇（二〇〇四年）にもなされている。小論は劉氏の説を文献考証によって裏書きするものである。
(43)吉岡義豊（一九五二年）前掲書、一九〇頁参照。
(44)天師道の位階制度については、小林正美「天師道における受法のカリキュラムと道士の位階制度」『東洋の思想と宗教』一八、二〇〇一年、同「唐代の道教教団と天師道」『東洋の思想と宗教』二〇、二〇〇三年、参照。（同『唐代の道教と天師道』

知泉書館、二〇〇三年所収。）

(45) 四部叢刊初編・集部七四冊、五四九－五〇頁参照。

(46) 紫虚籙が北周『無上秘要』の後に表れた籙であることは、クリストファー・シペール「「都功」の職能に関する二、三の考察」酒井忠夫編『道教の総合的研究』国書刊行会、一九七七年参照。

(47) 小林（二〇〇三年）前掲書、一〇四頁参照。

図　青城山天師洞龍門派道統譜碑

生前早悟無生理

根枝並茂

律脉正傳道脉淵源

第一仙派羽化真人

趙名道堅　號虚静
張名徳純　號碧芝
陳名通微　號致中　冲夷子
周名玄朴　號大拙
張名静定
趙名真崇　號得源　字復陽

王名常月　號崑陽
譚名守誠
詹名（大）〔太〕林　號維陽子

祖師天仙派状元龍門正宗邱大真人長春全徳神化明應主教真君幕下

勅封碧洞真人　陳名清覚
朱名一和
王名陽炳
王名来明

弘道真人　陳名一慶
張名陽宏
呉名来輝
萬名復證

張名清雲
伍名一純
馮名陽智
鄧名來芳

孟名一貴
何名陽斗
龔名來鵬
劉名復盛

妙道真人　張名清湖
合玄真人　釗名一真
余名陽軒
張名來示

穆名清風
張名一先
秦名來砠
□名復歳

字玉房子
馬名來應

一十五代弟子萬本圓號享通道人立

死後長留不死名

III　道教文物と斎法儀礼

道教文物の概説

小稿では道教文物を概説するが、次の四つの項目に分けて論じたい。

第一に、道教文物の特徴と分類について述べる。第二に、道教に関する簡牘・契券類の文物の中で、特に木簡と墓券を中心に論ずる。ここでは主に日本で出土した木簡をいくつか取り上げて道教木簡との関係について私見を述べたい。さらに中国南朝の天師道に関わる問題にも言及するつもりである。第三に、金属器具類の道教文物の中で、特に鏡について述べる。その際に道教の鏡と日本文化との関連性についても触れてみたい。第四に、石刻銘文類の中で、特に唐代の道教墓石と道教教団の問題について論及する。

一　道教文物の特徴と分類

中国の道教は、方術や黄老思想を含む先秦・秦漢時代の宗教信仰を基礎に成立して以来、約二千年の長きにわたって綿綿と続いてきた。いわゆる道教文物というのは、道教が誕生し、形成され、発展していく過程の中で遺されてきた道教の実物品である。また、道教に直接関係するものでなくとも、それが道教の影響を受けた歴史遺物であれば、道教文物の範囲に含まれるといってよい。

道教文物を大別すると、代々世に伝わる収蔵品と、考古調査によって発掘される出土品の二種に分類できる。我々現代人の常識からすると、道教文物はいささか奇異なものに感じられるかもしれないが、文献資料と比べると道教文物には以下の三つの点で歴史的に重要な意義がある。

第一に、道教文物は客観的に存在するという点である。それは道教の何らかの活動の産物であり、道教の何らかの思想と関わりがある。人がその価値を理解するしないに関わらず、文物として客観的に存在するということは否定できない。

第二に、道教文物は具体的な形象と内容をもっており、様々な文化的情報を包含しているという点である。それ故に道教文物は多くの学問分野の研究対象として用いることができる。

第三に、道教文物は、ある特定の時代、特定の地域の産物なので、時間的空間的な特性を比較的強く具えているという点である。文物によっては、時代や地域の情報が明確に記載されている場合もある。或いは、文物の形態から、いつの時代にどこで存在したのかを解明することも可能である。もし出土文物であれば、なおさら容易に時代や地域の推定がなしうる。

まさにこのような三つの意義があるために、道教文物は次の三つの面で史料的価値があるといえる。第一に、道教文物は、文献記載の不備を補い、道教の歴史・文化に対する研究範囲を広げることができる。第二に、個々の研究に対して提供される道教文物は、生物学的に言えば、いわば「標本」のようなもので、それは、科学的方法によって道教を研究するための重要な基礎になる。第三に、文物と文献資料の両方面より相互に裏付け調査を行い、もし両者の結果が一致すれば、二重に実証を得ることができ、史実として強い根拠となる。或いは、文物研究の視点から文献記載の誤りを修正できる場合もあるだろう。

もちろん、道教文物の研究にも限界がないわけではない。道教文物は往々にして非常に具体的で細微な性質のものであるから、それをもって普遍的な情況を概括するのが困難な場合が多い。そのため研究者は比較的長い時間を積み重ねて、各種の文物材料を整理し、さらにはそれと並行して文献調査も行っていかなければならない。そうしてこそ、概括的な認識が得られるのである。したがって道教文物の研究とは、独立した研究対象と研究課題をもっており、またもつべきであるともいえるが、だからといって文献研究から完全に乖離して存在しているわけではなく、あくまでも文献と密接に関わる研究でなければならない。要するに道教文物の研究は、道教の歴史文化を研究する学問全体の一部門だといえよう。

目下のところ、如何なる文物を道教文物の研究対象と見做すことができるだろうか。私見によれば、建築や遺跡を除くと十項目に分類することができる。ただし先に言っておくと、この項目は現在知りうる範囲の道教文物の情況に基づいて組み立てたものであり、その材質、造形、用途を考慮するとともに、研究上或いは説明上多少の便宜も図っている。よって、この分類方法にはある程度の限界があることは否めず、また多少の主観も混入しているかもしれない。したがって、今後の中国考古学の発展と道教文物の発見件数の増加にともない、この分類方法はさらに調整し、場合によっては新たに組み立てなおす必要もあるかもしれない。

十項目の内容については、以下に実際の道教文物の写真を紹介しながら説明する。

第一　簡牘・契券類（図1）

ここには木、金属、玉石などの各種材質で作られた道教の簡牘と、文物考古の間で迷信の類とされる、石、磚、木、磁石などの材質で作られた買地券や墓券が含まれる。簡牘や券契の形態をもち、道教的内容をもつものは、全てここに含まれる。

図１　唐代・玄宗皇帝の投龍銅簡の拓本

第二　印牌板尺類（図2）

金属印、木印、石印、玉印、角骨印、陶印等、各種材質で作られた道教印、また令牌、尺、板、笏など、道教の上章などの儀礼で用いられる道具がここに含まれる。

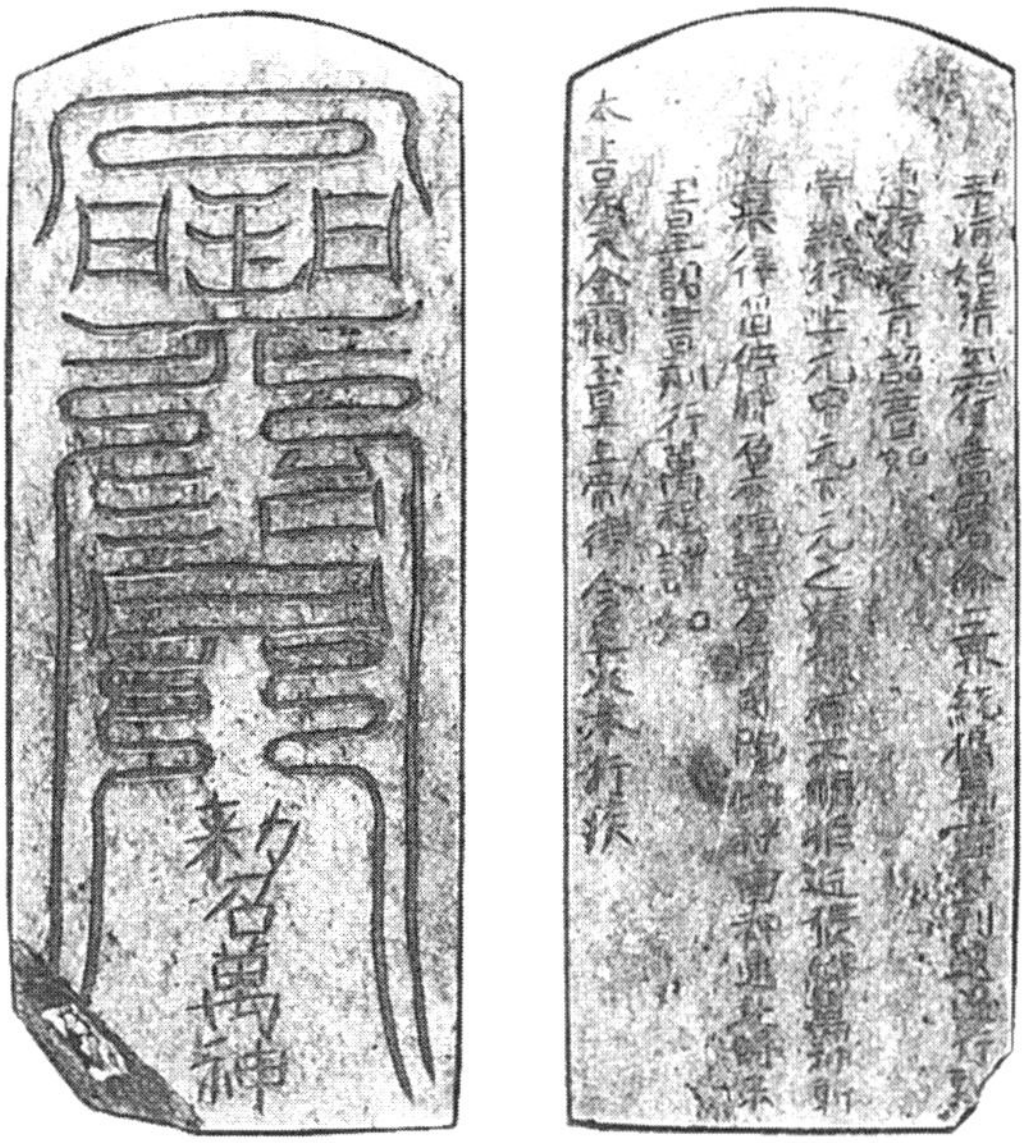

図2　元代・塡朱玉符牌

第三　陶瓷解除器類（図3）

ここには、朱書、墨書、泥水書の鎮墓文がある初期道教の陶器類、及び鎮墓に使用される陶製の灯具、碗、枕、陶俑などが含まれる。陶器の上に鎮墓文或いは鎮墓の図案・図像が表されるものは、全てこの項目に属す。

第四　金属器物類（図4）

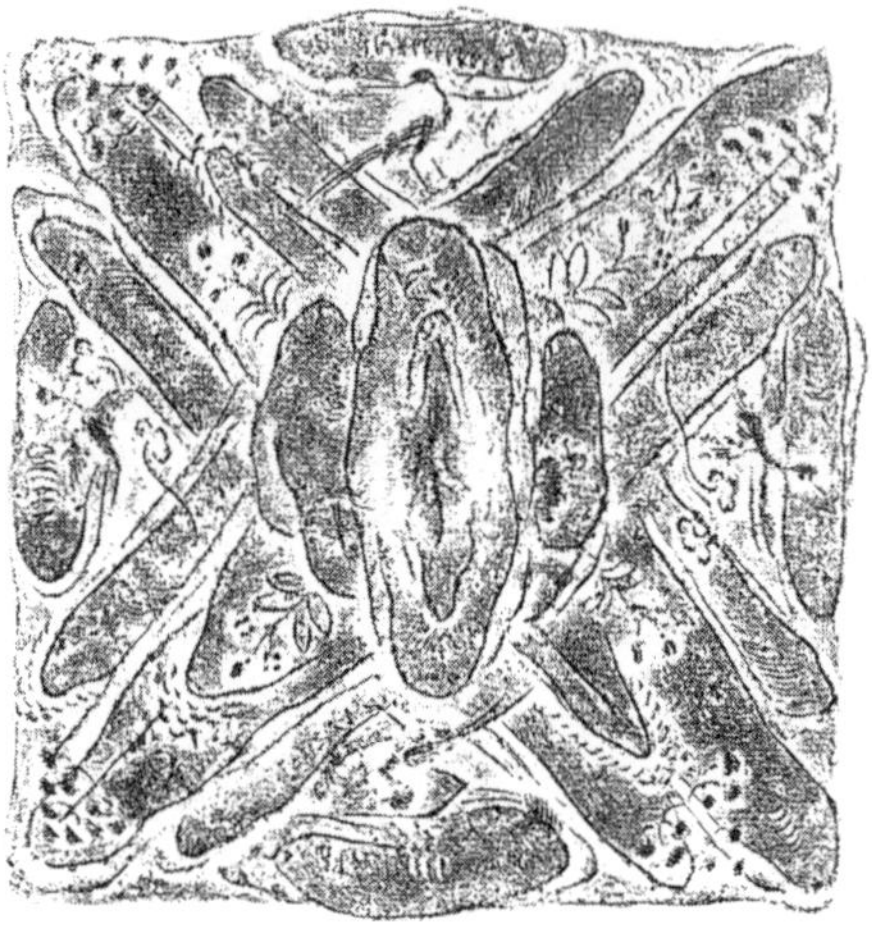

図 **4**　五岳方鏡（北京・故宮博物院蔵）の拓本

図 **3**　江西省・臨川県の南宋墓より出土した旱羅盤（指南針）を手にもつ張仙人の陶俑

鐘鈴、鼎盂、鏡、刀剣、貨幣、灯具及び、金龍、金鈕、鉛器、鉛人、錫人など、各種金属製のもので、前の三項目に入らないものがここに含まれる。

第五　石刻銘文類（図5）

碑石、墓石、志石、及び道教に関係する文字・内容を刻むもので前の四項目に含まれない全ての刻石資料。金属類や拓本もここに含まれる。

図5　霊宝白帝煉度五仙安霊鎮神七炁天文（中国国家博物館蔵）の拓本

第六　造像図紋類（図6）

石像、造像碑、銅鉄像、石木土等による複合材料像、金銀像、玉像、陶瓷像、瑠璃像、及び浮雕・線刻などの図案、またそれらの拓本がここに含まれる。

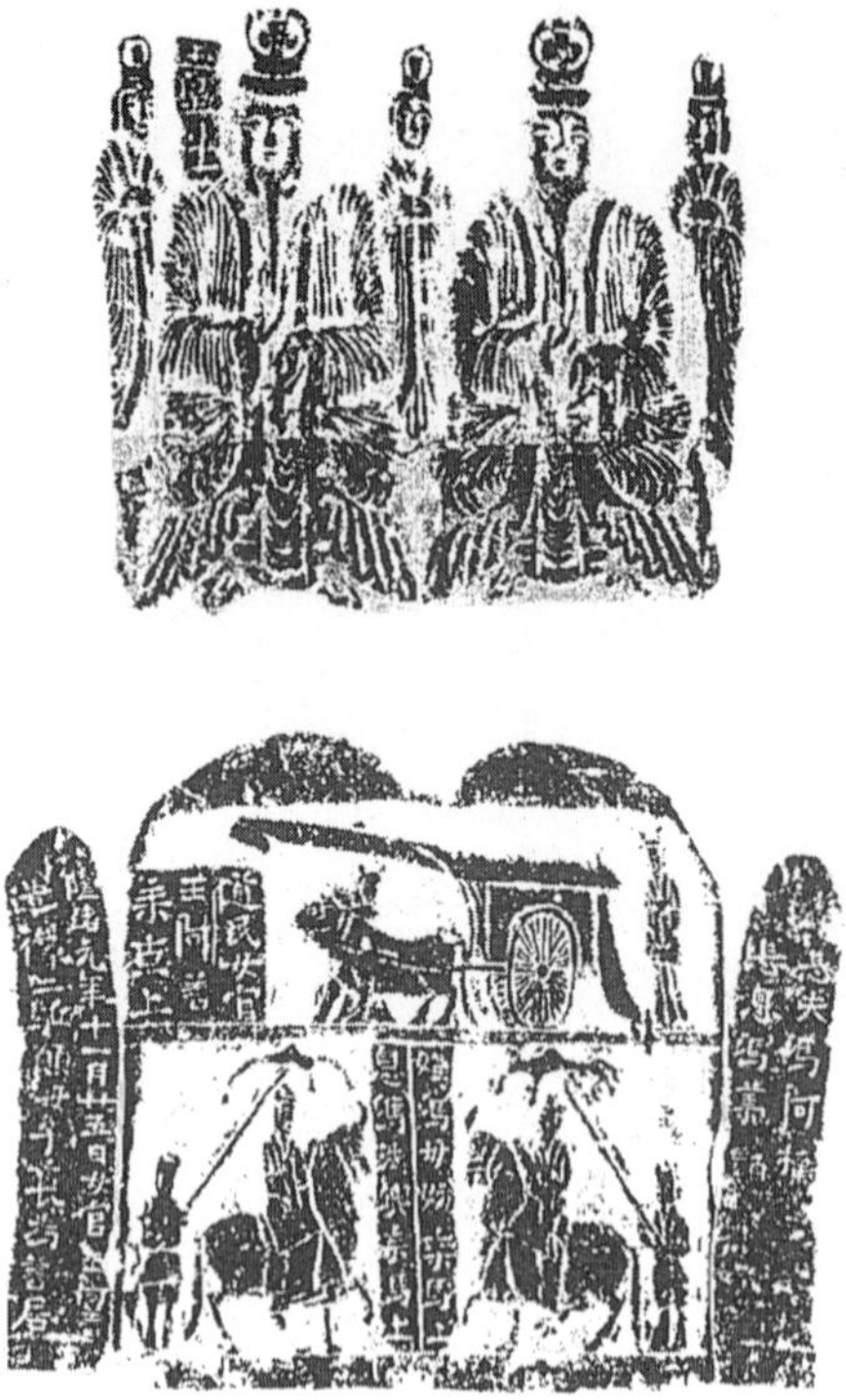

図6　北朝・隆緒元年（527年）王阿善造道教石像（中国歴史博物館蔵）の拓本

第七　絵画書法類

紙、絹などの軟質材料や壁、墓壁などの硬質材料の上に描かれた道教の絵画、書、符呪及び道教徒が制作した書画は全てここに含まれる。例えば、道場画、神仙画、壁画等である。

第八　冠服飾品類

冠帽、服飾、靴履、腰帯、牌飾などの道士の服飾品、道場や宮観を装飾する幡、旗、帳、牌などの儀式装飾品がここに含まれる。

第九　古籍善本類（図7）

各時代の道教経典、道教典籍、神仙人物の伝記、道教宮観志、山水志などの道教著作。言うまでもなく、ここには刻本、写本、抄本、石印本及び、単頁の印刷物の全形態が含まれる。それらの古籍の中にある刻印、版画、図画は比較的高い学術的価値がある。

図7　明代・万暦皇太后の功徳書『宝善巻』中の「老子始末遺像」（一部）

第十　雑器雑品類（図8）

以上の九項目に属さないもので、例えば供器、祭器、煉丹器具、楽器、道医用具、丹薬及びその原料などである。ここに属されるものは、決して重要性がないという訳ではなく、単に実物の発見数が少なく、独立した類項目を立てるのが難しいという理由による。因みに、現在の道観で道士たちが使用しているもののほとんどは古いものでない。

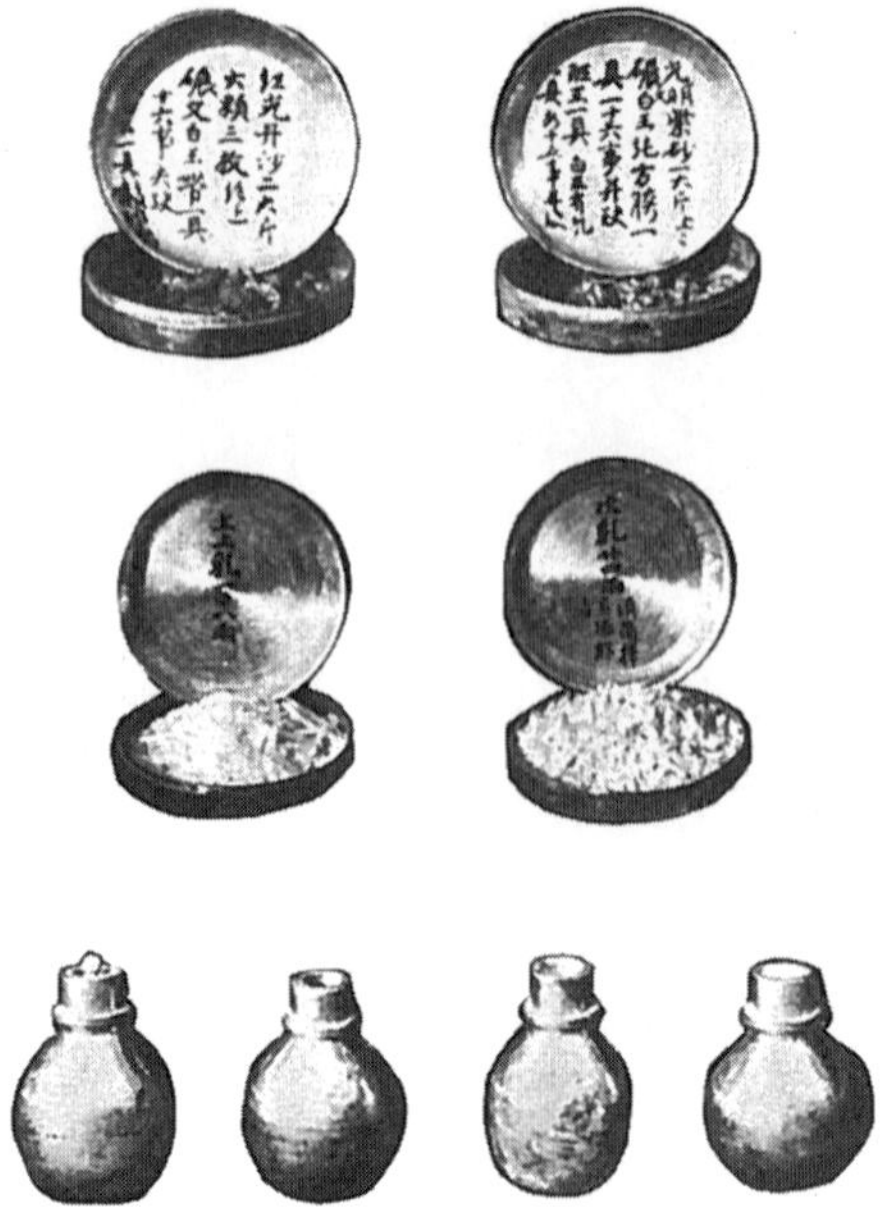

図8　西安・何家村で出土した唐代・煉丹薬物と丹具石榴罐

以上、道教文物の分類に対する基本的な見解を述べた。その目的は雑然と存在している材料を系統立てて整理することにある。

二　道教の木簡・墓券とそれに関連する問題

はじめに木簡について述べたい。その形態と内容からいうと、道教の木簡は三種に細別できる。即ち、呪符木簡、問起居木簡、人形木簡である。

呪符木簡とは、道符或いは呪文が書かれた木簡のことである。道符と呪文が一緒に書かれていることもある。時代が比較的古く代表的なものは、江蘇省の高郵県で出土した後漢時代の呪符木簡である（図9—①）。

さらに張鳳著『漢晋西陲木簡彙編』（二）に収録されている仙師符木簡（図9—②）には道符のみが書かれている。かつてその内容を解釈した時には、「仙師勅令」とある後に「三」、その下に「天」、次に「責」、以下には「龍、星、鎮、定、空、兂、安」という文字が並んでいると思われたが、今からすれば、この中の「三」と「責」の二文字は読み誤りであった。なぜなら、『三元総録』巻下〝啓攢鎮物〟条の龍星神符の記載によると、「三」に似た字は神を象徴する符号で、「責」に似た字は「貴」とすべきだからである。さらに同文献の記述によって、十三文字（他の字は欠損している）と一つの符号が集合したこの木簡は、旧墓の遷葬や冥界の鬼神を鎮めるために使用する道符であり、計六種の道符を一まとまりとすることが分かった。つまり、本来はこの木簡のほかに同じ形態の道符がさらに五つ存在したと考えられる。

次に問起居木簡について論ずる。問起居木簡の正式名称は「謁」、「刺」という。この木簡は、道士が土を掘り起こした後、地下冥界の鬼神或いは塚墓の神に安否を問い、臣下としての礼を行うための道具である。この種の木簡は、湖北省の武昌・鄂城、及び江西省の南昌にある東呉・両晋時代の墳墓の中から相次いで発見された。比較的有名で道教色の濃いものとしては、一九五五年に武昌任家湾の一一三号東呉墓より出土した問起居木簡がある。この墳墓からは計三点の木簡が発見されたが、短いものは十八・八、長いものは二一・五センチで、幅は約三・五センチである。その中の一点には「道士鄭丑再拝」の六文字がはっきりと見られ、この木簡が道教徒によって用いられたことは明白である（図9―③）。同時にこの墓からは「黄武六年」の文字が刻まれた鉛券も出土している。「黄武六年」は孫権の時代で二二七年に相当する。

同種の木簡はすでに六朝時代にも出土したようである。『南斉書』巻十八「祥瑞」によると、

建元元年四月、有司奏、延陵令戴景度称所領李子廟、旧有涌井二所、廟祝列云旧井北忽聞金石声、即掘、深三尺、得沸泉。其東忽有声錚錚、又掘得泉、沸湧若浪。泉中得一銀木簡、長一尺、広二寸、隠起文曰、廬山道人張陵再拝謁詣起居。

とあり、南斉・高帝建元元年（四七九年）に延陵という場所にある泉から一枚の木簡が出現したことが記載されている。ここに「道人張陵」とあるが、これが五斗米道の創始者である張道陵であるならば、ここに説かれる木簡とは、彼が廬山に隠棲中に投じた木簡で、時を経て地下水道を伝わり、泉の中から湧き出たと考えられないだろうか。

その推測は一歩譲ったとしても、問起居木簡を使用し、自ら道人と名乗っていることからすれば、張陵という人物が道教徒であることは間違いではない。

劉宋・陸修静の『太上洞玄霊宝授度儀』（HY五二八）によれば、道士が投龍し、簡を土に埋めた後に、さらに「謁版」「刺版」を埋めるように指示している（五二a）。問起居木簡の正式名称が「謁」や「刺」であることからしても、この記述は明らかに地下冥界の鬼神に挨拶することを意味している。

また、「童子」や「弟子」という身分が記された問起居木簡も見出すことができる（図9―④、⑤）。この二つの呼称は道教徒の間で使用されていたものである。

以上のことから、問起居木簡は初期の道教ですでに常用されていたと推察される。

最後に人形木簡については、木簡の上に人の形を書いたもの、或いは木簡自体を人の形に模したものを総称して人形木簡という。木簡の上に長編の墨書が見られる場合もある。

現在知られている中で比較的古いものは、香港中文大学文物館所蔵の建興二十八年（晋成帝咸康六年。三四〇年）の木簡である（図11―①）。饒宗頤氏はこの木簡を「松人解除簡」と称している。その形状を説明すると、長さは三五・八センチ、幅は九・四センチで、木簡の表面を凸状に彫り刻んだ後に人物像が墨で描かれている。人形の身体の上には「松人」の二字が見える。また木簡の周囲と背面には長編の墨書があり、年月日の記載の直後に「天帝使者」の四字が書かれている。

墨書きの内容は、もしも鬼神が人に懲罰を下そうとする場合は、松人（松の木で作った人形）、柏人（柏の木で作った人形）をもってこれに対処し、東、西、南、北、中央の五方の復鬼を追い払い、五木、五金、五火、五水、五土の五行の力によって鬼神を制圧する、ということが記載されている。この木簡の五行思想について饒宗頤氏は、「記建興二十八年「松人」解除簡」という論文の中で、段玉裁の『説文解字注』を引いて、次のように論じている。


段注引『遁甲開山圖』栄氏注云、五龍治在五方為五行神、及『鬼谷子盛神法五龍』陶注云、五龍、五行之龍也。今証以是簡、五龍之即五行、不成問題、……

ここで饒宗頤氏は、この木簡の五方五行は五龍の意味であると強調している。

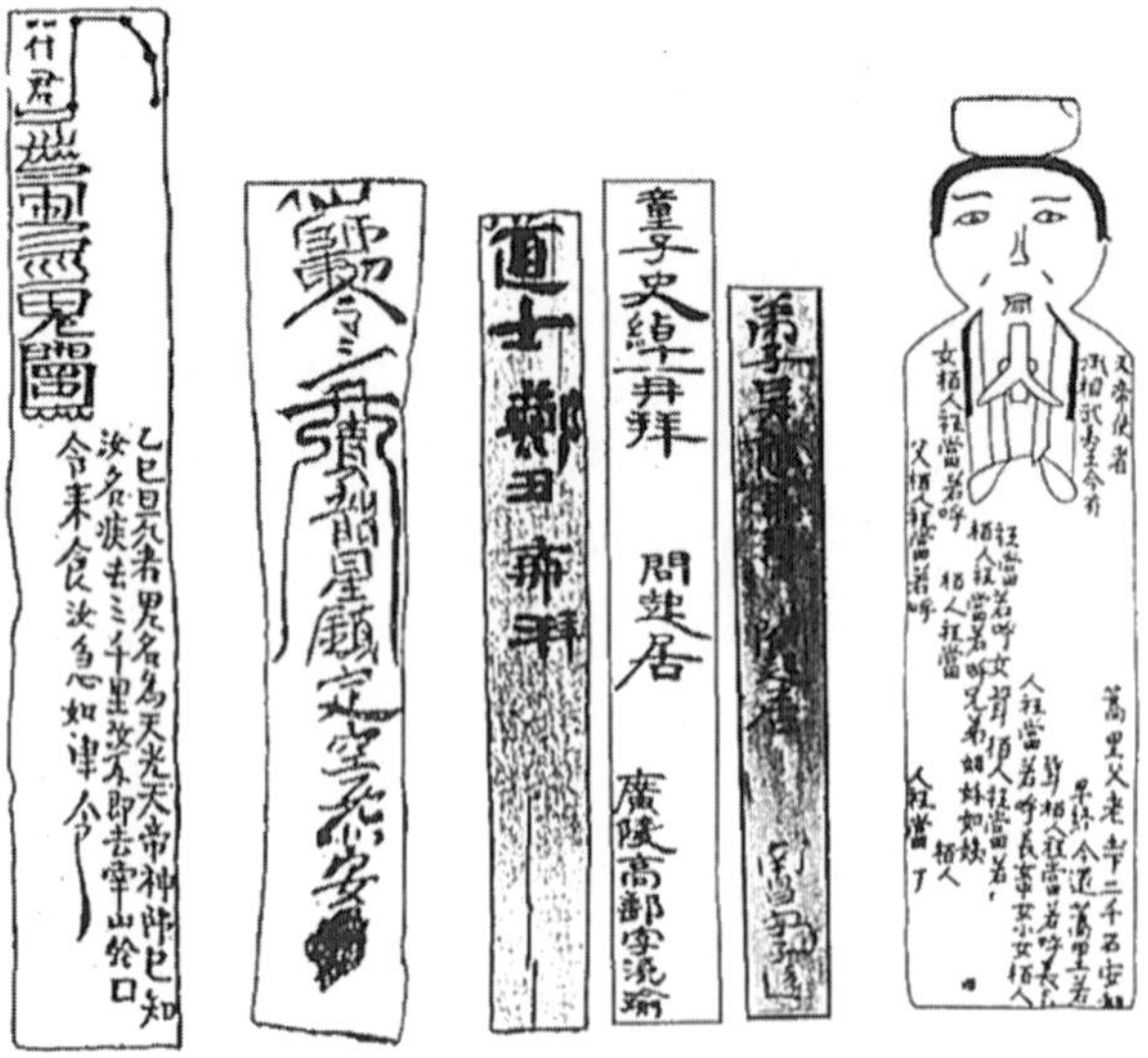

①　②　③　④　⑤　⑥

図９　道教の木質簡牘の模写

① 一九五七年に江蘇省・高郵県邵家溝の漢代遺跡から出土した呪符木簡
② 張鳳著『漢晋西陲木簡彙編』（二）所収の仙師符木簡
③ 一九五五年に湖北省・武昌任家湾の東呉墓（一一三号）より出土した道士鄭丑の問起居木簡
④ 湖北省・鄂城の水泥工場の東呉墓より出土した童子史綽の問起居木簡
⑤ 江西省・南昌市東湖区永外正街の晋墓より出土した弟子呉応の問起居木簡
⑥ 一九九九年末に湖北省・武昌湖北劇場の五代墓（一号）より出土した天帝使者の人形木簡

この他にも、江西省、湖北省などの唐、宋代の墳墓から、人を模した木簡が多数発見された。それらの木簡に書かれた文字を見ると、「柏人当知」や「若呼……柏人祇当」という文句が何度も繰り返し記されている（図9—⑥）。「祇」の字は抵抗の抵と同じ意味で用いられることもあるので、「祇当」は、「抵抗する」とか「防ぐ」という意味になる。

人形木簡の作成は道教の鬼神信仰と密接な関係がある。道教では、人が死ぬと塚墓に入り、冥界で生前の罪状の審判を受けなければならない。もし、死者の魂が親族からの救済を得られず、恨みを生ずれば、生者の側にもその影響が及ぶことになり、冥界で所謂「塚訟」（冥界の訴訟）が起こされる。冥官の懲罰は死者の親族にまで及び、彼らに災いや病気をもたらし、ひいては死に至らしめる。例えば『太上洞淵神呪経』巻十七（HY三三五）には、「或乃葬埋眷屬、只畏呼婦殺兒。」（二b）とあり、懲罰が生者にまで及ぶことを恐れることが説かれている。また、『太上玄霊北斗本命延生経註』巻中（HY七五〇）には、「塚訴徴呼、先亡復連」（六b）の注釈として、「勘會子孫姓名墳墓所在、結罪定名、徴呼後裔。」（七a）と述べられている。つまり、生きている人間の不幸を防ぐためには、道士が解除の法術を行う必要がある。今日発見される人形木簡はその際に使用された遺物なのである。

日本の考古調査の中でも、上述の符呪や人形木簡に類似する出土品が発見されている。数量は少ないものの、道教木簡との関連性を考える上で極めて注目される（図10）。

これらの木簡に見える墨書きの呪符は、道教の符と同様に、文字が折り重なるように描かれ、全体の形式も全く同じである。しかも、ある木簡は、その形式上の類似だけでなく、その内容にも道教木簡や道教経典と何らかの関連があると思われる。

例えば、一九九三年に露口真広氏が奈良県・藤原京跡右京九条四坊で発見した木簡が挙げられる（図11―②）。この木簡は、縦に二片に割られた状態で出土したが、この二片を合わせると、簡の一面には墨書きされた文字と

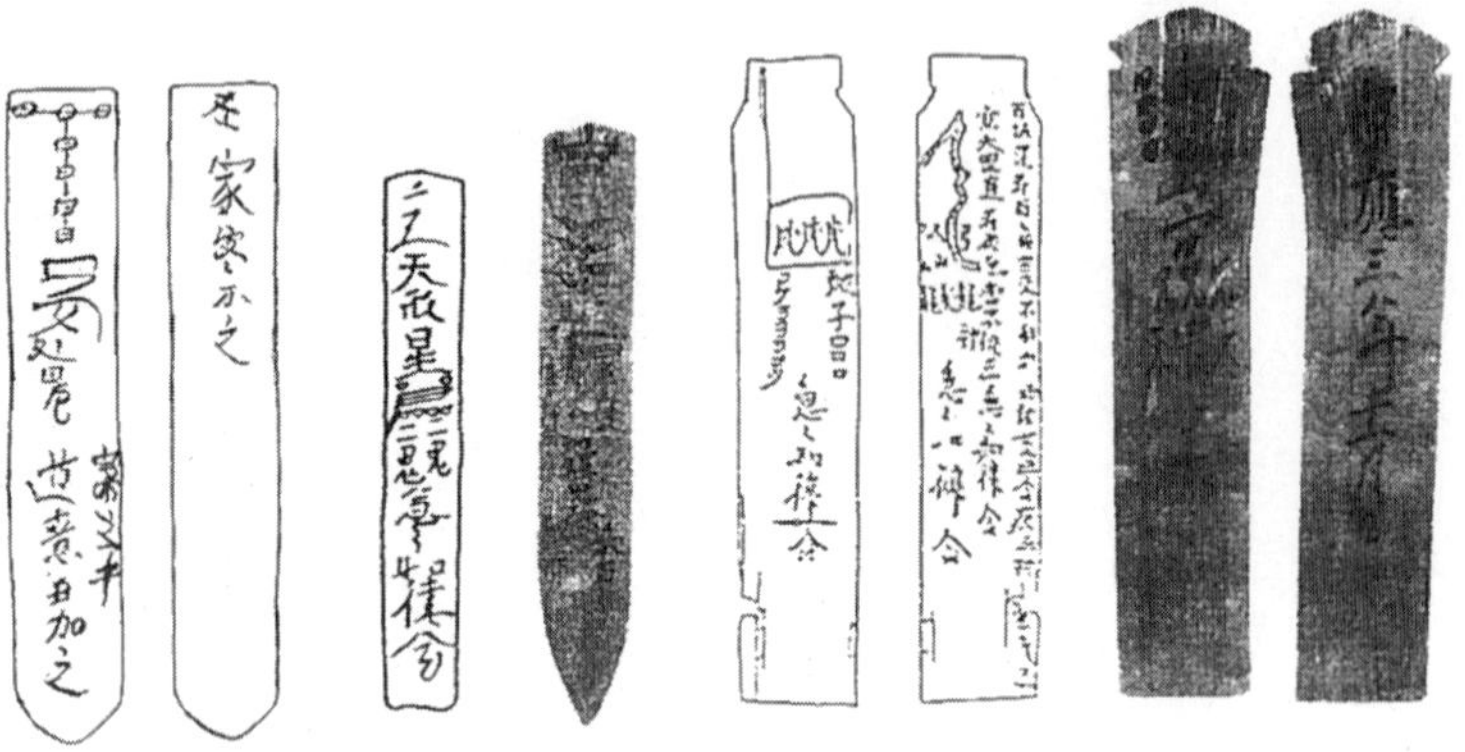

①　②　③　④　⑤

図10　日本で出土した七世紀から十三世紀の呪符木簡

①　大阪市東住吉区・桑津遺跡出土の七世紀の呪符木簡
②　平安京遺跡外出土の祭祀遺物中の呪符木簡
③　鳥羽離宮遺跡出土の呪符木簡
④　静岡県浜松市・伊場遺跡出土の八世紀の百佐呪符木簡
⑤　太宰府府庁遺跡出土の貞応三年（一二二四年）呪符木簡

人形、その反対の面には墨書きの文字のみがあることが分かる。この木簡には損傷部分があり、文字の記載も少ないが、このように木簡の一面に墨書と人形、もう一面に文字のみを記す方式は、中国の建興二十八年（三四〇年）の木簡と合致する（図11－①）。

藤原京跡で出土した木簡に書かれている文字に関しては、図11－②に記したように橋本義則氏が解釈している。それによれば、この中に「四方卅□大神龍王」（「四」は判読し難いが「五」と解釈すべきだろう。）「東方木神王」「南方火神王」「中央土神王」等の用語が見られ、神龍王や五方五行の信仰が色濃く表れている。このような信仰はちょうど図11－①の建興二十八年の木簡の墨書にも見てとれる。先述したように、建興二十八年の木簡には五方五行思想が見られ、饒宗頤氏は、五龍は即ち五行であると指摘している。したがって、日本で出土した人形木簡の神龍王と五方五行の観念は、この中国の木簡と一脈通じていると言える。しかも、どちらも生者の身代わりとして人形を描く木簡の上に

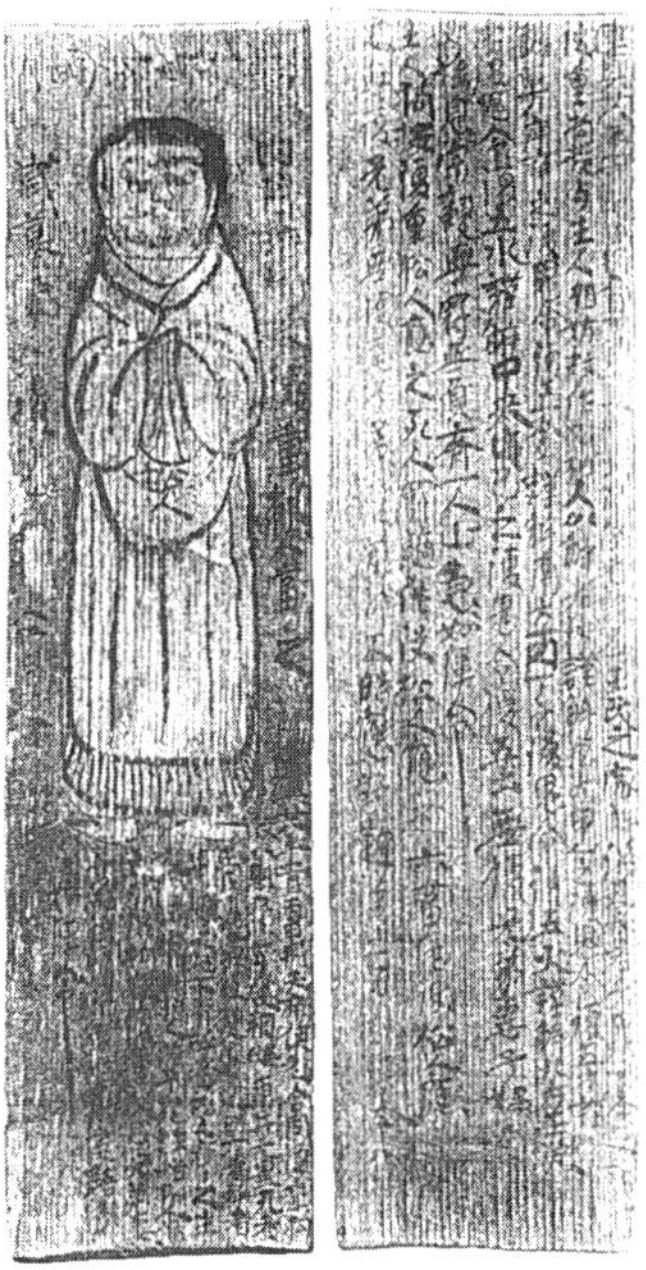

①建興二十八年（340年）の人形木簡（香港中文大学文物館所蔵）

【釈文】

七里□□内□送々打々。急々如律令
四方卅□大神龍王

東方木神王　婢、麻佐、女、生年廿九、黒色。
南方火神王
中央土神王
婢、□□、女、生年□□、□□。
「　」

＊標点は論者が補う。

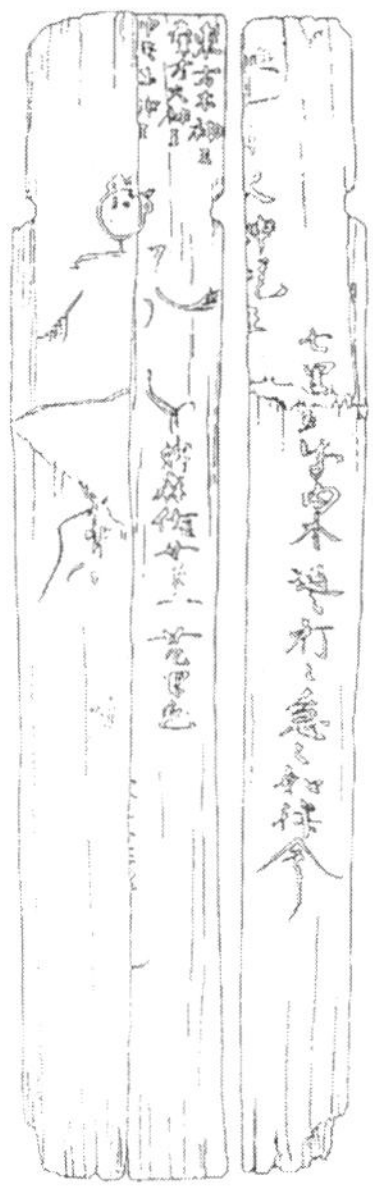

②藤原京跡で出土した大神龍王の人形木簡

図11　中国と日本の人形木簡の比較図例

露口真広・橋本義則「奈良・藤原京跡右京九条四坊」『木簡研究』第16号（木簡学会，1994年）掲載論文「一九九三年出土の木簡」所収。

書かれているのである。これは決して偶然の一致ではないだろう。

最も興味深いのは、現存する道教経典の中にもはっきりと五方神王思想が見えることである。例えば『太上洞淵神呪経』巻十七（HY七五〇）の記述には、「奉請東方守墓鎮宅青帝神龍王、南方守墓鎮宅赤帝神龍王、西方守墓鎮宅白帝神龍王、北方守墓鎮宅黒帝神龍王、中央守墓鎮宅黄帝神龍王。」（三b）や「太上勅令諸天大神龍王、十方神兵力士、各各奉命下来、鎮護国府塚宅。」（五a）と述べられている。ここに見える「大神龍王」は、右に見た日本の人形木簡にも見受けられる。また経中には五方の神龍王の観念が見えるが、これも人形木簡における五方五行の神王の観念と一致する。恐らく、木簡に見える「神王」の語は「神龍王」「大神龍王」の略称ではないだろうか。

以上の比較からすれば、藤原京跡より出土した人形木簡は、中国道教の木簡や道教経典に見える五方神龍王の信仰と密接な関係があると思われる。

次に墓券について論ずる。ここでいう墓券とは、石や磚などの上に刻まれた長編の道教の喪葬用文書を指す。先に十項目に分類した道教文物の中で、墓券は第一の項目に含まれる。小林正美氏は『六朝道教史研究』（四川人民出版社、李慶訳、二〇〇一年。三二〇頁。）の中で南斉・永明三年（四八五年）の墓券について言及している。

現在知る限りでは、この種の墓券は道教の流派に関する問題を考察する上で最も明瞭な手掛かりを提供してくれる文物資料である。とりわけ南朝天師道の活動情況を理解する上で重要な価値がある。

目下のところ、八点の墓券が知られる。即ち、湖南省出土の四点、広東省出土の三点、湖北省出土の一点である（図12）。

この中で比較的保存状態がよいのは、①宋・元嘉十年の徐副の石券（図13－上段）、④宋・元嘉二十一年和氏の

墓券紀年	出土地点	墓主	参考資料
①宋元嘉十年（433年）	湖南長沙県	徐副	王育成「徐副地券中天師道史料考釈」『考古』1993年6期。
②宋元嘉十九年（442年）	広東始興県	妳女	廖晋雄「広東始興発見南朝買地券」『考古』1989年6期。
③宋元嘉十九年（442年）	（同上）	？	（同上）
④宋元嘉二十一年（444年）	広東仁化県	和某	『広東出土晋至唐文物』176頁，図58，香港1985年初版。
⑤斉永明三年（485年）	湖北武漢	劉覬	湖北省博物館「武漢地区四座南朝紀年墓」『考古』1965年4期。
⑥梁天監四年（505年）	湖南資興県	？	湖北省博物館「湖南資興晋南朝墓」『考古学報』1984年3期。
⑦梁普通元年（520年）	（同上）	何靖	（同上）
⑧梁普通元年（520年）	（同上）	（同上）	（同上）

図12　現在知られる八点の道教徒の墓券

磚券、⑤斉・永明三年の劉覬の磚券（図13―下段）の三点である。次いで⑥⑦⑧の梁代の墓券は文字の大部分が判読できる。②③の元嘉十九年の二点の墓券は、残念ながらはげしい損傷を受けており保存状態がよくない。

以上の八点の墓券の中では、①の徐副券が年代的に最も早く、また最も典型的な様相を呈している。各墓券の文字内容、道符のスタイルを比較すると、徐副券はこの種の墓券の中では最も原初的な形態であり、その他の墓券は全てこれを踏襲して作られたと推察される。もちろん多少の変化はあるが、基本的な格式と内容は皆同じである。

徐副券は青石で製造され、長さ三十三センチ、高さ二十六センチ、厚さ二センチである。墓券の内容は、墓券文と道符の二つの部分から成っている。墓券文は合計四九五文字で、文中には、「新出太上老君」「三天」「三会吉日」「玄都鬼

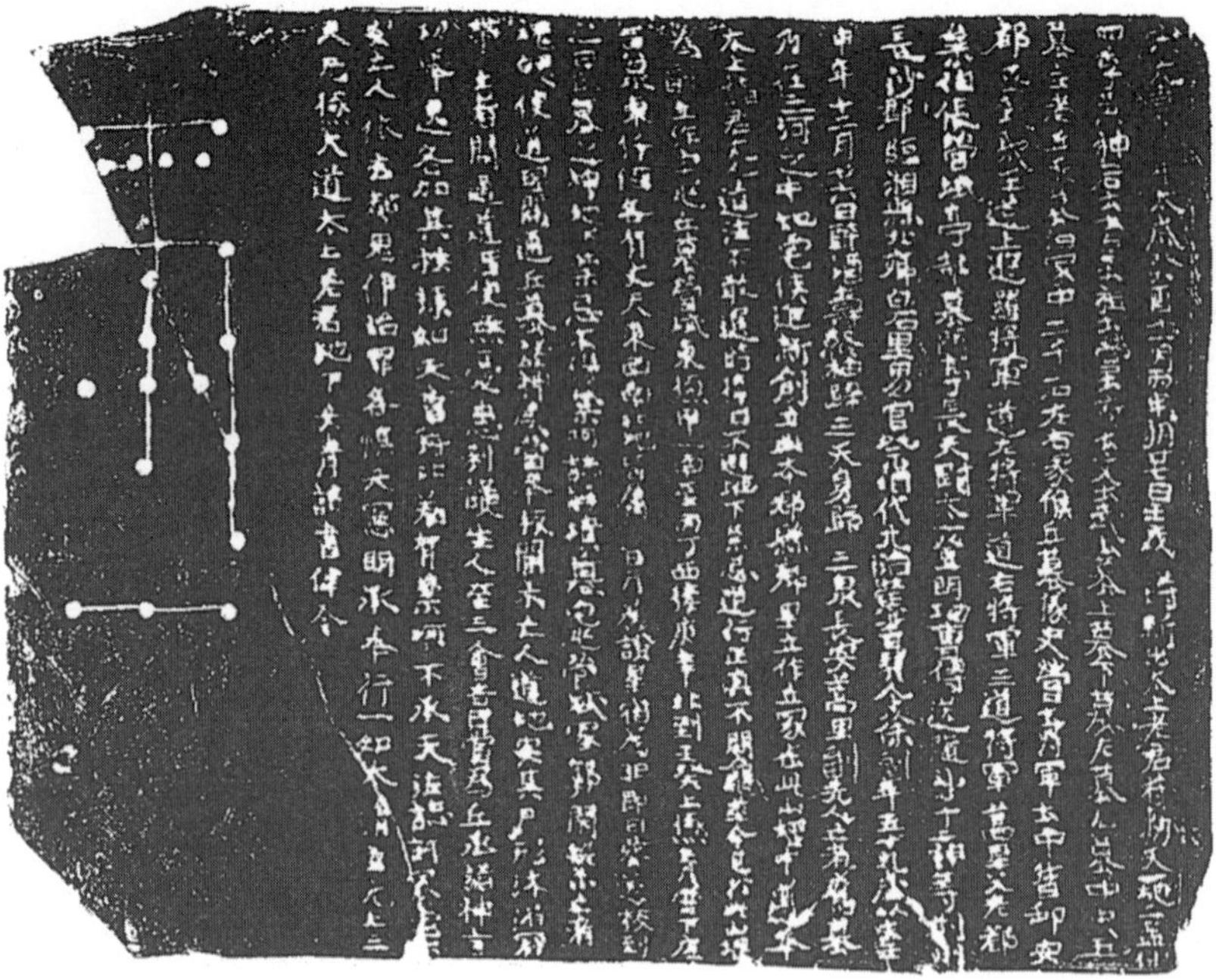

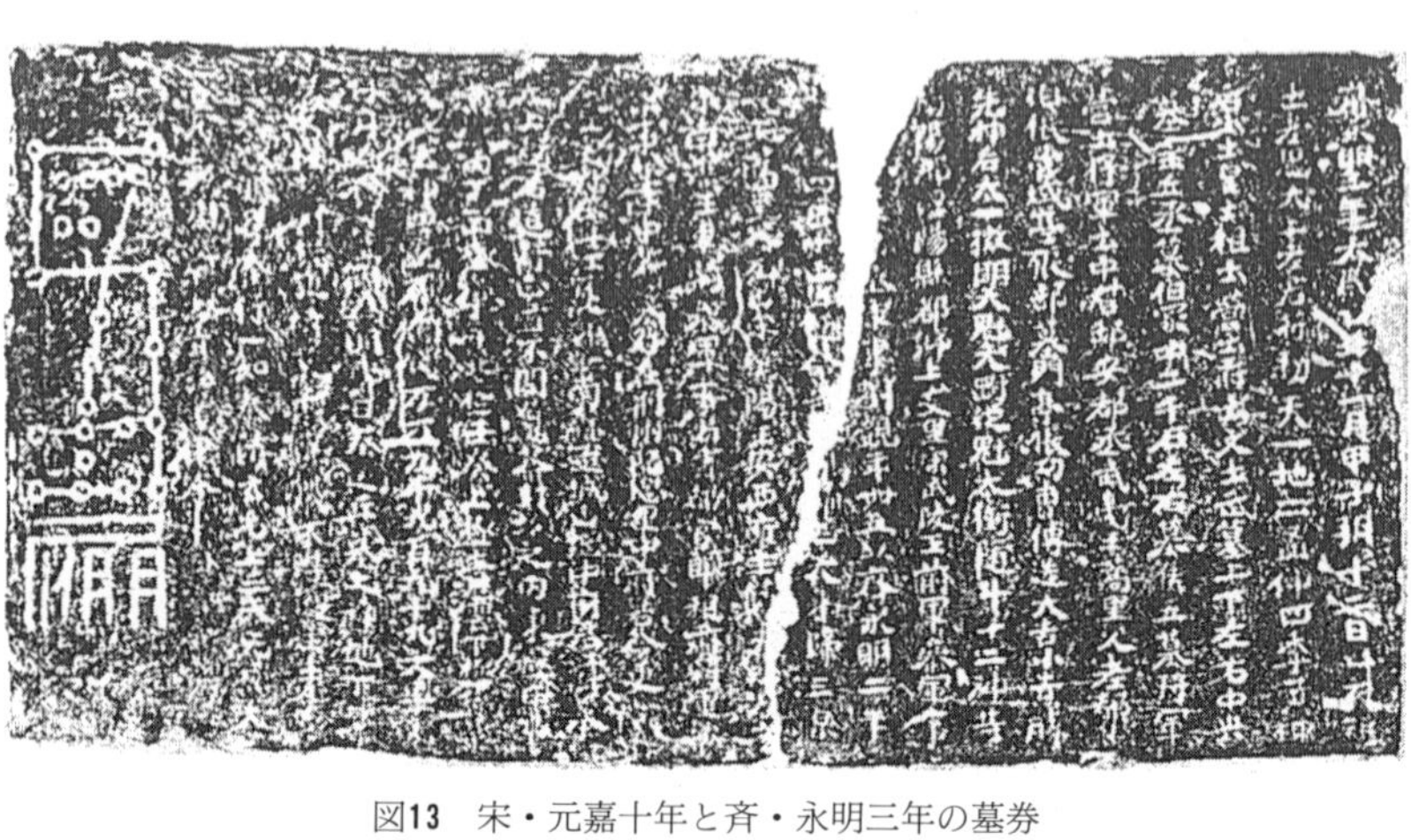

図13　宋・元嘉十年と斉・永明三年の墓券

律」「女青詔書律令」など、天師道特有の用語が多く見られる点で注目に値する。

徐副という人物は天師道の道官と思われ、その官職は「官祭酒代元治黄書契令徐副」と記載されている。祭酒とは後漢以来、天師道の二十四治における官職名で、天師自らが授けるものである。代元治とは天師道の二十四治の一つで、『三洞珠嚢』巻七（HY一一三一）に引く『張天師二十四治図』によれば、八品配治の最後の一治にあたる。黄書契令というのは、『洞真黄書』（HY一三三二）の中に「道陵以二年歳在癸未正月七日日中時、授与趙昇、王長、王稚、王英等、施行黄書契令……」（十二b）という記述があることからすると、天師道が伝える一種の契券の名であることが分かる。以上のことから、徐副の石券が南朝天師道の喪葬文書であることは明白である。

また先述のように、広東省の始興・仁化、湖北省の武漢、湖南省の資興でも相次いで同種の墓券が出土している。実際のところ、当時作られた天師道の墓券は、おそらく現在発見されている数に止まらないと考えられる。このような情況を鑑みると、南朝の頃の湖北、湖南、広東の三省は、天師道が流行した重要地区であったといえるだろう。

天師道の墓券は唐代の道教経典の中にもその痕跡を認めることができる。朱法満の『要修科儀戒律鈔』巻十五（HY四六三）には、次のごとく道士を埋葬する際に用いる「移文」が収録されている。

維某年太歳甲子、某月朔某日、天老移告天一地二、孟仲□季、五路将軍、蒿里父老、土下二千石、安都丞、武夷王、里域真官、河伯水府、魂門監司、墓門亭長、山川沢尉、直符使者。今有三洞弟子某州郡県郷里、男生某甲、年如干、今月某日某時、生期報尽、奄然捨化、魂昇天府、形入地居。今当還某郷某里山、造立塼塚、某生時、離俗従師、請道出世、尋学受佩上清三洞大経符図誥伝、並抱還太陰及寒夏衣裳飾身服用。凡若干種、

1　　2　　3　　4　　5　　6

図**14**　南朝の墓券に見える道符と『太上老君混元三部符』所収の道符の比較図
1　湖南省・元嘉十年の墓券（図12－①・図13－上段）の道符
2　湖北省・永明三年の墓券（図12－⑤・図13－下段）の道符
3　広東省・元嘉二十一年の墓券（図12－④）の道符
4　広東省・始興県・元嘉十九年の墓券（図12－③）の道符
5　広東・始興県・元嘉十九年の墓券（図12－②）の道符
6　『太上老君混元三部符』所収の道符

杉棺殯殮。埋定送終之具符到、明即安陰形骸、肅衛経宝、料領冠帯、約勅所部、扶迎将送、不得留滞。令無罣碍、逕至蔵所、不使左右比盧、東西南北佗姓等鬼、貨名詐姓、妄生侵奪。明承符勅、不得有違。一如太玄都鬼法女青詔書律令。右移増損随時耳。（十四a、b）

この移文の末尾に「右、移の増損は時に随うのみ」とあることからすれば、当時の道士は時勢の変化に従って喪葬儀礼の文書を改変させていたようであるが、基本的な事項については、南朝天師道の墓券の定型を依然保っているといってよい。「天一地二」「孟仲□季」「蒿里父老」「安都丞」「武夷王」などは、南朝の墓券に見える神官名をそのまま踏襲している。以上のことからすれば、ここで紹介した八点の墓券は南朝天師道の喪葬移文と名づけてもよいであろう。

さらに、これらの墓券の中で一つ発見したことがある。それは、①の湖南省元嘉十年の徐副墓券に描かれている星象符（図14－1）と、⑤の湖北省永明三年の劉覬墓券（図14－2）、②③④の広東省元嘉年間の三点の墓券の星象符（図14－3、4、5）を比較すると、上半分の星象の構図が非常によく似ていることである。しかも、図14の2、3、4、5の四点の墓券の道符は、道教経典『太上老君混元三部符』（HY六七三）収録の道符（図14－6）と基本的に一致する。つまり、南朝天師道の墓券は、墓券文のみならず、そこに付される道符も後世の道教経典の中に存続していることが分かる。

三　道教の鏡とそれに関連する問題

道教の鏡は道教文物を十の項目に分類する中で、第四の金属器物類に含まれる。日本の道教研究者である福永光司氏の著名な論文『道教における鏡と剣－その思想の源流－』（『道教思想史研究』所収。岩波書店、一九八七年。）では、思想史の角度より道教の鏡について深い考察がなされている。

中国では古い時代より鏡を神霊視する意識があり、帝王権力を象徴する玉鏡、天鏡、金鏡のほかに、悪鬼を駆除し災を回避するための道具として常用されていた。安徽省阜陽地区で出土した漢簡には、「事到高縣（懸）大鏡也」（『万物』W〇七〇）、「事到高縣大鏡也」（『万物』W〇八八簡背文）とある。災いがおこった時には高く大鏡を懸けて不幸を防止せよ、という意味である。

以後、除災目的で鏡を用いる考えは道教の中に継承された。はやくは『太平経』（HY一〇九三）において「明鏡」を一つの道術と捉えて「照鏡之式」に言及しているが、残念ながらその具体的な内容は分からない。

一時は壊滅的な打撃を受けた道教も、三国両晋時期に到ると勢力を取り戻し、さらなる発展を遂げ、それに伴って道教経典では鏡に関する記載が増加しはじめる。東晋の道士葛洪の『抱朴子』内編（HY一一七七）には、鏡についての事跡や鏡の使用方法が多く記載されている。例えば「登渉篇」には、「古之入山道士、皆以明鏡径九寸已上懸於背後、則老魅不敢近人。」（二a）とあり、さらに張蓋蹹、偶高成、郄伯夷が鏡で鬼魅を退治した故事を載せて、鏡が道士の修行に必需品であることを説いている。「雑応篇」では、「明鏡或用一或用二、謂之日月鏡。或用四、謂之四規。四規者、照之時、前後左右各施一也。用四規所見、来神甚多。」（十一a）といい、鏡を用いて神を見る術を述べている。このような記述から、道教において鏡の使用率が増加の一途を辿っていることが窺える。「地真篇」では、「守一兼修明鏡、其鏡道成、則能分形為数十人、衣服面貌皆如一也。」（四b）とあり、「守一の術」と「明鏡」との兼修が論じられている。さらにここでは、道士が明鏡を用いることを修道の一種として捉え、「鏡道」と称されている点も注目できる。この鏡道とは、すなわち分形の術を指すというが、これはいわば分身の術のことである。「遐覧篇」には東晋時代までの多くの道教経典名が記載されているが、その中に『四規経』『明鏡経』『日月臨鏡経』の三篇の経典が見られる（四a）。惜しいことにそれらの経典は散逸してしまい内容を知ることはできない。

隋唐以降、道教における鏡の重要性はさらに高まり、煉丹、修身、通神、駆鬼、治病などのあらゆる場面で鏡が必要とされ、まさに鏡は道教儀礼において不可欠の道具となった。道教経典では、鏡は弟子に伝授する法物の中に必ず含まれており、道家三宝（鏡、剣、印）の一つとされている。

以前は道教の鏡に対する研究が不足していたために、古鏡関連の書物の中で道教の鏡を一般の鏡と区別することはなかったが、最近になってようやく研究者の間で古鏡における道教的要素に関心がもたれるようになった。例えば、陳佩芬『上海博物館蔵青銅鏡』（上海書画出版社、一九八七年）、河北省文物研究所編『歴代銅鏡紋飾』

(河北美術出版社、一九九六年)、旅順博物館編『旅順博物館蔵銅鏡』(文物出版社、一九九七年)、施翠峰編『中国歴代銅鏡鑑賞』(台湾省立博物館出版部、一九九〇年)などでは、道教の鏡について注意が払われている。このように、道教の鏡について論及する研究は数としては増加する傾向にあるが、信頼のおける根拠を示すものはあまりなく、主観や憶測に基づく論が多く見られる。道教の鏡にもかかわらず、それを正しく識別していないこともある。このような情況は、長い間、古鏡の研究者が文献資料をおろそかにし、また一方で道教研究者が文物資料に対してあまり注意を払ってこなかったことと関係があるだろう。

実際、道教文献の中には鏡に関する貴重な資料が多く存在するが、その中で実物の鏡を研究する上で格好の資料となるのは鏡図である。最も有名なのは唐代の著名な道士である司馬承禎(六四七－七三五)の『上清含象剣鑑図』(HY四三一)で、先述の福永光司氏の論文では、この文献を中心に道教の鏡が考察されている。『上清含象剣鑑図』に収められる鏡図は三種類で、そのほとんどは司馬承禎と同時期か、それよりもやや早い時期のものである。また同じ頃にもう一つの上清鏡譜である『上清長生宝鑑図』(HY四二九)も行われた。その中には七種の鏡図が収録されている。

このような鏡図は、道教の鏡の形象に関する貴重な資料といえる。特に現存する実物の道教の鏡を探し求めたり、鑑定するのに非常に役立つ。まさに「按図索駿」(駿馬の絵を手掛かりに良馬を捜し求める)という中国の諺の如くである。この鏡図があるおかげで信頼性のある研究を行うことができ、文物研究の分野に道教の鏡の歴史的価値を知らしめることができるのである。

論者はこれまでに『上清含象剣鑑図』や『上清長生宝鑑図』の鏡図、及びその他の関係資料を手がかりに、現存する実物の鏡の中から六種二十一点の道教の鏡を発見し、それを契機にさらに調査を続けて、現在では百点近

① 北京故宮博物院蔵品

② 浙江省上虞県出土品

③ 北京故宮博物院蔵品

④ 河南省博物院蔵品

図15　唐代の道教鏡の拓本

くにのぼる道教の鏡を確認することができた。また、このような調査を行うにしたがって、道教の鏡に対する新しい認識をもつようになり、総括的な見方ができるようになった。つまり、道教文献の記載や実物の鏡の文様を考察した結果、道教の鏡は以下に述べる四つのカテゴリーに分類できることが分かった。

第一に、道教思想・信仰の要素を取り入れて製造された古鏡である。言い換えれば、文様の内容が道教思想・信仰と関連性がある古鏡である。例えば、東王公・西王母鏡、神人神獣鏡などがこれに相当する。

第二に、道教徒が教理に基づ

いて設計した古鏡である。例えば、上清含象鑑鏡（図15―①）、上清長生宝鑑鏡（図15―②、④）等である。第三に、道教の故事伝説をモチーフにして製造された古鏡である。例えば、唐明皇游月宮鏡、真子飛霜鏡（図15―③）などである。

第四に、道教の符号、図案、それに関連する信仰に基づいて文様を施した古鏡である。例えば、道符鏡、八卦鏡等である。

ところで、道教の鏡の中には、日本文化で伝承される事物や思想信仰と何らかの対応関係が見られるものがある。例えば、右の分類でいう第一の類型に属するもので、重列式神人神獣鏡と称される呉国の銅鏡があるが、この鏡に見える銘文は日本の奈良県天理市の古墳より出土した有名な金象嵌鋼鉄大刀に見える銘文と酷似する。そこで両者の銘文を対照してみると、日本出土の大刀の銘文は次の如くである。

中平□［年］、五年丙午、造作［支？］刀、百練清剛。上応星宿、［下？］［辟］［不］［祥］

呉国の重列式神人神獣鏡の銘文例は比較的多いので、ここで全てを紹介できないが、その中から次の四例を挙げておく。

① 平元年、五月丙午、時［加？］［日？］［中？］、道始興、造作明鏡、百湅正銅。上応列宿、不達□□。

② 平元年、五月丙午、時茄日中、□□□□、帝道始夷。吾作明鏡、百湅正銅。上応星宿、下辟不祥。服者老寿、長楽未英。三公九卿、五馬千羊。君作

③ 永安四年太歳己己、五月十五日庚午、造作明鏡、幽湅三商。上応列宿、下辟不祥。服者高官、位至三公。女宜夫人、子孫満堂。亦宜遮道、六畜潘傷（蕃昌）、楽未［央］。

④ 天紀元年、閏月廿六年、造作明竟、［百？］［湅？］［清？］［銅？］。上［応］是（星）［宿］、［下］辟不祥。

服者［富］貴、位至候王。長楽［未］［央］、子孫富［昌］［兮］。

孫機氏の指摘によれば、この四例の中の①は、日本出土の大刀の銘文と酷似するが、末尾の句が欠損しており、文意が分からないとしている。

しかし後の三例の文から考えると、恐らく「下辟不祥」以下が省略されていると推測される。また、当時の道教の鏡に見える多数の銘文例を参考にすると、「造作明鏡」の文句の直後は均しく「百湅清銅」の文句で承けている。

このように日本出土の大刀の銘文と中国の重列式神人神獣鏡の銘文を見てみると、一方が明鏡で、もう一方が大刀であるという違い、制作年月日の違い、材質が青銅と鋼鉄という違いを除くと、両者には驚くほど共通点がある。

もしこの比較に誤りがなければ、この日本出土の大刀は呉国の重列式神人神獣鏡と密接な関係があると考えられる。これは日中間の鏡と刀の不思議な交流といえよう。

さて唐代の道教の鏡は、日本の神道信仰とも何らかの関係があるようである。唐・昭宗天復二年（九〇二年）に帰耕子が序を付した『神仙錬丹点鋳三元宝照法』（HY八六二）には、三種の大型鏡の記載があり、そこで鏡背の文様をどのように鋳造すべきかを指定している。その一つは「天照」と名づけられる鏡で、次のように述べられる。

天照、厚三寸、重七十二斤、面広三十六寸、背上内象紫微星君所居、外列二十八宿。鑄成、若遭五星失度、彗孛出天、霜雹霖旱、開此照、齋潔虔誠、助威揚徳、其災自殄。（一b）

ここでは鏡の大きさが「面広三十六寸」と記載されている。中国歴史博物館所蔵の唐代の鏤花銅尺は現在の三一・二センチなので、これに基づいて計算すれば、面広三十六寸の天照鏡は直径一一二・三二センチになる。このように巨大な鏡の実例は中国では極めて稀である。ところが、日本にはこれとよく似た鏡が存在するのである。例えば、中国歴史博物館には、直径七六・五センチの日本の大型鏡が所蔵されている。

最も興味深いのは、日本神道の三種の神器の一つである「八咫鏡」は、天照大神を象徴しているということである。これは、中国の神鏡が「天照」と名づけられていることと一致しており、何らかの関連性を窺わせる。なぜこのような共通点があるのかは、日中両国の学者が共同してさらに解明に努めなければならないであろう。ここでは問題を提起するにとどめたい。

四　唐代の道教墓石と道教教団の問題

唐代の道教墓石は、十項目に分類する道教文物の中の石刻銘文類に含まれる。道教の墓石に関する先人の研究は非常に多いが、最も有名なものを挙げると、一九八八年に出版された陳垣氏の『道家金石略』である。惜しむらくは、この本で紹介する墓石は非常に少なく、名目もはっきりしていない。ここでは、道教関係の石刻と唐代墓石の中で、近年新しく発見されたものについて論じたい。

私見によれば、唐代の墳墓から出土した石刻類の内容からみて、第一項目に属する買地券などの契券類を除く道教関係の墓石は六種類に大別できる。

第一に、霊宝天文神文石刻が挙げられる。この種の石刻は南北朝の道教経典にすでに記載されている。しかし、現在のところ文物考古学資料の中では南北朝の実例は発見されていない。『道家金石略』に収められる「霊宝黄

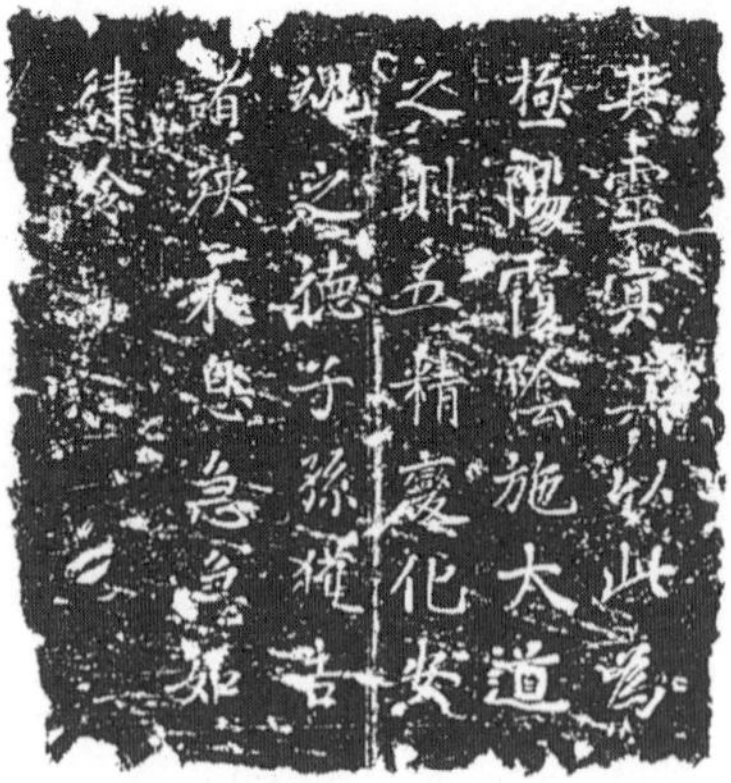

図16　唐代の安魂石刻の拓本（北京図書館蔵，誌5074）

【釈文】
其靈寘寘、以此爲極。陽刮陰施、大道之則。五精變化、安魂之德。子孫獲吉、諸殃永息。急急如律令。

帝中元天文」「霊宝黒帝五気天文」は唐代の文物である。この種の墓石は陝西省や河南省の唐墓から出土し、また拓本として世に伝えられるものも少なくなく、その数は数十点にものぼる。

一般的にいうと、この種の墓券の完全なセットは、東、西、南、北、中央の五方の刻石から成り、各々は蓋と呼ばれる部分と、底と呼ばれる部分の二石を重ねて作られている。

第二に、霊宝赤書五篇真文が挙げられる。この石刻は北周の『無上秘要』に記載があり、『元始五老赤書玉篇真文天書経』『高上玉皇本行集経』『太上霊宝浄明飛仙度人経法』などにも記録されているが、その実物例の存在についてはこれまで報告がなかった。

しかし、近年、陝西省の唐墓より出土した文物の中で、現在西安市小雁塔文物管理事務所に収められているものが、霊宝赤書五篇真文であると認められる。報告によると、この石刻はもともと東、西、南、北、中央の五つより成っているそうである。

この種の石刻もまた、第一に挙げた天文神文石刻と同様に、東、西、南、北、中央の五方を一セットとするが、この石刻に特徴的なのは、符篆のみが描かれており、銘文がない点である。しかも符篆の数が多く、最も多いものでは百五十二字に登る。これは天文神文石刻に見える符篆の二倍以上の字数になる。

第三の安魂石刻（図16）は、唐代の墳墓より多く出土している。形態は正方形で、多くは一辺約二十センチ、稀に十四センチほどの小型のものも有り、文字内容は簡略である。

第四に建吉冢石刻が挙げられる。この石刻に関する記載については早くも陶弘景『真誥』に見える。陶弘景はこれを「建吉冢之法」と称して石上に刻むべき文字を詳しく列挙している。本論でこの種の石刻を建吉塚石刻と称するのは、ここに由来する。

今のところ、南朝の墳墓からこの種の刻石は発見されないが、唐墓からの出土例がある。河南省・扶溝県の唐代・趙洪達の墳墓より発見されたものは、長さ三十六センチ、幅三十八センチで、その銘文に「青龍秉気」「上玄辟非」、「天帝告土下冢中王気《ママ》四方諸神趙公明等……」などの文句が見られる（図17）。その内容は以下に挙げる『真誥』巻十（HY一〇一〇）の記載と完全に一致する。

夫欲建吉冢之法、去塊後正取
九歩九尺。名曰上玄辟非。華蓋宮王気神
青龍秉気
趙子都、冢墓百忌害気之神、尽来属
之、能制五土之精、転禍為福。侯王之
冢、招搖欲隠起九尺、以石方円三尺
上玄辟非
題其文、埋之土三尺也。世間愚人、徒
復千条万章。誰能明吉凶四相哉。辟
非之下冢墓、由此而成、亦由此而敗。

（中略）

題其文曰、天帝告土下冢中
王気、五方諸神、趙公明等。某国公侯、

図17　河南省扶溝県の唐代・趙洪達の墳墓より出土した建吉冢石刻の拓本

甲乙年、如千歳、生値清真之気、死帰神宮。翳身冥郷、潜寧沖虚、辟斥諸禁忌、不得妄為害気。当令子孫昌熾、文詠九功、武備七徳、世世貴王、与天地無窮。一如土下九天律令。

（十六b－十七b）

考古学の報告書によれば、同じ墓より出土した陶俑などから判断して、この墓の年代は唐の開元、天宝年間よりも以前であると考えられる。

第五に、寿冢石刻が挙げられる。寿冢とは生きている人間のために作られる墓である。墓の中には生きている人間の身代わりとして常に石人を安置するが、それと同時に、石で作られた券契も埋めることになっている。その石には、寿冢の主の姓名、神々への申し伝え、長生を約束する文書が刻まれる。この石質の券契が、ここでいう寿冢石刻である。

この種の石刻の中には買地の辞が書かれることもあるので、研究者の中でこれを買地券と混同されていることがまま見られるが、寿冢刻石の文は一般の買地券と趣旨が全く異なり、目的も違うので、これらを同種のものとして取り扱うことはできない。

かつて四川省・成都東関外で唐昭宗・天復元年（九〇一）の年号をもつ寿冢石刻が出土したが、そこには次のような文が記載されている。

維大唐天復元年歳次辛酉十二月己卯朔廿四日庚寅。［今］有成都府華陽県霊関坊大道弟子秦温、就当県普安郷沙坎里、将信銭九万九千九百九十貫文、買地敬造千年之宅、万歳之城。今象就了、不敢不諮啓啓告天下地下土伯山霊地祇、左至青龍、右至百虎、前至朱雀、後至玄武。今日対閉、諸神備守。温長生万歳、富貴長久、石人石契、不得慢臨。若人吉宅、自有期契。天翻地倒、方始相会。今日吉良、告諸対閉、主人□望富貴高遷、子々孫々永保萬歳。急急如律令。

第六に道士墓誌石刻が挙げられる。この種の墓石は、これまで述べてきた五種類の墓石に比べて数量が多く、史料的価値も高いといえる。ここでは特に新しく発見され未だ公開発表されていない唐代の道士の墓誌を紹介し、唐代の道士は全て天師道の道士であるという小林正美氏の説について、文物研究の立場から検証したいと思う。

小林氏の唐代の道教教団に関する説は、著書『中国の道教』（創文社、一九九八年）で初めて発表され、その後二篇の論文の中で更なる論証が行われている。二〇〇二年八月には北京の中国社会科学院歴史研究所の招きに応じていただき、当研究所で「唐代の道教教団と天師道」と題する学術講演をしていただいた。小林氏の唐代道教教団に関する研究は、講演会場に集まった研究者に非常に大きな衝撃をあたえた。

率直に言って、道教史を大きく塗り替える小林氏の説に直面し、論者はこの大問題を避けて通るような態度は取るべきではないと感じた。それから三カ月あまりは、小林氏の説を巡って、文献資料と文物考古資料の両方面から調査に没頭した。その結果、小林氏の説に対して反証できる材料は得られず、むしろ小林氏の説を補強する幾つかの資料を発見した。今回紹介する未公開の墓誌はその中の一つである。

小林氏は天師道の位階制度を解明する際に、元和五年（八一〇年）に生まれた道士応夷節の受法の経歴を証拠の一つとして挙げている。本論に紹介する墓誌はこれに類する実例である。その墓誌名は「故東都安国観大洞王錬師墓銘」といい、銘文によると、墓主は俗名王虚明、女性、享年六八歳である。また、唐・大中十三年十二月九日（西暦八六〇年一月五日）に遷化したことが記載されているので、計算してみると、生まれた年は唐・貞元八年（七九二年）になる。そして、大中十四年二月二十一日（八六〇年三月十七日）に埋葬されたとある。

この墓誌で注目したいのは、次のごとく大洞王錬師の受法の経歴が記載されている点である。

錬師夙慕無為之教、因是深悲浮生、頓悟真理、遂損俗累、帰于道門。乃投師于玄元観道士韓君貞璀披度、授正一明威宝籙、遂構道室于安国観居之。修奉勤精、不懈夙夜、凡四稔。韓君既歿、復与同志者、詣嵩山太一観法師邢君帰一、求進法焉。厥君乃揣其前修、曰、可以益矣。遂伝洞神、洞玄等籙、佩服資高、朝修益秘、冲和自保、清虚養神、亹亹為後進宗師、非志堅操励者、不得及門焉。厥有麻姑山三洞師鄧君延康、嘗居禁密、暫還家山、由洛而東、爰於大微道宮、大建壇場、広其伝度、而夙欽錬師之徳、因首請畢、授上清三景大洞等訣。殊科秘戒、尽於是矣。

この記載から、大洞王錬師は生涯に三人の師の門を叩き、相次いで正一明威宝籙、洞神籙、洞玄籙、上清三景大洞等の訣を授けられていることが分かる。大洞王錬師という名前からしても、彼女は実際上、大洞法師の号をもつ道士であったはずである。

『唐六典』祠部条下に、「道士修行有三号、其一曰法師、其二曰威儀師、其三曰律師、其徳高思精、謂之練師。」とあることからしても、大洞王錬師は大洞法師の中でも傑出した人物であったと考えられる。また、彼女の師である鄧延康は三洞師と称されているから、王錬師もまた三洞師であったと考えていいであろう。つまり、一般にいうところの三洞法師である。

大洞王錬師が所属する道派については、この墓誌文にさらに有力な手掛かりがある。すなわち、「伝授倫三師、歴年周二紀、更彔平剛真多、二治換署、元命西岳真人。」という一文である。ここに見える「紀」とは紀年のことで、一紀は十二年、二紀は二十四年である。「彔」は隷の字の別字体で、「属する」という意味になる。「平剛」は天師二十四治の一つで、下品八治にあたる。「真多」もまた天師二十四治の一つで、上品八治にあたる。そうすると、この記述は、王錬師はもともと下品八治の平剛治に属していたが、更に上品八治の真多治に改めて配属されたという趣旨のことをいっていることが分かる。つまり、王錬師は天師道の二十四治品の地位にあっては下品から上品に昇格したと考えられる。

この理解が正しければ、相次いで正一明威宝籙、洞神籙、洞玄籙、上清三景大洞などの法籙を受けた大洞王錬師は間違いなく天師道の道士であると判定できる。さらに一歩進めて考えると、唐・宋代の道教経典でいわれる、「正一法師」、「正一弟子」、「洞神法師」、「洞神弟子」、「洞玄法師」、「洞玄弟子」、「大洞三景法師」（或いは「上清大洞三景法師」或いは「大洞法師」）、「大洞三景弟子」（或いは「上清大洞三景弟子」）などの称号は天師道の位階制度で用いられる法位名であることが認められる。

ここで振り返ってみると、唐代石刻に見られる「上清玄都大洞三景法師玉真公主」や「上清玄都大洞三景弟子李徳裕」などの有名な人物もまた天師道の道士或いは天師道の信者であると考えるべきである。

以上、論者の中国道教文物に対する基本的な認識と幾つかの問題について論じた。

（補記　本論は二〇〇二年十一月三十日に早稲田大学道教研究所（プロジェクト研究所）の主催で行われた講演の内容を論文化したものである。）

（王　育成）

（阿　純章訳）

金籙斎法に基づく道教造像の形成と展開
――四川省綿陽・安岳・大足の摩崖道教造像を中心に――

一　はじめに

二〇〇四年三月十四日より二〇日までの七日間にわたり、四川省綿陽市の玉女泉、安岳県の玄妙観・茗山寺・円覚洞・毘盧洞・仏安橋、大足県の石篆山・南山・舒成岩・石門山にある摩崖道教造像を調査した。調査の結果、この地域の摩崖道教造像には道教の金籙斎法に現れる神々と同一の神格であるものが多いことが判明した。調査地域は四川省のごく限られた地域であるが、隋・唐・宋の各時代の摩崖道教造像にこのような特徴が見られることは、道教造像が基本的には金籙斎法に基づいて造られることを示唆しているように思われた。そこでこのことを検証するために、小稿では今回調査した四川省綿陽市の玉女泉、安岳県の玄妙観・茗山寺・円覚洞・毘盧洞・仏安橋、大足県の石篆山・南山・舒成岩・石門山にある摩崖道教造像の成立を道教思想史の観点から考察してみたい。

二　道教造像の主神——天尊・道君・老君

『洞玄霊宝三洞奉道科戒営始』（HY一一一七。以下、『三洞奉道科戒営始』と略称す）巻二・造像品の冒頭に次のようにいう。

科に曰く、夫れ大像は無形、至真は無色にして、湛然として空寂、視聴の偕《かな》う莫し。而れども応変して身を見《あら》わし、暫く顕われては還《ま》た隠る。真を存する所以は、想を聖容に係《つな》ぐことなり。故に丹青金碧を以て形相を模図し、彼の真容を像《かたど》り、茲《こ》の鉛粉を飾るなり。凡《そ》そ厥れ心を繋ぐには、皆な先ず像を造る。〔造像に〕六種有り。相宜しく按じて奉行すべし。一は、先ず无上法王元始天尊、太上虚皇玉晨大道、高上老子太一天尊を造る。二は、大羅已下、太清已上の三清の無量の聖真仙の相を造る。三は、過・見・未来の無辺の聖相を造る。四は、諸天星斗の真仙を造る。五は、聖真仙品の無数の聖相を造る。六は、感応の縁に随う、無窮の聖真の形を造る。（一a―b）

これによると、道教の神格である大像（大道）は本来は無形・無色であるが、機縁に応じて姿を現す。道教の造像はこの応身の姿を模写したものであるから、人々は造像を見ることによって神々の姿を思い浮かべることができる。それゆえ、神々への信仰心をもたせるには、何よりも先ず神々の像を造ることである。道教造像では最初に无上法王元始天尊（元始天尊）と太上虚皇玉晨大道（太上道君）と高上老子太一天尊（太上老君）の三尊の像を造り、その後で三清天にいる無数の真人たちの像や、三世（過去・現在・未来）の無量の真人たちの像や、諸天の天官や北斗の星官たちの像、あるいはその他の像を造るようにと述べている。ここにいう无上法王元始天尊とは元始天尊、太上虚皇玉晨大道とは太上道君、高上老子太一天尊とは太上老君を指し、この三尊は、同じく造像品に次のように見える、天尊（元始天尊）・道君（太上道君）・老君（太上老君）と同一の神格である。

科に曰く、凡そ造像は、皆な経に依りて其の儀相を具《そな》う。天尊に五百億相有り。道君に七十二相有り。老君に三十二相有り。真人に二十四相有り。（中略）科に曰く、凡そ天尊・道君・老君の左右に皆な真人有り。玉童玉女、侍香侍経、香官使者、左右龍虎君、左右官使者、天丁力士、金剛神王、獅子辟邪、龍麟猛獣、螣蛇神虎、鳳凰孔雀、金翅朱雀、四霊八威、護法善神は、左右を備衛す。各々力の建つる所に随う。（二b－三b）

『三洞奉道科戒営始』(1)は梁の武帝の末年頃（ほぼ六世紀の中頃）に編纂された道教経典であり、ここに上記のような造像品が載せられていることから、南朝の梁代末期には道教も、仏教の造像をまねて、元始天尊や太上道君や太上老君の造像を企画していたことがわかる。

ところで、数多くいる道教の神々の中から元始天尊と太上道君と太上老君の三尊が造像の主神として選ばれたのは、なぜであろうか。三尊の選択には、何か根拠になるものがあるに違いない。次にこのことについて少しく考えてみたい。

三　金籙斎法と太上の三尊

（一）　元始天尊と太上道君と太上老君の三尊が道教造像の主神として選ばれたのは、金籙斎法に基づくようである。金籙斎法は『無上秘要』巻五十三の金籙斎品に載せられているが、金籙斎品の金籙斎法は「右、洞玄明真科経に出づ」とあって『洞玄明真科経』より引用されている。『洞玄明真科経』は道蔵本『洞玄霊宝長夜之府九幽玉匱明真科』（HY一四〇〇。以下『明真科』と略称す）に相当し、『明真科』には『無上秘要』所引の金籙斎法とほぼ同文が載せられている。

ここで道教造像と金籙斎法との関係を知るために、『明真科』に載せる金籙斎法について見ておきたい。金籙斎法は発炉、上啓（関啓）、三上香、謝十方、復炉の儀式で構成されている。小稿では行論の便宜上、それぞれの儀式の始めに《 》を付した儀式名を記す。

飛天神人曰く、法師は地戸（東南）より入りて焼香し、香燈を繞《めぐ》ること三過（周）。還りて東に向かいて立ち、叩歯すること三十六通。発炉す。

《発炉》

次に発炉す。

无上三天玄元始三炁太上道君よ。臣の身中の三五功曹、左右官使者、左右捧香、駅龍騎吏、侍香金童、伝言玉女、五帝直符を召し出せ。各々三十六人出づ。出づる者厳装し、土地里域の四面の真官に関啓す。臣は今正爾として焼香し行道す。願わくは、十方の正真の炁をして臣の身中に入らしめ、啓《もう》す所をしてを速やかに達し、径《ただ》ちに太上无極大道至尊玉皇上帝の御前に御せしめん。

《上啓》

次に各々法位を称す。

三洞大法師の小兆臣某は、虚無自然の元始天尊、无極大道の太上道君、太上老君、高上玉皇、已得道の大聖衆、至真の諸君丈人、三十二天帝、玉虚上帝、玉帝大帝、東華・南極・西霊・北真、玄都玉京金闕七宝玄台紫微上宮の霊宝至真明皇道君に上啓す。

臣は宿命の因縁により、生まれて法門に値い、玄真が啓《ひら》き抜きて、信根に入るを得。先師が三宝神の経法を盟授す。応《まさ》に人九万九千を度して、位は至真に登るべし。臣の祖世以来、今の身に逮及《およ》ぶまで、生まれて経教に値い、常に福中に居るも、功は微かで徳は少なくして、未だ自ら仙となりて志を竭《つ》くし命を帰《ささ》げて、国を佐《たす》け功を立つる能わず。

今、国土は和を失い、兵病は並び興り、陰陽は否《ふさ》ぎ激し、星宿は錯《みだ》れ行《うご》き、災疾・重厄あり。其の事は云々《しかじか》なり。

或いは慮《おもんばか》るに、帝王は天の禅祚を受け、兆民を総監すれども、未だ、恵みを施して広く十方を潤し、天人をして豊沃にし、国の太平を欣ばしむることを、周《あまね》くせず。而して、行《みち》に歌詠なく、路に声を呑むを致す。故に三景は昏《くら》く錯《みだ》れ、大災は流行し、帝王は憂い惕《おそ》れ、兆民は寧《やす》らか無し。

今、謹んで大法に依りて、真文を披露し、焼香し燃灯し、諸天を照曜し、信誓を自ら効《いた》し、行道し殃《あやまち》を謝す。願わくは、天仙兵馬九億万騎、地仙兵馬九億万騎、真人兵馬九億万騎、飛仙兵馬九億万騎、神人兵馬九億万騎、日月兵馬九億万騎、星宿兵馬九億万騎、九宮兵馬九億万騎、五帝兵馬九億万騎、五岳兵馬九億万騎、三河四海兵馬九億万騎と三十二天の監斎直事、侍香金童、散華玉女、五帝直符の各々二十二人に、奏事を伝言せんことを請い上る。飛龍騎吏等の一に合して来下し、斎堂を監臨せよ。

香を捻《ひね》り願念するに、口に応じて上に徹《つう》ず。須らく行道の事竟《おわ》らば、功勤有る者は功を仙官に言うべし。

《三上香》

次に三捻上香す。

三洞大法師の小兆臣某は今、故《ここ》に直《さい》を立てて初捻上香す。願わくは、是の功徳を以《もっ》て、帝王国主・君臣吏民・普天の七世の父母が憂苦を去離し、天堂に上昇することに為らんことを。

今、故《ここ》に焼香し、大道に皈身《きしん》・皈神《きじん》・皈命《きみょう》す。臣は首体投地して太上の三尊に皈命す。願わくは、是の功徳が普天の七世の父母に帰流するを以て、十苦八難を免離して天堂に上昇し、衣食は自然にして長く無為に居ることを乞わんことを。今、故に焼香し、自ら師尊・大聖衆・至真の徳に帰依す。得道の後、昇りて無形に入り、道と真を合せん。

臣は今、故《ここ》に直《さい》を立てて二捻上香す。願わくは、是の功徳を以て、帝王国主・君臣吏民・受道の法師・父母尊親・同学の門人・山林に隠居せる学真道士・諸の賢者が、各々其の道を得るを願いて、大道に皈身・皈神・皈命することに為らんことを。臣は首体投地して太上の三師に皈命す。願わくは、是の功徳が帝王国主・君官吏民・受道の法師・父母尊親・同学の門人・山林に隠居せる学真道士・諸の賢者に帰流するを以て、各々其の道を得て、安らかに無為に居り、長く福祚を享くるを願わんことを。今、故に焼香し、自ら師尊・大聖衆・至真の徳に皈依す。得道の後、昇りて無形に入り、道と真を合せん。

臣は今、故《ここ》に直《さい》を立てて三捻上香す。願わくは、是の功徳を以て、臣をして仙道を得さしめ、及び九種の姻親・国中の同法の学士・天下の民人、及び蝗飛蠢動、跂行蜎息の一切衆生の已生未生が、並びに成就を乞いて大道に皈身・皈神・皈命せんことを。臣は首体投地して太上の三尊に皈命す。願わくは、是の功徳が臣の身に帰流するを以て、仙度を得て、終に無為に入り、四大と徳を合せしめ、天下の人民・一切の衆生も並びに十苦八難・五毒水火・賊疫鬼害・災厄の中より免離するを得て、国土は安寧し、天下は興隆せんことを。今、故に焼香し、自ら師尊・大聖衆・至真の徳に皈依す。得道の後、昇りて無形に入り、道と真を合せん。

《謝十方》

次に東に向かい九拝し言いて曰く、

天地は否《ふさが》り激し、陰陽は相刑《おか》し、四時は和を失い、災害は流生し、星宿は錯綜し、以て不祥を告ぐ。国土は擾乱し、兵病は並び行われ、帝王は憂傷し、兆民は寧《やすら》か無し。謹んで大法に依り、真文を披露し、東方無極太上霊宝天尊・已得道大聖衆・至真諸君丈人・九気天君・東郷の諸霊官に帰命す。

今、故《ここ》に斎を立て、心を披《ひら》き形を露わし、引き求めて自ら剋《せ》め、国の為に殃《あやまち》を謝し、焼香し燃灯して、諸天下を照曜し、无極長夜の中・九幽の府を映《うつ》し、諸々の光明を開く。願わくは、是の功徳を以て帝王・国主・君官・吏民が災を解き患を却《しりぞ》け、三景は位に復し、五行は常に順《したが》い、兵は止み病は癒え、国祚は興隆し、兆民は懽泰し、人神は安寧することに為らんことを。

今、故《ここ》に焼香し、師尊・大聖衆・至真の徳に皈身・皈神・皈命す。得道の後、昇りて無形に入り、道と真を合せん。

叩頭し自縛すること八十一過。

（以下、南方より下方に至る懺悔の儀式は省略す。）

《復炉》

次に復炉す。

香官使者、左右龍虎君、捧香、駅龍騎吏よ。当に請宣の斎堂に自然の金液・丹碧・芝英を生ぜしめ、百霊衆真をして交会して此の香火の炉前に在らしむべし。臣をして道を得て、遂に神仙を獲、挙家をして福を蒙り、天下をして恩を受け、十方の玉童玉女をして香煙を侍衛し、臣の啓《もう》す所をして径ちに无極太上大道の御前に御せしめん。

（二六b―二七a）

（二）金籙斎法の《三上香》の第一と第三の上香で「臣は首体投地して太上の三尊に皈命す。」と、太上の三尊への帰依を述べているが、この太上の三尊とは、《上啓》の冒頭にいう「虚無自然の元始天尊、無極大道の太上道君、太上老君」の三尊、すなわち元始天尊と太上道君と太上老君を指すようである。第二の上香では当該箇所が「臣は首体投地し、太上の三師に皈命す。」とあって、三尊が「三師」と表現されている。『三洞奉道科戒営始』の造像品の三尊は金籙斎法の三尊（三師）に由来するようである。

実は、金籙斎法には最高神について異なる二つの考えが見られる。一つは無極大道を最高神とする考えである。《発炉》の「太上无極大道至尊玉皇上帝」や《復炉》の「无極太上大道」は最高神の無極大道を指す。あるいは《三上香》の第一上香に「今、故に焼香し、大道に皈身・皈神・皈命す」とある「大道」は最高神の無極大道を指す。もう一つの最高神は元始天尊である。《上啓》の「虚無自然の元始天尊、无極大道の太上道君、太上老君」では、元始天尊が最高神であり、無極大道の太上道君は元始天尊の下の第二位の神格である。

金籙斎法に二種の最高神が存在するのは、金籙斎法には二つの異なる思想が合流しているからである。第一の無極大道を最高神とする思想は、劉宋の天師道の「三天」の思想に由来するものである。[2] 金籙斎法は天師道の「三天」の思想の影響を受けた指教斎法を、模倣して作られた斎法であるために、[3]「三天」の思想で最高神であった無極大道が《発炉》や《三上香》や《復炉》の儀式の中に現れているのである。第二の元始天尊を最高神、太上道君をその配下の神格と見る思想は金籙斎法を載せる『明真科』の元始系霊宝経（元始旧経）の思想に由来するものである。葛氏道が編纂した元始系霊宝経（元始旧経）では、元始天尊が太上道君に霊宝経を授けたと考えられており、元始天尊が最高神、太上道君がその弟子である。[4] この二種の神格観のうち、太上の三尊の神格観は元始系霊宝経（元始旧経）に由来する思想である。

金籙斎法の《三上香》において「今、故に焼香し、大道に皈身・皈神・皈命す。臣は首体投地し、太上の三尊に皈命す。」と述べて、無極大道への帰身・帰神・帰命と太上の三尊への帰命を説いているのは、指教斎法の「三天」の思想と『明真科』の元始系霊宝経（元始旧経）の思想とが結び付いているからである。

『明真科』の金籙斎法をこのように見てきて、『三洞奉道科戒営始』の造像品に見える天尊（元始天尊）と道君（太上道君）と老君（太上老君）の三尊は何に基づくのか、という先の問題を思い起こしてみると、それは金籙斎法の太上の三尊に由来していることがわかる。造像品に記されている道教の神々は、太上の三尊だけでなく、玉童・玉女・侍香・侍経・香官使者・左右龍虎君・左右官使者等の神々も、金籙斎法の《発炉》や《復炉》に現れる神々であるので、造像品の神々が金籙斎法に現れる神々をモデルにして考えられていることはほぼ間違いないであろう。ちなみに、金籙斎法と並ぶ斎法である黄籙斎法（『無上秘要』巻五四・黄籙斎品）には、神々に上啓するという儀式がない。また法師が帰依する神々も十方無極世界の已得道大聖衆・至真諸君丈人・十方諸霊官であり、〈謝十方〉において懺悔の対象となる神々も十方の無極太上霊宝天尊や諸天君や諸霊官であって、元始天尊や太上道君や太上老君ではない。元始天尊・太上道君・太上老君という神々は六朝期の黄籙斎法には見出せないのである。

(三) では、なぜ『三洞奉道科戒営始』の造像品は金籙斎法に現れる神々を道教造像のモデルに選ぶのであろうか。換言すれば、金籙斎法の神々はなぜ道教造像のモデルに選ばれたのであろうか。これに答えるには、金籙斎法がどのような役割をもつ斎法であるのか、また斎法としていかなる評価を得ているのか、という点を明らかにする必要があろう。

金籙斎法の成立時期は『明真科』の編纂時期と同じ頃と見ることができるので、その成立は劉宋初期の永初元年(四二〇)から元嘉三年(四二六)頃までの間と見れば、大過ないであろう。(5) 金籙斎法は道教の斎法の中では「霊宝斎」の中に位置づけられる斎法であるが、劉宋の道士陸修静が元嘉三十年(四五三)の末か、翌年頃に記した『洞玄霊宝五感文』(HY一二六八)では「霊宝斎」に九法があるといい、その第一法に金籙斎法を置き、「第一法は金籙斎、陰陽を調和し、国正(政)を度《すく》う。」と述べている。

南朝梁の武帝の在位(五〇二―四九)後半期に編纂された『太上洞玄霊宝業報因縁経』(HY三三六。以下、『業報因縁経』と略称す)巻五・行道品第九では「上清斎」の太真斎法の後に金籙斎法が置かれているが、それは金籙斎法が「霊宝斎」であるからであり、続く「霊宝斎」では金籙斎法・黄籙斎法・明真斎法・自然斎法・三元斎法とあって、金籙斎法が「霊宝斎」の第一位に置かれている。そして金籙斎法について、「金籙は、天地が破壊し、日月が虧盈し、七曜が差移し、五星が度を失い、刀兵水火があり、国主に災危があり、疫毒が流行し、陰陽が序を失うことあれば、国を安んじ人を寧《やすん》ずるが故に、第一と為す。」(三b)と説明している。

隋代に編纂された『洞玄霊宝玄門大義』（ＨＹ一一一六）釈威儀では金籙斎・玉籙斎・黄籙斎の三籙のうち金籙斎法を第一に置いて、「一は金籙斎、上は天災を消し、帝王を保鎮す。」（一四ｂ－一五ａ）と記す。

唐の中期の道士朱法満編『要修科儀戒律鈔』（ＨＹ四六三）巻八・斎名鈔所引の『聖紀経』では「霊宝斎」の第一に金籙斎法を置き、「第二の霊宝斎に六法有り。一に曰く、金籙斎、国王を救度す。」とある。しかし、現行本『洞玄霊宝六斎十直聖紀経』（ＨＹ一一九一）には斎法の記載はないが、唐代中期の『聖紀経』には斎法も載せられていたのであろう。『聖紀経』の斎法では金籙斎法が国王の危急を救済するための斎法と考えられている。

唐の玄宗皇帝の『大唐六典』巻四には「斎に七名有り。其の一に曰く、金籙大斎と曰う。陰陽を調和し、災を消し害を伏し、帝王国王（注では国土の誤りという）の為に祚を延ばし福を降す。」とあって、金籙斎法が国王と国土を救済するための斎法と考えられている。

このように見てくるとわかるように、金籙斎法が「霊宝斎」の中でもっとも重要な斎法と見られているのは、金籙斎法に二種の大きな目的があるからである。第一は陰陽を調和させて、災害を消滅させること、第二は、帝王の危急を救済し、国政を安定させることである。金籙斎法が「霊宝斎」の中で常に第一位に置かれていたのも、それが国家と国土の安泰に役立つ斎法と考えられているからである。しかし、『明真科』の金籙斎法には、《三上香》の三祝願に見られるように、国家と国土の安泰を保つこと以外に、祖先と一切衆生の救済という第三の目的もある。すなわち、『明真科』の金籙斎法は国家と国土の安寧、および祖先と一切の衆生の救済を目的としていたのである。

そうすると、『三洞奉道科戒営始』の造像品で造像の主神として金籙斎法の太上の三尊を選んだ理由は、金籙斎法の《上啓》に列記されている神々の最初に太上の三尊が置かれていることや、《三上香》の三祝願において法師が太上の三尊に帰命（帰依）していることからわかるように、太上の三尊が国家国土の安寧と祖先や一切衆生の救済とを叶えてくれる最上の神々であったからである。

次に、『三洞奉道科戒営始』の造像品の道教造像が金籙斎法の神々に基づいているという事実を参考にして、今回調査した地域の摩崖道教造像について道教思想史の観点から分析を試みたい。分析の方法としては調査地域の道教造像を時代別に分け、各時代の道教造像がどのような道教思想を背景にして形成されているのかを解明する。

四　隋代の道教造像――天尊像

綿陽市の玉女泉には、隋の大業六年（六一〇）の天尊像龕と大業十年（六一四）の天尊像龕がある。大業六年の天尊像龕（図1の向かって右側の天尊像龕）は元始天尊の像のみであるが、玉女泉の岩壁の東端の壁面にある、隋代の八龕の天尊像龕（図2はその一）(6)はすべて天尊像と脇侍の二真人の像である。

また、胡文和『四川道教佛教石窟艺术』によると、潼南県大仏寺にある隋の開皇十一年（五九一）と大業六年の天尊像龕も天尊像と脇侍の二真人の像である。(7)

これらの摩崖道教造像から推測するに、隋代の四川の道教造像では元始天尊が造像の主神であったようである。そして隋代の天尊像龕では、元始天尊の左右に脇侍の二真人を配置するほか、更に蓮華座の下に獅子や力士の像の彫られているものが多いが、この造像の様式は先に引用した『三洞奉道科戒営始』の造像品の所説と合致する。

『隋書』巻二高祖下によると、隋の高祖は開皇二十年（六〇〇）十二月辛巳に仏教の仏像や道教の天尊像を破壊することを禁ずる、次のような詔勅を発している。

詔に曰く、仏法は深妙、道教は虚融、咸《み》な大慈を降し、群品を済度す。凡そ含識に在るもの、皆な覆護を蒙る。所以に霊相を彫鋳し、真形を図写し、率土（全土）が瞻仰し、用《もっ》て誠敬を申《の》ぶ。その五嶽四鎮は、節に雲雨を宣《の》べ、江河淮海は、区域に浸潤し、並びに万物を生養し、兆人を利益す。故に廟を建て祀を立て、時を以て恭敬す。敢えて仏及び天尊の像、嶽鎮海瀆の神形を毀壊し偸盗する者有らば、不道を以て論《さだ》む。沙門が仏像を壊ち、道士が天尊を壊たば、悪逆を以て論む。

図 1　隋・大業六年の天尊像（玉女泉）

図 2　隋代の天尊像（玉女泉）

この詔勅によると、隋代の道教では元始天尊の造像が行われていたようである。四川に残る隋代の摩崖道教造像のほとんどが元始天尊像であるのも、隋代の道教では元始天尊が最高神と考えられていたからであろう。

では、隋代の道教徒は何に基づいて元始天尊を最高神と考えたのであろうか。それは金籙斎法に依るのである。金籙斎法を載せる『明真科』では元始天尊が最高神であり、金籙斎法でも法師が願い事を上啓する神々の最高神は元始天尊である。ところが、金籙斎法と並ぶ斎法である黄籙斎法（『無上秘要』巻五四・黄籙斎品）には、既に触れたごとく、元始天尊や太上道君や太上老君という神格は見出せない。

このことから見て、隋代の道教では当時実施されていた『明真科』の金籙斎法に基づいて、元始天尊を最高神と考え、造像の主神に元始天尊を選んだようである。

玉女泉の摩崖道教造像の隋の大業六年と十年の造像題記(8)では、次のようにいう。

大業六年、太歳庚午、十二月廿八日、三洞道士黄法暾奉じて存亡二世の為に、敬んで天尊像一龕を造り供養す。

大業十年正月八日、女弟子の文托生の母、児の托生の為に天尊象（ママ）一龕を造り、長寿子を生み、福は存亡を沾《うるお》し、恩は五道を被わんことを願いて供養す。

大業六年に、一族の生者と死者を供養するために天尊像一龕を造った道士黄法暾は、法位が三洞道士とあるので、天師道の最高位の道士である。また大業十年に、子の托生が丈夫な子宝に恵まれ、一族の生者も死者も幸福であり、さらには五道の一切衆生が救済されることを願って、天尊像一龕を造った文托生の母は、女弟子とあるので、天師道の在家信者である。隋代の天師道では金籙斎法を最高の斎法と考えていたので、天師道の出家道士や在家信者たちは自分たちの願い事を叶えてもらうために、金籙斎法の《上啓》の最高神である元始天尊の像を造ったのである。(9)

五　唐代の道教造像

(1) 天尊像、老君像、天尊・老君像、老君・釈迦像

綿陽市玉女泉の唐代の摩崖道教造像には天尊像（図3）や老君像（図4）や天尊・老君像（あるいは老君二像。

図3　唐代の天尊像（玉女泉）

図4　唐代の老君像（玉女泉）

図5　唐代の天尊・老君像あるいは老君二像（玉女泉）

図6　唐代の天尊・老君像（西山観）

図5）が見られる。また玉女泉の近くの西山観には天尊・老君像（図6）がある。安岳県玄妙観の唐代の摩崖道教造像には天尊像や老君像のほかに、老君・釈迦像や天尊・釈迦像、あるいは元始天尊・太上道君・太上老君の三清像も見られる。天尊・釈迦像と三清像の成立については、後の（2）と（4）の項で検討することにして、ここでは天尊像、老君像、天尊・老君像、老君・釈迦像の成立について少しく考察する。

綿陽市の玉女泉には唐代の道教造像として唐初の武徳二年（六一九）の天尊像一龕がある。その題記[10]には、次のようにいう。

武徳二年、太歳己卯、三月八日、三洞弟子文□□敬んで天尊像一龕を造り供養す。

また、貞観二十二年（六四八）の天尊像の題記[11]は次のようにいう。

貞観廿二年、太歳戊申、四月八日、洞玄弟子弁法遷は児の為に敬んで天尊像一龕を造り供養す。

また、西山観の咸通十二年（八七一）の天尊・老君像龕（図6）の題記[12]には次のようにいう。

三洞真一道士孫霊諷、当州紫極宮の樊献、兼ねて神仙雲（下欠く）一壇、各々合《こぞ》って平安を願い、長く供養を為す。（下欠く）声猶お独□の如し、一社を結びて、用《もっ》て恩に答えんと願い、敬んで天尊・老君一鋪を造る。咸通拾弐年歳次辛□三月十一日を以て黄籙斎を修め、□中三夜表慶して畢《おわ》る。

専主社務兼書人景好古

三洞真一道士孫霊諷

洞玄道士張（下欠く）

これらの題記を見ると、造像の供養者は三洞弟子や洞玄弟子や三洞真一道士や洞玄道士の法位[13]をもつ天師道の道士と在家信者である。咸通十二年の天尊・老君像の供養者たちは黄籙斎法を実施しているが、唐末・五代の天師道の道士杜光庭が編集した『太上黄籙斎儀』（HY五〇七）によれば、唐代に実施された黄籙斎法では金籙斎法の《上啓》が取り入れられており、巻一に掲載の黄籙斎法の〈上啓〉には次のように記されている。

各々法位を称す〔衆官密かに己の法位を称す〕

上清玄都大洞三景弟子无上三洞法師は黄籙大斎を奉行す。法師某嶽先生某帝真人臣某は謹んで誠を同じくして、虚无自然の元始天尊、无極大道の太上大道君、太上老君、高上玉皇、十方の已得道大聖衆、至真諸君丈人、三十二天帝君、玉虚上帝、玉帝大帝、東華・南極・西霊・北真、玄都玉京金闕七宝玄台紫微上宮の、霊宝至真明皇道君、三十六部尊経、玄中大法師、三界官属、一切の具霊に上啓す。（巻一・六b―七a）

ここに現れる神々を見ると、先に引用した劉宋期の金籙斎法の《上啓》の神々に、新たに「三十六部尊経、玄中大法師、三界官属、一切の具霊」の神々を加えたものであることがわかる。新たに加えられた三十六部尊経と玄中大法師（太上老君）は、天師道が唱える三宝のうちの経宝と師宝であるから、〈上啓〉を黄籙斎法に取り入れた人々は天師道の道士であろう。つまり、天師道では三宝を信奉するので、天師道で実施される黄籙斎法の〈上啓〉に無極大道の道宝と三十六部尊経の経宝と玄中大法師の師宝を整えたのである。(14)

唐代の黄籙斎法では金籙斎法と同様の上啓が行われていたようであるが、黄籙斎法で金籙斎法の《上啓》の儀式を取り入れたのは、このことによって黄籙斎法の効能を高めるためである。金籙斎法の太上の三尊とその配下の神々は国家と国土を安寧に保ち、祖先や一切の衆生を困苦より救済できる能力をもつ神々と考えられていたので、黄籙斎法でも太上の三尊とその配下の神々を摂取したのである。

したがって、咸通十二年に実施された黄籙斎法でも、金籙斎法の《上啓》と同様に、元始天尊・太上道君・太上老君・高上玉皇・十方の已得道の大聖衆等々の神々に上啓が行われていたのである。咸通十二年の造像が元始天尊と太上老君であるのは、二神が金籙斎法と黄籙斎法で上啓の対象となる神格であったからである。

しかし、太上の三尊のうち、最高位の元始天尊とともに、第三位の太上老君が選ばれたのはなぜであろうか。これには、二つの要因が考えられる。第一の要因は、唐の王室の老子崇拝である。唐の王室では同じ李姓である老子を王室の祖先と見なして、特別に尊重し崇拝していた。唐の高宗は乾封元年（六六六）に老子を追尊して「太上玄元皇帝」となし、玄宗は天宝年間にたびたび老子に加号している。第二の要因は、天師道では道教の教主を老子と考えていたことである。唐代の道教ではこの二つの要因が結び付いて、道教の教主である老子が特別に尊重されるようになり、摩崖造像においても、老君像、あるいは天尊・老君並置の像が多く造られるようになった。

安岳県玄妙観の大巌石の東面に大きな老君龕（「老君巌」。図7）がある。老君龕の右側に玄妙観碑「啓大唐御立集聖山玄妙観勝境碑[15]」が立っており、それによると、玄妙観の摩崖造像は唐の開元十八年（七三〇）から天宝七年（七四八）までの間に開鑿されたようである。玄妙観の老君龕の太上老君像は玄宗皇帝の時代の老子崇拝の風潮がよく現れている造像である。

　玄妙観の摩崖造像には老君が釈迦の左側に座った老君・釈迦像（図8）がある。道教では『老子』三十一章の「君子は居りては、則ち左を尊ぶ。」に基づいて左側の座位を重んずるので、この造像では老君が釈迦よりも尊ばれているのである。これは、供養者が道教徒であるからであろう。

図7　老君巌（玄妙観）

図8　老君・釈迦像龕（玄妙観）

(2) 玄妙観の救苦天尊像と天尊・釈迦像

(一) 玄妙観碑によれば、大巌石の北面の救苦天尊像の一龕(図9)[16]、天尊・釈迦像の一龕(図10)、四尊像の一龕(図11)、五尊(五老)像の一龕(図12)、三清像の一龕(図13)は開元十八年七月一日の父親の死亡後に開鑿が始められ、碑の記された天宝七年までにはすべてが完成していた。北面の西端の角にある龕には、中央に九龍に乗った救苦天尊像(図9)があり、救苦天尊の左脇に力士、右脇に護法神の像が立っている。救苦天尊像の龕は老君龕とほぼ同時期の開元十八年頃の開鑿と推定される。

玄妙観碑には、

図9 救苦天尊像龕(玄妙観)

図10 天尊・釈迦像龕(玄妙観)

図11　四尊像龕（玄妙観）

図12　五尊（五老）像龕（玄妙観）

図13　三清像龕（玄妙観）

開元十八年七月一日、父〔弘〕の〔遷〕化せし後、首《はじめ》[17]に天龕、次に王宮龕に十□〔軀〕、〔及〕び救苦天尊の九龍に乗るを〔造〕る。慈母古五娘の為に東西の真像二十軀、小龕三十二龕[18]を造る。

とあり、九龍に乗った救苦天尊像が父親の死亡後に造られたことを述べている。ここで、父親の死亡後に救苦天尊像がなぜ造られたのか、その理由を少しく考えてみたい。

唐代には太一救苦天尊の信仰が非常に流行しており、唐末・五代の杜光庭『道教霊験記』（HY五九〇）巻五・尊像霊験には「張仁表太一天尊験」・「李邵太一天尊験」・「孫静真救苦天尊験」・「啓霊観天尊験」の救苦天尊の霊験譚が載せられている。ここにいう「太一天尊」と「救苦天尊」は同一の神格であり、ともに太一救苦天尊を指すが、四種の霊験譚のいずれにおいても、太一救苦天尊の造像や画像を造ることが大きな功徳であると説かれている。唐代には太一救苦天尊の造像や作画が広く行われていたようである。

唐代には太一救苦天尊とともに、十方救苦天尊という救苦天尊も信仰されていた[19]。杜光庭集『太上黄籙斎儀』（HY五〇七）巻三十六に載せる黄籙斎の〈上啓〉には「太一天尊」、巻三十七の黄籙斎の〈上啓〉には「十方尋声救苦天尊」が見えるが、「太一天尊」は太一救苦天尊を、「十方尋声救苦天尊」は十方救苦天尊を指すようである。十方救苦天尊は梁の武帝の在位後半期に編纂された『業報因縁経』巻六・救苦品に見える十方救苦天尊に始まるが、杜光庭『道教霊験記』に見える救苦天尊がすべて太一救苦天尊であることから推測すると、唐代には太一救苦天尊の方が十方救苦天尊よりも人気があったようである。玄妙観の救苦天尊像も、一天尊の像であるから、太一救苦天尊であろう。

太一救苦天尊の来歴は判然としないが、それはおそらく『三洞奉道科戒営始』巻二・造像品に見える「高上老子太一天尊」（太上老君）に由来する神格であろう。つまり、「太一天尊」である太上老君に十方救苦天尊の役割を持たせたのが「太一救苦天尊」であり、それは老子の変化身の一つと見られていたのではあるまいか。それはともかくとして、『道教霊験記』の「張仁表太一天尊験」によれば、太一救苦天尊は死者を地獄から救済できる能力をもつと信じられている。玄妙観の太一救苦天尊像は父親の死亡後間もなく開鑿されているが、それは太一救苦天尊像を造る功徳によって、亡き父親が地獄から救済されることを祈願して行われたものであろう。

（二）　玄妙観の摩崖造像には、大巌石の北面の右側（東側）の端に天尊・釈迦像の大きな一龕（図10）がある。

天尊・釈迦像においては天尊が釈迦の左側に坐っているので、道教の天尊が仏教の釈迦よりも高い地位に置かれている。また、母親の死後に開鑿された、大巌石の西面と南面の摩崖造像にも多くの天尊・釈迦像がある。玄妙観碑によれば、「元始は三教の聖人を化生し」、あるいは「国公左弘は晩［年］に、枯れ去ること□の如しと見て、道は是れ三教の祖なり、と云う。」とあるので、供養者の左識相と父親の左弘は道教信奉者でありながらも、儒道仏三教一致の思想を持っていたようである。北面の天尊・釈迦像龕が造られたのは、この思想によるものであろう。ちなみに、玄妙観碑には「元始は三教の聖人を化生し、而して正一法王を生む。」と記されているが、「正一法王」とは正一真人張道陵を指すのであろうから、この碑を置く玄妙観は、張道陵を教祖と崇める天師道の道観である。

(3) 玄妙観の四尊像と五老像

（一）安岳県の玄妙観の大巌石の北面には、右端（東側）の天尊・釈迦像龕と左端（西側）の三清像龕の中間に四尊像龕と五尊（五老）像龕がある。

四尊像龕（図11）は天尊・釈迦像龕の左隣に位置しており、四尊像龕の中央には大きな四天尊が一列に並んで立っている。天尊はそれぞれ蓮華台の上に立ち、均しく頭上には蓮華冠を載せ、頤には各々同じ形の鬚を生やしている。一番左の天尊は手に如意を持ち、その右の天尊は手の部分が破損しており、一番右の天尊は右手で施無畏印、その左の天尊は手に扇を持っている。四天尊の左右には脇侍の真人と女真人が一人ずつ立っている。

さて、この四尊像は誰であろうか。四尊像については、二種の造像が考えられる。第一は、玄妙観碑に「張、李、羅、王は、名天の尊なり。天地の終始を経歴すること、称げて載すべからず。」とある、張・李・羅・王の四天尊の像である。第二は「四司五帝」の四司の像である。四司は『明真科』の金籙斎法の《上啓》には現れていないが、《謝十方》の下方の懺謝の中に、

謹んで大法に依り、真文を披露し、下方の无極太上霊宝天尊・已得道大聖衆・至真諸君丈人・九塁土皇・四司五帝・十二仙官・五嶽四瀆・九宮真人・神仙玉女・无極世界の地祇諸霊官に帰命す。（三六a―b）

と見える。四司とは司命・司録・司功・司殺の四人の仙官を指す。

四尊像は張・李・羅・王の四天尊、もしくは四司の像と考えられるが、四尊像が脇侍の真人と女真人を伴う天尊像であることから推し測れば、四司は仙官に過ぎず、天尊ではないので、四尊像は張・李・羅・王の四天尊の像であろう。[20]

（二）　五尊（五老）像龕（図12）は四尊像龕の左隣、三清像龕の右隣の位置にある。五尊像は文革による破壊が著しく、顔も服装をまったく不明である。五尊像は、四尊像と同様、一体ごとに蓮台の上に立つ大きな立像で、龕の中に横一列に並んでいる。五尊像の背丈は四尊像や救苦天尊像とほぼ同じである。そして頭上の蓮華冠の大きさと形が五尊とも皆同じであるところから、五尊はともに同等の地位にある、男性の天尊像であると推定できる。四尊像龕と五尊像龕は大巌石の北面の中央に位置し、北面の摩崖造像龕のなかでは中心的な龕のようである。[21]

筆者は、五尊像龕の重要性から見て、この五尊像は金籙斎法で用いられる五篇真文と密接な関係にある、「五老」の像ではないかと推定する。そこでその理由を簡単に述べてみたい。

『明真科』によれば、金籙斎法は次のように、五篇真文を中庭の五案の上に置いて行う。

飛天真人曰く、長夜の府九幽玉匱明真科法。帝王・国土の疾疹・兵寇・危急・厄難のとき、当に霊宝真文五

篇を丹書し、中庭に於いて五案を五方に置き、一案に一篇の真文を請《お》き、上金五両を以て、一両にて一龍を作り、五両を分けて五龍を作り、以て五篇真文の上を鎮《しづ》むべし。（二五b）

金籙斎法において五篇真文を中庭の五案の上に置くのは、五篇真文が五老を呼び寄せる呪力を有する呪符であるからである。(22)『太上洞玄霊宝赤書玉訣妙経』（HY三五二）巻下の「元始霊宝五帝醮祭招真玉訣」の五帝醮祭においても、五老と五帝の降臨を請うために中庭の五案の上に五篇真文と霊宝五符を置いている。

唐の天宝二年（七四三）十月に平陽郡龍角山の慶唐観で実施された金籙斎法を頌述する「慶唐観金籙斎頌(23)」には、初めに「大唐平陽郡龍角山慶唐観大聖祖玄元皇帝宮金籙斎頌並序」とあり、終りに「天宝二年歳次癸未、十月景寅朔、十五日庚辰下元斎建」とあるので、金籙斎法が天宝二年十月に慶唐観の玄元皇帝宮で実施されたことがわかる。玄元皇帝とは老子の尊号であるから、玄元皇帝宮とは老君廟である。玄元皇帝宮で行われた金籙斎法では五老が祭られており、頌では次のように記している。

仙侶は頒次し、羽人は歩虚す。朝に九天を拝し、五老を醮祠す。鈎陳を想わば、則ち黄雲が垂覆し、太一を存すれば、則ち白鶴が来翔す。

天宝二年に慶唐観で実施された金籙斎法で五老が醮祠されていることを参考にすれば、安岳の玄妙観で行われる金籙斎法においても五老を降臨させる儀式が施行されていたであろうと推測できる。安岳の玄妙観の摩崖道教造像にある五尊の像は金籙斎法で醮祠する五老の像ではあるまいか。

ちなみに、五老とは東方の安宝華林青霊始老君、南方の梵宝昌陽丹霊真老君、中央の玉宝元霊元老君、西方の七宝金門皓霊皇老君、北方の洞陰朔単鬱絶五霊玄老君を指す。五老は、五帝（蒼帝君・赤帝君・黄帝君・白帝君・黒帝君）とは異なる神格であり、その地位も五帝の上位にある。

(4) 三清像

(一) 玄妙観の三清像龕(図13)[24]は大巌石の北面の左端(西側)にあり、救苦天尊像龕の右隣(東側)、五老像龕の左隣(西側)に位置している。三清像とは元始天尊・太上道君・太上老君の三像を指すが、元始天尊・太上道君・太上老君の三尊は金籙斎法の太上の三尊に由来する。しかし、それが三清像と呼ばれるのは、太上の三尊が三天(清微天・禹余天・太赤天)の三清境(玉清境・上清境・太清境)にいる神格と考えられているからである。したがって、三清像が造られるには、太上の三尊が三天の三清境にいる、すなわち元始天尊は清微天玉清境、太上道君は禹余天上清境、太上老君は太赤天太清境にいる、という思想が形成されていなければならないのである。そこで小稿では、この思想を「三清」の思想[25]と呼ぶことにしたい。

「三清」の思想はいつ頃成立したのか、この点を少し考えてみたい。梁の武帝の在位後半期に編纂された『業報因縁経』巻十・叙教品に次のような三洞思想が見える。

道君曰く、元始は一炁を以て三炁を化生し、分れて三天と為る。一に曰く、始炁は清微天と為り、玉清境と号し、天宝君の化する所、洞真経十二部を出し、以て天中の九聖を教う。二に曰く、元炁は禹余天と為り、上清境と号し、霊宝君の化する所、洞玄経十二部を出し、以て天中の九真を教う。三に曰く、玄炁は大赤天と為り、太清境と号し、神宝君の化する所、洞神経十二部を出し、以て天中の九仙を教う。(四a—b)

ここには、天宝君が清微天の玉清境、霊宝君が禹余天の上清境、神宝君が太赤天の太清境にいるように説かれているが、しかし元始天尊・太上道君・太上老君の三尊が三天の三清境にいるとは述べていない。『業報因縁経』よりも後に編纂された『三洞奉道科戒営始』巻二の造像品には、先に見たように、「二は、大羅已下、太清已上の三清の無量の聖真仙の相を造る。」とあって、三清境に無量の聖人・真人・仙人がいるように述べられているが、三清境に太上の三尊がいるようには考えられていない。すなわち、梁末の頃にはまだ「三清」の思想は形成されていなかったようである。

なお、梁の陶弘景『洞玄霊宝真霊位業図』（ＨＹ一六七）では、玉清三元宮の第一中位に「上合虚皇道君、応号は元始天尊」、第二中位に「上清高聖太上玉虚玄皇大道君」、第三中位に「太極金闕帝君、姓は李」、第四中位に「太清太上老君」を位置づけている。ここに見られる神々の地位の序列は元始天尊・太上道君・太極金闕帝君・太上老君の順であって、太上老君が元始天尊・太上道君に次ぐ第三位に置かれていない。また元始天尊・太上道君・太上老君が三天の三清境にいるようにも考えられていない。したがって、上清派の陶弘景は「三清」の思想を持っていないようである。

「三清」の思想が形成されるのは、唐代に入ってからのようであり、唐初に編纂された王懸河『三洞珠囊』（ＨＹ一一三一）巻七に次のようにいう。

老君聖紀第十巻偽惑品に云う、此れ即ち玉清境、元始天尊の位、三十五天の上に在るなり。又云う、大至真尊なり。聖紀に云う、此れ即ち上清境、太上大道君の位、三十四天の上に在るなり。又た云う、太清境の太極宮、即ち太上老君の位、三十三天の上に在るなり。（三三ａ）

ここに引かれている「老君聖紀」とは、尹文操の『太上老君玄元皇帝聖紀』である。尹文操は唐の嗣聖十二年（六九五）に死没しているので、『太上老君玄元皇帝聖紀』の編纂はそれ以前である。また、書名で老子を「太上老君玄元皇帝」と呼んでいるので、その著述は高宗が老子に「太上玄元皇帝」と加号した乾封元年（六六六）二月以降のことである。「三清」の思想が文献の上にはっきりと見えるのは、尹文操の『太上老君玄元皇帝聖紀』が最初のようであるから、「三清」の思想は嗣聖十二年以前、乾封元年以後の唐代初期に形成されたと考えてよいであろう。そうすると、安岳県玄妙観の三清像は「三清」の思想に基づく造像としては比較的早い時期の造像ということになる。

玄妙観の三清像が造られた唐の開元・天宝年間には、金籙斎法の太上の三尊（元始天尊・太上道君・太上老君）は「三清」とも呼ばれていた。この事実は、開元・天宝年間の詩人崔国輔が「九日侍宴応制」[26]において「金籙に三清降り、瓊筵に五老巡る。」と詠っているところから確かめられる。「金籙に三清降る」とは、金籙斎法を実施した時に三清が天上界から降臨することを表しているので、三清は金籙斎法の太上の三尊（元始天尊・太上道君・太上老君）を指す。玄妙観の摩崖造像で五老の龕の左隣に三清の龕が開鑿されているのも、五老と三清が金籙斎法の際に降臨する神格と考えられているからであろう。

（二）　道教教理史上、「三清」の思想の成立は極めて重要な意義をもっている。なぜならば、「三清」の思想は三洞説と結びつき、三清が三洞経の教主とも考えられるようになるからである。四川省仁寿県牛角寨の壇神岩に三尊像の一龕があるが、その題記の「南竺観記」[27]によると、この三尊像は「三宝像」であり、三宝像龕は天宝八年（七四九）四月に完成している。そうすると、三宝像の造像は玄妙観の三清像と同時代である。

「南竺観記」では次のように記す。

三十六部経蔵目は洞真十二部、洞玄十二部、洞神十二部なり。

一天の下、三洞宝経合して三十六万七千巻有り。二十四万四千巻は四方に在り、十二万三千巻は中国に在り。

上清二百巻、霊宝四十巻、三皇十四巻、太清三十六巻、太平一百七十巻、太玄二百七十巻、正一二百巻、符図七十巻、昇玄・本際・神呪・聖紀・化胡・真誥・南華・登真・秘要等一千余巻、合して二千一百三十巻□

□は世に在り。三墳五典(28)、八索九丘、五経六籍、並びに其の中に出づ。余の十二万八百七十巻は諸天の上、山洞の中に在りて、未だ世に行われず。
夫れ三洞の経符は、道の剛紀にして、太虚の玄宗、上真の経首なり。了達すれば、則ち上聖登るべし。暁悟すれば、則ち高真斯《ここ》に渉る。七部の玄教は、兼該してこれを行わば、一乗の至道は斯において畢《つ》く。
大唐天宝八載太歳己丑四月乙未朔十五戊申
三洞道士楊行進　　三洞女道士楊正真
三洞女道士楊正観、真□正、法観元、守憲進、弟の彦高等は共に三宝像一龕を造り、国の為に、家の存亡□□□□の為に、供養す。

図14　三宝像（牛角寨）

この題記では三洞経が賛美されているので、「三宝像一龕」は三洞経にちなんで造られたようである。したがって、三宝像は三洞経の教主である玉清境天宝君・上清境霊宝君・太清境神宝君の三宝君の像である。ところが、実際の造像（図14）(29)を見てみると、三清像とその姿が似ており、三清像をまねて造られていることがわかる。三宝像の右側の造像は頤に豊かな大きな鬚を生やし、右手は指を伸ばして正座した右膝に沿わせ、左手には扇を持っていて、その姿は太上老君を彷彿とさせる。この像は三清像の太清境太上老君に擬した太清境神宝君の造像のようである。中央の造像は右手を軽く握って正座した右膝の上に置き、左手は破損していて、何を持っているのか不明であるが、頤に豊かな鬚を生やしている。この像の特徴は、右手の指の形と位置、及び蓮台が他の二尊の像と異なることであり、一目で両脇の二尊よりも高い地位にあることがわかる。先に引用した『業報因縁経』の三洞思想によれば、三清境の三宝君の中では玉清境天宝君が一番高い地位にあるので、中央の像は玉清境天宝君であろう。ここでは中央に置いた玉清境天宝君を、三清像の中央の玉清境元始天尊に擬えて造像しているのである。左側の造像は頤に鬚がなく、右手は指を伸ばして正座した右膝に沿わせ、左手は破損していて持物は不明であるが、頤に鬚がないことなど、玄妙観の破損前の三清像の太上道君に似ている[30]。この像は三清像の上清境太上道君に擬した上清境霊宝君であろう。このように仁寿県牛角寨の三宝像は明らかに三清像を模倣して造られているが、これは何を意味するのであろうか。これは恐らく、三宝君(天宝君・霊宝君・神宝君)と三清(元始天尊・太上道君・太上老君)が同一の神格と見られていることを示しているのであろう。そこで、このことを道教思想史の観点から検証してみたい。

唐初に編纂された『妙門由起序』(HY一一一五)では次のように述べている。

所謂真身は至道の体なり。応身は、元始天尊・太上道君なり。法身は、真精にして気を布き、萬物を化生するなり。化身は、堀然として独り化す。天宝君等なり。報身は、勤を積み徳を累《かさ》ぬるに由りて、広く福田を建つ。楽静信等なり。然らば元始天尊・太上道君・高上老子は、応号異なると雖も、本源は殊ならず、更に師資に託して以て群品を度す。(序・一b—二a)

これによれば、元始天尊・太上道君・太上老君(高上老子)は真身の至道の応身であり、天宝君・霊宝君・神宝君は真身の至道の化身であるので、元始天尊と天宝君、太上道君と霊宝君、太上老君と神宝君は同一の神格である。

この神格観によって、先に見た『業報因縁経』の三洞思想を解釈すれば、三洞経の教主である、三天三清境の三宝君（天宝君・霊宝君・神宝君）は、三天三清境の三清（元始天尊・太上道君・太上老君）と同一の神格であるので、三清も三洞経の教主である、と考えられるようになる。このように、「三清」の思想の形成以後は、三天の三清境にいる三清が三洞経の教主であるという考えも現れた。仁寿県牛角寨壇神岩の三宝像が三清像に見えるのも、三洞経の教主の三宝君は三清と同一の神格である、考えられているからである。ちなみに、三清の太上道君は後に「霊宝天尊」とも呼ばれるが、この称呼は太上道君と霊宝君を同一の神格と見ることに由来していよう。

「三清」の思想では太上の三尊（元始天尊・太上道君・太上老君）が三天（清微天・禹余天・太赤天）の三清境（玉清境・上清境・太清境）にいる神格と考えられているので、この思想は天師道の「三天」の思想の三天の観念(31)に基づいて形成されたものである。したがって、三天三清境の三尊（元始天尊・太上道君・太上老君）を「三清」と呼ぶ、「三清」の思想は唐代の天師道によって作られた思想である。

「三清」の思想が天師道の思想であることは、三清像の造像からも確かめられる。玄妙観の「啓大唐御立集聖山玄妙観勝境碑」によれば、三清像龕のある安岳の玄妙観は天師道の道観である。また、仁寿県牛角寨壇神岩の三宝（三清）像の供養者は、「南竺観記」によれば、三洞道士や三洞女道士の法位をもつ天師道の道士たちである(32)。これらの点から見ても、「三清」の思想が天師道の「道教(33)」の思想であり、三清像は天師道の「道教」における造像であることが知られよう。

三清像龕は玄妙観の三清像龕以後も各地の道観で造られていたようであり、『道教霊験記』巻四・尊像霊験の「何平丹竈台金銅像験」には三清像龕と思われる石龕について次のように記している。

丹竈台は渝州南平県南界南平に在り。即ち、古の江州なり。湘東王曽《かっ》て其の地を領す。陶隠居、此の台に錬丹す。石階有り。古壇の基址、猶お台側に在り。山上の石龕中に金銅の像有り、皆な天尊・道君・老君・真人の形なり。大なる者三、二尺、小なる者八、九寸。風雨の飄漬無しと雖も、且《まさ》に年祀久遠にならんとす。而《しか》も金色は人を鑠《かがや》かせ、精光は目を奪い、製作は精巧にして常工に異なる。既に重く且つ潔し、皆な其れ真金と疑うなり。（一a）

（三）「三清」の思想によって、金籙斎法の太上の三尊が「三清」と呼ばれるようになると、実際の金籙斎法や黄籙斎法においても太上の三尊が「三清上聖」と呼ばれるようになる。北宋末期に編纂されたと推定される『金籙大斎宿啓儀』（HY四八四）の《発炉》において、左記のごとく、三清上聖（元始天尊・太上道君・太上老君）が最高神の無極大道に次ぐ神格として現れている。

願わくは、太上至真道炁の霊宝の瑞光が下降して臣等の身中に流れ入るを得て、臣の啓《もう》す所の誠をして至真無極大道・三清上聖・昊天玉皇上帝の御前に速やかに達し、径《ただ》ちに詣でしめん。（三a）

ここに見られる「三清上聖」が元始天尊・太上道君・太上老君の三尊であることは、同書の《上啓》に現れる「虚無自然至真の無極大道、大羅の元始天尊、太上道君、太上老君、昊天玉皇上帝、（以下省略）」の神々と、《発炉》の「至真無極大道・三清上聖・昊天玉皇上帝」の神々とを照合してみれば、明らかであろう。

また、三清上聖の観念は既に唐代末期には存在していたようであり、杜光庭集『太上黄籙斎儀』巻四十九所収の黄籙斎法の〈復炉〉にも、左記のように、三清上聖が最高神の無極大道に次ぐ一組の神格として現れている。

十方の仙童玉女をして香煙を侍衛して、臣が向来に啓《もう》す所を速やかに、至真無極大道・三清上聖・玉皇上帝の御前に達せしめん。（一七a）

このように、唐宋期に作られた金籙斎法や黄籙斎法においては、太上の三尊（元始天尊・太上道君・太上老君）

が最高神の「無極大道」に次ぐ一組の神格の「三清上聖」として位置づけられるようになる。ここにおいて六朝期の金籙斎法に存在した二種の最高神が統一され、三清上聖の中の最高神である元始天尊は真の最高神無極大道の下位に位置づけられるようになる。ただし、無極大道は無形・無色であり、造像として具象化できないので、道教造像の世界では三清上聖の元始天尊が最高神である。

三清の地位が高まるにつれ、三清は金籙斎法や黄籙斎法における主神として尊崇されるだけではなく、道教全体を象徴する神格として信奉されるようになる。既に触れたごとく、唐代初期には三清は三洞経の教主の三宝君と同一視されていたので、三清は徐々に三宝君に代わって、三洞経の教主という地位を獲得するようになる。天師道の「道教」は三洞経に基づく教えであるから、三洞経の教主の三清は「道教」全体を象徴する神格と見なされた。その結果、唐代後半期には三清を祀る三清殿が道観の中心部に設置されるようになる。

杜光庭『道教霊験記』巻二・「果州開元観験」によると、「三清殿・鐘楼・経閣・廊宇を構成し、咸《み》な周足を得る。」（十二b）とあり、果州の開元観には三清殿が道観の中心部に建設されている。三清殿に祀る三清像については、次のような霊験譚を記している。

殿宇既に成り、将《まさ》に尊像を塑《つく》らんとす。又た白鶴山の観に於いて地を掘り鉄数万斤を得て、三尊の鉄像を鋳る。僅かに高さ二丈。今、これを聖像と謂う。遠近祈禱し、立ちどころに徴験有り。（一二b－一三a）

全国の開元観に天尊像が置かれるのは天宝三年（七四四）であるから、この三清殿の建設と三清像の設置はそれ以降であろう。

また、徐鉉「筠州清江県重修三清観記」(34)によれば、筠州清江県の三清観は唐の開成中（八三六－四〇）に「三清之観」という賜号を受けた道観であり、後に道士呉宗玄が「三清之殿」を建立したという。「三清之観」という道観名を賜号されたところから見ると、唐代末期の筠州清江の三清観には道観の主神として神々しい三清の造像が置かれていたに違いない。後に道士の呉宗玄が「三清之殿」を建立したのも、筠州清江の三清観にはもともと三清の像が祀られていたからであろう。

『茅山志』（HY三〇四）巻十六采真游篇では、北宋の人王筌が元豊年間（一〇七八—八五）に三清像を朝夕に礼拝していたと記す。これも、三清が「道教」全体を象徴する神格として考えられているからであろう。同じく『茅山志』巻二十六に収める「茅山凝神菴記」によれば、南宋の高宗の天眷三十年（一一六〇）に茅山の凝神菴に三清殿を建設したという。『茅山志』巻二十五の「江寧府茅山崇禧観碑銘」によれば、南宋の紹聖年間（一〇九四—九八）の茅山の崇禧観には三清殿・北極殿・本命殿の三殿と玉皇殿が建てられていたようである。

三清を三洞経の教主と見なし、「道教」全体を象徴する神格として三清を尊崇するのは、天師道の思想である。したがって、三清を祀る三清殿は、本来は天師道の道観に設置されていた。ところが、元代になると、全真道では天師道の「道教」の思想を積極的に摂取したので、全真道の道観にも三清殿が建てられるようになった。元初に建立された山西省芮城の永楽宮には三清殿がある。

ちなみに、山西省太原の龍山の道教石窟の第二窟には三清像[35]があるが、これは第二窟を開鑿した元初の全真道が天師道の「道教」の「三清」の思想を摂取したからである。全真道では元の王室より自派の宗教（全真教）を「道教」として公認してもらうために、天師道の「道教」の教理を受容したのである。山西省芮城の永楽宮や北京の白雲観のごとく、全真道の道観も三清殿を建て三清像を置くようになるのは、元代の全真道が天師道の三洞説と「三清」の思想を取り入れたからである。

六　五代の道教造像——天尊・老君・釈迦の合像

安岳県円覚洞の山の南面の岩壁上には五代の前蜀に開鑿された一群の仏教造像龕の中に、元始天尊像・老君像・釈迦像の合像龕がある。(36) 龕の正面に元始天尊の坐像、左壁に老君の坐像（老君像は顎鬚があり、右手に扇を持っている。図15－①）、右壁に釈迦の坐像がある（図15－②）ので、この合像龕では道教が仏教よりも優位に置か

図15-①　合像龕の天尊像と老君像（五代）

図15-②　合像龕の釈迦像（五代）

れている。恐らく、供養人は道教信奉者であろう。ただ、天尊・老君と釈迦が合像されているところから、五代の道教徒は仏教をも合わせて信仰していたことがわかる。また、道教の造像として元始天尊像と老君像が造られているところから、五代の前蜀で信仰されていた道教が天師道の「道教」であったこともわかる。

七　北宋の道教造像――石篆山の太上老君龕

図16　太上老君龕（石篆山）

今回調査した地域には北宋期の摩崖道教造像は少なく、大足県石篆山の太上老君龕が唯一の北宋期の摩崖道教造像である。石篆山には儒教龕・仏教龕・道教龕の三教龕があり、太上老君龕はその中の道教龕として開鑿されている。開鑿年代は北宋・元豊六年（一〇八三）である。[37] 太上老君龕（図16）の中央には太上老君の坐像があり、その両脇に五真人ずつの立像がある。太上老君の左脇には玄中大法師の立像、右脇には三天大法師の立像がある。三天大法師から三人目が正一真人像、玄中大法師の左隣が太極真人像である。[38] 十真人のうち、三天大法師の立像が一番大きく、かつ幾分前に出て立っているので、十真人の中では三天大法師がもっとも重視されているようである。三天大法師とは天師道の教祖張道陵の称号である。また、太上老君の左脇の玄中大法師とは、劉宋の天師道が唱えた三宝（道宝・経宝・師宝）説の師宝を指すが、師宝には通常は太上老君を当てるので、玄中大法師は太上老君の称号と考えられている。太上老君龕では中央の太上老君と左脇の玄中大法師と右脇の三天大法師張道陵が全体の中心となる主要な神格である。さらに、正一真人は張道陵の称号である。太極真人は葛玄に仙公系霊宝経を授けた神格であるが、この神格も天師道で尊尚されている神格である。このように、天師道で特別に尊ばれている神格の造像が太上老君龕に集められていることは、太上老君龕が天師道の「道教」の龕であることを明白に示すものであろう。

石篆山の太上老君龕が天師道の「道教」を表徴する龕として開鑿されていることは、北宋期の四川の道教が天師道の「道教」であったことを如実に示している。北宋・元豊六年（一〇八三）の頃の四川の道教が天師道の「道教」であったからこそ、道教龕である太上老君龕に天師道の教祖張道陵の像や天師道で尊崇されている神々の像が造られたのである。

八　南宋前半期の道教造像

（1）三清四御像

大足県南山には南宋・紹興年間（一一三一―六二）に造られた三清古洞があり、ここの三清龕（図17）には三清四御の造像がある。三清（図18）とは玉清境の元始天尊・上清境の霊宝天尊（太上道君）・太清境の道徳天尊（太上老君）であり、四御とは昊天金闕至尊玉皇大帝・中天紫微北極大帝・勾陳上宮天皇大帝・承天効法土皇地祇である。

三清四御は北宋末に編纂された『金籙大斎宿啓儀』や『金籙早朝儀』（HY四八七）の《上啓》の神格のなかに

図17　三清龕（三清古洞）

図18　三清像（三清古洞）

見ることができる。『金籙大斎宿啓儀』や『金籙早朝儀』の《上啓》は以下の通りである。

具位の臣某は臨壇の法衆等と謹んで誠を同じくして上啓す。虚無自然至真の無極大道、大羅の元始天尊、太上道君、太上老君、昊天玉皇上帝、紫微上宮天皇大帝、紫微中天北極大帝、后土皇地祇、東華・南極・西霊・北真、玄都玉京金闕七宝層台紫微上宮の霊宝至真明皇道君、至真諸君丈人、十方の已得道大聖衆、上相上宰、上保上傅、少保少傅、四司五帝、十二仙卿、三十六部尊経、玄中大法師、三天大法師、紫微垣の帝座星君、太微垣・少微垣の帝座星君、皇帝本命星君、帝座照臨星宰、皇太子本命星君、宮垣照臨星曜、三界官属の一切の威霊よ。（以下省略）

（『金籙大斎宿啓儀』五a－b）

具位の臣姓某は臨壇の官衆等と謹んで誠を同じくして上啓す。

虚無自然至真の無極大道、玉清聖境大羅の元始天尊、太上道君、太上老君、昊天至尊玉皇上帝、紫微上宮天皇上帝、紫微中宮北極大帝、后土皇地祇、玄都玉京七宝層台紫微上宮の霊宝至真諸君丈人、金闕諸天彌羅聖衆、上相上宰、上保上傅、少保少傅、四司五帝、十二仙卿、三十六部尊経、玄中大法師、三天大法師、日月星宮斗府周天宿度河漢星真、皇帝本命星君、皇太子本命星君、内廷五祀の神、真官主者、三界の真霊よ。恭しく洪慈を望まん。俯して照鑒を垂るるを［願う］。（以下省略）

（『金籙早朝儀』二a－b）

『金籙大斎宿啓儀』や『金籙早朝儀』の《上啓》に見られる玉皇大帝の名称は「昊天玉皇上帝」や「昊天至尊玉皇上帝」であるが、この玉皇大帝の名称は北宋の徽宗皇帝が政和六年（一一一六）に玉皇大帝に「太上開天執符御暦含真体道昊天玉皇上帝」と加号した後に作られた名称であるから、『金籙大斎宿啓儀』や『金籙早朝儀』の編纂時期は政和六年以降の北宋末期であろう。これらの金籙斎法の《上啓》に「大羅の元始天尊、太上道君、太上老君」や「玉清聖境大羅の元始天尊、太上道君、太上老君」の三清と、「昊天玉皇上帝、紫微上宮天皇大帝、紫微中天北極大帝、后土皇地祇」や「昊天至尊玉皇上帝、紫微上宮天皇上帝、紫微中宮北極大帝、后土皇地祇」の四御が見えることから、三清四御の神格観は北宋末期の金籙斎法において明確なかたちで形成されていたことがわかる。

また、右の金籙斎法の《上啓》には天師道の道士であれば必ず信奉しなければならない三宝の「無極大道」・「三十六部尊経」・「玄中大法師」や、天師道の教祖張道陵の称号の「三天大法師」が見えるので、これらの金籙斎法は明らかに北宋末期の天師道で実施されていた斎法である。

ところで、大足県南山の三清古洞の三清四御像は北宋末期の金籙斎法に基づくものではなく、南宋初期に編纂された『金籙設醮儀』（ＨＹ四九〇）に依拠するようである。『金籙設醮儀』の《上啓》では、玉皇大帝が「昊天至尊金闕玉皇上帝」と呼ばれており、その名称には北宋の徽宗皇帝が政和六年に玉皇大帝に加号した「太上開天執符御暦含真体道昊天玉皇上帝」の影響が見られるので、『金籙設醮儀』の編纂時期は政和六年以後である。また『金籙設醮儀』の《上啓》には、天師道の三十代天師張虚靖（張継先。一〇九二―一一二六）を指す「三十代天師虚靖真君」の神格名が現れるので、彼が死没した靖康元年（一一二六）以後の、南宋初期の建炎年間（一一二七―三〇）、あるいは紹興年間（一一三一―六二）の初めの頃の成立と推定される。この『金籙設醮儀』の金籙斎法の《上啓》は次のように記されている。

請いて法位を称す。

具位の臣姓某は臨壇の官衆等と謹んで誠を同じくして上啓す。

虚無自然の無極大道、玉清聖境元始天尊、上清真境霊宝天尊、太清仙境道徳天尊、昊天至尊玉皇上帝、勾陳星官天皇大帝、中天星主北極紫微大帝、承天効法后土皇地祇、東極青華大帝、南極長生大帝、虚無諸天天尊、虚無諸天上帝、神霄九宸上帝、九天生神上帝、五方五老上帝、五福十神太乙真君、北斗中高上玉皇尊帝、北極玄卿大帝、日宮太陽帝君、月府太陰皇君、五方五徳星君、玄都四曜星君、南斗六司星君、北斗九皇星君、東西中三斗星君、五斗中神仙諸霊官、天罡大聖奎光帝君、三台華蓋星君、二十八宿星君、十二宮分星君、六十甲子星君、皇帝本命星君、皇太子本命星君、帝座照臨真宰、周天宿度星真、三元三官大帝、三元曹府真仙、北極四聖真君、闕下真宰、清微霊宝歴代師真祖師、三天大聖師正一真君、正一三師真君、左右王趙二真人、三十代天師虚靖真君、正一歴代伝教師真、三洞四輔経籙中の真仙聖衆、九天採訪使真君、天曹太皇万福真君、九天天曹列班真宰、西山許呉十二位真君、太極仙翁真君、華蓋三仙真君、三茅司命真君、諸司院府主法高真、上界朝元真宰、雷霆法部官君、法靖所隷官将吏兵、五嶽五天聖帝、嶽府威霊、水府扶桑大帝、水郷仙衆、太

歳城隍祀典、三界応感真霊、内廷五祀之神、監醮香官使者よ。玄虚より下降し、真司を糾察せよ。恭しく洪慈を望まん。俯して洞鑑を垂るるを［願う］。（以下省略）（『金籙設醮儀』二a－三b）

ここには三清が「玉清聖境元始天尊、上清真境霊宝天尊、太清仙境道徳天尊」と見え、四御が「昊天至尊玉皇上帝、勾陳星官天皇大帝、中天星主北極紫微大帝、承天郊法后土皇地祇」と呼ばれている。北宋末に編纂された『金籙大斎宿啓儀』や『金籙早朝儀』の《上啓》に見える三清四御よりも、『金籙設醮儀』の《上啓》の三清四御の方が三清や四御の名称がきちっと整っており、三清四御の観念としてはより成熟した段階にあると言えよう。それゆえ、南山の三清龕は南宋初期に編纂された『金籙設醮儀』に基づいて作成されたものと推測される。

南山の三清古洞の三清龕（図17）では、三清四御が次のように配置されている。三清龕は大きく上下二段に分かれており、三清の座位は上段の正面にある。四御の中の昊天至尊玉皇上帝は上段の太上道君（霊宝天尊）の左脇の椅子、勾陳星宮天皇大帝は上段の太上老君（道徳天尊）の右脇の椅子に座っている。そして中天星主北極紫微大帝は下段の壇上の左壁の椅子に座っている。承天効法后土皇地祇は下段の壇下の左壁の椅子に座っている。

三清龕の下段壇上の右壁の椅子に座る神格は、『金籙設醮儀』の《上啓》に三清四御に続く神格として載せられている「東極青華大帝、南極長生大帝」の二神のうちのいずれかであろう。恐らく、左壁の北極紫微大帝の向い側に座っていることから推測すれば、右壁の神格は北極紫微大帝と対になる「南極長生大帝」であろう。下段壇下の右壁の椅子に座っている女神の名称は不明であるが、その姿は向い側の后土皇地祇と似ており、恐らく同じ后土聖母であろう。(39)

南宋初期の『金籙設醮儀』の《上啓》には「三天大聖師正一真君、正一三師真君、左右王趙二真人、三十代天師虚靖真君、正一歴代伝教師真」という、天師道の教祖張道陵（張陵）や張陵・張衡・張魯の三師や張陵の弟子

図19　后土三聖母龕（南山）

の王長・趙昇や三十代天師張継先や天師道の歴代の伝教の法師たちの神格名が現れている。これらの点から、『金籙設醮儀』が天師道で実施されていた金籙斎法であることがわかる。

また、『金籙設醮儀』の《上啓》には「清微霊宝歴代師真祖師」や「西山許呉十二位真君」という清微派や浄明道の祖師たちも神格として記されているが、北宋末・南宋初の天師道で実施されていた『金籙大斎宿啓儀』や『金籙早朝儀』あるいは『金籙設醮儀』の《上啓》に記されている神格は、すべて北宋末・南宋初の天師道で崇拝されていた神々であるから、そこに見られる清微派や浄明道の祖師たちも天師道の信奉する神格として崇められているのである。換言すれば、南宋初期には清微派も浄明道も天師道とは別個の流派ではなく、天師道の中の支派であったようである(40)。

ここで注意すべきことは、三清四御の観念が北宋末・南宋初の天師道の金籙斎法に見えることである。これは、三清像とともに、四御像も天師道の「道教」思想に基づいて形成されていることを示唆している。言わば、三清像と四御像は天師道の「道教」における造像であることを意味しているのである。

なお、大足県南山には南宋・紹興年間に開鑿された后土三聖母龕（図19）があり、舒成岩には玉皇大帝龕(41)と紫微大帝龕(42)がある。これらは三清四御像とは別に、四御のそれぞれの像が独立した造像としても造られていたことを示している。特に、玉皇大帝の造像は四御の観念が形成される以前に既に存在していた形跡があるので、次に玉皇大帝の造像について考えてみたい。

（2）玉皇大帝像

大足県の南山と舒成岩と石門山と安岳県の毘盧洞には玉皇大帝の摩崖造像があるが、その制作時期は南宋の紹興年間から淳熙年間（一一七四－八九）に至る頃である（ただし、毘盧洞の玉皇大帝龕の開鑿年代は不明。図20は石門山の玉皇大帝像である）。現在残っている玉皇大帝の摩崖造像では南宋初期の紹興年間のものがもっとも古いが、しかし玉皇信仰はそれ以前から盛んであり、その始まりは南朝の劉宋初期に編纂された『明真科』の金籙斎法に遡る。『明真科』の金籙斎法の《上啓》には最初に「虚無自然の元始天尊、無極大道の太上道君、太上老君、高上玉皇」という神格名が列記されているが、ここに見える「高上玉皇」が玉皇大帝の源に当たる神格である。陳の馬枢『道学伝』陸修静の項に「先生（陸修静）答う、仏に在りては留秦（拘留秦）たり、道に在りては玉皇たり、斯れ亦た途を殊《こと》にし致を一にするのみ、と。」（『三洞珠嚢』巻二、五b）と記す「玉皇」は、高上玉皇を指す。

図20　玉皇大帝龕（石門山）

唐代初めに『高上玉皇本行集経』（HY一〇）という、高上玉皇を主人公とする道教経典が編纂されたが、[43] この『高上玉皇本行集経』という道教経典は金籙斎法に基づいて作られている。経典には最高神の元始天尊と主人公の高上玉皇とともに、太上道君や玉帝や玉虚上帝や昊天上帝や五老上帝といった、金籙斎法の《上啓》に見える神々が脇役として現れていることや、五篇真文に対する熱烈な信仰が窺われることなどから、『高上玉皇本行集経』が金籙斎法の構想に基づく、新しい霊宝経として編纂されていることが確かめられる。唐代には金籙斎法と『高上玉皇本行集経』とによって玉皇信仰が非常に流行し、玉皇を讃仰する詩も多く作られている。

唐代の道観には高上玉皇の造像も置かれていたようであり、楊凝の「唐昌観玉蘂花」には「花を摘みて持ちて玉皇の前に献ず。」という句があり、唐昌観に高上玉皇の祭壇が設置されていたことが知られる。あるいは韋応物(七三七?―七九一?)の「清都観答幼遐」には「逍遥す、仙家子。日夕に玉皇に朝す。」という句があり、これによっても清都観に高上玉皇の造像が安置されていたことがわかる。

高上玉皇は北宋期には玉皇大帝とも呼ばれた。北宋の真宗皇帝は玉皇大帝を非常に熱心に崇拝し、大中祥符八年(一〇一五)正月に玉皇大帝に「太上開天執符御歴含真体道玉皇大天帝」という聖号を奉っている。さらに、天禧元年(一〇一七)正月十五日には天書を宣読する儀式を行うが、この儀式の二日前に天安殿に玉皇像の祭壇を建てて、金籙道場(金籙斎法)を三昼夜にわたって実施している。[44] このことからも玉皇大帝が金籙斎法と深く結び付いているのがわかる。

北宋末の徽宗皇帝も熱心な玉皇大帝の信仰者であり、政和六年(一一一六)九月には玉皇大帝に「太上開天執符御暦含真体道昊天玉皇上帝」という尊号を奉っている。

北宋末・南宋初の金籙斎法においては、玉皇大帝は非常に尊崇されて、特別の高い地位が与えられている。北宋末の『金籙大斎宿啓儀』や『金籙早朝儀』あるいは南宋初の『金籙設醮儀』の《発炉》では、天上界の最高の神格として昊天玉皇上帝を、無極大道や三清上聖とともに並記している。『金籙大斎宿啓儀』の《発炉》では、次のようにいう。

法鼓を鳴らすこと二十四通

無上三天玄元始三炁太上老君よ。臣の身中の三五功曹、左右官使者、左右捧香、駅龍騎吏、侍香金童、伝言散花玉女、五帝直符、直日香官を召し出せ。各々三十六人出づ。出づる者厳装し、頭服冠帯して纓を垂れ、玄壇の土地方域の神真に関啓す。臣は今、宿啓告斎し、壇を建て事を闡《あか》す。謹んで〔入意〕の為に其の諸の丹悃を具さに戴せて緘縢す[45]。願わくは、太上至真道炁の霊宝瑞光が下降して臣等の身中に流入することを得て、臣の啓《もう》す所の誠をして至真无極大道・三清上聖・昊天玉皇上帝の御前に速やかに達し、径ちに詣でしめん。

（二b—三a）

図21　玉皇大帝巡遊図（三清古洞，南山）

「昊天玉皇上帝」が『金籙早朝儀』と『金籙設醮儀』の《発炉》では「昊天至尊金闕玉皇上帝」となっているが、ともに北宋の徽宗皇帝の加号後の玉皇大帝の聖号である。

道教造像としての玉皇像の制作は南北朝時代に始まるが[46]、大足県南山の三清古洞の玉皇大帝巡遊図（図21）や舒成岩の玉皇大帝像は南宋の高宗の紹興年間の造像であり、さらに石門山の玉皇大帝像（図20）はその後の孝宗の頃の造像であるから、ともに『金籙設醮儀』に基づく造像と推測される。

図22　黄道十二星宮（三清古洞，南山）

（3）黄道十二星宮

大足県南山の三清古洞の外側の左右の壁面に黄道十二星宮（図22）が彫られている。黄道十二星宮とは、摩羯宮・宝瓶宮・双魚宮・白羊宮・金牛宮・陰陽（双子）宮・巨蟹宮・獅子宮・双女（室女）宮・天秤宮・天蝎宮・人馬宮の十二宮辰である。

金籙斎法にはさまざまな星君や星官が現れており、『金籙大斎宿啓儀』の《上啓》には「紫微垣帝座星君、太微垣少微垣帝座星君、皇帝本命星君、帝座照臨星宰、皇太子本命星君、宮垣照臨星曜」とある。『金籙早朝儀』の《上啓》にも「日月星宮斗府周天宿度河漢星真、皇帝本命星君、皇太子本命星君」とある。南宋初の『金籙設醮儀』の《上啓》では日月の帝君や皇君あるいは星座の星君や星官が「北斗中高上玉皇尊帝、北極玄卿大帝、日宮太陽帝君、月府太陰皇君、五方五徳星君、玄都四曜星君、南斗六司星君、北斗九皇星君、東西中三斗星君、五斗中神仙諸霊官、天罡大聖奎光帝君、三台華蓋星君、二十八宿星君、十二宮分星君、六十甲子星君、皇帝本命星君、皇太子本命星君、帝座照臨真宰、周天宿度星真」と見える。国家と国土の安寧を祈願する金籙斎法の《上啓》に日君・月君あるいは星君が現れるのは、日君・月君・星君が天体の運行や人々の寿命を司っている神々であるからである。金籙斎法では、天地の運行が整って国土が安寧であること、皇帝や王族が長寿で国家が安泰であることを祈願するが、この祈願の成就には、日月星の天官たちの協力が必要である。南山の三清古洞の壁面に彫られた黄道十二星宮は、『金籙設醮儀』の《上啓》に現れる日月星の神々を代表して十二宮分星君の十二星宮を図案化して表現したものであろう。ちなみに、元初に建てられた山西省芮城の永楽宮三清殿の壁画「朝元図」[47]では『金籙設醮儀』や『金籙延寿設醮儀』（HY四九四）の《上啓》に見られる日月星の神々が人格神のごとく、人間を模した姿をもって描かれている。

（4） 三皇像と北極四聖像

図23　三皇像（三皇洞，石門山）

石門山の三皇洞には三皇（天皇・地皇・人皇）と北極四聖の造像がある。三皇洞は南宋・紹聖元年（一〇九四）から紹興二十一年（一一五一）までの南宋初期の開鑿である。[48]

三皇像の頭上には小さな円形の輪が三個あり、中央の輪の中には元始天尊像、左の輪の中には霊宝天尊（太上道君）像、右の輪の中には道徳天尊（太上老君）像が彫られている（図23）[49]。ただし、現在は右の輪と像が消失している）。そして元始天尊像は中央の天皇像に、霊宝天尊（太上道君）像は左脇の地皇像に、道徳天尊（太上老君）像は右脇の人皇像に配されているようである。

このような三清像と結び付いた三皇の造像は、石門山の三皇洞の開鑿の時期から推測すれば、『金籙設醮儀』の《上啓》に基づくようである。『金籙設醮儀』においては《上啓》が二度行われるが、二度目の《上啓》において次のようにいう。

重ねて法位を称す

具位の臣姓某は臨壇の官衆等と謹んで誠を重ねて再拝し上啓す。虚無自然の三清三境天尊、金闕至尊の三皇上帝、承天效法后土皇地祇、諸天諸地・諸水諸山・三界十方の千真万聖よ、醮筵に一切の威霊を感降せよ。恭しく洪慈を望まん。俯して洞鑒を垂るるを［願う］。（以下省略）

（四b―五a）

ここの《上啓》では初めに三清（三清天）三境（三清境）天尊（清微天玉清境元始天尊・禹余天上清境霊宝天尊・太赤天太清境道徳天尊）、次に金闕至尊の三皇上帝（天皇・地皇・人皇）が現れていて、神格の三清と三皇が密接に結び付いている。石門山の三皇洞の三清像と三皇像は『金籙設醮儀』の二度目の《上啓》に見える三清と三皇に由来するものであろう。北宋末の金籙斎法である『金籙大斎宿啓儀』や『金籙早朝儀』の《上啓》には三皇はまだ現われていないので、三皇洞の三皇像は『金籙設醮儀』に基づいて造られたものと推測される。

三皇洞における三皇像と三清像が具体的にどのような関係にあるのかは判然としないが、『天皇至道太清玉冊』（HY一四七二）巻一の「道教源流章」の上三皇の項に、「天皇、即ち玉清聖境元始天尊」、「地皇、即ち上清真境霊宝天尊」、「人皇、即ち太清仙境道徳天尊」とあるのを参照すると、三清と三皇が一体であることを示すものであろう。三清と三皇の結合は、南宋初期の『金籙設醮儀』に始まるのではあるまいか。

また、石門山の三皇洞には、北極四聖像が置かれている。北極四聖とは天蓬大元帥・天猷副元帥・玄武祐聖真君・翊聖保徳真君であり、洞の左壁の奥に天蓬大元帥像、右壁の奥に天猷副元帥像、左壁の手前に玄武祐聖真君像があり、右壁の手前に翊聖保徳真君像がある。翊聖保徳真君像の原像は破損しており、現在の像は複製である。三皇洞にある北極四聖の像も『金籙設醮儀』の《上啓》に見える「北極四聖真君」に由来するものであろう。

（5） 東岳大帝・淑明皇后像

大足県の舒成岩や石門山あるいは安岳県の茗山寺に東岳大帝と淑明皇后の造像がある[50]（図24は茗山寺の造像）。東岳大帝とは五岳の泰山を指し、淑明皇后とは東岳大帝の皇后を指す。『宋史』礼志五によると、北宋の真宗は太平興国八年（九八三）の封禅の後に、泰山を「仁聖天斉王」と加号し、さらに五月には五岳に加号して東岳を「天斉仁聖帝」、南岳を「司天昭聖帝」、西岳を「金天順聖帝」、北岳を「安天元聖帝」、中岳を「中天崇聖帝」となし、また五岳の帝后にも加号して、東岳の帝后を「淑明」、南岳の帝后を「景明」、西岳の帝后を「粛明」、北岳の帝后を「靖明」、中岳の帝后を「正明」となす。南宋初期の『金籙設醮儀』の《上啓》で五岳を「五嶽五天聖帝」と呼ぶのは、真宗皇帝が加号した五岳の尊号である天斉仁聖帝・司天昭聖帝・金天順聖帝・安天元聖帝・中天崇聖帝の五天聖帝に由来しているのである。

図**24**　東岳大帝・淑明皇后像（茗山寺）

東岳大帝と淑明皇后は五岳の一つである東岳とその夫人を指すが、東岳泰山は五岳全体を象徴する山岳でもあるので、東岳大帝と淑明皇后は五岳とその夫人たち全体を代表していると言える。それゆえ、東岳大帝と淑明皇后の造像は五岳全体への信仰を表明しているのである。道教における五岳信仰は、「五岳真形図」に見られるように既に古くからあるが、東岳大帝と淑明皇后の造像に直接影響を及ぼした五岳信仰は、

図25　東岳大帝・淑明皇后像（石門山）

図26　三教合一龕（仏安橋）

『金籙設醮儀』の《上啓》に見える五岳五天聖帝への信仰であろう。五岳五天聖帝が金籙斎法の『金籙設醮儀』において上啓の対象になったのを機縁に、東岳大帝と淑明皇后の像を造り始めたものと思われる。大足県の舒成岩や石門山にある東岳大帝と淑明皇后の摩崖造像（図25は石門山の東岳大帝・淑明皇后像である）が、三清四御像や玉皇大帝像や紫微大帝像とほぼ同時期の、南宋の紹興年間に開鑿されているのは、東岳大帝と淑明皇后の造像が『金籙設醮儀』に基づくことを示す証左でもある。

（6）三教合一龕

大足県の妙高山と仏安橋に三教合一龕がある。ともに南宋・紹興十四年（一一四四）頃の開鑿である。[51] 妙高山の三教合一龕には、正面の壁に釈迦像、左側の壁に老君像、右側の壁に孔子像がある。仏安橋の三教合一龕（図

26）には中央が釈迦像、左脇に太上道君像、右脇に孔子像がある。道教の教主は通常は太上老君であり、太上道君が道教の教主となるのは珍しいケースである。三教合一龕は南宋期に流行した三教合一の思想に由来するものである。

九　結び

四川省綿陽市の玉女泉、安岳県の玄妙観・茗山寺・円覚洞・毘盧洞・仏安橋、大足県の石篆山・南山・舒成岩・石門山にある摩崖道教造像の思想史的背景を分析してきて、二つの事柄が明らかとなった。第一は、この地域の道教造像の多くが金籙斎法に基づいて造られていること、第二には、道教造像を供養した人々が天師道の「道教」を信奉する道士や在家信者であったことである。この二つの事実は、隋代から南宋の中頃までの時期に、この地域に流布していた道教が天師道の「道教」であったことを証するものである。道教造像の多くが金籙斎法に基づいて造られているのであれば、金籙斎法は天師道の「道教」で実施されていた霊宝斎法[52]であるから、その道教造像は当然、その時代の天師道の「道教」で篤く信仰されていた神々の像である。また、その像の供養者は言うまでもなく、天師道の道士や在家信者である。つまり、四川の地域に存在する、隋代から南宋前半期にかけての道教造像は、そのほとんどすべてが天師道の「道教」で信仰されていた神々の造像であると見なしてよいであろう。

道教造像の観点からも、隋唐から南宋前半期にかけての時期に四川の地域で行われていた道教が天師道の「道教」であったことを実証できた[53]が、このことは、この時期に四川の地域で行われた道教が四川独自の特殊な道教であったことを意味するものではない。反対に、四川の道教が他の地域とまったく同様の天師道の「道教」であったことを示唆するものである。今回の道教造像の調査では、筆者は四川の地域の道教の地方色や特殊性を特に強く感ずることはなかった。むしろ、劉宋期に江南で形成された天師道の「道教」が、隋唐期には四川の地域にも及んでいたことを確認できたのである。天師道の「道教」は唐代には中国全土にわたって流布していたようである。(54)

道教造像の多くが金籙斎法に基づいて造られているという事実は、今回調査した綿陽・安岳・大足という地域に散在する、隋唐から南宋前半期にかけての時期に造られた道教造像を分析して得られた結果であるから、南宋後半期以後の道教造像についても一般的にこの事実が適用できるかどうかは明らかではないが、当てはまる箇所も少なくないものと思われる。その一例を挙げれば、山西省芮城の永楽宮三清殿の「朝元図」の壁画(55)は、金籙斎法の『金籙設醮儀』や『金籙延寿設醮儀』の《上啓》に現れる神々を中心に描いたものであろう。元代の全真教では天師道の「三清」の思想や金籙斎法・黄籙斎法等の霊宝斎法を摂取しており、永楽宮に三清像と三清殿を造ると同時に、その壁画に金籙斎法の神々を描いたのである。

しかし、南宋末期以後の道教界の状況はそれ以前と違って、さまざまな点で大きく変様しているので、道教造像についても改めて考察する必要がある。南宋末期以後の道教造像については今後の課題としたい。

(小林正美)

(1)『洞玄霊法三洞奉道科戒営始』(敦煌本『三洞奉道科戒儀範』)の成書年代については、拙著『六朝道教史研究』(創文社、一九九〇年十一月初版、二〇〇四年十二月重刊)第一篇の注(8)および拙著『中国の道教』(創文社、中国学芸叢書、一九九八年七月）第二章第一節の注（9）、参照。拙著『唐代の道教と天師道』（知泉書館、二〇〇三年四月）第二章の注(11)でも、梁の武帝の在位期末年頃の成立説を補強する資料を提示している。

（2）天師道の「三天」の思想は、本書所収の拙稿「劉宋・南斉期の天師道の教理と儀礼」二、「三天」の思想と「三天」の観念、および前掲の拙著『中国の道教』第二章第一節一、「三天」の思想、前掲の拙著『六朝道教史研究』第三篇第二章 劉宋期の天師道の「三天」の思想とその形成、参照。

（3）金籙斎法が指教斎法を模倣して作られている、という点については、本書所収の拙稿「道教の斎法儀礼の原型の形成――指教斎法の成立と構造――」六、結び、参照。

（4）元始系霊宝経（元始旧経）については、前掲の拙著『六朝道教史研究』第一篇第三章 霊宝経の形成、参照。

（5）『明真科』の成書年代については、前掲の拙著『六朝道教史研究』第一篇第三章 霊宝経の形成、参照。金籙斎法の成立については、本書所収の拙稿「霊宝斎法の成立と展開」、参照。

（6）玉女泉の摩崖道教造像については、胡文和『四川道教佛教石窟艺术』（四川人民出版社、一九九四年六月）第一巻四川道教、佛教石窟的分布（四）涪江流域1、綿陽市造像龕窟の西山観の項、参照。胡文和氏は岩石の東端の壁面を「北面」（正しくは、東面）と称しており、この壁面にある八龕の天尊像龕をすべて隋代の造像と推定している（五四頁）。

（7）前掲の胡文和『四川道教佛教石窟艺术』の「図版の附 1、2、3、4」（三三頁）と「第一巻（四）涪江流域、5 潼南県造像龕窟、大佛寺」（五九頁）と「第三巻一、道教龕窟題材内容的研究、甲（一）道教尊神、1 元始天尊」（一八八頁）、参照。

（8）『巴蜀道教碑文集成』（四川大学出版社、一九九七年十二月）一二頁に所収。

（9）隋代には道教造像として天尊像以外に、老君像も造られていたようである。胡文和『中国道教石刻艺术史』（高等教育出版社、二〇〇四年八月）第一巻「北朝至隋唐的道教造像碑・石、貳・(六) 隋代道（佛）教造像碑・石」参照。隋代の道教造像においては老君像も造られたのは、天師道では老子を道教の教主と見ているからである。

（10）『巴蜀道教碑文集成』一三頁に所収。

（11）『巴蜀道教碑文集成』一三頁に所収。

（12）『巴蜀道教碑文集成』四七頁に所収。

(13) 天師道の道士の法位については、前掲の拙著『唐代の道教と天師道』第一章 唐代の道教教団と天師道、および第二章 天師道における受法のカリキュラムと道士の位階制度、参照。

(14) 天師道の三宝（道宝・経宝・師宝）説については、前掲の拙著『中国の道教』（二六、一七、八七、九二、一二八、一五二、二〇〇、三〇八頁）、参照。三宝への帰依（三帰依戒）は劉宋の天師道が唱えた戒であり、天師道教徒は三宝への帰依を必ず実践しなければならなかった。したがって、三宝を信奉する者は天師道教徒である。

(15) 玄妙観碑の全文は「啓大唐御立集聖山玄妙観勝境碑」（『巴蜀道教碑文集成』二七－二九頁）、「白羊峰聖容正教龕銘」（陳垣編纂『道家金石略』文物出版社、一九八八年六月、一四二－一四三頁）、参照。

(16) 現在、救苦天尊像龕の前には建物の柱と壁があるために、その全体像を写真に収めることができない。図9の写真は阿純章氏が二〇〇一年五月に撮った写真を借用したものである。記して阿氏に謝意を表す。

(17) 『巴蜀道教碑文集成』所収の「啓大唐御立集聖山玄妙観勝境碑」では「相」とあるが、王家祐「四川省道教摩崖造像」（王家祐『道教論稿』所収、巴蜀書社、一九八七年八月）では「首」とある。

(18) 前掲の王家祐「四川省道教摩崖造像」に依って、「龕」の字を補う。

(19) 唐代の救苦天尊信仰については、遊佐昇「唐代に見られる救苦天尊信仰について」（『東方宗教』第七十三号、日本道教学会、一九八九年四月）、参照。

(20) 胡文和氏は四尊像を張・李・羅・王の四天尊の像と推定する。前掲の胡文和『四川道教佛教石窟芸术』第一巻（五）沱江和涪江之間的流域1、安岳県造像龕窟の玄妙観の項（七八頁）、参照。なお、五尊像については、同書では一切触れられていない。

(21) 本論文の前稿「金籙斎法に基づく道教造像の形成と展開」（『東洋の思想と宗教』第二十二号所収。二〇〇五年三月）では五老（五帝）と表記したが、五老と五帝が混同されることはほとんどないので、小稿では「五老」とのみ表記する。

(22) 五篇真文と五老については、拙著『六朝道教史研究』第一篇第二章『霊宝赤書五篇真文』の思想と成立、三 五篇真文の思想、参照。

(23) 陳垣編纂『道家金石略』（文物出版社、一九八八年六月）唐092（一三七－一三八頁）所収。

(24) 現存の三清像龕の三清像は、文革の際に破壊されて、図13のような状態にあるが、幸いにも胡文和『四川道教佛教石窟芸術』には文革前の三清像龕の写真が図版二十三に載せられているので、それによって三清像が元始天尊・太上道君・太上老君の像であることが確認できる。

(25) 注(21)に掲載の本論文の前稿では、この思想を「三清像の思想」と命名したが、小稿では「三清」の思想と訂正する。

(26) 『全唐詩』巻一百十九所収。崔国輔は、呉郡の人で、開元中に許昌令となり、集賢直学士、礼部員外郎に累遷する。

(27) 『巴蜀道教碑文集成』二九－三〇頁に所収。

(28) 『巴蜀道教碑文集成』三〇頁には「三府四典」とあるが、「三墳五典」の誤記である。

(29) 筆者は二〇〇四年十二月二十七日に仁寿県牛角寨の壇神岩の三宝像窟の調査を行い、題記の「南竺観記」にいう「三宝像」が元始天尊・太上道君・太上老君の三清像に擬して造られていることを確認した。図14を参照。

(30) 安岳県玄妙観の現在の三清像は文革時の破壊により、顔形が判別できないが、胡文和『四川道教佛教石窟艺术』の図版七十四、七十五（二八頁）に掲載の破損前の三宝像の太上道君像を参照。

(31) 天師道の「三天」の思想の三天については、本書所収の拙稿「劉宋・南宋期の天師道の教理と儀礼」二、「三天」の思想と「三天」の観念、参照。

(32) 三洞道士や三洞女道士が天師道の道士の法位であるということについては、前掲の拙著『唐代の道教と天師道』第一章 唐代の道教教団と天師道、参照。

(33) 天師道の「道教」とは、劉宋の天師道が唱えた「道教」を指す。隋唐宋の時期の道教は、すべて天師道の「道教」であったので、小稿ではこの時期の「道教」については一々「道教」と表示せず、道教と表記している。しかし天師道の「道教」であることを強調したい場合には「道教」と表示する。「道教」の意味と用法については、前掲の拙著『中国の道教』序章「道教」の構造、一「道教」の成立、および前掲の拙著『唐代の道教と天師道』の「前言」、参照。

(34) 陳垣編纂『道家金石略』唐180（二〇七－二〇八頁）所収。

(35) 龍山道教石窟の第二窟三清像については、張明遠「龍山石窟考察報告」（一九九六年第十一期『文物』総第四八六期、文物出版社、一九九六年十一月）、および張明遠『太原龍山道教石窟艺术研究』（山西科学技术出版社、二〇〇二年四月）、参照。

(36) 胡文和『四川道教佛教石窟艺术』第一巻（五）沱江和涪江之間的流域1、安岳県造像龕窟の円覚洞の項（七三頁）、参照。

(37) 重慶大足石刻艺术博物館・重慶市社会科学院大足石刻艺术研究所編『大足石刻銘文録』（重慶出版社、一九九九年八月）第三篇之二、一、道蔵鐫記、題刻、〔宋代〕石篆山に所収の「2．佚名・鐫太上老君龕像題名、鐫記」（三一六頁）、および胡良学・陳静「大足石篆山、妙高山摩岩造像的調査研究」（『四川文物』一九九八年第一期〔総第七十七期〕、四川省文物管理委員会、一九九八年二月）所引の太上老君龕の碑文には「元豊六年歳次癸亥閏六月二十日記」とある。

(38) 前掲の『大足石刻銘文録』と「大足石篆山、妙高山摩岩造像的調査研究」によると、各真人の頭部の右脇の壁面に記されている真人名は太上老君の左側が「玄中大法師」・「太極真人」・「□□真人」・「□光真人」・「普徳（得）真人」・「不明」・「不明」であり、右側が「三天大法師」・「太乙真人」・「定法真人」・「不明」・「不明」・「正一真人」・「不明」であるという。名称不明の真人たちも、当時の天師道で信奉されていた真人であろう。

(39) 元初に建てられた山西省芮城の永楽宮三清殿の東壁に昊天至尊玉皇上帝と后土皇地祇、西壁に木公と金母、北壁の東側に中天星主北極紫微大帝、西側に勾陳星官天皇大帝、三清龕扇面牆外の東面に南極長生大帝、西面に東極青華天尊が描かれている。これを参照すると、南山の三清龕に、昊天至尊玉皇上帝・勾陳星官天皇大帝・中天星主北極紫微大帝・承天効法后土皇地祇の四御の像とともに、南極長生大帝と后土聖母の像が置かれていたと推測するのも、首肯できよう。永楽宮の壁画は、『永楽宮壁画全集』（天津人民美術出版社、一九九七年八月）、参照。

(40) 前掲の拙著『中国の道教』第三章「道教」の歴史、六　南宋・金の「道教」、参照。

(41) 写真は胡文和『中国道教石刻艺术史』（高等教育出版社、二〇〇四年八月）下冊（一五九頁）に掲載されている。

(42) 写真は胡文和『中国道教石刻艺术史』下冊（一五三頁）に掲載されている。

(43) 『高上玉皇本行集経』では玉皇が玉皇大帝ではなく、「高上玉皇」と呼ばれているので、本経は北宋・南宋期の編纂ではなく、高上玉皇信仰が流行し始める唐代初期の作品であろう。

(44) 『宋史』巻一百四・礼志七、参照。

(45) 原文の「謄」は、「縢」の誤りであろう。

(46) 「老君」と「玉皇士」（玉皇）の像が刻まれた道教造像碑（北魏、五二七年造。中国歴史博物館所蔵）がショーン・アイクマン（Shawn Eichman）氏編集の“TAOISM and the Arts of China”(Tha Art Institute of Chicago, 2000, 170-171)に紹介されている。

(47) 永楽宮の壁画は、前掲の『永楽宮壁画全集』、参照。

(48) 三皇洞の開鑿年代については、郭相穎『大足石刻研究』(重慶出版社、二〇〇〇年九月) 大足石刻中的道教和〝三教合一〟造像、三の「三、石門山摩崖造像」、参照。なお、郭相穎氏は同書で三皇洞の左壁の上段の二十八人の天人像を二十八宿の可能性がある (一三一頁)、と指摘している。

(49) 図23の写真は胡文和『中国道教石刻芸术史』下冊 (一一九頁) より転載する。

(50) 舒成岩の東岳大帝窟と淑明皇后窟は南宋の紹興二十一年 (一一五二)、二十二年 (一一五三) の開鑿である。胡文和『四川道教佛教石窟艺术』第三巻一、道教龕窟題材内容的研究、甲 (二) 道教俗神類、2東岳大帝和淑明皇后の項、参照。

(51) 胡文和『四川道教佛教石窟艺术』第一巻 (五) 沱江和涪江之間的流域、2大足县造像龕窟の妙高山と仏安橋の項、参照。

(52) 霊宝斎法については、本書所収の拙稿「霊宝斎法の成立と展開」、参照。

(53) 綿陽・安岳・大足以外の四川の地域にある摩崖道教造像も、たとえば丹棱県龍鵠山の唐代の天尊像や剣閣県鶴鳴山の唐代の天尊像と長生保命天尊像、あるいは仁寿県牛角寨壇神岩の三宝像も唐代の天師道の「道教」において造られた造像である。

(54) 前掲の拙著『唐代の道教と天師道』第一章 唐代の道教教団と天師道、参照。

(55) 前掲の『永楽宮壁画全集』、参照。

(補記) 二〇〇四年十二月二十六日より二十八日までの三日間、四川省仁寿県の牛角寨と龍橋郷、剣閣県の鶴鳴山の摩崖道教造像の調査を行った。仁寿県の牛角寨壇神岩の三宝像の図14の写真はこの調査の際に撮ったものである。

(付記) 本論文は『東洋の思想と宗教』第二十二号 (早稲田大学東洋哲学会、二〇〇五年三月) 所収の論文「金籙斎法に基づく道教造像の形成と展開－四川省綿陽・安岳・大足の摩崖道教造像を中心に－」を訂正し補筆したものである。

Ⅳ　儒仏二教と道教儀礼

宋代の景霊宮について

——道教祭祀と儒教祭祀の交差——

一　はじめに

宋代の景霊宮は中国歴代王朝の祖廟の中でも独特の位置をもっている。たとえば清の考証学者、万斯同は歴代太廟の復元を試みた『廟制図考』の中で、景霊宮の特異性についてこう概括している。

按ずるに宋に景霊宮有り。司天保生天尊大帝を祀り、之を聖祖と謂う。史に言う、真宗夢に帝所に之《ゆ》くに、一神有り。自ら言う、「姓は趙、名は玄朗、乃ち汝の始祖なり」と。明日、廷臣に言いて遂に此の宮を建つ。僖祖より以下、悉く廟を其の側に立て、神御を供す。殿宇の高広たる、太廟に十倍し、日に四万人を役し、七年にして後成る。天地を郊祀する毎《ごと》に、先ず景霊に朝献し、後に太廟に告ぐ。其の誕妄不経、此に至る。唐の徳明・興聖に視《くら》べて更に甚だしき有り。而して宋の臣、曽て一人も議及する者無し。吁《ああ》、嘆くべきかな。

唐、皐陶を追尊して徳明皇帝と為し、老聃を興聖皇帝と為す。太清宮を立てて興聖を祀り、禘祫には礼を此に行なう。

すなわち、景霊宮は、

一、真宗時代、宋王室の始祖とされる趙玄朗を「聖祖」すなわち「司天保生天尊大帝」として祀った。

二、さらに宋代の皇帝たちの諸廟を宮内に建て、彼らの「神御」すなわち生前の姿をかたどった塑像を奉安した。

三、太廟よりもはるかに巨大な建造物であった。

四、天地の祀りの前に、まず景霊宮に朝献し、ついで太廟に報告した。

五、これらはもともと唐代の制度、とりわけ老子を始祖として祀った太清宮に由来する。

などの特色をもっており、伝統儒教にのっとる太廟とは違う祖霊祭祀施設だったという。

この万斯同の説明には一部事実誤認があり、特に小注で唐王朝について「老聃を興聖皇帝と為す」といっているのは間違っている。唐代に興聖皇帝とされたのは老聃ではなく、高祖李淵の七代前の遠祖たる涼武昭王・李崇であって（『唐会要』巻二二、前代帝王、天宝二年）、ほかにも若干思い違いが認められるが、しかし、以上の説明は全体として景霊宮の特色をよくつかまえているといってよい。宋王朝は歴代皇帝を祀る太廟以外に、神格化された始祖すなわち「聖祖趙玄朗」を本尊とする景霊宮を建てて祖先祭祀を行なっていたのである。

景霊宮の特異性は国家祭祀の規定の仕方からも知ることができる。そもそも宋朝の国家祭祀は唐代のそれを継承し、規模に応じて大祀・中祀・小祀に三分されていた。大祀は天地や明堂、五方帝の祭祀など、中祀は仲春における五龍のまつり、立春後における風師や先農のまつり、春秋における孔子の釈奠など、小祀は仲春・仲夏・仲秋・仲冬における馬祖・先牧・馬社・馬歩のまつり、季夏における中霤のまつりなどが含まれる（『宋史』礼志一）。ところが、景霊宮の祭祀はそのいずれにも分類されていない。[1] 大祀・中祀・小祀はおおむね儒教経典や古代文献に典拠をもつオーソドックスな祭祀であって、儒教儀礼と言い換えてほぼ差し支えないのであるが、景霊宮の祭祀はそのような「表向き」の儒教儀礼からはずれているのにもかかわらず、国家的祭祀として大々的にとり行なわれていたのである。

このような景霊宮の性格は、万斯同もいうように、唐代の太清宮と似たところがある。唐代の太清宮も大祀・中祀・小祀の中に含まれていないにもかかわらず、唐王室の祖先とされる老子（老君）を祀る宮観として崇拝されていたからである。太廟に木主（位牌）を置くのに対し、景霊宮には「神御」すなわち塑像を奉安したというのも、太清宮との近似性を示すものである。太清宮には老君の石像が南面して坐し、玄宗と粛宗の「真容」が左右に侍立していたからである（『大唐郊祀録』巻九、薦献太清宮）。

景霊宮は「宮」という名が示すように、宮観すなわち道観としての性格を本来的にもっている。そのことは徽宗時代の『政和五礼新儀』が、「宮観」として、景霊宮とともに上清儲祥宮・太清儲慶宮・醴泉観・九成宮・佑神観・太一宮の六つの道観を並挙していることからもわかる。(2) 宮と観は宋代の規定によれば規模が違うだけで性質は同じであり、そのことは『続資治通鑑長編』に、

凡そ宮観の制《つくり》は、皆な南に三門を開き、二重にす。東西両廊あり。中に正殿を建て、擁殿に連接す。又た道院・斎坊を置く。其の観の宇の数は、差《や》や宮に減ず。（『長編』巻七九、大中祥符五年閏十月戊寅）

と述べられている。すなわち、規模としては「宮」の方が「観」よりもやや大きいが、いずれも内部に「道院」が置かれていた。つまり、ともに道士がその管理と祭祀にあたっていたのである。

つまるところ宋代宗室における祖先祭祀は、太廟が儒教祭祀の場であったのに対し、景霊宮が道教祭祀施設の性格を色濃くもっていたということができる。もっとも、筆者には、これを純粋な道教祭祀とのみ規定してしまうのは問題を残すようにも思われる。

これまで景霊宮に関する研究は山内弘一氏と汪聖鐸氏のものが目立つ程度で、(3) なお不明瞭な点が少なくない。そこで本稿では、一、玉清昭応宮と景霊宮の造営、二、景霊宮における祭祀、三、景霊宮と道教および儒教、の

三章に分けて考察を行ない、景霊宮とはどのような経緯で造営され、また、どのような祭祀がとり行なわれ、それはいかなる性格をもつのかなどの点について検討したい。この場合、唐代の太清宮や宋代の太廟は景霊宮の性格を明らかにするために重要なので、それらとの対比も常に念頭に置くこととする。本稿での検討は、儒教儀礼と道教儀礼を中国の宗教史の中に広く位置づけるために役立つことであろう。

なお、道蔵は台湾・芸文印書館本を用いることにし、文中に当該文献がその第何冊目に収められているかを記した。

二　玉清昭応宮と景霊宮の造営——玉皇と聖祖

(1)　真宗時代

景霊宮が建てられたのは北宋の真宗の時代である。景霊宮の成立はかの「天書」事件、玉皇を祀る玉清昭応宮の造営、聖祖の降臨といった一連のトピックの中にあるので、当時の道教ブームに関しても触れなければならない。この道教ブームは真宗とそのとりまきによる一種の「ばかさわぎ」として否定的に見られることが多いが、事実はそれほど単純ではない。そのような理解の仕方によっては、この時のブームが道教ひいては中国宗教史の展開に与えた影響の大きさはとらえられないであろう。以下、本章の資料はもっぱら『続資治通鑑長編』（以下、『長編』と略記）によって両宋における関連経緯をたどることにし、他の資料によった場合や、年次に注意が必要な場合には注記を加えることにする。

さて、景徳四年（一〇〇七）十一月、真宗の夢に「神人」が現われる。神人は正殿で「黄籙道場」を一ヶ月間建てれば天書「大中祥符」三篇を降すと告げたため、真宗は十二月朔から朝元殿で道場を建てた。すると翌年一月三日になって、長さ二丈ほどの帛《きぬ》の巻物、すなわち「天書」が左承天門に降った。かくして真宗は年号を大中祥符と改めた。天書の降った一月三日は大中祥符元年十一月に「天慶節」という祝日とされ、開封の上清宮では七日間にわたって道場が建てられた。

翌年の大中祥符元年（一〇〇八）四月一日には皇城内の功徳閣に再び天書が降り、真宗は天書を奉じるために昭応宮の建設を命じた。玉清昭応宮の造営が、ここに始まるのである。

天書が降った四月一日はのちの天禧元年（一〇一七）正月に「天祺節」と定められた。大中祥符元年六月五日には、今度は泰山に天書が降り、十月に泰山封禅が盛大に行なわれたことは周知のとおりである。六月五日は、翌年五月に「天貺節」とされた。さて、これに先だつ景徳四年四月、汀州の王捷なる者のもとに神が降り、宦官劉承珪の上聞を得た真宗は、泰山封禅ののち、その神に「司命真君」と加号し、それは聖祖にほかならないとした（『長編』巻七一、大中祥符二年二月辛卯）。この時点ではまだ「聖祖」が宗室の始祖・趙玄朗とは見なされていないが、このことはのちの聖祖降臨の伏線となったものである。

大中祥符二年（一〇〇九）四月には三司使の丁謂が修昭応宮使となり、玉清昭応宮の建設が本格化する。この時には右にふれた劉承珪が副使となった。また大中祥符四年（一〇一一）二月に、真宗は汾陰（山西省）で后土を祀った。

大中祥符五年（一〇一二）は一連の事件にとってきわめて重要な年である。始祖・趙玄朗が降臨してその存在がはっきりとしたかたちで信じられるとともに、これにともなう行事や造営が矢つぎ早に実施されたからである。

まず、同年十月、真宗の夢に再び神人が現われる。神人は「玉皇」の命によって天書を降したといい、またみずからは趙氏の始祖であり、軒轅皇帝であり、兗州曲阜県の寿丘に生まれ、五代・後唐の時、玉皇の命を受けて七月一日に下降したと真宗に告げる。ここで初めて、神人が玉皇の使いであり、宋皇帝の始祖であることが明示された。そして、まもなく延恩殿で道場を設けると、そこに「九天司命上卿保生天尊」すなわち聖祖が降臨したのである。真宗『玉京集』巻三（道蔵第九冊）に収める真宗の「謝聖祖降表一道」はこの時に書かれたものに違いない。

翌閏十月、真宗はこうして降臨した天尊に「聖祖上霊高道九天司命保生天尊大帝王」の号をたてまつる。ついで、この聖祖の名は「趙玄朗」であり、今後、「玄朗」の字を用いるのを禁ずるという詔を発した。そして七月一日を「先天節」、聖祖が降臨した十月二十四日を「降聖節」と定め、五日間の休暇を与えることにした。これらの祝日には、開封と洛陽の両京および諸州において、七日前に「道場を建て醮を設け」、動物の屠殺を禁じ刑の執行を中止するとともに、市民が宴楽し、京城に一日中灯籠を飾るのを許したという。ついで真宗は、天下の州・府・軍・監の天慶観内に聖祖殿を増置すべしと命じた。

この天慶観については説明が必要であろう。これより前の大中祥符二年十月、真宗は全国の諸路・州・府・軍・監・県に命じて、官地を択んで道観「天慶観」を建てよと命じていた。天慶観で祀られたのは三清、玉皇、聖祖および北極であった(4)。このことは道教が全国に急速に普及する重要なきっかけとなったもので、『長編』は天慶観について、

是より先、道教の行、時に習尚すること罕《まれ》にして、惟だ江西・剣南（四川）の人のみ素《も》と崇重す。是に及びて、天下始めて偏《あま》ねく道像有り。（『長編』巻七二、大中祥符二年十月甲午）

といっている。つまり全国各地の天慶観に玉皇や聖祖の塑像が置かれたのである。

さらに、真宗は聖祖母（聖祖の妻）に「元天大聖后」の号をたてまつった。また聖祖が降臨した延恩殿を真游殿と改めたが、『玉京集』巻二には真宗の「真遊殿祥瑞表十道」が収められている。また兗州曲阜県を仙源県と改め、その地の寿丘に景霊宮と太極宮を建て、聖祖と聖祖母を奉じた。景霊宮がまず寿丘に建てられたのは、先述したように、ここが聖祖出世の地とされたからである。このほか、玉皇と聖祖の祭祀用の音楽も真宗みずからの手によって作られた。

同月には玉清昭応宮内にも趙玄朗を祀る聖祖殿が建てられることになった。玉清昭応宮の玉皇殿のうしろに聖祖殿を造り、金銅によって聖祖の像を鋳造することが決められたのである(5)。ついで翌十一月には玉清昭応宮を拡張した。すなわち、前に玉皇殿、次に聖祖殿、その次に紫微二十八宿を奉じた殿という三つの正殿を建て、さらに東側には二聖殿を立てて、太祖・太宗の塑像を奉安したという(6)。

そして十二月に、皇城南の錫慶院の地に景霊宮を建てて聖祖を奉じることにした。この地は皇城の南門である宣徳門前の大通り、すなわち「御街」の東側に面したところである(7)。これは閏十月における兗州寿丘の景霊宮造営に続くもので、景霊宮といえば一般にこちらを指す。『玉京集』巻五にはこの時に真宗が書いた「景霊宮興工詞一道」が収められている。

大中祥符六年（一〇一三）五月には、前年閏十月の決定をうけて聖像が造られた。真州建安軍（江蘇省）において玉皇、聖祖、太祖、太宗の像が鋳造され、京師に盛大に迎え入れて玉清昭応宮に安置されたのである。とりわけ玉皇の像は「高さ二丈五尺」すなわち七・五メートルという巨大なもので、聖祖、太祖、太宗の像とともに金箔を施された華麗なものであった(8)。この時には王旦、向敏中、王欽若、陳尭叟といった高官たちを遣わして像を迎え、真宗自身も鹵簿に乗り、あまたの臣下を引き連れて迎えに出た。『玉京集』巻三に収める「迎奉聖像表一道」および同書巻五に収める「為迎鋳聖像詞一道」は、この時に真宗が書いたものである。また、この時には像が進み行くのにあわせて音楽もかなでられた。『宋史』楽志十五に収める「建安軍迎奉聖像導引」四首、「聖像赴玉清昭応宮導引」四首はその歌詞である。

大中祥符七年（一〇一四）十月には、玉皇を祀る玉清昭応宮がついに竣工した。玉清昭応宮は京師外城の南薫門外の西に位置し、[9]「宮宇二千六百一十区」を擁する宋代最大の道観となった。当宮の造営が命じられたのが大中祥符元年四月であるから、足かけ七年あまりかけた大工事だったことになる。『容斎随筆』によれば、全国各地から木材や石材、銀朱や丹砂、鉛丹、白堊、墨、漆、鉄などを調達し、一日あたり三、四万人の工人を使役したという。[10]また、東西三百十歩、南北百四十三歩という広大な敷地は地味が粗悪だったため、京師の東北から土を運び入れ、三尺から一丈六尺の厚さに敷きつめたというから驚かされる。[11]

大中祥符八年（一〇一五）正月、真宗は竣工なった玉清昭応宮の太初殿（もとの玉皇殿）に行き、玉皇に「玉皇大天帝」の聖号を送る。この頃、景霊宮の造営も順調に進み、八月には全国から集めた画工四十人を用い、神仙の事迹を景霊宮の廊廡に描かせたという。[12]

かくて大中祥符九年（一〇一六）五月、景霊宮が完成する。先述したように、景霊宮は大中祥符五年十二月に造営を始めたので、完成まで三年半ほどかかったことになる。そのつくりは「宮于総七百二十六区」というから、玉清昭応宮には及ばないにしても、これまた壮大な建築群であった。こうして、真宗の道教信仰の中心建築である玉清昭応宮と景霊宮ができあがったのである。

さて、天禧元年（一〇一七）正月朔、玉清昭応宮の太初殿に天書を奉じて衮服を納め、太祖と太宗を祀った二聖殿に絳紗袍を納めた真宗は、翌日、景霊宮に赴き、聖祖を祀る正殿たる天興殿に冊宝と仙衣を奉納する。『宋史』楽志十五に載せる「奉宝冊導引」三首はこの時の儀式で歌われたものであろう。またこの時、全国の諸路では「羅天大醮」が盛大に行なわれた。

同年四月には「出聖祖神化牌」を京城の寺観および天下の名山に頒った。表面に「玉清昭応宮成天尊万寿金宝」、裏面に「永鎮福地」と記したという。五月には諸州の天慶観内の聖祖殿につき、着任時および離任時の朔望には「斎潔朝拝」すべしという制度が定められた。このようにして玉皇および聖祖への信仰は、京師地区にとどまらず、中国全土に制度的裏づけをもって普及していった。

また天禧五年（一〇二一）七月には、真宗自身の「本命」について祈福するため、景霊宮内に万歳殿を建てている。本命とは本命星のことで、生まれた年の干支にあたる日に、決まった星を祭るのである。

以上、真宗時代の道教関連の行事を玉清昭応宮と景霊宮を中心に見てきたが、この時代にはもちろん他の道観の造営も盛んであった。京師だけに限ってみても、会霊観（大中祥符七年）、元符観（同年）、祥源観（天禧五年）などが建てられ、太祖・太宗時代に造営された上清宮（のちの上清儲祥宮）や東太一宮における祭祀もひきつづき行なわれていた。

この時期、道教祭祀としての道場ないし斎醮が盛んに開かれたことはいうまでもない。右に景徳四年十二月から翌大中祥符元年にかけて真宗が設けた「黄籙道場」や、天慶節・先天節・降聖節のさいの道場および醮、天禧元年正月の諸路における「羅天大醮」などについて触れたが、このうち羅天大醮に関していえば、大中祥符二年七月、真宗は道録院の道士たちに「斎醮科儀」の作成を命じ、大中祥符八年正月に王欽若がそれを詳定して『羅天醮儀』十巻をつくっている。(13) 天禧元年の「羅天大醮」はこれにのっとって開かれたものに違いない。『羅天醮儀』は現在伝わっていないが、いま南宋・呂元素の編集した『道門定制』（道蔵第五二冊）を見ると、その巻三に王欽若の上奏文が載っており、「羅天聖位九巻」と「羅天科儀集成一巻」、あわせて「羅天科儀品位十巻」を上進するといっている。これは『羅天醮儀』十巻にあたるものではあるまいか。『道門定制』はついで王欽若が三籙斎すなわち金籙斎（普天大醮）、玉籙斎（周天大醮）および黄籙斎（羅天大醮）について修定したといい、さらに「黄籙羅天一千二百分の聖位」として、祈るべき神々の名をずらりと並べているが、これもやはり王欽若の科儀を継承するものであろう。

なお、天禧元年正月の諸路における「羅天大醮」の時のさまを、『長編』は次のように伝えている。

先ず道場を建て、前七日に致斎す。屠宰・刑罰を禁じ、凶穢を止め、坊市は三日酒を飲み肉を食らうを得ず。軍校・牙将・道釈・耆寿は悉く寺観・軍営・民舎に集まり、門庭に就《つ》きて香燭を設け望拝す。官吏は服、斉・斬（斉衰と斬衰、長期間の服喪をいう）に非ざれば悉く預《さきおくり》し、余は惨服（服喪）するを得ず。諸路、転運使をして之を察せしむ。（『長編』巻八九、天禧元年、正月朔）

こうして玉皇・聖祖信仰にかかわる斎醮の余波が全国津々浦々にまで広がったわけである。諸路の監督官たる転運使によって行事の様子を査察させたというのであるから、国家権力によって羅天大醮が大々的に挙行されたことになる。

このほか、天禧三年（一〇一九）八月には乾佑県（陝西省）にまた天書が降ったため、真宗は皇城の中心をなす天安殿に道士と僧侶を集めて道場を開いた。その数は何と「万三千八十六人」にのぼり、真宗は薬銀を鋳て造った特別の大銭をみずから与えたという。

このように、真宗時代にはとてつもなく大規模な斎醮ないし道場がしばしば開かれた。『長編』は次のようにいっている。

祥符の天書既に降りてより、始めて天慶・天祺・天貺・先天・降聖節を建つ。及《ま》た真宗の誕節・本命、三元には、道家の法を用い、内外、斎醮を為し、京城の内、一夕に数処あり。……一歳の醮、四十九あり。（『長編』巻一〇〇、天聖元年二月庚申）

ここにいう天慶・天祺・天貺・先天・降聖の諸節は、上述したようにいずれも天書および聖祖の降臨にちなむ祝日であり、ほかに真宗の誕生日、本命日、上元・中元・下元の三元日にも京師内外で大規模な斎醮が開かれ、それは一年に四十九回にも及んだという。大中祥符九年十一月には知許州の石普が、天下の醮をやめれば一年に七十余万の緡銭を節約できると上書したが、逆に真宗の怒りをかい、遠所に配流されるしまつであった。

このように、大中祥符年間から天禧年間に起こった真宗とそのとりまきを中心とする道教熱は、天書、封禅、聖祖の降臨と玉皇のクローズアップ、それにともなう道観の造営と聖像の鋳造、斎醮の盛行、そしてその全国的な普及など、さまざまな方面にわたっている。それらの信仰行事を根底から支えていたのは、要するに玉皇とその命を受けたとされる聖祖趙玄朗への信仰であった。そして、その信仰を集約する施設として、玉皇を祀る玉清昭応宮と聖祖を祀る景霊宮が建てられたのである。

(2) 北宋後期の景霊宮

仁宗時代になると、真宗時代の道教熱はかなり冷却する。仁宗が即位後まもない天聖元年（一〇二三）二月、一年に四十九回も行なわれていた醮を二十回に減らしたのはそのあらわれであり、天聖二年（一〇二四）六月には、天慶・天祺・天貺・先天・降聖の各節において宮観が燃灯するのを中止している。また天聖七年（一〇二九）六月、玉清昭応宮が火災によって焼失してしまったことも重要である。玉清昭応宮はわずかな建物を残してすべて灰燼に帰し、その後も再建されることがなかった。皇帝の道教信仰がこうしてトーンダウンするのにともない、景霊宮は祖廟としての性格を強めていくことになるのである。

特に注目されるのは、次の神宗時代の元豊五年（一〇八二）、それまで各地の仏寺・道観の神御殿に収められていた皇帝・皇后の神御（塑像）が景霊宮に集められて十一の殿が建てられるとともに、その祭祀儀礼が整えられたことである。まず神御殿について、それまでの経過をざっとたどってみよう。

天聖二年（一〇二四）三月、景霊宮の万寿殿を改修して真宗の神御を置き、名を奉真殿と改めたのに続き、明道二年（一〇三三）十月には真宗の后、荘懿皇后の神御を景霊宮の広孝殿に置いた。さらに治平元年（一〇六四）八月、景霊宮の西園に孝厳殿を建てて仁宗の神御を置き（『長編』巻二〇〇、治平元年三月丁酉）、治平四年（一〇六七）には景霊宮に英徳殿を建て、英宗の神御を置いた（『宋史』礼志十二、景霊宮）。つまり、元豊五年の時点で、景霊宮に奉安されていた神御は、聖祖を除けば、真宗、荘懿皇后、仁宗、英宗の四者だったことになる。そのことについて『文献通考』は「凡そ七十年間、神御の宮に在る者四、其の他の諸寺観に寓せらるる者十一所」といっている（巻九四、宗廟考四、天子宗廟）。ここで景霊宮以外に神御を奉安していた寺観が十一箇所あるといっている点であるが、実際には神御殿は全国各地に設けられていたので[14]、これは京師地区のみについての数をいうのであろう[15]。

そもそも『宋会要輯稿』によれば、神御殿は宋の建国まもない乾徳六年（九六八）、安陵旧城の奉先資福院に殿を建て、太祖の父・宣祖と昭憲皇后の像を置いたのが最も早い例らしい。その後、咸平二年（九九九）九月、京師の啓聖禅院に殿を建てて太祖の聖容を置き、咸平三年（一〇〇〇）八月、鳳祥府の上清太平宮に殿を建てて太宗の聖容を置き、景徳四年（一〇〇七）二月、西京応天禅院に興先殿を建てて太祖を奉安する、というふうに、次々と各地に神御殿が建てられた（以上、『宋会要輯稿』礼一三之二―三）。これらをまとめるために、元豊三年（一〇八〇）九月、景霊宮に十一殿を造る旨の詔が発せられ、元豊五年十一月にそれが竣工をみたのである。この時、京師の各所に分散していた神御も景霊宮に集められ、奉安された(16)。『宋史』礼志にはそのことを、

元豊五年、景霊宮十一殿を作る。而して在京の宮観寺院の神御は皆な迎えて禁中に入る。存する所は惟だ万寿観の延聖・広愛・寧華三殿のみ。（『宋史』礼志十二、神御殿）

といい、『長編』には、

是より先、祖宗の神御は諸寺観に分かち建てらる。上、以為《おも》えらく、未だ厳奉の義に称《かな》うに足りず、乃ち原廟の制を酌み、景霊宮に即きて十一殿を建て、毎歳孟月に朝享して、以て時王の礼を尽くさんと。是に及びて宮成り、奉安の礼畢わりて、初めて朝享するなり。（『長編』巻三三一、元豊五年十一月癸未）

といっている。

ここで注意すべきは、新しく増築された景霊宮が「原廟」の制にもとづくとされたことである。原廟はもともと漢代に始まる制度であり、「原」とは重ねるの意で、何らかの理由で太廟とは別の地に建てられた廟のことである(17)。つまり聖祖趙玄朗崇拝のために建てられた道観景霊宮が、一転して祖廟としての性格を付与されることになったのである。そのことは、右の引用に、毎年孟月に朝享の祀りを行なうといっていることからも窺い知られるのであって、それまで神御の常祀は、

旧制、車駕し、上元節は十一日を以て興国寺・啓聖院に詣《いた》りて太祖・太宗・神宗の神御に朝謁し、下元節は景霊宮に詣りて天興殿を朝拝し、真宗・仁宗・英宗の神御に朝謁す。（『宋史』礼志十二、景霊宮）

といわれるように、上元節（一月十五日）と下元節（十月十五日）という道教起源の祝日にのみ行なわれていた。

祖廟祭祀というよりも、道教祭祀の性格が強かったわけであるが、これ以後は景霊宮における毎年孟月の朝享が定式化する。もちろん、唐の太清宮においては四孟月に祭祀を行なっており（『大唐郊祀録』巻九、「薦献太清宮」）、この改変はそれにならったと見ることもできるが、真宗時代と較べて景霊宮が祖廟としての性格を強めたことは認められるべきであろう。景霊宮における祭祀については次章で詳しく検討するが、元豊年間、祭祀方式においても一定の転換がなされたことは十分注意が必要である。

そもそも王安石を登用して政治改革を断行した神宗は、官制や礼制の改革にも積極的であった。礼制についていえば、それは「古礼への復帰」[18]としてあらわれ、儒教における「儀注」、道教における「科儀」といった儀礼マニュアルについても整備がはかられた。たとえば、熙寧六年（一〇七三）六月、神宗は翰林学士陳繹らに『道場斎醮式』二十八巻を編修させてこれを頒行するとともに、僧道録司（僧録司および道録司）に与え[19]、これをもとに「道場の名目」と「位号」を逐一参酌し遵守するようにさせた。この『道場斎醮式』は現在伝わっていないが、真宗時代に際限なくふくれあがった斎醮の煩瑣な儀式の簡約化をはかったものであることは間違いない。

また、元豊の初めには、龍図直学士宋敏求に命じて儀礼全般にわたる整備が進められ、儀注や科儀がまとめられた。『宋史』礼志によれば、それは次のようなものである。

一、『朝会儀注』全四十六巻　（内容）閤門儀　朝会礼文　儀注　徽号宝冊儀

二、『祭祀』全百九十一巻　（内容）祀儀　南郊式　大礼式　郊廟奉祀礼文　明堂祫享令式　天興殿儀　四孟朝献儀　景霊宮供奉敕令格式　儀礼敕令格式

三、『祈禳』全四十巻　（内容）祀賽式　斎醮式　金籙儀

四、『蕃国』全七十一巻　（内容）大遼令式　高麗入貢儀　女真排辦儀　諸蕃進貢令

五、『喪葬』全百六十三巻　（内容）葬式、宗室外臣葬敕令格式　孝贈式　（『宋史』礼志一）

これを見ると、この時の改革が儀礼のさまざまな方面にわたっていることがわかるが、いま注意したいのはまず、『祈禳』全四十巻の中に「祀賽式」「斎醮式」「金籙儀」が含まれていることであって、これは右に見た『道場斎醮式』の整理作業を引き継ぐものと思われる。

次は、『祭祀』全百九十一巻の中に「天興殿儀」「四孟朝献儀」「景霊宮供奉敕令格式」という、景霊宮にかかわる儀注が含まれていることが注意される。景霊宮の儀注改革に関しては当時、修定景霊宮儀注所を中心に作業が進められていた。[20]元豊五年十月にはその修定景霊宮儀注所が『景霊宮四孟朝献儀』二巻、『看詳』十三巻、『大礼前天興殿儀』一巻、『看詳』十八巻をたてまつっている。[21]看詳とは検討資料をいう。これらの儀注や科儀は現在伝わっていないようであるが、このような神宗朝の儒教・道教儀礼全般にわたる見直しの動きが、元豊五年十一月における新景霊宮の造営と、それに続く四孟月の景霊宮朝享に結びついたわけである。

このほか、景霊宮十一殿が昭穆形式に似たかたちで配置されたことも重要である。『宋朝事実』巻六の「景霊西宮記」はそのことについて、

宮の東西を度《はか》り、六殿を建てて原廟と為し、祖宗の霊を奉ず。設くるに昭穆の次を以て、左右に列し、又た別殿五を其の北に為《つく》りて以て母后を奉ず。

といっている。いうまでもなく、昭穆形式は中国古代儒教において太廟の理想的配置とされていたものであり、ここで景霊宮は形式上、儒教ふうの配置をとったことになる。始祖たる聖祖を祀る天興殿を前面に置き、そのうしろに宣祖から英宗に至る六代の殿を左右に配し、各皇帝の殿の後ろに皇后たちの殿を付したのである。先述したとおり、景霊宮はもともと、始祖を神格化して祀るという点で唐代の太清宮を引きつぐ宮観であったが、太清

宮の場合、老君を始祖として祀るだけで、諸皇帝をこのように配置してはいなかった。[22] これは宋代特有の配置であって、「景霊西宮記」と『文献通考』巻九四・宗廟考四の記述によって復元すれば〈図1〉のようになる。このほか、累朝の文武執政官および武臣節度使以上の姿が両廡に描かれた（『宋史』礼志十二、景霊宮）。

さて、このように祖廟としての性格を強めた景霊宮には、その後、各皇帝と皇后の神御が次々と奉安されていく。哲宗の元祐二年（一〇八七）四月には、景霊宮内に宣光殿が建てられ、神宗の神御が納められた。蘇軾の「奉安神宗皇帝御容赴景霊宮導引歌辞」（『東坡文集』巻四四、内制導引歌辞）はこの時に作られた歌であり、また「景霊宮宣光殿奉安神宗皇帝御容日開啓道場青詞」（同・巻四四、内制青詞）は、神御奉安のさいに開かれた道場で読みあげられた青詞である。

ついで徽宗時代になると、景霊西宮が新たに建てられ、それまでの景霊宮は景霊東宮となった。元符三年（一一〇〇）十月、即位後まもない徽宗はそれまでの景霊宮の、御街をはさむ西側に景霊西宮をつくった。神宗を尊崇していた徽宗は、神宗を祀った顕承殿（もとの宣光殿）を景霊宮から移築してその神御を奉安し、西宮の首殿として「万世尊異の意」を示そうとしたのである。翌年の建中靖国元年（一一〇一）九月、顕承殿は大明殿と改められた。[23] さらに翌年の崇寧元年（一一〇二）三月には哲宗の神御を大明殿西側の宝慶殿（のちの重光殿）に奉安した。こうして西宮は、神宗と哲宗の二代をまつる施設となった。〈図2〉に、『文献通考』巻九四・宗廟考四にもとづく見取り図を示しておいたので参照されたい。

徽宗は、度僧牒と紫衣牒千道を発給して経費をつくるほどその造営に腐心し、[24]「景霊西宮記」（『宋朝事実』巻六）によれば、西宮は「六百四十区」からなる建築群となった。「景霊西宮記」はこれを「崇墉高廈、端門百歩の外に屹立特起す」とたたえ、さらに東西景霊宮について、

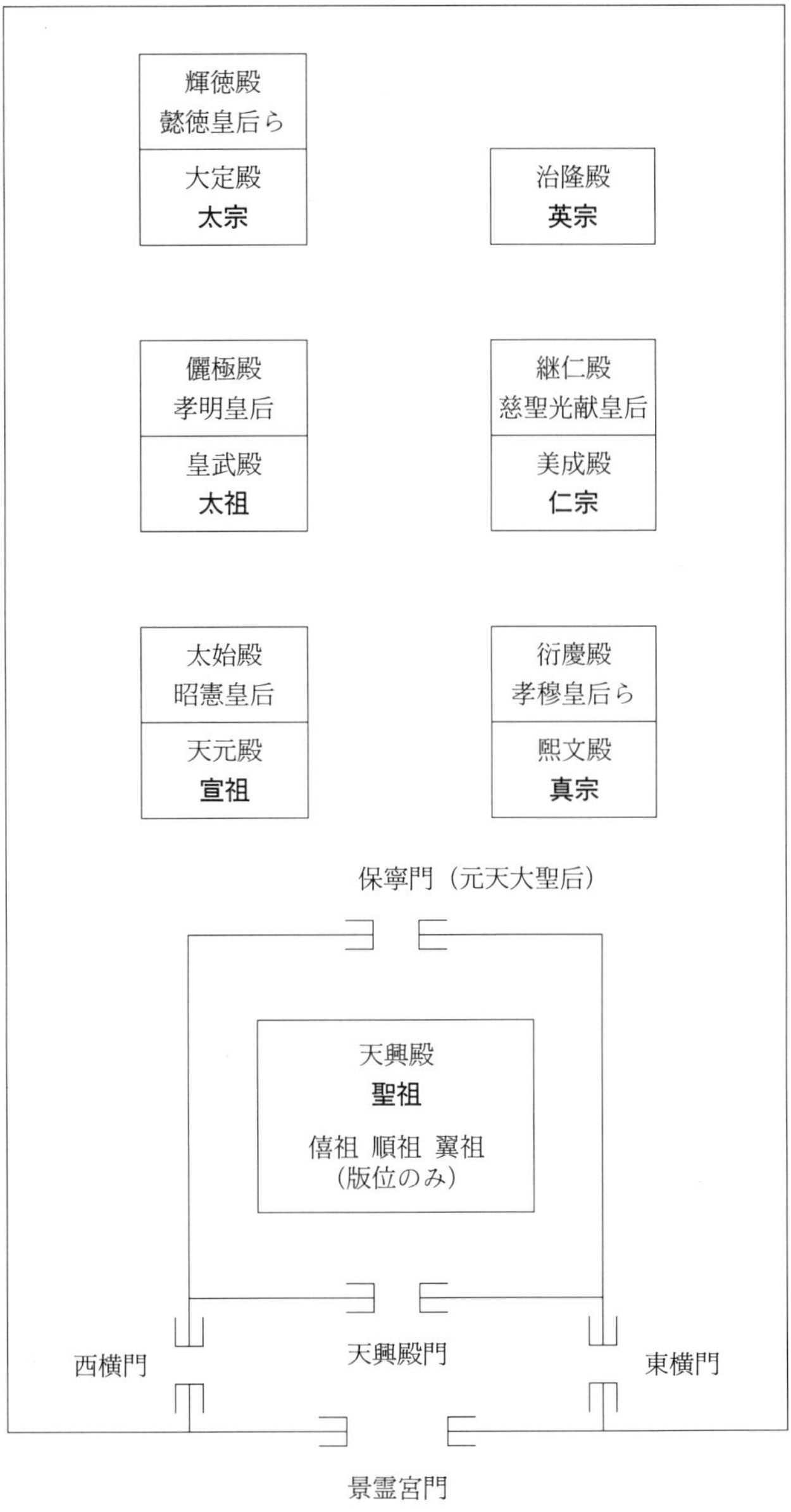
輝徳殿
懿徳皇后ら
大定殿
太宗
治隆殿
英宗
儷極殿
孝明皇后
皇武殿
太祖
継仁殿
慈聖光献皇后
美成殿
仁宗
太始殿
昭憲皇后
天元殿
宣祖
衍慶殿
孝穆皇后ら
熙文殿
真宗
保寧門（元天大聖后）
天興殿
聖祖
僖祖 順祖 翼祖
（版位のみ）
西横門
天興殿門
東横門
景霊宮門

図1　景霊宮（東宮，元豊5年）

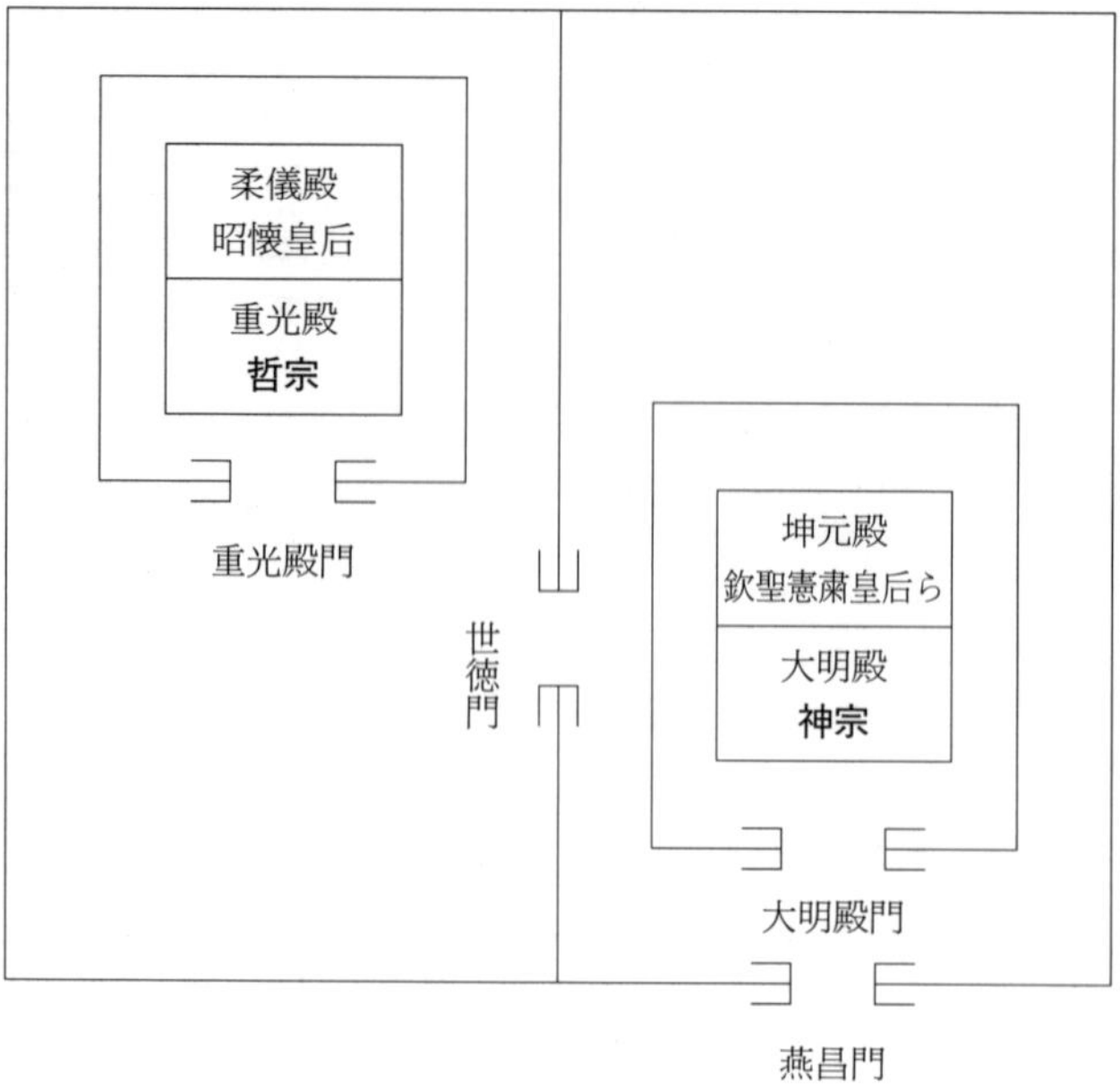

図 **2**　景霊西宮（政和 4 年）

> 楼観は峥嵘にして、高さ辰極に切し、金碧は焜耀して、上、光景に薄《せま》る。都人士女と、夫《か》の要荒広莫の来庭する者と、肩摩足接し、却立跂望し、衆を排し前を争い、以て先に睹《み》るを快しとす。

と伝えている。西宮を増築した景霊宮はその圧倒的な壮麗さによって人々の注目を集めたのである。

これ以後、建築としては、神宗の皇后たちの神御殿を大明殿の北に配し、政和四年（一一一四）、哲宗の后である昭懐皇后の神御殿を重光殿の北に作った[25]。結局、これが北宋における最後の建築ということになり、かくて東西景霊宮は最終的に、

> 両宮合わせて前殿九、後殿八、山殿十六、閣一、鐘楼一、碑楼四、経閣一、斎殿三、神厨二、道院一たり。及び斎宮・廊廡、共に二千三百三十区たり。（『宋史』礼志十二、景霊宮）

という巨大な規模を有するものとなった。

さて、道教信奉者として知られる徽宗であるが、

右の記述からわかるとおり、その景霊宮の増築はもともと神宗への敬意、すなわち祖宗祭祀の念から発したものであった。これは玉皇や聖祖への熱烈な崇拝から景霊宮を造営した真宗と違う点である。もちろん、徽宗は玉皇・聖祖への信仰は失ってはおらず、彼が作らせた『政和五礼新儀』では坊州（陝西省）での聖祖廟の祀りを大祀にランクしているほどであるが、(26)景霊宮に限っていえば、元豊年間において祖廟としての性格を強めたことが、そのまま徽宗時代にも引き継がれていたと見てよいであろう。

もっとも、景霊宮は太廟と較べた場合、やはり違っている。北宋時代の太廟は、皇城東南、曹門大街南側の奥まったところにあり、(27)皇城の南正面の御街をはさんで威容を誇る景霊東西宮と較べてひっそりとしたものだった。太廟は景霊宮のような昭穆的形式はとらず、いわゆる同堂異室の制、すなわち横長の建築物の中をいくつかの部屋に仕切り、各部屋に諸皇帝および皇后の神主（位牌）を収めていた。太廟は古礼にのっとるべき厳粛な場であるが、景霊宮はそのような無愛想な場所では必ずしもなかったのであって、それは結局、景霊宮の始まりが道教的宮観であったことに起因するであろう。そのことはまた、後章に説く祭祀方法の違いにおいても看取されると思われる。

(3)　南宋の景霊宮

さて、靖康二年（一一二七）四月、金軍の侵入により徽宗と欽宗は北方に拉致され、景霊宮も略奪される（『宋史』巻二三、欽宗）。五月、応天府（河南省商邱県）で即位し建炎と改元した高宗は、すぐさま江寧府（南京市）に景霊宮を築くよう詔を発するが、結局実現しなかった。(28)建炎二年（一一二八）十月、高宗は揚州の寿寧寺に太廟の神主を納めるとともに、景霊宮の神御を温州に奉安した。(29)温州にはその頃、万寿観、永安軍会聖宮、揚州章武殿にあった神御が分置されており、知温州の林之平の要請によって当地にひとまず景霊宮が作られた。[30]ただし、祭祀にあたっては宰執を温州まで代理派遣することにした（いわゆる有司摂事）。さらに紹興四年（一一三四）二月には臨安の射殿に仮に景霊宮を設け、四時に位のみをしつらえて朝献すると決めたものの、これは実際には守られなかったようである。[31]

このように南宋初は変則的な状況が続いたが、金との和議が成立したあとの紹興十三年（一一四三）、臨安の景霊宮が正式に造営されるに至った。場所は西湖東北岸にほど近い新荘橋西側で、もと劉光世の賜宅の一部であった。同年七月に落成し、十月、それまで温州に置かれていた祖宗および皇帝・皇后の神御を迎え入れた。この時に徽宗および顕粛皇后の神御も奉安された。[32]

新たな景霊宮は、北宋時代のそれとは違って、三つの殿のみが建てられた。すなわち、前殿（天興殿）に聖祖を祀り、中殿に宣祖から徽宗に至る諸皇帝を祀り、さらに後殿に聖母すなわち元天聖后および昭憲皇后以下、二十一后を祀ったのである。[33]この時にはまた、掌宮内侍（宦官）七人、道士十人、吏卒二百七十六人が配置された。[34]

このように、当初はさほど大規模とはいいがたい南宋景霊宮であったが、その後、次第に拡張されていく。

紹興十八年（一一四八）二月、中殿の東西両壁に、太廟に配饗されている功臣の像が描かれた。すなわち、趙普、曹彬、薛居正、石熙載、潘美、李沆、王旦、李継隆、王曾、呂夷簡、曹瑋、韓琦、曾公亮、富弼、司馬光、韓忠彦の絵像である。北宋時代の景霊宮にも功臣の姿が描かれていたが、この時には正確を期すために、それら功臣の子孫を訪ねて模写し、景霊宮に描かせたという。[35]それにしても、太廟に配饗される功臣の像をわざわざ景霊宮に描くというのは、興味深いことといわなければならない。太廟では配饗の功臣の場合、その神主（位牌）のみが祀られるのが普通で、廟内に絵像を描くというのはまず考えられないからである。

また、この年の五月には道院が増築されている。[36] 景霊宮に隣接しては、五福太一神を祀る東太一宮、皇帝の本命星官を奉じる万寿観も相い継いで造営され、一帯はいわば皇室専用の道教的祭祀の場となっていった。[37]

紹興二十二年（一一五二）六月にはより大きな増築がなされた。その前年、功臣の韓世忠が死去したため、その賜宅をとりはらい、天興殿を五間、中殿を七間、後殿を十七間に拡張するほか、五間の斎殿、三間の進食殿などの施設を整えたのである。[38]

孝宗の淳熙十六年（一一八九）十一月には、中殿に高宗の神御が、後殿に憲節皇后の神御がそれぞれ奉安された。この頃には欽宗の神御もすでに置かれていた。また、紹熙元年（一一九〇）三月には、中殿の壁にさらに呂頤浩、趙鼎、韓世忠、張俊の像が描き足された。[39]

その後、南宋末の咸淳年間、度宗によって大拡張が行なわれた。『夢粱録』巻八の「景霊宮」によれば、聖祖・宣祖・太祖以下、理宗に至るまで十六殿が建てられるほか、元天聖后以下、楊太后（寧宗の皇后）に至る十五殿が設けられた。それればかりか、周りには池や明楼、蟠桃亭、流杯堂、跨水堂、梅亭、竹林などがしつらえられ、あたかも一大庭園のような観を呈した。また、道士がいつも内部を管理し、晨香夕灯を欠かさなかったという。それまで前中後の三殿にすぎなかったのが、ここに至って、北宋時代の景霊宮に勝るとも劣らない規模を有するようになったわけで、この施設が王朝にとっていかに重要なものであったかをよく物語っている。[40]

なお、南宋時代の太廟について一言しておきたい。南宋の太廟は景霊宮に先がけて建設された。当初揚州の寿寧寺に納められていた太廟の神主は、まもなく神御とともに温州に奉安されたが、紹興三年（一一三三）に臨安で太廟の建設が始まり、翌年に完成、紹興五年（一一三五）四月に温州の神主を遷した。この時のつくりは、七楹からなる正殿を十三室に分けたもので、十一室で祖宗を祀り、二室を夾室とした。その場所は臨安呉山の南に隣接する瑞石山の傍らであった(41)。

三　景霊宮における祭祀

これまで主に景霊宮の造営をめぐる経緯を見てきたが、本章では景霊宮でとり行なわれていた祭祀にしぼって考察してみたい。景霊宮の祭祀は元豊五年（一〇八二）の改革によって定式化したので、もっぱらそれ以降の状況についてとり上げる。

（1）　祭祀全般

景霊宮における祭祀全般については、『建炎以来朝野雑記』に、他の祖先祭祀と対比しつつ手際よく整理されている。


国朝宗廟の制、太廟は以て神主を奉じ、一歳に五享し、朔祭して月ごとに新を薦《すす》む。五享は宗室の諸王を以てし、朔祭は太常卿を以て事を行なう。

景霊宮は以て塑像を奉じ、歳に四孟饗し、上、親《みずか》ら之を行なう。帝后の大忌には、則ち宰相、百官を率《ひき》いて行香し、僧・道士、法事を作し、而して后妃六宮皆な亦た継ぎて往く。

天章閣は以て画像を奉じ、時節・朔望・帝后の生辰日には、皆な偏ねく之に薦め、内臣、事を行なう。

欽先孝思殿も亦た神御を奉じ、上、日び焚香す。

而して諸陵の上宮にも亦た御容有り、時節に酌献すること天章閣の如し。毎歳の寒食及び十月朔には、宗室・内人各おの往きて朝拝し、春秋二仲には、太常、陵園に行き、季秋には、監察御史、検視す。太廟の祭りには俎豆を以てし、景霊宮には牙盤を用う。而して天章閣等は常饌を以てし、家人の礼を用うと云う。今に迄《およ》ぶまで改めず。（『建炎以来朝野雑記』甲集巻二、太廟景霊宮天章閣欽先殿諸陵上宮祀式）

ここにいう「天章閣」は真宗御製の書物や宝玩などを収蔵したところで、祖宗の御容（この場合は画像）も置かれていた。(42) また、「欽先孝思殿」は宮中にあった建物で、そこにも神御が置かれていた。(43) 仁宗はかつて「朕、朝夕三聖の御容を禁中に奉ず。未だ嘗て敢て怠らざるなり」（『長編』巻一四二、慶暦三年八月乙卯）と述べたことがあるが、これは欽先孝思殿での日々の祭祀についていったものであろう。三聖とは太祖、太宗および真宗のことである。(44) また「諸陵の上宮」とは歴代皇帝の陵墓にある寝殿のことで、そこにも御容があり、これに対しても祭祀が行なわれていたという。

皇室におけるこれらの祖先祭祀の中でいま重要なのは太廟と景霊宮であり、両者を比較すると次のようになる。

一、太廟が神主を置くのに対し、景霊宮では塑像（神御）を置く。岳珂『愧郯録』巻九「礼殿坐像」によれば、景霊宮内の塑像は椅子にすわった坐像である。(45)

二、太廟では一年に五たび時享する。一月、四月、七月、十月の四孟月、および季冬十二月である。(46) また毎月の朔日に祭り、毎月の旬《しゅん》の食べ物をそなえる。(47) ただし、五時享は宗室の諸王が行ない、毎月の朔祭は儀礼管轄の長官たる太常卿が行なった。(48) つまり皇帝自身がとり行なう「親祭」ではなく、代行すなわち「有司摂事」であった。

一方、景霊宮では一年に四たび朝献する。一月、四月、七月、十月の四孟月であるが、これは太廟と違って、皇帝みずからの親祭である。このほか、皇帝・皇后の忌日（命日）には宰相が百官をひきいて「行香」

し、僧侶や道士が法事を行なう。行香とは、香を燃やして手に薫じつけたり、香の粉末を撒いたりすることで、仏教ないし道教的な行為である。(49)

三、太廟の祭りには俎豆を用いるのに対し、景霊宮では牙盤を用いる。俎豆とは古礼にもとづく祭祀専用の供え物のことだが、牙盤とは象牙製の器に盛った常食をいう。牙盤のイメージとしては、唐の天宝二載三月、玄宗が長安東の望春楼で催した大宴会のさいに、家臣が「跪《ひざまず》いて諸郡の軽貨を進め、仍お百牙盤食を上《たてまつ》った」(『資治通鑑』巻二一五)というのが参考になろう。牙盤とは要するに美味なごちそうをいうのである。(50)

このように、景霊宮では、生前の姿をかたどった塑像を安置し、皇帝みずからが親祭し、また常食たる牙盤(ごちそう)を供えたのであって、皇室にとってきわめて身近な存在であった。南宋の時代、景霊宮や天章閣に供えられた酒は「玉練槌真珠」、「中和堂」、「有美堂」といったブランドものの美酒であって、伝統儀礼で供えられる素朴な酒とは違うものだったという。(51)

さて、元祐年間の初め、陸佃は次のような興味深いことをいっている。

太廟は先王の礼を用うれば、俎豆を用いうるに於て称《かな》うと為す。景霊宮は原廟にして、時王の礼を用うれば、牙盤を用うるに於て称うと為す。(『宋史』巻三四三、陸佃伝)

ここで、太廟が「先王の礼」を用い、景霊宮が「時王の礼」を用いるというのは、要するに太廟では古礼にのっとって祀るのに対し、景霊宮は現在いる王に事えるのと同様に祀るということである。そもそも元豊五年八月、四孟朝献の実施が決まった時、修定景霊宮儀注所の出した基本方針は次のようなものであった。

四孟月吉日を以て景霊宮に朝献す。天子は常服もて事を行ない、聖祖殿に素饌を薦め、神御殿は膳羞に止《とど》む。器服・儀物は悉く今の制に従い、登降薦献には朝謁の儀を参酌す。凡そ古の事は一切雑《まじ》えず、以て先王、亡

きに事うること存するが如くすの義に合せんとす。(『長編』巻三二九、元豊五年八月庚申)

つまり、皇帝は礼服ではなく常服を用い、素饌や膳羞を供え、器服・儀物はすべて今ふうのものを使うというように、「凡そ古の事は一切雑えず」というのが景霊宮祭祀の方針だったのである。

もう一つ重要なのは、景霊宮に祀られる祖霊の性格である。後述するように、明堂の祭祀の前には皇帝が景霊宮と太廟に出向くのが通例であったが、元祐元年(一〇八六)の場合は神宗への喪があけていなかったため、皇帝親祭ではなく、有司摂事にすべきだという意見が出された。すなわち、

季秋、日を択びて明堂に事有らんとす。其の朝献景霊宮・親饗太廟は、当に「三年祭らず」の礼を用い、大臣を遣りて摂事すべし。

というもので、「三年祭らず」とは『礼記』王制篇に「喪には三年祭らず。唯だ天地社稷を祭る」とあるように、三年の服喪期間中に廟祭は行なわないという規定である。ところが、これに対する礼部の答えは次のようなものであった。

礼部言えらく、「景霊宮・天興殿は皆な天地の礼を用うれば、即ち廟饗に非ず。典礼に於て違うこと無し」。(『長編』巻三七七、元祐元年五月壬戌)

すなわち、景霊宮での祭祀は「天地の礼」であって、太廟における祖先の祭りとは違う、よって景霊宮での親祭は実施してよい、というのである。そして、同年九月の明堂祀にあたってはこれがそのとおりに実行され、哲宗は太廟には行かず、景霊宮の朝献のみを行なった(『長編』巻三八七、元祐元年九月己未および辛酉)。

これは何を意味するかというと、太廟に祀られる祖霊が祖先の霊そのものであるのに対し、景霊宮に祀られる祖霊は天地にかかわる神、すなわち道教的に神格化された霊だということである。そのような神格であるからこ

その「三年不祭」の原則を守らなくてもよいとされたのである。つまり、同じく祖霊祭祀の施設とはいえ、太廟の場合と景霊宮の場合では祀られる祖霊の性格が違ってとらえられているのである。

(2) 四孟朝献

以上は景霊宮の祭祀全般について述べたものであるが、次に、景霊宮におけるさまざまな祭祀について順をおって検討してみる。

まず、前述した毎年の四孟朝献がある。このやり方にはいくらか変遷があり、『宋史』礼志十二「景霊宮」および他の資料によってまとめれば、次のようになる。

一、元豊年間　四孟朝献の制度は、前にも触れたように、元豊五年八月に実施が決定され、十一月に具体的な内容が定められた。具体的には、

自今の朝献は、孟春には十一日を用い、孟夏には日を択び、孟秋には中元日を用い、孟冬には下元日を用う。天子、常服して事を行なう。

という詔勅が出されたのである。これに従って、翌年の元豊六年正月十一日に初めて景霊宮への朝献が行なわれた[52]。この時のやり方は、毎歳の四孟月のたびごとに、聖祖以下、皇帝・皇后を奉じた十一殿すべてを一日でめぐるというものであった。

二、元祐二年　四孟月の四回ごとにそれぞれ朝献する殿を決め、すべての殿をめぐるのに一年をかける。

三、紹聖二年　元豊年間のやり方にもどし、一度に諸殿をめぐる。ただし、紹聖三年から、一日でなく、二日かけることにする[53]。

四、建中靖国元年　孟月ごとに三日をかけることにする。
五、徽宗時代　春は二日、夏秋冬は三日をかけて、東西の景霊宮をめぐる。[54]
六、南宋の場合　紹興十三年、臨安の景霊宮が成ったあとは、二日かけて前・中・後の三殿をめぐる方式がとられた。[55]

儀式はおおむね、朝献前日の「斎戒」、事前の準備である「陳設」、そして「朝献」という三段階でとり行なわれた。

また注意したいのは、四孟朝献のさいの規模の大きさである。南宋時代の状況であるが、それは、皇帝自身の車駕のほかに、殿前司八百七十五人、皇城在内巡検司五百二十八人、崇政殿五百二十一人、およそ一千九百二十四人を従えるという、きわめて大がかりなものであった。[56]その様子は『夢粱録』巻一の「車駕詣景霊宮孟饗」がいきいきと伝えているが、これも皇帝じきじきの親祭だからこそであって、有司摂事だった太廟の時享がこれほどの規模をもたなかったことはいうまでもない。

（3）郊祀・明堂大礼の前の朝饗（朝享）

前述の『建炎以来朝野雑記』では触れられていないが、景霊宮は郊祀と明堂の二つの大礼にもかかわっている。そもそも、天地をまつる郊祀と明堂祀の二つが、皇帝みずからが行なう最大の国家儀礼すなわち「大礼」であったことはいうまでもない。郊祀は冬至の日に南郊の円丘で行なわれ、明堂祀は九月の吉日に城内の明堂で実施された。[57]本来、郊祀は「三歳一郊」が原則であるが、仁宗の皇祐二年（一〇五〇）に宋代最初の明堂祀が実施されてからは、郊祀と明堂祀を三年ごとに交互に行なうというのが基本的な慣例となった。

宋代においてはこれらの大礼の前に景霊宮および太廟に朝献することになっていた。『宋史』礼志十二「景霊宮」にも「郊祀・明堂大礼に遇えば、則ち期に先だつこと二日、親《みずか》ら景霊宮に詣《いた》りて朝享の礼を行なう」といっている。(58)

宋代においてそれが最初に行なわれたのは、景霊宮完成後における初めての大礼、すなわち天禧三年(一〇一九)十一月の時の郊祀である。この時、真宗はまず景霊宮に謁し、翌日、太廟で饗し、さらにその翌日、南郊円丘で天地を祀っており、(59)以後、この方式が定着するのである。

ところで、これに続く大礼は仁宗の天聖二年(一〇二四)十一月の郊祀であったが、この時だけは玉清昭応宮への朝饗が加わった。つまり、まず玉清昭応宮と景霊宮での朝饗を行なったあと、翌日に太廟で饗祭、その翌日に郊祀と続いたのである。(60)ところが、次の大礼すなわち天聖五年(一〇二七)の郊祀のさいには、一日のうちに玉清昭応宮と景霊宮で朝饗を行なうのは疲労度が大きいので、玉清昭応宮へは郊祀の終了後に恭謝すればよいということになった。(61)結局、天禧三年の方式にもどったことになる。しかも、先述したように、玉清昭応宮は天聖七年(一〇二九)六月に焼失したため、これ以降、大礼の行事の中で玉清昭応宮に朝饗することはなくなってしまった。

次に、明堂祀の場合であるが、これまた皇祐二年(一〇五〇)における最初の明堂祀の時から景霊宮での朝饗が組みこまれている。すなわち、まず景霊宮での朝饗、翌日に太廟での朝饗、その翌日に明堂祀という順序であり、これもその後の慣行となった。なお郊祀・明堂祀における景霊宮での「朝饗」を、『夢渓筆談』巻一第一条や『政和五礼新儀』巻二五および巻三〇の斎戒の条では「朝献」と明記しているので、元豊年間以降、そのように改められたものと思われる。

結局のところ、郊祀・明堂大礼の基本的な段取りは次のようになる。

二日前：景霊宮での朝饗（朝献）→前日：太廟での朝饗（斎を含む）→当日：郊祀もしくは明堂祀の実施

これらの大礼については現在、少なからぬ儀注が伝わっていて、それを見ると景霊宮でのまつりがその中にはっきり位置づけられている[62]。

大礼のさいの皇帝を中心とする行列、すなわち鹵簿がいかに盛大なものであったかは『東京夢華録』や『夢粱録』に活写されており、よく知られているところであろう。その行列の規模は「大駕」に分類されており、仁宗時代の規定によれば、そのパレードを構成する人の数は、驚くべきことに二万六十一人に達する（『宋史』儀衛志三）。また、南宋時代の場合は『宋史』儀衛志の次の記事が参考になろう。

故事、祀の前二日に景霊宮に詣《いた》り、皆な大駕・儀仗を備え、輅に乗る。中興後（南宋時代）は、行都（臨安）、東都（開封）と同じからざれば、前二日は止《た》だ輦に乗る。次の日、太廟より青城（南郊）に詣るに、始めて輅に登り、鹵簿を設く。紹興十三年より始むなり。（『宋史』儀衛志三）

なお、大礼の前に景霊宮に朝献するのは儒教儀礼として適切でないという批判が士人の間にあったが、これについては最終章で触れることにしたい。

（4）皇帝・皇后の忌日と生辰

景霊宮における四孟朝献および大礼前の朝献においては、道教ふうの祭祀はあまり前面に出てこないが、皇帝と皇后の命日すなわち「国忌」（大忌、忌辰とも）には斎醮が盛んに行なわれた。功徳儀礼といわれる祖霊供養において道教儀礼が用いられるのである。宋代の場合、国忌において道教ないし仏教の祖霊祭祀が道観・仏寺で広く行なわれていたことはすでに指摘があるが、(63)景霊宮もそれを引き継いでいた。そのことは前に引いた『建炎以来朝野雑記』に「帝后の大忌には、則ち宰相、百官を率《ひき》いて行香し、僧・道士、法事を作す」というとおりであって、これは皇帝親祭ではなく、有司摂事で行なわれた。他の事例を挙げてみよう。

南宋の程大昌は、

国朝、景霊宮有りてより後、国忌に遇う毎《ごと》に、復た寺観に即きて行香せず。而して其の供設を景霊東西両宮に移す。大忌毎《ごと》に、宰執、百寮を率《ひき》いて宮に至り行香す。其の法、僧道皆な忌む所の殿廡の下に集まり、僧は左、道は右とす。執事者、香盤中の香円子（仏手柑のこと）を執り、宰執に随いて僧・道の立処に往き、人ごとに一円を授く。（程大昌『演繁露』巻七、行香）

といっている。景霊宮成立ののち国忌儀礼は仏寺・道観ではなく景霊宮で行なうようになったというのだが、正確にいえば、そうした変化は京師の寺観の神御が景霊宮に集められた元豊五年以降に起こった。『長編』元豊五年九月の条に、

旧制、国忌に神御殿無き者は、仏寺に赴いて行香す。今、諸の神御殿は皆な景霊宮に在れば、忌日には並びに本殿に赴く。（『長編』巻三二九、元豊五年九月癸卯）

とあるからである。つまり、元豊以後、国忌にあたってはもっぱら景霊宮で先祖供養を行なうことになったのである。

より具体的には、『宋会要輯稿補編』に北宋末の回想として、

京に在るの日（北宋時代）、帝后の忌辰に遇うに、本宮の条に依りて道士三七人を差しむけ、前一月に道場

を啓建せしむ。其の斎襯等の銭は、毎次約三百余貫なり。（『宋会要輯稿補編』三〇頁、紹興六年三月二十日）

とある。斎襯とは斎醮のための補助金であろう。同書はまた、毎年、景霊宮諸殿で行なう帝后の忌辰が三十二回あったという。このほか『政和五礼新儀』巻二〇七・凶礼にも「忌辰群臣詣景霊宮」の項があり、群臣による行香が説かれている。

南宋においては、紹興十四年、景霊宮主管所が、

忌辰に遇う毎に、道場僧道の斎襯は、毎次の班首四人に各おの銭一百五十文を支し、余の散衆二十四人には各おの銭一貫文を支し、上下半年毎に、数に依りて供送し宮に赴かしめんことを欲し乞う。（『宋会要輯稿補編』四三頁、紹興十四年二月二十日）

と請うて認可されており、また岳珂はみずからの経験にもとづいて、

祖宗、景霊を以て原廟と為し、国忌毎に時王の礼を用い、緇黄を集めて以て時思を薦む。珂、大農（戸部）に簿正せし日、嘗て班に随いて行香す。清晨、宰執、百官を率いて入班し、緇黄・鍾声・螺鈸を定むること法の如くす。僧職、疏を宣べ、斎の僧・道各おの二十五員、以て常制と為す。（『愧郯録』巻一三、国忌設斎）

と述べている。緇黄すなわち僧侶と道士を多数呼んで斎が実施されたのである。朱熹も晩年に景霊宮で行香した経験がある。(64)

国忌での祭祀にあたっては、士人たちが多くの青詞その他を残している。青詞とは神々に祈るさいに用いられる道教の祈禱文で、唐の天宝四年、太清宮で伝統的な祝版に代わって初めて用いられ、以後、道教の科儀において広く使われていた。(65)四六駢儷体で、青藤紙に朱字で記されたといい、国家祭祀の場合には翰林学士が起草した。(66)宋代の場合、青詞と祝版その他との違いは次のようである。

親祠には竹冊を用い、有司常祀には祝版を用い、宮観には青詞を用う。冊制は竹を以て之を為《つく》り、毎冊二十四簡。長さ尺有一寸、濶さ一寸、貫くに紅糸を以てし、絛《たばぬ》るに紅綿を以てす。祝版は梓楸木を以て之を為り、長さ二尺、広さ一尺、厚さ六分。(『政和五礼新儀』巻四、序例、冊祝)

すなわち、皇帝親祭の場合は二十四枚の竹簡をたばねた「竹冊」を用い、有司摂事の常祀の場合は「祝版」を用い、宮観には「青詞」を用いるという。この記事にあるように、祝版は大型の一枚板だが、青詞は紙に書かれているので、形態としてもかなり違う。

さて、景霊宮における国忌の青詞およびそれに類する文として、ここでは欧陽脩と蘇軾のものを挙げておこう。まず欧陽脩には次の青詞がある。

景霊宮奉真殿看経堂開啓真宗皇帝忌辰黄籙道場青詞(『欧陽脩全集』巻八三、内制集巻二、北京・中華書局、二〇〇一年)

景霊宮広孝殿看経堂開啓章懿皇后忌辰黄籙道場青詞(同右)

これらはいずれも至和二年(一〇五五)正月十一日のもので、最初の青詞は真宗をまつる奉真殿の看経堂において、次の青詞はその后である章懿(荘懿皇后)を祀る広孝殿看経堂において、それぞれ開かれた黄籙道場のために書いたものである。つまり景霊宮では国忌のさいに黄籙斎が行なわれていたのである。黄籙斎は『唐六典』巻四に「並びに一切の為に先祖を抜度す」といい、北宋の『雲笈七籤』巻三七・斎戒に「黄籙斎、祖宗を救世す」とあるように、祖先の魂の救済のための儀式である。いま、参考のために欧陽修の前者の青詞を掲げておく。

伏して以《おも》んみるに、妙道を清虚に崇ぶは、実に惟《こ》れ先志にして、時思を雨露に感ずるは、式《もっ》て孝心を表わす。按ずるに金籙の真科は、即ち琳宮の福地なり。茲《こ》の精潔を薦め、以て感通せんことを庶《こいねが》う。善応の無方なるを冀《ねが》い、永資を冲蔭に期せん。

（伏以崇妙道於清虚、実惟先志、感時思於雨露、式表孝心。按金籙之真科、即琳宮之福地、薦玆精潔、庶以感通、冀善応之無方、期永資於冲蔭）

欧陽脩はほかに国忌にさいして功徳疏も書いている。次の四つがそうである。(67)

景霊宮奉真殿開啓真宗皇帝忌辰道場看仏経都功徳疏語（同右、巻八八、内制集巻七）
景霊宮奉真殿真宗皇帝忌辰道場看道経都功徳疏語（同右）
景霊宮広孝殿章懿皇后忌辰道場看仏経都功徳疏語（同右）
景霊宮広孝殿章懿皇后忌辰道場看道経都功徳疏語（同右）

功徳疏とは道場疏の一種で、『文体明辨序説』に、

按ずるに道場疏とは、釈老二家の慶禱の詞なり。慶詞を生辰疏と曰い、禱詞を功徳疏と曰う。二者は皆な道場の用うる所なり。……其の斎文と曰うは、即ち疏の別名なり。

といっている。この四例は右の黄籙道場と同じ時に書かれたものに違いなく、「看仏経」と「看道経」とがペアになっている。いま、真宗のために書かれたはじめの二つを掲げておこう。

伏して以《おも》んみるに、威神、天に在り、真遊を奉じて時に格《いた》る。覚慈は宣化し、慧福を敷きて以て窮まり無し。諱日の甫《はじ》めて臨むを追い、秘言を演《の》べて申薦す。永く繋《こ》れ仁佑、式《もっ》て孝衷を慰めよ。

（伏以威神在天、奉真遊而時格。覚慈宣化、敷慧福以無窮。追諱日甫臨、演秘言而申薦。永繋仁佑、式慰孝衷）

伏して以《おも》んみるに、琳宮厳敞として、真馭を奉じて以て来臨す。宝笈は飛華し、霊篇を演《の》べて甚だ秘なり。式《もっ》て遏音の日に届《いた》り、載《すなわ》ち濡露の懐いを深くす。遐《はる》かに福因を薦め、永く道蔭に資せん。

（伏以琳宮厳敞、奉真馭以来臨、宝笈飛華、演霊篇而甚秘。式届遏音之日、載深濡露之懐、遐薦福因、永資道蔭）

次に、蘇軾には以下のものがある。

景霊宮宣光殿開啓神宗皇帝忌辰道場斎文（『蘇軾文集』巻四四、内制斎文、北京・中華書局、一九八六年）

これは元祐四年（一〇八九）二月五日の作で、先述したように、元祐二年（一〇八七）に神宗の神御を納めるために宣光殿が建てられており、そこで忌辰のまつりを行なった時の斎文である。

このように、国忌（忌辰）における景霊宮での祭祀では、黄籙斎その他の道場がたびたび開かれ、仏教のほか道教の死者祭祀儀礼が熱心に行なわれていた。景霊宮で行なわれたさまざまな祭祀のうち、皇帝・皇后の命日には、その本来もっていた道教的性格が前面に出てくるといえよう。

このほか、景霊宮では皇帝・皇后の生辰すなわち誕生日においても祭祀が行なわれていた。そのことは『宋会要輯稿補編』の記事から知ることができる。(68)

（5）上元節、寒食、七夕

景霊宮の祭祀は民間の祭りとも結びついていた。『建炎以来朝野雑記』に景霊宮を説明して、

上元には灯楼を結び、寒食には鞦韆を設け、七夕には摩睺羅を設く。（甲集巻二「今景霊宮」。『宋史』礼志十二「景霊宮」も同じ）

といっている。灯楼はあとにいう「綵結山楼」と同じで、やぐら状の高い舞台をいう。錦繍で金碧に飾りつけされ、神仙の故事が描きこまれたきらびやかなものである。(69)鞦韆はぶらんこ、摩睺羅は縁起ものの人形で、磨喝楽（モホロ）ともいう。『東京夢華録』にもその記載が見え、入矢義高・梅原郁両氏の訳によれば、

それは小さな泥人形に過ぎぬが、みな彫りのある五彩の欄座《みこし》に据え、赤や碧《あお》の紗の覆いをしたり、金・真珠・象牙・翡翠で飾ったりして、なかには一対で数千文もするものがある。
という。(70)『東京夢華録』にはなぜか景霊宮の祭祀についての言及がないが、『宋会要輯稿補編』を見ると、こうした飾りつけや供え物が景霊宮にもあったことがはっきりわかる。紹興年間の記事であるが、

景霊宮主管所言えらく、上元節には、前後の両殿毎《ごと》に例として合《まさ》に灯を用うべし。乞う、臨安府をして諸般の灯一千椀を造り、宜しきに随いて安設せしめんことを。詔すらく、綵結山楼は、臨安府同儀鸞司をして地歩を相い度《はか》り、宜しきに随いて絞縛釘設せしめよ。（『宋会要輯稿補編』四二頁、紹興十三年十二月十一日）

とあり、また、

景霊宮主管所言えらく、条に依り、寒食・七夕には神御殿に各おの鞦韆・梭門・摩喉羅等を添設せん。温州の例に依り、位毎《ごと》に止《た》だ摩喉羅二身、水上浮四事を設け、臨安府をして収買応副せしめ、後、此に準ぜしめんことを欲し乞う。詔すらく、鞦韆・梭門は修内司をして造作応副せしめ、水上浮は位毎《ごと》に一十件。事畢《おわ》れば、臨安府に却送し収管せよ。（『宋会要輯稿補編』四三頁、紹興十四年正月十五日）

とあるからである。このように、政府主導のもとに、灯燭や綵結山楼、鞦韆、摩喉羅、梭門、水上浮といった飾りつけが景霊宮の内外にほどこされ、その祭りを華やかなものにしていた。梭門についてはよくわからないが、(71)水上浮は「黄蠟で鳧雁《かも》・鴛鴦・鸂鶒《おしどり》・亀・魚などの形を作り、彩色を施し金箔をちりばめ(72)」、これを水に浮かべるようにした縁起ものである。

先にも述べたが、景霊宮における四孟朝献のうち、孟春正月の朝献は上元節に、孟秋七月の朝献は七夕の日にちょうど重なっている。景霊宮の朝献のまつりは、民間大衆のにぎやかな節日とともにあったわけで、そのこと

は『夢粱録』における元宵（上元）や七夕の記事を見てもわかる。つまり、これもまた景霊宮がもともと道観であったことによるのであって、太廟における祖先祭祀にこのような俗っぽいにぎやかなイベントが重ねられることは決してなかった。(73)

(6) その他の祭祀や祈禱、報告

これまで述べてきたのは、もっぱらきまった時期に行なわれる「常祀」であるが、このほか景霊宮では随時、祭祀がとり行なわれているので、以下に列挙しておく。

一、太廟祫享の前の朝献——祫享とは太廟において宗室の諸祖の神主をすべて合わせ祀ることであるが、その太廟祫享の前日に景霊宮への朝献（朝饗）が行なわれた。嘉祐四年（一〇五九）十月の祫はその例であり、(74)『政和五礼新儀』巻九八の「皇帝祫享太廟儀」にも「享に前《さき》だつこと一日、皇帝、景霊宮に於て朝献す」と規定されている。

二、恭謝——大きな祭祀の終了後、もしくは何かめでたい出来事があった場合、景霊宮に感謝する儀礼がしばしば行なわれた。まず、郊祀および明堂の大礼の後に皇帝が行なう恭謝がある。そもそも何に対して恭謝を行なうかは時期によって違いがあり、宋代最初の恭謝礼である大中祥符五年（一〇一二）十一月は玉皇に対するものであった。しかし、のちに天地への恭謝へときりかわり、(75)神宗の熙寧年間には太平興国寺・啓聖禅院・万寿観の神御殿での恭謝に代わった。(76)この三寺観にはそれぞれ太祖、太宗、真宗の神御が置かれていたからである。その後、天聖五年十一月には玉清昭応宮で恭謝が行なわれ（前述）、そして元豊六年以降、景霊宮での恭謝に改められるのである。(77)この儀礼は以後、実施されないこともあったようだが、徽宗の大観・政和年間以降に定例化し、南宋末まで続いたようである。[78]そのことについては王応麟が次のようにいっている。

恭謝は常礼に非ず。祥符五年に始まるも、元豊詳定所言う、恭謝・藉田は歴年講ぜずと。大観・政和以後、率《おおむ》ね郊祀の礼成るを以て景霊東西宮に恭謝すること、遂に故事《しきたり》と為る。中興、之に因るは、紹興十三年より始まる。（『玉海』巻九三、「明道天安殿太廟行恭謝礼　紹興景霊宮行恭謝礼」）

以上は大礼後の恭謝であるが、ほかにも折にふれてさまざまな恭謝が景霊宮で行なわれた。たとえば、天禧年間、滑州の河川工事が竣工したことにより、真宗は玉清昭応宮・景霊宮・上清宮・太一宮・会霊観・祥源観および諸陵に使いをやって謝し、[79]元符元年（一〇九八）には、秦代の玉璽が発見されたことにより哲宗は景霊宮に恭謝している。[80]また靖康元年（一一二六）三月、金軍の侵入のさなかに欽宗は景霊東宮と西宮であいついで恭謝を行なっているが、[81]これは前年、徽宗が退位して道君皇帝と称したことへの謝意をあらわしたものであろうか。

このように、景霊宮ではしばしば恭謝が実施されていたが、これに対して、太廟への恭謝は資料を見る限りほとんど行なわれていない。[82]

このほか、宰相や執政などの大臣が任命された場合にも景霊宮で恭謝することになっていた。[83]

三、祈禱（祈雨など）――宋代においては、洪水や旱魃などの災異が起こると、寺観に祈り、応験があると報いるというのが常であった。これは皇帝みずから赴く場合と、近臣を遣わす場合があった。景霊宮もそうした祈禱・報礼の場の一つとなっていたのであって、そのことは『宋会要輯稿』の次の記事からわかる。

国朝、凡そ水旱災異には祈報の礼有り。祈るには酒脯を用い、報ずるには常礼の如くす。宮観寺院は、香茶素饌を以てす。京城の玉清昭応宮、上清宮今廃す、景霊宮、太一宮、太清観今の建隆観、会霊観今の集禧観、祥原観今の醴泉観、大相国寺、封禅寺今の開宝寺、太平興国寺、天清寺、天寿寺今の景徳寺、啓聖院、普安院は、上、

乗輿して親《みずか》ら禱り、或いは近臣を分遣するを以てす。（『宋会要輯稿』礼一八之二、祈雨）

また、皇帝が病気の場合に輔臣を景霊宮に赴かせて祈らせることもあった。(84) こうした場合も道場を開いて祈禱することが多かったようで、欧陽脩の「景霊宮天興殿開啓催生保慶道場青詞」（『欧陽脩全集』巻八七、内制集巻六）は、皇子のいない仁宗のために災いを祓い、嗣子の誕生を景霊宮天興殿に祈願したものである。

四、皇后、皇太子の冊立・冊命などの報告——皇后や皇太子を立てるにあたっても、太廟のほかに景霊宮に対して報告がなされた。そのことは『宋史』礼志一四の「冊立皇后儀」および「冊命皇太子儀」によってわかる。また『政和五礼新儀』巻一六六以下の「納皇后儀」、巻一九一「冊皇太子儀」の「奉告」にもそのことの規定がある。さらに、皇太子や皇子の冠礼においても、事前にやはり景霊宮に報告がなされたことは『政和五礼新儀』巻一八〇および巻一八二によって知ることができる。このような場合、報告の文章にはやはり青詞が用いられたのであって、蘇軾には元祐二年の「太皇太后・皇太后・皇太妃受冊奏告景霊宮等処青詞」（『東坡文集』巻四四、内制青詞）があり、南宋の周必大には乾道七年の「立皇太子奏告天慶観・景霊宮・報恩光孝観青詞」（『文忠集』巻一一五）や、淳熙三年の「立皇后奏告天慶観・景霊宮・報恩光孝観青詞」（同上）がある。

四　小　結——景霊宮と道教および儒教

しめくくりにあたって、これまでの論点をまとめ、いくらか補足をつけ加えておきたい。

真宗の熱狂的な道教信仰から生まれた景霊宮は、玉皇の使いとしての聖祖趙玄朗を祀る道観として出発した。玉皇を祀る玉清昭応宮と聖祖を祀る景霊宮とが、京師開封に相い前後して建てられ、真宗時代における道教信仰の中心施設となったのである。その造営の経緯と真宗時代に盛大に挙行された斎醮の状況などを見ると、景霊宮はもともと純然たる道観であった。しかも聖祖は宋王室の始祖・趙玄朗とされたため、初期の景霊宮は老子を王室の始祖として祀る唐の太清宮とよく似た性質をもっていた。

しかし、熱にうかされたような道教ブームが去ると、景霊宮のあり方にも一定の変更が加えられる。仁宗期を経て神宗時代に至ると、景霊宮は祖廟としての性格を強めていくのである。元豊五年、景霊宮が漢代の「原廟」と同じ第二の太廟として位置づけられたのはその象徴であって、それまで真宗の個人的信仰の産物としてオーソドックスな礼制の外にはみ出ていた景霊宮が、ここに至って国家礼制の中に組み込まれた。この時、景霊宮に十一殿を建てたこともまた重要な変更であった。というのも、聖祖を祀る天興殿を中心としつつ、歴代皇帝とその皇后の十一の殿が、伝統儒教の理想とする昭穆形式に類似したかたちで立ち並んだからである。このような歴代皇帝を祀る祖廟としての性格を唐代の太清宮はもっていなかった。また、神宗時代には斎醮や景霊宮における祭祀方式が整えられ、国家祭祀の中に確固とした位置づけをもつことにもなった。

こうして、道観の上に皇室の祖廟としての性格がつけ加わったあり方は、増築して東西の景霊宮に拡張された徽宗時代においても、また臨安に景霊宮を新築した南宋時代においても変わることがなかった。

もちろん、景霊宮は元豊年間の改制以後も道観としての性格を失ってしまったわけではない。景霊宮は太廟とは違う特色を依然保っていた。景霊宮に祀られる聖祖趙玄朗が「聖祖上霊高道九天司命保生天尊大帝王」という道教的神格だったのはそのことを表わしている。また、儀礼上の性格の違いをひと言でいえば、太廟が「先王の礼」を用いたのに対し、景霊宮は「時王の礼」を用いた。これは、太廟の祭祀は古礼にのっとるが、景霊宮の祭祀は現在いる王に事えるのと同様にするということである。「凡そ古の事は一切雑えず」というのがその祭祀方針だったのであり、これは言い換えれば、皇帝にとって景霊宮に祀られる祖霊は太廟のそれよりもずっと身近な存在だったということを意味する。神主（木主）ではなく神御（塑像）を奉安したこと、常祀である四孟朝献が皇帝じきじきの親祭だったこと、祭祀で常服を着たこと、供え物として当時のごちそう、すなわち牙盤や美酒をささげたこと、灯楼や鞦韆（ぶらんこ）、摩喉羅（モホロ）といった飾りつけをほどこしたことなどは、景霊宮における祭祀が皇帝にとってきわめて親しみやすいものだったことをよく物語っている。これに対して、太廟の場合、常祀である五時孟享は皇帝親祭ではなく有司摂事であり、祭祀では正式な祭服を着用し、供え物も古礼にもとづく俎豆であった。景霊宮が繁華な地に巨大な建築物として造営されたことも、皇帝にとっての親近性のあらわれといえよう。一言でいえば、太廟での祭祀が「しかつめらしい」のに対し、景霊宮での祭祀は「人なつこい」のである。

太廟との違いは、景霊宮内に道院が設けられて道士が常駐していたこと、祭祀にあたっては黄籙斎をはじめとする斎醮や道場が設けられて青詞が奉上され、行香がなされていたこと、上元節や寒食、七夕といった民間の祝日と連動するかたちでにぎやかな祭りがくり広げられていたこと、災異に対する祈禱がたえず行なわれていたことなどからも知られる。南宋の秦檜などは「景霊・太乙は、寔《まこと》に道教を崇奉するの所なれば、道流宜しく上に居るべし」（葉紹翁『四朝聞見録』丙集、景霊行香）と、景霊宮を太一宮と同様の純然たる道観と見なしている。とりわけ皇帝と皇后の命日にあたる国忌の祭祀には本来もっていた道教的性格が前面に出て斎醮が盛んに行なわれていた。

このほか、景霊宮の祭祀には廟に関する「三年不祭」の原則が適用されなかったことも注目される。「三年不祭」とは三年の服喪期間中に廟祭は行なわないという禁忌原則であり、太廟の場合はその原則が遵守されたが、景霊宮はそうではなく、服喪期間中でも皇帝の親祭が許容された。これは、太廟に祀られるのが祖先の霊そのものであるのに対し、景霊宮に祀られるのが神《かみ》としての霊であることによる。つまり同じ祖霊とはいえ、両者の性格が違っているのである。かりにこれを現代日本の場合でいうならば、太廟はいわゆる宮中三殿の皇霊殿に似ており、景霊宮は明治神宮に似ているといえるかもしれない。皇霊殿に祀られるのが歴代天皇の祖霊そのものなのに対し、明治神宮で祀られる霊（明治天皇）は、神《かみ》としての祖霊だからである。もちろん、明治神宮と景霊宮とでは造営方式や祭祀方法において大きな違いがあるが、祖霊の性格だけに限っていえば、そのように考えると理解しやすいであろう。

ところで、冒頭で、万斯同が景霊宮を誕妄不経とし、「宋の臣、曽て一人も議及する者無し」と述べたのを紹介したが、じつは宋代において儒教の立場から景霊宮の祭祀を問題視した例は少なからず見うけられる。最後にその議論について紹介しておきたい。

仁宗時代の景祐二年（一〇三五）、天章閣侍講の賈昌朝はその年の郊祀に先だって改革案を示した。それは、郊祀の前に景霊宮に朝謁するのは唐の太清宮のやり方にならうもので、「経典」の所説と違うところがある。したがって郊祀の前の朝謁は中止し、郊祀終了後、景霊宮に簡単に報告すればよいというものであった(85)。しかし、仁宗が礼儀使と太常礼院に検討させた結果、この提案は否定されてしまった。

また、神宗時代の元豊六年（一〇八三）、太常丞の呂升卿も提案を行なっている。これは、郊祀の前に廟に出向くという「先廟後郊」の制そのものから、太廟での祭祀のあり方に至るまでを問題にしており、要点を整理すれば次のようになる（『長編』巻三四〇・元豊六年十月庚辰）。

一、郊祀・致斎の間に宗廟に享するという説は古典にはない。これは唐の天宝年間、郊祀の前に太清宮で享したのに始まる。

二、大祀の前は致斎三日が古代の通例である。それにならい、郊祀前に二日間致斎することにし、景霊宮と太廟での朝饗をやめる。

三、太廟にどうしても行くなら、太祖の廟室に報告するだけにする。

四、景霊宮（天興殿）については、郊祀の礼が終了したあと恭謝するだけにする。

五、太廟の五時孟享（時享）が有司摂事なのを改め、そのうちの一度を皇帝の親祭とする。

六、太廟の時享が景霊宮における四孟朝献と時期的にかちあった場合は景霊宮の朝献をやめる。

この提案は、要するに、伝統的な儒教祭祀の精神を復活させようと意図したものだったのだが、いずれも認可されずに終わった。このほか神宗時代に活躍した沈括も郊祀における「先廟後郊」の制、および景霊宮での朝献に疑問を呈しており[86]、南宋の楼鑰は呂升卿の説に賛同し、郊祀・明堂の大礼の前は三日間の致斎に専念すべきで、唐代の「変礼」を改めるべきだと主張している[87]。

また朱熹は、景霊宮は漢の原廟に相当するという解釈にそもそも反対で、太廟のほかに景霊宮を置くこと自体が礼にはずれると見ていた[88]。

しかし、このような反論は結局、どれも実現しなかった。これに対し、景霊宮を擁護する意見としては、元祐八年（一〇九三）の蘇軾による上奏を代表的なものとして挙げることができる。

太祖皇帝、天の眷命を受けて宋室を肇め造り、建隆〔年間〕に初めて郊し、先ず宗廟に饗して、天地を並べ祀る。真宗より以来、三歳一郊にして、必ず先ず景霊に事有り、徧《あま》ねく太廟に饗して、乃ち天地を祀る。此れ国朝の礼なり。……唐制、将に南郊に事有らんとすれば、則ち先ず太清宮に朝献し、太廟に朝享すること、亦た今の礼の如し。先だつこと二日にして原廟に告げ、先だつこと一日にして太廟に享す。然れども議者或いは以為《おも》えらく、三代の礼に非ずと。臣、謹んで按ずるに、武王、商に克《か》つに、丁未に周廟に祀り、庚戌に柴望す。相い去ること三日なれば、則ち先廟後郊も亦た三代の礼なり。（「上円丘合祭六議箚子」、『蘇軾文集』巻三五、奏議）

蘇軾はここでまず、郊祀の前に景霊宮および太廟に出向くのは「国朝の礼」すなわち宋王朝のよってたつ伝統そのものだと強調する。次に、「先廟後郊」の制が儒教本来のものではないという批判に対しては、『尚書』武成篇の所説を引いて反駁している。武成篇には「丁未に周廟に祀る」のすぐあとに「庚戌に柴望す」とあるのだが、その「柴望」を偽孔伝は「柴を燔《や》いて天に郊す」と解している。蘇軾はこれにもとづいて、廟で祭祀を行なってから郊祀を実施するのは儒教本来の礼だと主張したのである。これが強弁であるかどうかは措くとして、宋代において皇帝および士大夫たちの大勢を占めたのは、蘇軾がここで述べたような見方であった。南宋の周必大もまた、蘇軾の意見に積極的に賛成した一人であった(89)。実際のところ、本稿で詳述したように、景霊宮は南宋末までその存在をまっとうし、皇帝の身近な祖霊祭祀施設として存続したのである。

宋代以後、景霊宮のような、太廟とは別の祖廟がつくられることはなかった。塑像や遺影を祀る神御殿や影堂が個別的に建てられることはあったが、この制度は結局、受け継がれることがなかった。道観と祖廟という二つの特色をあわせもった宋代の景霊宮は、皇帝の祖霊祭祀において道教儀礼と儒教儀礼が交差したユニークな事例なのである。

（吾妻重二）

(1) 金子修一「唐代の大祀・中祀・小祀について」(『高知大学学術研究報告』第二五巻、人文科学第一号)。宋代の大祀・中祀・小祀については、吾妻「儒教祭祀の性格と範囲について」(『アジア文化交流研究』第一号、関西大学アジア文化交流研究センター、二〇〇六年)を参照されたい。

(2)『政和五礼新儀』巻四、序例・玉幣の条に「景霊宮幣以蒼、上清儲祥宮・儲慶宮幣以青、醴泉観幣以赤、九成宮幣以黄、佑神観以五方幣、中太一宮立春幣以青、立夏以赤、立秋以白、立冬以皂」という。これらの諸宮観については周宝珠『宋代東京研究』(河南大学出版社、一九九二年)五九四頁以下に整理されている。また太一宮については、坂出祥伸「北宋における十神太一と九宮貴神」(坂出『中国古代の占法』所収、研文出版、一九九一年)が参考になる。

(3) 山内弘一「北宋時代の神御殿と景霊宮」(『東方学』第七〇輯、一九八五年)、汪聖鐸「宋朝礼与道教」(『国際宋代文化研討会論文集』所収、四川大学出版社、一九九一年)。

(4)「三清為上、玉皇為次之、聖祖又次之、北極又次之。凡醮告清詞、並依此次序」(『宋会要輯稿』礼五之一八、天慶観、大中祥符六年正月)。

(5)『宋会要輯稿補編』(北京・全国図書館文献縮微複制中心出版、一九八八年)、玉清昭応宮、二五頁上に「閏十月、詳定所以聖祖降、又請以宮後殿為聖祖正殿、金銅鋳聖像」という。

(6)『宋会要輯稿補編』、玉清昭応宮、二五頁上。

(7) 錫慶院については、宋継郊編撰『東京志略』(河南大学出版社、一九九九年)三八六頁に資料が集められている。また景霊宮の位置については周城『宋東京考』(北京・中華書局、一九八八年)二一八頁、および注(2)所掲の周宝珠論考の五九六頁に考証がある。

(8)『宋会要輯稿補編』、玉清昭応宮、二六頁上に「玉皇像高二丈五尺」、「四像皆以金箔栄飾之」という。この記事は『長編』、『続資治通鑑紀事本末』、『宋会要輯稿』のいずれにも載っておらず、『宋会要輯稿補編』の発見により明らかになったものである。

(9) 注(7)所掲、周城『宋東京考』二二七頁。

(10)『容斎随筆』三筆巻一一、宮室土木。このほか玉清昭応宮の造営に関しては、『続資治通鑑紀事本末』巻一八「建玉清昭応宮」、蘇轍「元祐会計録叙」(『欒城後集』巻一五)を見られたい。

（11） 冒頭に景霊宮の造営について「日に四万人を役し、七年にして後成る」という万斯同の説を引いたが、これは玉清昭応宮の造営と混同したものであろう。なお、玉清昭応宮には神仙図が描かれ、現在、そのうちの武宗元「朝元仙杖図」の下絵が伝存する。『宣和画譜』巻四、武宗元の条、小川裕充他編『世界美術大全集・東洋編』第五巻（小学館、一九九八年）九三頁、傅熹年『中国美術全集』絵画編三・両宋絵画・上冊（文物出版社、一九八八年）八頁を参照のこと。武宗元については北京大学芸術学系の李凇教授から教示を得た。

（12）『容斎随筆』巻七、洛中盱江八賢。

（13）『長編』巻八六、大中祥符九年三月。

（14）『宋史』礼志十二「神御殿」によれば、宣祖および昭憲皇后には慶基殿があり、太祖の神御殿は七箇所、太宗の神御殿は七箇所、真宗の神御殿は十四箇所があり、ほかに皇后たちの神御殿が設けられていた。

（15）『宋会要輯稿』礼一三之一—三、および『文献通考』巻九三・宗廟考四・天子宗廟によれば、神御殿を置いていた京師の他の寺観は次の十一箇所になると思われる。①奉先資福禅院の慶基殿（宣祖、昭憲皇后）、②太平興国寺の開先殿（太祖、孝明皇后）、③啓聖禅院の永隆殿（太宗、元徳皇后）、④慈孝寺の崇真殿（真宗）、⑤慈孝寺の彰徳殿（荘献皇后）、⑥万寿観の延聖殿（真宗）、⑦万寿観の広愛殿（荘恵皇后）、⑧万寿観の寧華殿（温成皇后）、⑨崇先観の永崇殿（真宗）、⑩普安禅院の隆福殿（元徳皇后）、⑪普安禅院の重徽殿（明徳皇后、荘穆皇后）。このうち万寿観の寧華殿については、『咸淳臨安志』巻一三「万寿観」の記述による。

（16） この時、神御が景霊宮に熱狂的に迎え入れられる様子を、邵伯温は次のように伝えている。「元豊中、神宗倣漢原廟之制、増築景霊宮。先於寺観迎諸帝后御容奉安禁中。涓日以次備法駕、羽衛前導赴宮、観者夾路、鼓吹振作。教坊使丁仙現舞、望仁宗御像引袖障面、若揮涙者、都人父老皆泣下。嗚呼、帝之徳沢在人深矣」（『邵氏聞見録』巻二）。なお、京師以外の地には依然として神御殿が置かれ、以後も次々と作られた。詳しくは『宋会要輯稿』礼一三之四以下を参照。

（17）『漢書』礼楽志「至孝恵時、沛宮為原廟」の顔師古注に「原は、重ぬるなり。已に正廟有りて、更に重ねて立つるを言うなり」といい、また『漢書』叔孫通伝「願陛下為原廟」の顔師古注に「原は、重ぬるなり。先ず廟有るを以て、今更に之を立つ、故に重と云うなり」という。

（18） 山内弘一「北宋時代の郊祀」（『史学雑誌』第九二編第一号、一九八三年）、五二頁。

(19) 真宗時代に設置された道録院は、この時に道録司と改められたらしい。唐代剣『宋代道教管理制度研究』（北京・線装書局、二〇〇三年）一五一頁。宋代の道官制度についてはこの書の記述が最も詳しい。

(20) 『長編』巻三二九、元豊五年八月庚申および九月癸卯を見られたい。

(21) 『長編』巻三二九・元豊五年九月辛丑に「入内供奉官馮宗道、上『景霊宮供奉勅令格式』六十巻」とあり、この書の撰者が宦官の馮宗道だったことがわかる。なお、『宋史』芸文志三に「馮宗道景霊宮供奉勅令格式六十巻」、「景霊宮四孟朝献二巻」を著録する。

(22) 『朱子語類』にも次のようにある。「問、〝景霊起於何代〟。曰、〝起於真廟。初只祀聖祖、諸帝后神御散於諸寺。其後神宗始祀聖祖於前殿、帝后於後殿。似此等礼数、唐人亦無〟」（『朱子語類』巻一二八、法制－12）。したがって、唐の太清宮に似ているのは聖祖を祀る天興殿だけであって、景霊宮の全体ではない。

(23) 以上、『宋朝事実』巻六「景霊西宮記」、『玉海』巻一〇〇「元符景霊西宮」、『文献通考』巻九四、宗廟考四。

(24) 『宋史』礼志十二・景霊宮、『宋朝事実』巻六「景霊西宮記」。

(25) 『文献通考』巻九四・宗廟考四。

(26) 『政和五礼新儀』巻一、辨祀。また『宋史』礼志一。『政和五礼新儀』巻一一五には「坊州朝献聖祖儀」が載っている。もともと坊州には黄帝を祀った軒轅廟があり、真宗時代にすでに注目されていた。『長編』巻八三・大中祥符七年七月己丑に「有司言、坊州軒轅廟、請仿唐明皇帝之制用祝文、称聖祖号、自称嗣皇帝臣某敢昭告、礼科不用葷血。詔可」とある。

(27) 『東京夢華録』巻三「寺東門街巷」。

(28) 『宋会要輯稿補編』二九頁、『建炎以来朝野雑記』甲集巻二「景霊東西宮」。

(29) 「高宗建炎二年十月、上幸揚州、奉太廟神主於寿寧寺、景霊宮神御奉安於温州」（『文献通考』巻九四、宗廟考四）。なお、『建炎以来繫年要録』巻三一は、建炎四年正月己丑の条に「奉安景霊宮祖宗神御於温州開元寺」という。

(30) 『宋会要輯稿補編』に「紹興元年六月二十四日、新知温州林之平言、窃見温州見今奉安太廟神主外、有景霊宮・万寿観・会聖宮・章武殿祖宗神御、分寓四処。歳時薦饗之際、不無煩黷、欲望就択一爽塏雄麗可為宮殿処所、迎奉神御、併就一処奉安。……従之」（二九頁）とあり、『建炎以来朝野雑記』に南宋初の神御について「永安軍会聖宮、揚州章武殿之御容、則遷於温州」という「(甲集巻二「郡国祖宗神御」)。なお、万寿観にあったのは真宗およびその皇后の神御で、黄金で鋳造されていたらしい。

『宋会要輯稿』礼一三之九・紹興二年閏四月七日、『建炎以来繫年要録』巻五三・紹興二年閏四月丁酉の条を見られたい。

(31)『宋会要輯稿補編』二九頁の紹興元年十一月三十日、および紹興四年四月九日。『建炎以来繫年要録』巻七三、二月癸卯に「詔権以射殿為景霊宮、四時設位朝献。用太常博士劉登議也。其後上親征、不果行」という。

(32)『文献通考』巻九四・宗廟考四、『宋会要輯稿補編』三四頁、三六頁、『建炎以来繫年要録』巻一五〇・紹興十三年十月乙未。なお徽宗および顕粛皇后の神御はそれまで、温州ではなく、臨安天章閣西の神御殿に奉安されていた。『建炎以来繫年要録』巻一三四、紹興十年三月壬寅参照。

(33)『文献通考』巻九四・宗廟考四に「築宮為三殿、聖祖居前、宣祖至徽宗居中、元天太聖后及昭憲而下二十一后居後」とある。

(34)『建炎以来朝野雑記』甲集巻二「今景霊宮」。

(35)『宋史』礼志十二「功臣配享」、『建炎以来朝野雑記』甲集巻三「総論南巡後礼楽」、『宋会要輯稿補編』四六頁。

(36)『宋会要輯稿補編』四三頁。

(37)『夢粱録』巻八「万寿観」および「東太一宮」、『建炎以来朝野雑記』甲集巻二「万寿観」および「太一宮」、『宋会要輯稿』礼五之二二。

(38)『宋会要輯稿補編』四三頁、『建炎以来朝野雑記』甲集巻二「今景霊宮」、『夢粱録』巻八「景霊宮」。

(39)『宋会要輯稿補編』四六頁。

(40)なお、宋の皇帝の遠祖である僖祖、順祖、翼祖の独立した殿は景霊宮には建てられず、天興殿内に版位を設けて祀るのみであった。『長編』巻三三九・元豊六年九月癸卯、および『文献通考』巻九四・宗廟考四を参照。南宋末においても『夢粱録』巻八「景霊宮」に「聖祖・宣祖・太祖より理廟に至るまで十六殿」とある。十六殿とは、聖祖、宣祖、太祖、太宗、真宗、仁宗、英宗、真宗、哲宗、徽宗、欽宗、高宗、孝宗、光宗、寧宗、理宗の十六人の殿をいう。したがって、僖祖以下の各廟を景霊宮に建てたという、冒頭に引いた万斯同の説は正確ではない。

(41)『玉海』巻九七「宋朝廟制」、『建炎以来朝野雑記』甲集巻二「今大廟」を参照。

(42)注(7)所掲、周城『宋東京考』三六頁。

(43)『玉海』巻一六〇「紹興欽先孝思殿」に「内中神御殿、東都有之。紹興十五年秋、創于崇政殿之東」という。

(44)『石林燕語』巻一に、西京応天禅院に太祖・太宗・真宗三人の神御殿があり、これを三聖殿といった、とある。なお、『宋史』礼志十二「神御殿」に真宗とその皇后の神御について「東京神御殿在宮中、旧号欽先孝思殿。建炎二年閏四月、詔迎温州神御赴闕」とあるのは正しくない。「建炎二年」は「紹興二年」の誤りであり、また『宋会要輯稿』礼一三之九によれば、その神御はもともと欽先孝思殿ではなく、万寿観にあったものらしい。『建炎以来繋年要録』巻五三、紹興二年閏四月丁酉の条も参照されたい。

(45) 岳珂『愧郯録』巻九「礼殿坐像」に「或謂、国朝景霊宮設塑之制、亦坐於椅所、不当軽議。珂窃以為原廟用時王之礼、裀席器皿、皆与今同、則其為像、反不当以泥古矣」とある。

(46) 『宋史』礼志十に「宗廟之礼、毎歳以四孟月及季冬、凡五享」とあり、『長編』巻一・建隆元年正月の条に「歳以四孟月及季冬、凡五享」とある。

(47) 『宋史』礼志十および『長編』巻一では「朔祭」が「朔望」となっており、毎月の朔日と望日に祭ることになっているが、これは『建炎以来朝野雑記』の記事が元豊年間の改革をうけるからである。注(18)所掲の山内論文を参照。

(48) 『宋史』職官志四に、太常寺の職掌について「凡親祠及四孟月朝献景霊宮、郊祀告享太廟、掌賛相礼儀升降之節」とある。

(49) 『雲麓漫鈔』巻三に「国忌行香、起於後魏及江左斉梁間、毎然香熏手、或以香末散行、謂之行香」という。

(50) 『長編』巻四七六・元祐七年八月乙丑に「牙盤常食、即今世之食也。……窃慮議者又以為景霊原廟自薦常食、則宗廟之祭、可以専用古礼太廟」とある。なお、太廟に牙盤（常食）をそなえるべきか否かは、宋代に盛んに論じられた。注(18)所掲の山内論文に、その議論について考察がある。

(51) 『雲麓漫鈔』巻三に「周礼有五斉三酒、五斉以供祭祀、三酒以酌有事者。今臨安歳供祠祭酒一千六百余瓶壜、又供天章閣・景霊宮及取賜酒一万四千二百余瓶壜、其酒名則曰「玉練槌真珠」・「中和堂」・「有美堂」等、「玉槌真珠」名既不典、而「中和」・「有美」乃守臣便坐、因以名酒、遂以供御及祭祀、失礼甚矣」とある。

(52) 『宋史』神宗三、元豊六年正月に「丁亥、朝献景霊宮」とある。

(53) このことについては、『宋史』哲宗二にも「自今景霊宮四孟朝献、分為二日」とある。

(54) 『宋会要輯稿補編』四五頁、淳熙九年正月三日の条に「景霊宮孟享、崇寧間春用両日、夏秋冬用三日。以夏秋天気熱、冬間日短。自今依京例、分作三日行礼」とある。『政和五礼新儀』巻一一四「皇帝朝献景霊宮儀」もおおむねそうなっている。

(55) 『宋会要輯稿補編』三五頁および『文献通考』巻九九・宗廟考九に、紹興十三年に定められた景霊宮四孟朝献の儀注が収められている。

(56)『文献通考』巻一一八・王礼考一三。『宋史』儀衛志二も同じ。また、皇太后の場合も「朝謁景霊宮・太廟、則用禁諸班直・天武親従五百人、其前引・中道・囲子、同上皇儀而差省焉」という盛大さであった（『宋史』儀衛志二）。

(57) 明堂祀は当初、宮中の正殿である大慶殿を借りて行なわれていたが、徽宗の政和七年に至って明堂が建設された。南宋時代は明堂は建てられず、正殿たる文徳殿を用いて明堂祀が行なわれた。宋代の郊祀および明堂祀については、梅原郁「皇帝・祭祀・国都」（中村賢次郎編『歴史のなかの都市』所収、ミルネヴァ書房、一九八六年）、注(18)所掲の山内論文、および小島毅「郊祀制度の変遷」（『東洋文化研究所紀要』第一〇八冊、一九八九年）を見られたい。なお、梅原論文は宋代を通じて行なわれた大礼の一覧表を付していて便利である。

(58) この方式はもともと唐の玄宗に始まる。金子修一『古代中国と皇帝祭祀』（研文出版、二〇〇一年）六一頁以下、一八四頁以下を参照のこと。

(59)『長編』巻九四・天禧三年十一月、『宋史』真宗三。

(60) この時、仁宗は事前に郊祀の規定を作らせている。『宋史』礼志二・儀注によれば、それは、「先郊三日、奉謚冊宝于太廟。次日、薦享玉清昭応宮・景霊宮、宿太廟。既享、赴青城、至大次、就更衣壇改服衮冕行事」というものである。そして、これに従って郊祀が行なわれたのである。この時の郊祀については、『長編』巻一〇二・天聖二年十一月、『宋史』仁宗一。

(61)『長編』巻一〇五・天聖五年七月丙寅に「南郊礼儀司劉筠言、天聖二年南郊、朝享玉清昭応宮・景霊宮、又宿斎於太廟。一日之内、陟降為労。請罷朝享玉清昭応宮、俟郊祀畢、行恭謝之礼。従之」という。また、この年の郊祀については、『長編』巻一〇五・天聖五年十一月、『宋史』仁宗一を参照。

(62)『政和五礼新儀』巻一一三に「皇帝親祠前期朝献景霊宮儀」が収められている。郊祀における景霊宮朝献に関しては、紹興十三年の「郊祀大礼前二日朝献景霊宮礼儀注」（『宋会要輯稿補編』三七頁、『文献通考』巻九九・宗廟考九）、慶元元年の「礼部太常寺修立郊祀大礼前一日朝享太廟行礼儀注」（『文献通考』巻九八・宗廟考八）がある。明堂祀における景霊宮朝献に関しては、紹興七年の「明堂大礼前二日朝献景霊宮行礼儀注」（『宋会要輯稿補編』三〇頁）がある。

(63) 汪聖鐸「宋朝礼与仏教」（『学術月刊』一九九〇年五月号）に簡明な考察がある。そもそも国忌に仏教・道教祭祀を制度として行なうのは唐代の制度を受け継ぐものであり、『唐六典』巻四・尚書礼部に「凡国忌日、両京定大観・寺、各二散斎、諸道

士・女道士及僧尼、皆集於斎所、京文武五品以上与清官七品已上皆集、行香以退。若外州、亦各定一観一寺以散斎、州県官行香。応設斎者、蓋八十有一州焉」と見える。

(64)「某時在景霊宮行香」(『朱子語類』巻一〇七・寧宗朝－17)。

(65) 唐の太清宮における青詞の使用については、注(58)所掲の金子論考、六二頁以下を参照。資料としては、『唐会要』巻五〇「尊崇道教」、『大唐郊祀録』巻九「薦献太清宮」、『大唐郊祀録』巻九、『通典』巻五三「老君祠」を見られたい。

(66) 青詞については、長虹「青詞瑣談」(『中国道教』一九九〇年第二期)がある。なお、欧陽脩の青詞については、砂山稔「欧陽脩の青詞について――欧陽脩と道教思想」(『東方宗教』第八一号、一九九三年)が参考になる。

(67) なお、南宋の呂元素『道門定制』(道蔵第五二冊)巻六に「詞文式」として、欧陽脩の青詞三つを載せている。これらの青詞は景霊宮関係のものではないが、欧陽脩の青詞なり斎文が後世、道教における一つの模範になったことを物語っている。

(68)『宋会要輯稿補編』、「景霊宮」紹興十三年十二月一日の条に「旦望・節序・生辰・忌辰」における祭祀が述べられている(四二頁)。また、同書・紹興十四年四月二十七日の条に「景霊宮主管所言、今後皇太后・皇后、毎遇景霊宮諸帝生辰・忌辰詣宮、依在京日、本位排設葷素食味等行礼、其余逐位更不排辦、止赴前後殿上香朝拝。従之」とある(四三頁)。

(69)『東京夢華録』巻六「元宵」に「灯山上綵、金碧相射、錦綉交輝。面北悉以綵結、山呇上皆画神仙故事」とあるのを参照。

(70) 入矢義高・梅原郁訳注『東京夢華録』(岩波書店、一九八三年)、二八五頁。

(71) なお『武林旧事』巻三「放春」にも棂門の語が見える。

(72) 注(70)所掲の入矢義高・梅原郁訳注『東京夢華録』、二八五頁。

(73) なお、王安石に、中元節と下元節に景霊宮で開かれた道場の青詞がある。『臨川先生文集』巻四六に収める「景霊宮三殿看経堂開啓中元節道場青詞」および「景霊宮保寧閣下元節道場青詞」がそれである。

(74)『長編』巻一九〇・嘉祐四年十月、『宋史』仁宗四。

(75) 真宗・仁宗時代における大礼後の恭謝については、山内弘一「北宋の国家と玉皇――新礼恭謝天地を中心として」(『東方学』第六二輯、一九八一年)を見られたい。

(76)『長編』巻二二六・熙寧四年九月丙午、巻二五八・熙寧七年十二月乙亥、巻二八六・熙寧十年十二月乙丑。

(77)『長編』巻三三八・元豊六年十一月乙未、巻四三三・元祐四年九月辛卯、巻四七八・元祐七年十一月甲辰、巻五〇四・元符元年十一月辛未。

(78) 次に引く『玉海』の資料以外に、『建炎以来朝野雑記』甲集巻三「恭謝」も参照のこと。

(79) 『宋史』礼志五「告礼」。

(80) 『長編』巻四九八・元符元年五月戊申および癸丑。

(81) 『宋史』、欽宗。

(82) 仁宗の明道二年（一〇三三）二月、藉田の礼を行なう前に皇太后（荘献皇后）が太廟に恭謝したという例があるが、この時一回限りのことだったようである。『長編』巻一一一・明道元年十二月庚子、巻一一二・明道二年二月甲辰、および同年五月丙子を参照。

(83) 『建炎以来朝野雑記』乙集巻三「宰執恭謝徳寿重華宮聖語」に、「故事、宰輔大臣除拝、皆恭謝景霊宮」という。

(84) 『宋史』神宗三に「(元豊) 八年春正月戊戌、帝 (神宗) 不豫。……乙巳、命輔臣代禱景霊宮」とある。

(85) 『太常因革礼』巻三二・吉礼四に、賈昌朝の言として「其景霊宮朝謁、蓋沿唐世太清宮故事、有違経典、因可改革。欲望将来朝廟前未行此礼、俟郊祀礼畢、駕幸諸寺観日前、詣景霊宮謝成、如下元朝謁之儀」とある。なお、この年次を『太常因革礼』は景祐五年とするが、その年に郊祀は行なわれていないので、景祐二年の誤りであろう。

(86) 『夢渓筆談』巻一に「上親郊廟、冊文皆曰〝恭薦歳事〟。先景霊宮、謂之〝朝献〟、次太廟、謂之〝朝饗〟、末乃有事于南郊。予集郊式時、曾預討論、常疑其次序。若先為尊則郊不応在廟後、若後為尊則景霊宮不応在太廟之先。求其所従来、蓋有所因」として、唐の郊祀における太清宮と太廟の祭祀を挙げ、批判を行なっている。

(87) 『攻媿集』巻二二、奏議。

(88) 『朱子語類』に次の問答がある。「問、〝漢原廟如何〟。曰、〝原、再也。如原蚕之原。謂既有廟、而再立一廟、如本朝既有太廟、又有景霊宮〟。又問、〝此於礼当否〟。曰、〝非礼也。然以洛邑有文武廟言之、則似周亦有両廟〟」（『朱子語類』巻五四、孟子四・孟子之平陸章－1）。なお、後世においては、元の馬端臨、明の丘濬が景霊宮を道教施設として批判している。馬端臨の意見は『文献通考』巻七一・郊社考四に、丘濬の意見は『大学衍義補』巻五七・郊祀天地之礼に見える。

(89) 『文忠集』巻一三九、「論先廟後郊箚子」。

受菩薩戒儀及び受八斎戒儀の変遷

序　言

菩薩戒とは出家在家を問わず共通に受持できる戒であり、一生涯に限って受持する具足戒などの小乗の戒とは異なり、成仏に至るまでの間に守るべき大乗菩薩の戒である。菩薩戒を最初に中国にもたらしたのは曇無讖である。彼は玄始元年（四一二年）に涼州姑蔵に至り、菩薩戒を説く『菩薩地持経』（以下『地持経』と省略する。）を訳出した。(1) さらに、元嘉八年（四三一年）、即ち曇無讖に遅れることおよそ二十年後に、求那跋摩により『菩薩善戒経』が獅子国（セイロン）、闍婆国（ジャワ）経由で劉宋の都建康に伝えられた。この経典は『地持経』と同じく瑜伽系の菩薩戒を説いている。そのほかに劉宋・曇摩蜜多訳『普賢観経』などの漢訳経典にも菩薩戒が説かれ、中国における菩薩戒の受容に影響を及ぼした。さらに、中国撰述といわれる『梵網経』や『菩薩瓔珞本業経』の菩薩戒も行われた。この二つの経典の成立時期は不明であるが、梁武帝の頃には、これらの経典に基づく菩薩戒が建康を中心に流行していたことは確かである。(2)

以上に挙げる菩薩戒を説く経典には各々固有の受戒作法が具えられていたが、(3) 中国ではやがて菩薩戒の盛行とともに、経典に指定される作法の枠を超えて内容が増広され複雑化する経過をたどっていった。

そこで本論では、まず第一章で受菩薩戒儀の変遷について考察する。その際に問題となるのは、現存する数本の受菩薩戒儀の成立順位の設定である。ことに慧思撰とされる『受菩薩戒儀』の成立時期に関しては従来諸説が提示されている。今回は特に受戒作法の一環として中国で新たに導入された召請三宝の作法に着目して受菩薩戒儀の成立順位を明らかにしたい。

次に第二章では受八斎戒儀の変遷について考察する。菩薩戒は在家者に対して出家者と同等に修行する場を与え、在家でありながら成仏する可能性を明示したので、在家者の間で特にもてはやされた。またその一方で、在家者の間では菩薩戒と並び八斎戒の受持が流行した。八斎戒とは、日常守るべき五戒とは別に、出家者と同じ生活様式で仏道に励むために設けられた八つの戒のことで、六斎日や三長斎の布薩日に実践された。この戒は一日限定なので、期間内において毎日受戒する必要がある。その受戒の作法を記したものが受八斎戒儀であり、主に敦煌文献の中に見出すことができる。[4] その作法内容を見ると、受八斎戒儀は受菩薩戒儀と相互に影響し合いながら展開していったことが分かる。よってここで受菩薩戒儀と平行に受八斎戒儀の変遷についても検討する必要がある。

第一章　受菩薩戒儀の変遷と召請三宝の作法

一　初期の受菩薩戒法

（1）『出家人受菩薩戒法』巻第一と『菩薩戒義疏』に見える菩薩戒法

はじめに六朝時代に行なわれた受菩薩戒法について見てみたい。参考となる資料は次の二つの文献である。一つは敦煌本P二一九六の『出家人受菩薩戒法』巻第一である。(5) この文献は跋文に「大梁天監十八年歳次己亥夏五月　勅写」とあることから、天監十八年（五一九）に梁武帝の勅によって書写されたことが分かる。ここには、

撰菩薩戒法、乃有多家。鳩摩羅什所出菩薩戒法。高昌曇景口所伝受菩薩戒法。羅什是用梵網経。高昌云弥勒所集、亦梵網経。長沙寺玄暢所撰菩薩戒法。京師又有依優婆塞戒経撰菩薩戒法。復有依瓔珞本業経撰菩薩戒法。復有依観普賢行経撰菩薩戒法。粗是所見、略出六家。

菩薩戒法を撰するに、乃ち多家有り。鳩摩羅什の出だす所の菩薩戒法。高昌・曇景の口に伝ふる所の受菩薩戒法。羅什は是れ梵網経を用ふ。高昌に云ふ、弥勒の集むる所も亦梵網経ありと。長沙寺の玄暢の撰する所の菩薩戒法。京師に又優婆塞戒経に依りて菩薩戒法を撰する有り。復瓔珞本業経に依りて菩薩戒法を撰する有り。復観普賢行経に依りて菩薩戒法を撰する有り。粗是れ見る所、略六家より出ず。

とあり、六種の受菩薩戒法を記録している。『出家人受菩薩戒法』そのものも地持戒や梵網戒などの様々な受戒

法を統合的にまとめて作成された作法なので、これを合わせると梁代にはすでに七種の系統の受菩薩戒法が行われていたことが分かる。

もう一つの文献は智顗説灌頂記と伝えられる『菩薩戒義疏』である。この疏は佐藤哲英氏によって天台智顗の親撰でない可能性が指摘されている。その成立時期は明確でないが、智顗の講述だとしても晩年の頃であり、智顗以降の作であったとしても八世紀初頭には存在していたと考えられる。[6] ここには次のごとく六種の受菩薩戒法が挙げられている。

次論法縁。道俗共用、方法不同。略出六種。一梵網本。二地持本。三高昌本。四瓔珞本。五新撰本。六制旨本。優婆塞戒経偏受在家。普賢観受戒法、身似高位人、自譬受法。今不具列。[7]

次に法の縁を論ず。道俗共に用ひて、方法は同じからず。略して六種を出だす。一には梵網本。二には地持本。三には高昌本。四には新撰本。六には制旨本。優婆塞戒経は偏に在家に受《さづ》く。普賢観の受戒法は、身は高位の人のごとく。自譬（誓の誤り）受法なり。今は具に列ねず。

ここに示される受戒法は第五の新撰本と第六の制旨本を除くと『出家人受菩薩戒法』が挙げる受戒法と一致する。[8] 第五の新撰本とは、「近代諸師所集」[9]（近代の諸師の集むる所）とあるごとく、新たに諸師によって作成された受戒法である。その内容については改めて検討したい。第六の制旨本は『出家人受菩薩戒法』のことを指している。[10]

この二つの文献の記述を分かりやすくまとめると次のようになる。[11]

『出家人受菩薩戒法』巻第一　　『菩薩戒義疏』

鳩摩羅什所出の菩薩戒法……………梵網本

地持本

高昌・曇景口伝の受菩薩戒法……………高昌本

長沙寺・玄暢所撰の菩薩戒法……………暢法師本

優婆塞戒経の菩薩戒法……………優婆塞戒経の受戒法（在家専用）

瓔珞経の菩薩戒法……………瓔珞本

普賢観経の菩薩戒法……………普賢観経の受戒法（自誓受法）

新撰本（「近代諸師所集」）

制旨本（『出家人受菩薩戒法』に相当。）

また『出家人受菩薩戒法』によると、「戒本宗流大柢有二。一出菩薩地持経、二出梵網経。」（戒本の宗流大柢二有り。一には菩薩地持経より出づ、二には梵網経より出づ。）とも述べており、『梵網経』と『地持経』に基づく戒法が当時の主流であったようである。

さらに『菩薩戒義疏』には高昌本について「自斉宋已来、多用此法。」[12]（宋斉より已来、多く此の法を用ふ。）といい、南朝を通じて高昌本が多く用いられてきたことが述べられている。高昌本については、船山氏による詳しい研究があるので[13]、ここでは簡単に解説するにとどめるが、『出家人受菩薩戒法』では、先の引用文のごとく、高昌本とは曇景口伝の戒法であるという。『菩薩戒義疏』では、この戒法について次のように更に詳しい伝承の事情を述べている。

所以題作高昌本者、尋地持是曇無讖於河西所訳。有沙門道進、求讖受菩薩戒、讖不許且令悔過。七日七夜竟詣讖求受。讖大怒不答。進自念、正是我障業未消耳。復更竭誠礼懺首尾三年。進夢見釈迦文仏授己戒法。明

日詣讖欲説所夢。未至数十歩、讖驚起唱、善哉、已感戒矣。我当為汝作証。次第於仏像前更説戒相。（中略）河西王沮渠蒙遜子景環、後移拠高昌。既奉進為師。進亦随往値高昌荒餓。進生割己身、以救飢者。因此捨命。進弟子僧遵、姓趙、高昌人。伝師戒法。復有比丘曇景、亦伝此法。宗出彼郡、故名高昌本。[14]題して高昌本と作す所以は、尋ぬるに地持是れ曇無讖河西に於いて訳する所なり。沙門道進有りて讖に求めて菩薩戒を受《さず》けんとするも、讖許さずして且つ悔過せしむ。七日七夜竟りて讖に詣りて受んことを求む。讖大いに怒りて答へず。進自ら念へらく、正に是れ我障業未だ消えざるのみ。復更に誠を竭して礼懺すること首尾三年なり。進夢に釈迦文仏、己に戒法を授くるを見る。明日讖に詣りて夢みる所を説かんと欲す。未だ数十歩に至らざるに、讖驚き起きて唱ふ、善いかな、已に戒を感ぜり。我当に汝の為に証を作さん、と。次第に仏像の前に於いて更に戒相を説く。（中略）河西の王・沮渠蒙遜の子景環、後に移りて高昌に拠る。既に進を奉じて師と為す。進亦随ひ往きて高昌の荒餓に値ふ。進生きながら己が身を割き、以て飢者を救ふ。此に因りて命を捨つ。進の弟子僧遵、姓は趙、高昌の人。師の戒法を伝ふ。復比丘曇景有りて、亦此の法を伝ふ。宗は彼の郡より出づ、故に高昌本と名づく。

つまり、高昌本の淵源をたずねると、曇無讖の伝えた地持戒法にまで遡るのであり、曇無讖の弟子道進を経て、さらに道進が高昌に滞在中に彼の弟子になった僧遵と曇景が伝えたものが高昌本と呼ばれるようになったという。また、同じく『菩薩戒義疏』には「高昌本者、或題暢法師本」[15]（高昌本とは、或は暢法師本と題す。）ともいうので、当時高昌本は玄暢の戒法と同一本とみなされていたようである。ただし、同疏の後の解説によると「又元嘉末有玄暢法師、従魏国度在荊襵之門宣授菩薩戒法。大略相似、不無小異。故別有暢法師本。[16]」（又元嘉の末に玄暢法師有り、魏国従り度りて荊襵の門に在りて、菩薩戒法を宣授す。大略相似せるも、小異無きにあらず。故に別に暢法師本有り。）と述べているように、内容はよく類似するものの若干の違いがあり、高昌本とは別本であるという。先に見た如く『出家人受菩薩戒法』でも玄暢本と高昌本は別本の扱いである。

玄暢本と高昌本にどのような違いがあったのかは不明であるが、両本とも曇無讖が伝えた『地持経』の受戒法に基づいていたことは確かである。しかし『菩薩戒義疏』に「原宗出地持而作法小広。」[17]（宗を原ぬれば地持より出づるも、而も作法は小し広し。）とあるように、高昌本と玄暢本は『地持経』の作法を少しく増広させているという。『菩薩戒義疏』には高昌本の作法次第が紹介されているので、それを『地持経』の受戒作法と比較してみると、確かに若干の増補がうかがえる。両戒法の詳細な比較はすでに先述の船山氏の研究で行われているので、ここでは結果のみ簡略に述べると、もっとも顕著な相違は、高昌本は受戒後に十重相を説く点にある。十重相の内容については述べられていないが、梵網十重戒に相当すると考えられる。[18]さらに、受戒作法全体にわたり『菩薩善戒経』からの影響も見られる。

ここで『地持経』に基づく受戒法について付記しておきたい。『出家人受菩薩戒法』や『菩薩戒義疏』の記述を注意深く読むと、当時『地持経』に忠実に基づく受戒法が実践されていたかどうか疑わしい点がある。というのは、『出家人受菩薩戒法』に見える六種の戒法の中には『地持経』の戒法に増広を加えた高昌本と玄暢本を挙げるものの、『地持経』本来の戒法を載せていない。先述の「戒本宗流大低有二。一出菩薩地持経……」という記述も、地持戒に基づく戒法が主流であったというだけで『地持経』そのものの戒法が行われていたことを示しているわけではない。

また、『菩薩戒義疏』では『地持経』の受戒作法を説くものの、「依経本受法如此。」[19]（経本に依るに受法此の如し。）とあるように、経典から抜き出したものであり、当時実際に行なわれていた戒法を参考にしていない。[20]『出家人受菩薩戒法』にしても『菩薩戒義疏』にしても、『地持経』そのものの受戒法の存在を示してはいないのである。

以上のことから推測すれば、曇無讖が地持戒による受戒を行なって以来、弟子たちに受け継がれていく中で内容が改変され、高昌本や玄暢本のごとき形式がもてはやされる一方で、『地持経』本来の作法による受戒は伝承が途絶えてしまったか、あまり省みられなくなってしまったのではないだろうか。

このように『地持経』本来の受戒法が改変されていく状況は、中国で菩薩戒がどのように受容されたかを知るうえで非常に示唆的である。特に高昌本が『地持経』の戒相である三聚浄戒とは別にさらに十重戒相を導入している点は興味深い。なぜそのように改変する必要があったのかは推測の範囲でしか答えることができないが、おそらく『地持経』が説く戒相の内容があまりにも水準の高いもので、一般には実践するのに不向きだったからだと思われる。『地持経』に説かれる菩薩戒は律儀戒・摂善法戒・摂衆生戒の三聚浄戒であるが、律儀戒は比丘・比丘尼・式叉摩尼・沙弥・沙弥尼・優婆塞・優婆夷の七衆が受持する戒である。つまりその内容は五戒・八斎戒・十戒・具足戒であり、小乗の戒相と同一である。しかし、摂善法戒になると、身口意業によってあらゆる善を行なうことを説き、六波羅蜜を基調にまとめられている。さらに摂衆生戒は、慈悲利他の精神に基づく十一種の戒相が示されている。つまり、瑜伽系の三聚浄戒は、持戒者が成仏に至るまでの全ての戒を網羅した体系であり、菩薩行の全体を持戒という立場より説いている。そうなると、現実的な視点からすれば、このような戒の実践は非常に困難であり、特に在家者にとってはほぼ不可能と思われる。そこで、三聚浄戒とは別個に、現実的で在家者の間でも実践可能な戒相として十重戒が導入されるに至ったのではないだろうか。

高昌本と『梵網経』の成立順位が不明である以上は、『梵網経』が高昌本に影響を与えたのか、それとも高昌本の十重戒がやがて独立して『梵網経』の十重四十八軽戒として整えられたのかは判定できない。とはいえ、少なくともここにおいて十重戒が中国で重要視される様子をうかがうことができ、さらには『梵網経』が中国で定着してゆく事情を解明するうえで一つの手掛かりを提供しているのではないだろうか。

以上、初期の受菩薩戒法の流伝状況についてみてきたが、ここで簡単にまとめると梁代には『梵網経』に基づく戒法、高昌本や玄暢本の如く『地持経』に基づく受戒法が流行し、そのほかにも『優婆塞戒経』『瓔珞経』『普賢観経』の菩薩戒法や、様々な系統の受戒法を統合した『出家人受菩薩戒法』が行なわれた。そしてさらに『菩薩戒義疏』の頃になると、諸師によって作成された新撰本なる受戒法が新たに行なわれるようになったのである。

(2) 新撰本について

次に新撰本について検討したい。その理由は、ここにはそれ以前の受戒作法にはなかった新しい進展が見られるからである。

まず新撰本の成立時期についてであるが、『菩薩戒義疏』にこの本は近代の諸師によって作られた戒法であると述べているからには、『菩薩戒義疏』の成立時期よりも少し前ということになる。『菩薩戒義疏』は先述の如く、智顗撰であれば晩年の頃、智顗以降の作としても八世紀初頭に存在していたので、新撰本は早くて六世紀末、遅くても八世紀極初までに作成されたと推定してよいだろう。

新撰本の内容を見ると、『受菩薩戒義疏』によれば、次の如く十八科の作法からなる。

第一、師初入道場礼仏、在仏辺就座坐。(第一に師初めて道場に入り礼仏し、仏辺に在りて座に就きて坐す。)

第二、弟子入道場、礼仏胡跪。(第二に弟子道場に入り、礼仏し胡跪す。)

第三、師請三宝。（第三に師三宝を請ず。）

第四、令起心念三宝如在目前。（第四に心を起して三宝を念じ目前に在るが如くせしむ。）

第五、懺悔十不善業。（第五に十不善業を懺悔す。）

第六、請諸聖作師。（第六に諸聖に師と作ることを請ふ。）

第七、請現前師。（第七に現前師を請ず。）

第八、師讃歎弟子能発勝心。（第八に師、弟子を讃歎して能く勝心を発さしむ。）

第九、正乞是戒。（第九に正しくこの戒を乞ふ。）

第十、教発菩薩心。（第十に教へて菩薩心を発さしむ。）

第十一、問遮法。有十五問（第十一に問遮法。十五問有り。）

第十二、想念得戒。（第十二に得戒を想念す。）

第十三、発戒時立誓。（第十三に戒を発する時、誓を立つ。）

第十四、受菩薩三帰。以此三帰発戒。（第十四に菩薩三帰を受く。此の三帰を以て戒を発す。）

第十五、師起唱羯磨。亦以羯磨発戒。（第十五に師起きて羯磨を唱ふ。亦羯磨を以て戒を発す。）

第十六、結竟。（第十六に結竟す。）

第十七、師還坐勧学。（第十七に師還りて坐し、学を勧む。）

第十八、説十重相。結撮讃歎、作礼便去。(21)（第十八に十重相を説く。結撮讃歎し、礼を作して便ち去る。）


この中の第三から第五までの作法に着目すると、師が三宝を請じ、三宝が目前に在る如く念じ、その後で十不善業を懺悔するという一連の作法が確認できる。もっとも、ここでは具体的な解説はなく、三宝を請う目的も示されていないが、その直後に行なわれる懺悔と関わりがあると推測される。なぜならば、新撰本が作成されたのと重なる時期に行われた懺法においても三宝を請うことが述べられており、その中では懺悔の前提として三宝の一つ一つに道場に来臨してもらい[22]、滅罪を証明するよう請い願う作法として捉えられているからである。

そもそも三宝を召請することは、天台智顗が考案した法華懺法や方等懺法などの中ではじめて具体的な作法として明確に位置づけられるようになったようである。智顗の時代の漢訳経典で懺悔法を説く場合は、行者が滅罪を得た結果として、定中や夢中に仏が現前したり、様々な好相が得られるとするのが一般的であり、召請三宝の作法は見出されない。北涼・法衆訳『大方等陀羅尼経』や失訳『七仏八菩薩所説大陀羅尼神呪経』には仏・菩薩が道場に来臨することが説かれているが[23]、行者が主体的に仏菩薩を道場に降臨させるわけではない。

しかし、だからといって召請三宝の作法が智顗の完全な独創であったわけではない。その由来はあくまでも漢訳経典や当時行なわれていた懺法にあったと考えられる。この問題については後日改めて発表する予定なので、ここでは詳細を述べないが、隋・開皇五年（五八五年）に大興善寺の那連提耶舎によって訳出された『大雲輪請雨経』や、その異訳として那連提耶舎の後に同じく大興善寺で訳経事業に従事した闍那崛多と達摩笈多が開皇年間に訳出した『大方等大雲経請雨品第六十四』には、天旱時に雨を請う儀礼の一環として仏・菩薩・諸天・竜王を召請することが説かれている。さらに闍那崛多には北周・武帝在位の時期に同学の耶舎崛多と共に訳出した『仏説十一面観世音神呪経』があるが、この経典には十方諸仏を召請して懺悔を行うことが述べられている[24]。

以上挙げた経典は智顗がちょうど活動している時期に訳出されているので、これらの経典の影響を直接受けて召請三宝の作法が考案されたとはいい難いが、今見たように漢訳経典の中に召請の作法が述べられている以上、智顗が何らかの漢訳経典に説かれる召請の作法を見ていた可能性は高いだろう。

さらに中国で撰述された『大通方広懺悔滅罪荘厳成仏経』(『大通方広経』と略称する。)では「先焼好香、然後請仏」(先に好香を焼き、然る後に仏を請ず。)とあるように、「請仏」という作法を行うことによって仏菩薩を室内に入らしめて滅罪を証明してもらうことが説かれている。[25] またスタイン本には、断片ではあるが『大通方広経』に基づく懺悔作法が記されている。即ちS四四九四がそれで、ちょうど「請仏」の部分が見られる。ここでは請仏という見出しになっているものの、内容としては三宝の来臨を請うことになっている。S四四九四の末尾には「大統十一年乙丑歳五月廿九日写乞《ママ》平南寺道養許」とあるので、これが五四五年の写本であることが分かる。つまり『大通方広経』やS四四九四の懺悔作法は智顗が仏者として活動する前に行なわれていたことになる。ただし、『大通方広経』では具体的な請仏の作法を示しているわけではないし、S四四九四に記される請仏の項にも文章に重複があり、甚だ未整備な状態である。

おそらくこの時期の召請三宝は懺法の中に導入されはじめたばかりであったので、作法としては非常に簡略なもので、いまだ形式化されていなかったと思われる。

以上のことからすれば、智顗が考案した召請三宝は、当時の仏教徒の間で徐々に行われはじめていた召請の作法をさらに整備したものといえる。また、智顗がこの作法を整備するに当たって、道教の醮の儀礼で行なわれていた奉請天真の作法をも参考にしたようである。特に智顗は召請のことを「奉請」と表現しているが、この用語は道教から借用したものと思われる。[26] この点については小林正美氏の研究に詳しく考察されている。[27]

ここで再び新撰本における第三から第五までの作法について考えると、この中で三宝を召請するのは、当時の懺法と同様の意義で行われたものと推測できる。つまり、先ず懺悔の証明者として三宝を道場に招き、その前で十不善業を懺悔するという一連の作法と捉えて間違いなかろう。そうであれば、新撰本に新たに導入された召請三宝の作法は、智顗の懺法をはじめとする懺悔法の中で定着しはじめた召請の作法の影響を受けたものとみてよい。

以上のことから、次のように結論付けることができる。梁代にはすでに梵網本や高昌本等のいくつかの系統の菩薩戒法が存在していたが、それらには召請三宝の作法は設定されていない。しかし、梁代以降に懺法がより具体的な儀礼として発展する中で、滅罪を証明してもらう目的で三宝を道場に招く作法が行なわれた。それがやがて智顗の手によって奉請三宝の作法として整備され、そのような懺法が流行すると、その影響を受けて受戒作法においても新撰本のように三宝を請ずる作法が導入されるようになったのだろう。

加えて言うと、新撰本そのものは後代に普及した形跡はないが、召請三宝を導入する形式は敦煌資料に残される受戒法にしばしばみられ、後代の受戒儀の典型になった。このことについては後述する。

二　唐代以降の受菩薩戒儀における召請三宝の作法

（1）唐代以降の受菩薩戒儀

次に唐代以降の受菩薩戒儀を見ると、現存本の中で成書年代をある程度推定できるものは以下の七本である。

①慧沼本[28]

正式には「大唐三蔵法師伝西域正法蔵受菩薩戒法」といい、『勧発菩提心集』巻下に収められている。作者慧沼の生没年は六五〇年－七一四年で、六七二年に慈恩大師基に師事したので、この戒法の成立は七世紀末から七一四年までの間と考えられる。本稿では慧沼本と称する。

②湛然本(29)

湛然(七一一－七八二)の『授菩薩戒儀』のことで、撰述年代は湛然の生没年代から推測できるが、次に述べるごとく、湛然の弟子である明曠の受戒儀の撰年が七七七年であるから、それまでに成立していなければならない。本稿では湛然本と称する。

③明曠本(30)

明曠の『天台菩薩戒疏』巻上「四明受法」に述べられる受戒作法である。明曠は湛然の弟子であり、『天台菩薩戒疏』の撰述年は大暦十二年(七七七)とされる。(31)本稿では明曠本と称する。

④澄照本(32)

安国寺の沙門澄照の『略授三帰五八戒並菩薩戒』の中に、五戒・八戒の作法に次いで「略授菩薩戒」として載せられている。土橋氏の指摘では、作者の澄照は『四分律僉定疏』を作った安国寺円照の後継と考えられる。(33)また小寺文頴氏の研究によれば、『略授三帰五八戒並菩薩戒』の成立の最下限は圓珍がこの本を入手した元慶五年(八八一)で、会昌の法難(八四四)以降のものではないかと推測している。(34)本稿では澄照本と称する。

⑤知礼本(35)

正式には「授菩薩戒儀(十二科)」といい、『四明尊者教行録』一巻に収められている。『四明尊者教行録』は宗暁(一一五一－一二一四)が四明知礼の滅後百七十五年(一二〇二年)に知礼の遺文等を集めたものである。宗暁自身の手が多少加わっているかもしれないが、基本的にはこの戒儀を知礼撰と見なしてよい。したがって、撰述時期は知礼の生没年代である九六〇年から一〇二八年の間とする。本稿では知礼本と称する。

⑥遵式本(36)

正式には「授菩薩戒儀式（十科）」といい、慧観が南宋・紹興二十一年（一一五一年）に遵式（九六四－一〇三二）の遺文を集めた典籍である『金園集』巻上に収められる。これもまた遵式の戒儀を純粋に伝えているか分からないが、基本的には遵式の時代に成立したと考えてよいであろう。時期的に知礼本と重なり、内容上共通点が多い。知礼本との成立前後は判断できない。本稿では遵式本と称する。

⑦元照本(37)

道詢が編集した『芝園遺編』巻中に収められる元照（一〇四八－一一一六）の『授大乗菩薩戒儀』で、戒儀の跋文に「大宋政和元年、歳在辛卯、安居中為衆僧録出」とあるから、一一一一年に撰述されたことが分かる。本稿では元照本と称する。

さらに、これらの七本とは別に成書年代の不明なものとして、慧思撰『受菩薩戒儀』(38)（以降、慧思本と称する）と敦煌本S一〇七三がある。

以上の九本の戒儀(39)は、内容や構成に共通点が多く見出されるので、各々先行本を参照にするかたちで撰述が繰り返されたことが窺える。

慧思本の成立に関しては、この書が南岳慧思の真撰でないことをはじめて指摘したのは久野芳隆氏である。久野氏によれば、慧思本には『八十華厳経』の引用があることから、この経典の訳出年（六九五－六九九）以降に成立し、慧沼本や湛然本などは慧思本を参考にして作られたと考察している(40)。それ以来、慧思作を否定することは研究者の間で見解が一致している。しかし、成立時期については各様の意見があり、例えば『仏書解説大辞典』で田島徳音氏は、慧思本の仰啓文に「大元国某州……」とあることから元代成立説を唱えている(41)。平了照氏は久野氏と同様に慧思本を湛然以前の成立とするが、さらにこの書を天台第四祖である天宮慧威の撰述と見なしている。[42]土橋秀高氏はS一〇七三を初めて学界に紹介し、慧思本を含める他の受菩薩戒儀の内容と比較して、次のように成立順位を推定している。即ち、慧沼本→妙楽本（湛然本）→明曠本→S一〇七三の後に慧思本が続き、その後に遵式本→元照本→宗暁本（知礼本）という順位を立てている。慧思本の成立時期に関しては、久野・平両氏の見解とは反対に、湛然本・明曠本よりも後とするが、田島氏の説よりも早い時期を推定している。「大元国」の表記については、元代に写し用いられた慧思本が今日に伝わっていると解釈している。[43]平川彰氏は久野・平両氏と同様に湛然本以前の成立を唱え、『八十華厳経』の引用部分は後世の転写時における改変と考えている。[44]このようにみると、慧思本の成立時期の問題は、湛然本・明曠本を軸にして、その成立が前であるか後であるかが一つの焦点になっているといえよう。

（2）各本における召請三宝の作法の取り扱い

そこで、成書年代の不明なS一〇七三と慧思本をひとまず除いて、先に挙げた七本の受菩薩戒儀の中で、三宝を召請する作法がどのように扱われているかを考察したい。そして、その考察結果をもとに、S一〇七三と慧思本がいつ頃成立したのかを推定してみよう。

先ず、本論末に付した表1「受菩薩戒儀の構成」に示す受戒作法の構成から分かるように、慧沼本・湛然本・明曠本の三本は何れも懺悔作法を設定するものの、三宝を召請する作法は見えない。つまり新撰本の影響を受けず、それ以前の伝統的な受戒法の懺悔を継承している。[45]

ただし慧沼本・湛然本・明曠本の三本の請師の項には、「弟子某甲等、奉請本師釈迦牟尼如来応正等覚為受菩薩戒和上。我依和上故、得受菩薩戒。慈愍故。[46]」（弟子某甲等、本師釈迦牟尼如来応正等覚の受菩薩戒和上と為らんことを奉請す。我、和上に依るが故に、菩薩戒を受くることを得ん。慈愍の故に。）のごとく、奉請という語が見える。これは奉請三宝のように道場に来臨を請う作法とは異なり、単に仏菩薩に対して受戒の師になることを請うという意味で奉請の語を用いているに過ぎない。[47]

ところが、次に挙げる澄照本、知礼本、遵式本、元照本では、三宝を召請する作法が受戒儀式の中に明確に位置づけられるようになる。

澄照本は受菩薩戒の作法を略述しているが、そこには「夫欲受仏戒者、先須啓請三宝証明。[48]」（夫れ仏戒を受けんと欲すれば、先ず須らく三宝に証明せんことを啓請すべし。）とあり、受戒の前提として三宝を啓請することが説かれている。ここでは啓請三宝の内容は省略されているので、五戒作法の該当部分を参照すると、

第二請証明者、夫欲受戒者、先須稽首請三宝、以作証明、各各（胡）跪合掌、自称己名、随貧道請云、弟子某甲、稽首奉請。十方諸仏・諸大菩薩・羅漢・聖僧・天龍八部・護法善神・業道冥官・罪福童子・有天眼耳他心通者、見聞知請、起大慈悲、降臨道場、証明弟子、廻邪入正、帰仏法僧、懺洗罪（愆）、受仏禁戒。惟願三宝慈悲証明。敬礼常住三宝。（如是三説、復語云、）汝善男子善女人等（或唯男唯女随称、若一人須除等字。）如是至誠三請諸仏菩薩、不捨本願、必降道場。我輩肉眼凡夫、不能得見、各各起慇重心、普礼諸仏聖衆三拝。[49]

第二に証明を請うとは、夫れ戒を受けんと欲すれば、先ず須らく稽首して三宝を請じ、以て証明を作すべし。各各（胡）跪合掌し、自ら己が名を称え、貧道に随ひて請ひて云く、弟子某甲、稽首して奉請す。十方諸仏・諸大菩薩・羅漢・聖僧・天龍八部・護法善神・業道冥官・罪福童子・天眼耳他心通有る者、見聞して請を知り、大慈悲を起こし、道場に降臨し、弟子の邪を廻らせ正に入り、仏法僧に帰し、罪（愆）を懺洗し、

仏の禁戒を受くるを証明したまへ。惟だ願はくは三宝慈悲もて証明せんことを。常住三宝に敬礼す。（是の如く三たび説け、復語りて云く）汝善男子、善女人等（或は唯だ男のみ、唯だ女のみなれば随ひ称せよ。若し一人ならば須らく等の字を除くべし。）是の如く至誠に三たび諸仏菩薩を請じ、本願を捨てざれば、必ず道場に降らん。我が輩の肉眼凡夫なれば、見るを得ること能はざるも、各各慇重心を起こし、普く諸仏聖衆を礼すること三拝せよ。

とある。右の啓請文では三宝に稽首して証明を請うことが説かれているものの、道場に召請する中には法に相当するものが無く、いささか曖昧な点がある。しかし懺法で行なわれる奉請三宝の作法が導入されていることは明白である。奉請という語もここにはっきりと示されている。さらに注意すべきは、本来三宝の召請は懺悔の前提として行なわれるもので、三宝の役割は滅罪を証明することであったが、澄照本では傍線部分の如く、滅罪のみならず、三帰依や受戒の証明も行なっていることである。つまり、奉請三宝の目的が滅罪の証明のみならず、受戒作法全体の証明として拡大解釈されているのである。

澄照本以降の受菩薩戒儀の召請三宝は次の如くである。

・知礼本

第三請聖証明

現前大衆。我今既為説法開導。須懐忻仰。向下更為迎請聖衆、降臨道場、証明護念。汝等各須専秉一心、随我音声奉請（先啓白）

維太歳某年某月日、南閻浮提大宋国某州県某処。今有衆多男女、各発精誠、同稟浄戒、邀迎三宝一切聖賢。願賜護持、即希感降。

一心奉請尽虚空界微塵刹中一切諸仏、真応二身・一切道法、大小両乗・三乗等侶、一切聖賢。惟願聞今奉請、降臨道場、証明受戒。

一心奉請護法諸天・功徳大弁・梵釈四王・龍鬼八部・天霊地祇・日月星宮・江河淮済・名山大川・州城分野・社稷聡明・守護斎戒・正直神司。惟願聞今奉請、降臨道場、堅守加護。

一心奉請十方法界六道四生・三才九類・一切含情・現前受戒合道場人・住居香火・本命星辰・生身父母・上代宗親。惟願承三宝力、倶到道場、同沾戒善。(50)

第三に聖の証明を請う

現前の大衆よ。我今既に為に法を説き開導す。須らく忻仰を懐くべし。下に向ひて更に為に迎へて聖衆に道場に降臨し、証明し護念せんことを請ふ。汝等各須らく専秉一心に我が音声に随ひて奉請すべし。(先ず啓白せよ。)


維れ太歳某年某月日、南閻浮提大宋国某州県某処にて、今衆多の男女有りて、各精誠を発し、同《とも》に浄戒を稟け、三宝一切の聖賢を邀迎す。願はくは護持を賜はんことを。即ち感降を希ふ。

一心に尽虚空界の微塵刹中の一切の諸仏、真応の二身・一切の道法、大小の両乗・三乗の等侶、一切の聖賢を奉請す。惟だ願はくは今の奉請を聞きて、道場に降臨し、受戒を証明せんことを。

(以下、省略)

・遵式本

第二請三宝諸天加護

諸仏子既知妙戒如是功徳、開導身心、須至欣募。次当教汝虔請三宝及諸天神祇同降道場、証明護念、同崇戒法。汝等各各至心随我口道、
弟子某甲、一心奉請十方三世一切諸仏、真応二身・一切尊法、半満両教・一切聖賢、三乗等侶。惟願三宝同降道場、証明加護。
一心奉請梵釈四王・二十八天諸仙仙衆・大宋土境名山大川江河淮済一切神祇・当州地分城隍社廟一切霊宰・僧伽藍内護正法者、並願承三宝力、同降道場、証明加護。(51)

第二に三宝諸天の加護を請ふ

諸仏子既に妙戒の是の如き功徳を知り、身心を開導す。須らく欣募に至るべし。次に当に汝に教へて虔んで三宝及び諸天の神祇の同に道場に降りて、証明し護念し、同に戒法を崇ばんことを請はしむ。汝等各各至心に我が口に随ひて道へ、
弟子某甲、一心に十方三世一切諸仏、真応の二身・一切の尊法、半満の両教・一切の聖賢、三乗の等侶を奉請す。惟だ願はくは三宝同に道場に降り、証明し加護せんことを。
(以下、省略)

・元照本

第二請聖証明

戒師先為請三宝諸天同来作証。由仏出世、建立戒法、当須志誠運想、随師召請云、
弟子某甲、稽首帰命、一心虔請尽虚空界極微塵刹常住三宝、清浄法身毘盧遮那仏、円満報身盧舎那仏、千百

億化身釈迦牟尼仏、当来補処弥勒尊、極楽世界阿弥陀仏、過去七仏、賢劫千仏、十方三世一切諸仏・大小両乗、毘尼戒法、十二分経甚深法蔵・文殊師利菩薩、普賢菩薩、観世音菩薩、大勢至菩薩、十方三世諸大菩薩、最初得戒妙海王子、西天此土伝法祖師、四依菩薩縁覚声聞三乗賢聖。惟願慈悲聞我奉請、顕現道場、証明受戒。

弟子某甲、一心虔請護法諸天・大梵天王・帝釈天王・護世四王・天龍八部・三界万霊・五星六曜・今年歳分、賞善罰悪、一切天神・大宋国内五獄四瀆、名山大川、江河潭洞主執龍神・当州地分、城隍社廟、属内神祇・諸処寺院護伽藍神守正法者。惟願聡明聞我召請、同賜降臨、悉来守護。

弟子某甲、一心虔請十方法界六道四生・一切含識・現前受戒合道場人・無量劫来生身父母・先亡後逝上代宗親・亡歿已後、未解脱者、願乗三宝威神力故、倶到道場、同沾戒善。(52)

第二に聖の証明を請ふ

戒師先ず為に三宝諸天の同に来りて証を作さんことを請ふ。仏の出世に由り、戒法建立す。当に須らく志誠に運想し、師に随ひて召請して云ふべし、

弟子某甲、稽首し帰命し、一心に虔んで尽虚空界の極微塵刹の常住三宝、清浄法身の毘盧遮那仏、円満報身の廬舎那仏、千百億化身の釈迦牟尼仏、当来補処の弥勒尊、極楽世界の阿弥陀仏、過去七仏、賢劫の千仏、十方三世の一切諸仏・大小の両乗、毘尼戒法、十二分経の甚だ深き法蔵・文殊師利菩薩、普賢菩薩、観世音菩薩、大勢至菩薩、十方三世諸大菩薩、最初に戒を得し妙海王子、西天より此土に法を伝へし祖師、四依菩薩、縁覚、声聞の三乗の賢聖を請ふ。惟だ願はくは慈悲もて我が奉請を聞き、道場に顕現し、受戒を証明せんことを。

（以下、省略）

以上の三本を澄照本と比較すると、奉請される対象には仏法僧の三宝が揃って説かれ、しかも内容が拡充されている。また奉請三宝の目的については、知礼本は「證明受戒」、遵式本は「証明護念、同崇戒法」「証明加護」、元照本は「惟願慈悲聞我奉請、顕現道場、証明受戒」と述べていることから分かるように、澄照本と同じく拡大解釈されて、受戒全体を証明するために奉請三宝を行なうことになっている。

（3）S一〇七三及び慧思本における召請三宝の作法

次に年代の確定できないS一〇七三と慧思本における召請三宝の作法を検討したい。S一〇七三には次のように三宝や諸天等を召請することが述べられている。

次啓請十方賢聖為作証明。　次当啓請。

弟子某甲等、合道場人、稽首和南十方諸仏、諸大菩薩、無辺化身・舎利浮圖、砕形宝塔、鹿苑初転、四諦法輪、双樹後楊、一乗奥典・経行樹下独覚聖人、坐定山間得道羅漢・上至非想非々想天、四禅四空五浄居等、色界自在尸棄梵王、釈提桓因、六欲天子（脱落有り）、閻羅天子、五道大神、太山府君、察命伺録、天曹地府、善悪部官、左膊右肩、罪福童子、護斎護戒諸大善神、日官月宮、光明梵衆、山間石宝（＝室？）離欲諸仙、曠野丘陵道力神鬼、阿鼻地獄羅刹夜叉、十八泥黎牛頭獄卒、鳩盤荼鬼、行病王、遊歴人間行諸毒気、胎卵湿化、蠢動含霊、有形無形、有想無想、有天眼者、有天耳者、他心通者、悉願知聞、来入道場、証明弟子発露懺悔、一懺已後、永断相続、更不敢造。唯願十方諸仏一切賢聖、大慈大悲、摂受弟子、罪障消滅。敬礼常住三宝。

次に十方の賢聖為に証明を作さんことを啓請す。　次に当に啓請すべし。

弟子某甲等の道場に合ふ人、稽首し和南す。十方の諸仏諸大菩薩、無辺の化身・舎利浮啚、砕形宝塔、鹿苑の初転、四諦の法輪、双樹後楊、一乗奥典・樹下に経行する独覚の聖人、山間に坐定する得道の羅漢・上は非想非々想天に至り、四禅四空、五浄居等、色界自在、尸棄梵王、釈提桓因、六欲天子（以下、脱落）、閻羅天子、五道大神、太山府君、察命伺録、天曹地府、善悪部官、左膊右肩、罪福童子、護斎護戒の諸大善神、日官月宮、光明梵衆、山間石宝（＝室？）の離欲諸仙、曠野丘陵の道力神鬼、阿鼻地獄の羅刹夜叉、十八泥黎の牛頭獄卒、鳩盤荼鬼、行病王、人間の遊歴し諸の毒気を行なふもの、胎卵湿化、蠢動含霊、有形無形、有想無想、天眼有る者、天耳有る者、他心通ある者、悉く願はくは知聞し、来りて道場に入り、弟子の発露懺悔するを証明せんことを。一懺已後、永く相続を断ち、更に敢へて造らず。唯だ願はくは十方諸仏一切賢聖、大慈大悲もて、弟子を摂受し、罪障消滅せんことを。常住の三宝に敬礼す。

ここでは三宝等を道場に召請するのに啓請という語が用いられ、奉請という語が使用されていない。また、召請された三宝等の役割については、「証明弟子発露懺悔」とあるように、滅罪を証明するのみであり、本来的な目的で三宝等が召請される点に注意したい。

慧思本の召請三宝は次のごとくである。

一心奉請十方三世尽虚空遍法界一切諸仏、真応二身・十二部経真如海蔵・諸大菩薩、縁覚、声聞、並願普降道場、証明受戒功徳。

一心奉請十方法界二十八天・釈梵王等・護法護戒八部龍神、並願承三宝力、普降道場、結浄護戒、証明功徳。

一心奉請十方法界六道四生・閻羅天子・泰山府君・天曹地府・司命司禄・罪福童子・善悪冥官・五道将軍・行病使者、並願承三宝力、普降道場、同霑戒善、証明功徳。

一心奉請某州境内五嶽四瀆、幽明水陸、城隍社廟一切神祇、並願承三宝力、普降道場、同沾戒善、証明功徳。

一心奉請十方法界十二類生、一切含識、在会諸多受戒先亡、久近一切家神、九品霊神、滞魄冤魂未解脱者、並願承三宝力、尽至道場、同沾戒善、証明功徳。(53)


一心に十方三世尽虚空遍法界の一切の諸仏、真応の二身・十二部経の真如海蔵・諸大菩薩、縁覚、声聞を奉請し、並に普く道場に降りて、受戒の功徳を証明せんことを願ふ。

一心に十方法界の二十八天・釈梵王等・護法護戒の八部龍神を奉請す。並に三宝の力を承けて、普く道場に降り、浄を結び戒を護り、功徳を証明せんことを願ふ。

一心に十方法界の六道四生・閻羅天子・泰山府君・天曹地府・司命司禄・罪福童子・善悪冥官・五道将軍・行病使者を奉請し、並に三宝の力を承けて、普く道場に降り、同じく戒善に霑《うるほ》ひて、功徳を証明せんことを願ふ。

一心に某州境内の五嶽四瀆、幽明水陸、城隍社廟の一切の神祇を奉請し、並に三宝の力を承けて、普く道場に降り、同じく戒善に沾《うるほ》ひて、功徳を証明せんことを願ふ。

一心に十方の法界の十二類生、一切の含識、在会の諸多の受戒の先亡、久近の一切の家神、九品の霊神、滞魄冤魂の未だ解脱ざる者を奉請し、並に願はくは三宝の力を承けて、尽く道場に至り、同じく戒善に沾ひて、功徳を証明せんことを願ふ。


ここでは、三宝や諸天等を召請する際に奉請という語が用いられており、奉請の目的は「証明受戒功徳」とあるように受戒全体の証明であるから、澄照本以降の戒儀に共通する。また奉請される対象は知礼本以降の戒儀に類似する。

（4）唐代以降の受菩薩戒儀の成立順位

さて、先に慧沼本→湛然本→明曠本→澄照本→知礼本・遵式本→元照本という成立順に従って召請三宝の作法の取り扱いを見たが、その順位の中に今見たＳ一〇七三と慧思本を位置づけるとすれば、どこが妥当であろうか。まずＳ一〇七三と慧思本の二本はともに召請三宝の作法を取り入れていることを考慮すれば、慧沼本・湛然本・明曠本よりも後の成立と考えるのが自然である。そしてＳ一〇七三と慧思本の先後関係については、召請三宝の目的を本来的な意味で解釈するＳ一〇七三が慧思本に先行することは容易に推測できる。また、奉請三宝を受戒全体の証明として拡大解釈する慧思本は、澄照本・知礼本・遵式本・元照本に見られる発想に共通するので、慧思本が作られたのは澄照本等の成立と重なる頃と見るべきである。

さらに、後述のごとく、慧思本の構成には若干の不手際があり、知礼本・遵式本よりも以前の形式であることを物語っている。澄照本と慧思本の前後関係ははっきり分からないが、慧思本と知礼本・遵式本とは、奉請の文句が類似していることと、受戒儀全体の構造面にも共通点があるので、慧思本の成立は知礼本・遵式本に近い頃と推測する。これらのことを踏まえれば、慧思本は澄照本と同時期もしくはやや遅れて成立し、その後に知礼本・遵式本→元照本の順に作成されたと結論づけることができる。澄照本→慧思本→知礼本・遵式本→元照本という成立順序になる。

（5）受戒儀の構造と召請三宝の作法との関連性

ところで、三宝を召請する目的を、Ｓ一〇七三のように滅罪の証明と解釈する場合と、慧思本を含む澄照本以降の受菩薩戒儀のように、受戒全体の証明と解釈する場合があるが、その違いは受菩薩戒儀の全体の構成にも大きく関わっている。特に、奉請（啓請）三宝、三帰依、懺悔の配置に着目してみると、S一〇七三の場合、啓請三宝は滅罪の証明のために行なわれるので、懺悔と緊密に結びついている。つまり啓請三宝は懺悔を行なう前提としてなされなければならないのである。

啓請三宝の意義については、S四〇八一等の受八斎戒儀にはっきり述べられている。即ち「若不啓請、則一切賢聖、不来道場、為作証明。賢聖若不降臨、縦懺罪難得滅。必須虔恭合掌、懇到至誠、同心啓請。」[54]（若し啓請せざれば、則ち一切の賢聖、道場に来りて、為に証明を作さず。賢聖若し降臨せざれば、縦ひ罪を懺すれども滅するを得ること難し。必ず須らく虔んで恭しく合掌し、懇到《ねんごろ》に至誠に、心を同じくして啓請すべし。）とあり、賢聖が道場に来臨しない限り、いくら懺悔しても滅罪を得ることはできないという。S一〇七三の啓請三宝もこれと同様の意味を持つと考えられる。したがって、具体的な作法の順序としては、啓請三宝を行なった後で懺悔を行なう必要がある。S一〇七三は啓請三宝と懺悔の間に問七遮と五種因縁を置いているが、これらは懺悔の一連のプロセスであるので、基本的には啓請三宝→懺悔の構造と捉えてよい。そして、滅罪の確証が得られたところで初めて受戒の資格が得られるのであるが、受戒に当たっては、先ず前提として請師・三帰依などの作法を行い、その後に正式に戒を受けるに至る。

煩雑さを避けるために簡略に作法の手順を追ったが、ここから分かるように、S一〇七三の全体の構成は大きく二つに分けることができる。つまり、啓請三宝→懺悔という懺悔滅罪のプロセスと三帰依→受戒という受戒のプロセスである。

実はこのような構成は、菩薩戒、八斎戒を問わず中国で作成された受戒儀に散見する特徴でもある。『大智度論』等の漢訳典籍で説かれる受戒作法の場合は、三帰依→懺悔→受戒の順であり、懺悔の前に三帰依が置かれる。

六朝時代に成立した金沢文庫の『菩薩羯磨戒文』[55]やＳ四四九四の『受八斎戒儀』等の初期の戒儀では、その作法順序を継承している。

しかし、その一方で中国では、Ｓ一〇七三の如く三帰依を懺悔の後に位置づける方式が形成される。現存する受戒作法の中でこの方式をとる最も早い例は、『出家人受菩薩戒法』である。この戒法の「受摂大威儀戒法五」の項で、三聚浄戒の中の摂律儀戒に相当する摂大威儀戒を重受する際に、[56]「先懺悔（注省略）、次発菩提心（注省略）、然後具足受菩薩律儀戒。」とあるが、この作法次第の中で三帰依は菩薩律儀戒を受ける直前に設定されており、懺悔の前に置いていない。次いで信行の『受八戒法』があり、その構造は礼仏→懺悔→三帰依→受戒である。ここに新たに加えられた礼仏の作法は、この戒法に「其礼仏法依薬王薬上経」と述べている如く、『観薬王薬上二菩薩経』の懺悔法に基づいている。さらに新撰本も懺悔の後に三帰依を置く形式をとる。また後述するように、主に八世紀以降澄照本までに作成された受八斎戒儀においても懺悔→三帰依の順になっている。

このように三帰依を懺悔の後に配置させた第一の理由は、受戒の直前に三帰依を置くことで、三帰依→受戒を一連の作法として強調させるためであったと考えられる。[57]そうすると結果的に懺悔の部分にはさらに拡充する余地ができる。そこで信行本は懺悔滅罪の前提となる礼仏の作法を新たに導入し、さらに後になると、新撰本やＳ一〇七三などのように召請三宝の作法を導入するようになったと考えられる。礼仏にしても召請三宝にしても本来は懺法で行なわれる作法であるから、懺法をモデルとして懺悔部分を補強したのである。

このように懺悔の部分が拡充されて召請三宝の作法が組み込まれると、三帰依は従来の位置に戻すことが不可能になる。なぜならば、三帰依→懺悔→受戒という伝統的なプロセスに、懺悔の前提となる召請三宝を加えるならば、どうしても懺悔の前でなければならない。そうすると、三帰依→召請三宝→懺悔でも構わないように思われるが、この順序では未だ召請されない三宝に対して帰依をすることになり不都合である。因みに、現存する受戒儀の中で三宝を召請する作法がある場合は、全てその後に三帰依が行なわれる順位となっており、召請三宝の前に三帰依を行なう例はない。では逆に召請三宝→三帰依→懺悔の順にすると、召請と懺悔の連続した作法が不明瞭になると同時に、受戒の前提として行なうべき三帰依の意図も曖昧になる。したがって、召請三宝の作法を加える場合は、懺悔のプロセスと受戒のプロセスに分けて、三帰依を懺悔の後に置くのが最も合理的なのである。

こうして召請三宝→懺悔→三帰依→受戒の順序が以後定着したと考えられるが、今問題にしているS一〇七三の構造の形成もこのような変遷を背景にしているのである。

因みに、慧沼本・湛然本・明曠本のように召請三宝の作法を説かない受菩薩戒儀は三帰依をことさら懺悔の後に置く必要性はないので、伝統的な三帰依→懺悔の形式を継承している。

それでは、S一〇七三以外に召請三宝を説く受菩薩戒儀として、明曠本以降に成立した澄照本・知礼本・遵式本・元照本の四本、及び慧思本についてはどうであろうか。これらは共通して三帰依→懺悔の順をとっており、一見すると慧沼本・湛然本・明曠本の三本の形式と共通するかのようである(58)。しかし、三帰依の前に受戒全体を証明する奉請三宝の作法が置かれている点に注意しなければならない。滅罪を証明する本来の目的で奉請三宝を取り入れるのであれば、S一〇七三のように懺悔の後に三帰依を置くべきであるが、ここでは奉請三宝の役割を懺悔から切り離して、受戒全体を証明するように拡大解釈されているから、奉請三宝と三帰依を懺悔の前に並べて説くことが可能なのである。このような形式の場合、奉請三宝、三帰依、懺悔等を受戒の前提として捉え、それらの条件を満たしたうえで正式に受戒するという構成になる。つまり、S一〇七三が懺悔滅罪と受戒の二段階方式であるのに比べると、作法の次第は受戒まで一本化されているといえよう。

このように受菩薩戒儀の形式を見ると、召請三宝の目的の違いによって、その構造にも変化が見られるのである。そしてまた、その構造の変遷を辿ってみると、Ｓ一〇七三のほうが古く、澄照本以降の受菩薩戒儀及び慧思本はＳ一〇七三をさらに発展させた形式を備えていることが確認できるのである。

ここでＳ一〇七三の成立時期について補足しておくと、この本は八世紀以降澄照本までに次々と撰述された受八斎戒儀と極めて近い関係にある。三帰依を後置するという形式面の共通性のみならず、Ｓ一〇七三における序文（讃戒功徳）、懺悔、啓請三宝、三帰依等には受八斎戒儀と酷似する文言が目立つ。啓請という語も当時の受八斎戒儀において定着した用語である。したがって、Ｓ一〇七三は八世紀以降の受八斎戒儀と同じ風潮の中で作成されたと考えるべきである。

また、慧沼本、湛然本、明曠本との成立時期の前後についてみてみると、これらの三本はＳ一〇七三と構成上共通点があるので、どちらかがどちらか参考にしていると思われるが、慧沼本、湛然本、明曠本の三本には召請三宝の作法が導入されていないことを考えると、召請三宝を組織するＳ一〇七三の作成のほうが後であった可能性が高い。つまり、Ｓ一〇七三は慧沼本等の三本を参照にしつつも、新たに召請三宝の作法を導入するという展開があったと推測できる。もっとも召請三宝の作法は六世紀末から八世紀極初の間に作られた新撰本にいち早く見られるので、Ｓ一〇七三が慧沼本等の三本よりも先行する可能性もあるかもしれないが、そう仮定した場合、Ｓ一〇七三において召請三宝の作法が導入された後、それを参照した慧沼本、湛然本、明曠本が敢えて召請三宝の作法を受戒儀から削除したことになり、展開としていささか不自然に思われる。さらにＳ一〇七三の組織内容や五種下心・八種勝の配置を見ると、むしろ慧思本との類似性が認められるので、Ｓ一〇七三の成立時期は慧沼本等の三本と慧思本の間に置くのが最も妥当と考えられる。

以上、召請三宝の作法の取り扱いを手掛かりにして、成立時期の確定できる戒儀の成立順位の中にS一〇七三と慧思本を位置づけると、慧沼本↓湛然本↓明曠本↓S一〇七三↓澄照本・慧思本↓知礼本・遵式本↓元照本となる。そして、先に挙げた慧思本の成立に関する諸説の中では、土橋氏の説に最も近いことになる。(59)

(6) 慧思本の成立に関する補足

S一〇七三と慧思本の成立順位については以上の考察により、ほぼ確定できたと思うが、特に問題の焦点となるのは、慧思本と他本との成立前後なので、さらに別の角度より、この結果が妥当であることを示したい。慧思本と明曠本の間には共通点が多く見られるが、その中の一文を比較してみたい。まず、慧思本について見てみると、問難法(60)が終わり懺悔三業に入るまでの部分に、次のような文句がある。文章を対照するのが目的であるので、書き下し文は省略する。

①仰啓十方一切諸仏及大地諸菩薩僧。此諸仏子、求比丘某甲、欲従諸仏菩薩僧乞授菩薩戒。此諸仏子已是真実、能生深信、成菩提種。諸仏慈愍故、施与菩薩戒。(三説)

②諸聖為師、為証明竟、十方諸仏、神通道眼、皆得見我、如対目前。夫戒是白浄之法、身器清浄、乃可堪受。先須懺悔、洗滌身心、如浣故衣、方受染色。然如来示滅、向二千余年、正法沈淪、邪風広扇、衆生薄福、生遇此時、縦有聴聞、莫能信受、良由煩愛情重、見執堅強。若不改往修來、罪無由滅。若罪不滅、戒品不発。戒品不発、解脱難期。今請十方諸仏諸大菩薩、為作証明。諸仏菩薩弘誓、令衆生如仏無異。(61)

これとほぼ同文が明曠本の第三請師の後文から第四懺悔にかけて見受けられる。即ち、

①仰稽首十方一切諸仏及大地諸菩薩僧。此諸菩薩、求我某甲、欲従諸仏菩薩僧乞受菩薩戒。此諸菩薩已是真実、

能生深信、成菩提願。唯願諸仏憐愍故、施与菩薩戒。（三説）②請聖為師、為証明竟。十方諸仏、神通道眼、皆見聞我、如対目前、向之懺悔。第四懺悔者、夫戒是白浄之法、身器清浄、乃可堪受。故先教懺悔、洗滌身心、如浣故衣、方受染色。然如來示滅、向二千年、正法沈淪、邪風広扇。衆生等薄福、生遇此時。縦有聴聞莫能信受。良由惑障深重見執堅強。若不改往從來、罪無由滅。若罪不滅、戒不発。故解脱難期。③然懺悔法有其三品。上品懺者、挙身投地如大山崩、毛孔流血。中品懺者、自露所犯、悲泣流涙。下品懺者、随師口言、陳前罪咎。今請十方諸仏諸大菩薩而作証明。諸仏菩薩大悲弘誓、欲令衆生如仏無異。(62)

である。両者の文章は完全に一致しているわけではないが、表現が酷似しており、慧思本が明曠本を参照したか、その逆に明曠本が慧思本を参照したかのどちらかであることは間違いない。因みに、これと同趣旨のことは湛然本にも見られ、右の明曠本の傍線部分③はむしろ湛然本を参照にして書かれている。慧思本にはこの部分はないが、その他の文言に関しては慧思本と明曠本が最も類似し、湛然本では表現がやや異なっている。

そこで、ここに引用した慧思本と明曠本の文句を比較すると、最も注目すべきは、この文言の配置の相違である。つまり、慧思本が問難法と懺悔三業の間にこの文を置くのに対して、明曠本のほうでは、「仰稽首十方一切諸仏……」から「向之懺悔」までは第三請師に属し、それ以降は第四懺悔として項目が分けられているのである。文章の表現は異なるが、この配置の仕方に関しては、明曠本は湛然本に依拠している。

それでは、この慧思本と明曠本の一文はどちらのほうが先行して書かれたのであろうか。そこで明曠本・慧思本の傍線部分②に見える「諸聖為師、為証明竟。」（諸聖を師と為し、証明と為し竟る。）という文句に着目すれば、この一段に説かれるべき作法は、諸聖を師となして受戒を証明してもらう内容が相応しい。明曠本の場合は、この一文を請師の項目に入れており、その直前には「弟子某甲等、奉請釈迦如來応正等覚為和上。我依和上故、得受菩薩戒。慈愍故（礼一拜）。文殊師利為羯磨阿闍梨。弥勒菩薩為教授師。一切如来応正等覚為尊証。一切菩薩摩訶薩為同学等侶。」（弟子某甲等、釈迦如來応正等覚の和上と為らんことを奉請す。我、和上に依る故に、菩薩戒を受くるを得。慈愍の故に（礼すること一拜せよ）。文殊師利を羯磨阿闍梨と為し。弥勒菩薩を教授師と為し、一切如来応正等覚を尊証と為し、一切菩薩摩訶薩を同学の等侶と為したまへ。）の文句が見えるので、「諸聖為師、為証明竟」と文脈がうまくつながる。ところが、慧思本の場合は、右に引いた一文の前に問難法を入れているので文脈が不自然である。

このことからすれば、明曠本の文のほうが原型であり、慧思本は明曠本の文言を踏襲しつつも、請師の末文を切り離して、それを問難法と懺悔三業の間に組み入れてしまったと考えるのが道理に合うであろう。

ところで、慧思本と明曠本の傍線部分①に説かれる戒師が弟子の受戒を請うために十方一切諸仏及び大地諸菩薩僧に向かって三説する内容はそもそも何に由来するかというと、六朝期の南朝で流行した高昌本に述べられる「一切諸仏及大地諸菩薩僧聴。此某甲菩薩、求我某甲菩薩、欲従諸仏菩薩僧乞受菩薩戒。此某甲已是真実菩薩。已発菩提願、能生深信。已能捨一切所有、不惜身命。唯願諸仏菩薩僧、憐愍故、施与某甲菩薩戒。（三説）」（一切の諸仏及び大地の諸の菩薩僧聴したまへ。此の某甲菩薩、我某甲菩薩に求め、諸の仏菩薩僧に従って菩薩戒を乞受せんと欲す。此の某甲已に是れ真実の菩薩なり。已に菩提の願を発し、能く深信を生じ、已に能く一切の所有を捨てて、身命を惜しまず。唯だ願くは諸の仏菩薩僧、憐愍の故に、某甲に菩薩戒を施与せんことを。（三説せよ））(64)という文句に淵源があると思われる。しかも、高昌本ではこれを請師の項とは別に、問遮法の中で戒師が唱える文句として捉えられている。

しかし今見たように、明曠本は傍線部分①を請師の項に組み入れており、この構成は湛然本に由来するものである。その一方で慧思本では傍線部分①を問難法に続くかたちで説いているから、配置としては慧思本のほうが高昌本に近いといえる。つまり、慧思本は明曠本を参考にして傍線部分①の文句を取り入れたが、その一方で、配置については高昌本に依拠したために、明曠本との間に相違が生じたのである。しかもその際に、文言のほとんどは明曠本を踏襲したので、「諸聖為師、為証明竟」の部分もそのまま記され、文脈に合わない内容になってしまったといえる。

さらに補足しておくが、慧思本が明曠本の文脈を無視して参照した部分は、知礼本と遵式本で改善措置がとられている。知礼本では、第五の召請聖師で釈迦如来、文殊師利菩薩等の聖師を請じた後に、さらに第六白仏乞戒という項を設定して、「仰白五座聖師十方尽虚空遍法界一切諸仏大地菩薩僧。此娑婆世界某国州県諸弟子等、求我恭白諸佛菩薩乞受三聚浄戒。此諸弟子已是真実、発菩提心、能生深信。於此浄戒誓願学行。惟願諸佛諸大菩薩、憐愍施与三聚浄戒。」[65]（仰いで五座聖師、十方尽虚空遍法界の一切の諸仏大地菩薩僧に白さく。此の娑婆世界、某国州県の諸の弟子等、我に求めて恭しく諸の佛菩薩より三聚浄戒を乞受せんことを白さしむ。此の諸の弟子は已に是真実にして菩提心を発し、能く深信を生ず。此の浄戒に於いて学び行はんことを誓願す。惟だ願はくは諸佛諸大菩薩、憐愍して三聚浄戒を施与せんことを。）と述べている。これは右に見た慧思本・明曠本の傍線部分①の内容に相当する。遵式本も同様の構成で、第四請五聖師の後に第五下座仏前乞戒の項を立てており、内容も知礼本と類似している。[66]

つまり、知礼本と遵式本の二本は、明曠本の請師の末文に位置づけられる戒師の乞戒の文句を別出し、新たな項目を立てたのである。慧思本の場合、明曠本の請師の末文を切り離しているものの、問難法の後に置いて新しい項目を立てることをせず、しかも文脈上に不徹底な側面が見られるが、そのことは明曠本と知礼本・遵式本の間の過渡的な様相を示している。このことから、明曠本→慧思本→知礼本・遵式本という成立順を再確認することができる。

第二章　受八斎戒儀の変遷について

一　初期の受八斎戒作法

次に初期の受八斎戒法について見てみたい。八斎戒の受戒作法を具体的に説く最も早い文献は『大智度論』巻十三に述べられる「受一日戒法」であり、次のようにある。

受一日戒法、長跪合掌、応如是言、我某甲、今一日一夜、帰依仏、帰依法、帰依僧。如是二、如是三帰依。我某甲帰依仏竟、帰依法竟、帰依僧竟。如是二、如是三帰依竟。我某甲、若身業不善、若口業不善、若意業不善、貪欲瞋恚愚癡故、若今世、若過世、有如是罪。今日誠心懺悔、身清浄口清浄心清浄。受行八戒是則布薩。秦言共住。如諸仏尽寿不殺生、我某甲、一日一夜、不殺生亦如是。如諸仏尽寿不盗、我某甲、一日一夜、不盗亦如是。如諸仏尽寿不婬、我某甲、一日一夜、不婬亦如是。如諸仏尽寿不妄語、我某甲、一日一夜、不妄語亦如是。如諸仏尽寿不飲酒、我某甲、一日一夜、不飲酒亦如是。如諸仏尽寿不坐高大床上、我某甲、一日一夜、不坐高大床上亦如是。如諸仏尽寿不著花瓔珞、不香塗身不著香熏衣、我某甲、一日一夜、不著花瓔珞、不香塗身不著香熏衣亦如是。如諸仏尽寿不自歌舞作楽、亦不往観聴、我某甲、一日一夜、不自歌舞作楽不往観聴亦如是。已受八戒。如諸仏尽寿不過中食、我某甲、一日一夜、不過中食亦如是。我某甲受行八戒、随学諸仏法、名為布薩。願持是布薩福報、願生生不墮三悪八難。我亦不求転輪聖王梵釈天王世界之楽。願諸煩悩尽、逮得薩婆若、成就仏道。(67)

受一日戒法とは、長跪合掌し応に是の如く言ふ。我某甲、今一日一夜、仏に帰依し、法に帰依し、僧に帰依す。是の如く二たび、是の如く三たび帰依す。我某甲、仏に帰依し竟り、法に帰依し竟り、僧に帰依し竟る。是の如く二たび、是の如く三たび帰依し竟る。我某甲、若くは身業不善、若くは口業不善、若くは意業不善にして、貪欲・瞋恚・愚癡の故に、若くは今世に若くは過世に是の如き罪有り。今日誠心に懺悔す。身清浄、口清浄、心清浄ならんことを。八戒を受行するは是れ則ち布薩なり。秦に共住と言う。諸仏の寿を尽くすまで殺生せざるが如く、我某甲、一日一夜、殺生せざること亦是の如し。諸仏の寿を尽くすまで盗まざるが如く、我某甲、一日一夜、盗まざること亦是の如し。諸仏の寿を尽くすまで婬せざるが如く、我某甲、一日一夜、婬せざること亦是の如し。諸仏の寿を尽くすまで妄語せざるが如く、我某甲、一日一夜、妄語せざること亦是の如し。諸仏の寿を尽くすまで飲酒せざるが如く、我某甲、一日一夜、飲酒せざること亦是の如し。諸仏の寿を尽くすまで高大なる床の上に坐せざるが如く、我某甲、一日一夜、高大なる床の上に坐せざること亦是の如し。諸仏の寿を尽くすまで花瓔珞を著けず、香もて身に塗らず、香熏の衣を著けざるが如く、我某甲、一日一夜、花瓔珞を著けず、香もて身に塗らず、香熏の衣を著けざること亦是の如し。諸仏の寿を尽くすまで自ら歌舞し楽を作さず、亦往きて観聴せざるが如く、我某甲、一日一夜、自ら歌舞し楽を作さず、亦往きて観聴せざること亦是の如し。已に八戒を受け、諸仏の寿を尽くすまで中を過ぎて食せざるが如く、我某甲、一日一夜、中を過ぎて食せざること亦是の如し。我某甲、八戒を受行し随ひて諸の仏法を学ぶを名けて布薩と為す。願はくは是の布薩を持して福報あらんことを。願はくは生生に堕三悪八難に堕せざらんことを。我も亦転輪聖王、梵釈天王の世界の楽を求めず、願はくは諸の煩悩尽きて薩婆若を逮得し仏道を成就せん。

この受戒作法の手順を簡略に示せば、三帰依→懺悔→説戒相→発願である。これに次ぐ劉宋・僧璩撰『十誦羯磨比丘要用』の「受八戒文」[68]や大統十一年（五四五）の敦煌写本S四四九四の『受八関斎文』も基本的な構造は『大智度論』の所説と変わらない。[69]

しかし信行の『受八戒法』（P二八四九）になると構造にやや変化が見られ、懺悔の前に礼仏が入り、三帰依が後置される形式をとる。このことについては先に述べた如くである。[70]

二　唐代以降の受八斎戒儀の変遷と召請三宝の作法

（1）　六門分別から七門分別へ

唐代に至っても受八斎戒儀はさらに作り続けられ、敦煌本の中に数点見出すことができる。それらの内容や構成を見ると、未整備なものから徐々に定型化されてゆく過程が窺える。現存する戒儀はわずかであるが、在家者による八戒受持の盛行にともない、唐代には数多くの受八斎戒儀が作成されたと想像する。

敦煌本にみられる受八斎戒儀については土橋氏の研究があり、スタイン本を中心に、写本の内容より成立前後を推定している。即ち、古い時代から順に、S四四六四（二）・S四六一〇（五）・S四四〇七・S四〇八一・S四四三八・S四六二四とし、はじめの方が不整備で過渡期の様相を示し、S四〇八一に至って一応完結本として整備されると指摘している。[71] また、スタイン本以外の文献を含めた考察が里道氏によってなされ、六門分別よりもさらに発展した形式である七門分別の作法を紹介している。[72] 両氏の研究をもとに、敦煌本の受戒儀をまとめると、本論末に付した表2「敦煌文献に見られる受八斎戒儀の構成」のようになる。[73] この表に示した戒法の順序は、内容から推測して上から順に構造の展開をたどっているものの、戒法そのものの撰述の順位を示すものではなく、あくまでも構造の推移を示すものである。したがって、戒法の成立順序としてみれば、多少前後する可能性もある。

この表の中で、まず土橋氏によって完結本と称される六門分別の形式の受戒儀を見てみると、例えばS四〇八一は、第一讃戒功徳・第二明啓請・第三明懺悔・第四受三帰依・第五正受八戒・第六回向発願という構成になっている。ここで作法の内容を具体的に説明する余裕はないが、『大智度論』などの初期の受戒法と比較すると、様々な経典を引用するなどして、内容がかなり増広されている。

六門分別よりもさらに発展した形式になると、第五門の受戒作法が二つの項目に分割されて七門分別になる。ただし、これは単に項目の立て方の相違であって内容的にはほとんど変化はない。ここでは詳述しないが、表2の中では上博四九（上博は上海博物館本の略称）は、ちょうど六門分別から七門分別へと展開する過渡的な様相を呈しており、六門分別を基礎にして七門分別に構成が組み直される過程が明らかになる。

（2）受八斎戒儀における啓請の作法

次に啓請の作法に着目してみたい。啓請の作法とは三宝等を道場に招くことで、懺法における奉請三宝の作法に相当することは先述の如くである。表の上段に記したS四四六四（二）からS四四〇七（＝S九七二）までは構成的に未だ不安定で、六門分別が形成される以前の様相を呈していると考えられる。これらの未整備本の中ではS四六一〇（五）に三宝を仰啓する作法が見える。文字が見難く内容のほとんどが判読不能であるが、見る限りでは三宝を道場に招くことを明示していない。よって、厳密にはこれを召請三宝の作法とすることはできないが、恐らく召請三宝を導入する前の先駆的な作法と見なされる。次のS四四〇七（S九七二と同本）は残念ながら懺悔以前の部分が欠損しており、召請三宝の作法の有無を確認することはできない。

しかし未整備本から六門分別に整備されるに至ると啓請の作法が定着するようになる。例えばS四〇八一には次のように三宝等を啓請する文句が見られる。

弟子某甲等合道場人、同発勝心、帰依啓請十方諸仏、三世如来、湛若虚空真如法体、蓮華蔵界百億化身、大賢劫中一千化仏、誓居三界功徳山王、同類白衣維摩羅諸?、菩提樹下降魔如来、兜率天宮（中）化天大覚、無量劫前大通智勝十六王子、恒沙功後釈迦牟尼五百徒衆、東方世界阿鑲韡仏、南方世界日月灯仏、西方世界無量寿仏、北方世界最勝音仏、四維上下、亦復如来是、一々法身、恒沙世界、一々世界、百千如来、一々如来、微塵大衆、一々大衆、皆是菩薩、具六神通、三界有情誓当済抜、並願起金剛座趣鉄囲山、来降道場、証明懺悔。又更啓請天上龍宮、五乗奥典、人間就領十二部経、大涅槃山、大般若海、願垂沃潤、普済沈淪、又更啓請無学辟支、断惑羅漢、三賢十聖、五眼六通、並願発慈悲心、従禅定起、不違啓請、来降道場、為作証明、照知懺悔、輸倒至誠、願降慈悲、受弟子請、至心敬礼、常住三宝。

弟子某甲合道場人、再発殷懃、重加啓、三界九地廿八天、那羅延神、散支大将、金剛密迹、転輪聖王、護塔善神、迦藍神等、三帰五戒菩薩蔵神、大歳将軍、閻羅天子、噉人羅刹、行病鬼王、五道大神、太山府軍、察命司録、五罪八王、並三月六覆、走使持典、預定是非善悪童子、大阿鼻獄羅刹夜叉、小（木＋奈）落牛頭獄率、諸如是等、雑類鬼神、皆不思議大威神力、並願空飛雨驟、電撃雷奔、来降遥証明懺悔、我等今者、深覚罪愆、於大会中、誓当慚謝、既蒙賢聖、垂降道場、弟子衆等、深生慚愧、至心敬礼、常住三宝。

（書き下し文は省略する。）

ここでは仏法僧の三宝と諸天鬼神等を道場に降臨させ、懺悔を証明してもらうように請い願うことが述べられている。またＳ四〇八一を除く各本の啓請文は若干の相違はあるものの、ほぼ同文である。例えば俄Φ一〇九の啓請文は次の如くである。

弟子某甲等、合道場人、稽首和南無十方諸仏、諸大菩薩、羅漢、聖僧・舎利浮図、砕形宝塔、鹿苑初転、四帝法輪、双樹後楊、一乗奥典・経行樹下独覚聖人、坐定山間得道羅漢・上至非想非非相天、四禅四空、五浄居等、色界自在、尸棄梵王、釈提桓因、六欲天子、龍神八部、護世四王、散守鎮軍、金剛密跡、閻［羅（論者補）］天子、五道大神、太山府君、察命司録、天曹地府、善悪部官、左膊右肩、罪福童子、護斎護戒護法善神、日宮月宮、光明梵衆、山空《ママ》石室離欲之仙、曠野丘陵大力鬼神、阿鼻地獄羅刹夜叉、十八泥黎牛頭獄卒、鳩槃茶等、行病鬼、巡力《ママ》人間吐諸毒気、胎卵湿化、蠢動含霊、有形無形、有相無相、有天眼者、有天耳者、有他心通者、咸願降臨、証盟弟子発露懺悔、一懺已後、永断相続、尽際未来、更不敢造。惟願十方諸仏、大慈悲、摂受弟子、罪障消滅。至心帰命、敬礼常住三宝。

（先のＳ一〇七三の啓請文とほぼ同文なので書き下し文は省略する。）

この啓請文もまたＳ四〇八一と同様に懺悔の証明のために仏法僧の三宝と諸天鬼神等を啓請する内容になっている。実際に行なわれた啓請文の種類はさらに多いかもしれないが、現存資料の中では、右に挙げたＳ四〇八一の形式のものと、俄Φ一〇九をはじめとする形式の二種の啓請文のみが見出される。

なお、この二種の啓請文の成立前後ははっきり分からない。六門分別の戒儀の中でもP三二三五とS四四三八は、六門分別よりも発展した七門分別（俄Φ一〇九等）に見られる啓請文を説くので、六門分別のS四〇八一に見える啓請文が七門分別の俄Φ一〇九等の啓請文よりも古い形体を示しているとはいえない。おそらく、ほぼ同時期にこの二種の啓請文が行なわれていたと考えるのが無難であろう。ただし、現在見ることのできる資料の中では、数量的に俄Φ一〇九型の啓請文が圧倒的に多いので、S四〇八一型よりも俄Φ一〇九型のほうがより広く流布していたのではないだろうか。

因みに、俄Φ一〇九等の啓請文は、前章で述べた受菩薩戒儀の中のS一〇七三の啓請文とほぼ同文である。このことからすれば、S一〇七三はこの啓請文が流布していた時期に作られたと考えられる。

以上、成立順に受八斎戒儀を見てみると、啓請三宝の作法が徐々に定着する様子が読み取れる。もっとも、ここに挙げた受八斎戒儀は現在の段階で発見できたものに限られるが、啓請三宝の作法が明確に受戒儀の中に導入されるのは、S四〇八一の如く六門分別に形式が整備されてからであると考えてよいだろう。

三　六門分別・七門分別の受八斎戒儀の形成時期

(1)

それでは、受八斎戒儀において六門分別や七門分別の形式がいつ頃行われるようになったかを検討してみたい。土橋氏の見解によれば、S四四六四（二）以降、S四六二四までのスタイン本は全て澄照の『略受三帰五八戒並菩薩戒』よりも後の晩唐の作と見なされている。その根拠として、『大智度論』の「受一日戒法」、『十誦羯磨比丘要用』の「受八戒文」、S四四九四の『受八関斎文』までの受八斎戒儀の形式は三帰依→懺悔の順であり、インドからの直訳的な形式であるが、S四四六四（二）以降では懺悔→三帰依の順になり、その転換を促したのが『略授三帰五八戒並菩薩戒』であると指摘されている。[74] この説に従うならば、啓請三宝の作法は晩唐になってようやく受八斎戒儀に導入されたことになる。

しかし、先に見た如く、懺悔→三帰依の形式は、すでに信行本や新撰本等で行なわれているので、『略授三帰五八戒並菩薩戒』が契機となって受八斎戒儀の形式が懺悔→三帰依に変革されたとするのは再考の余地がある。私見によれば、S四四六四（二）以降、六門分別（S四〇八一等）を経て七門分別（俄Φ一〇九等）に至るまでの受八斎戒儀はむしろ『略授三帰五八戒並菩薩戒』よりも先行して作成されたと考える。以下その根拠を論ずる。

（2）

はじめに各戒儀の三帰依作法に着目したい。『略授三帰五八戒並菩薩戒』に説かれる「授八戒法」は、表の如く八門より組織されている。[75] この中で三帰依は翻邪帰依と発戒帰依の二種に分けられている。翻邪帰依の作法については「授五戒法」に詳述されているので、それを参照すると、三帰依の文句は次の如くである。

我某甲帰依於仏両足中尊、帰依於法離欲中尊、帰依於僧諸衆中尊、如来至真等正覚是我大師、我今帰依、更不帰余邪魔外道、惟願三宝慈悲摂受（注省略）我某甲帰依於仏両足尊竟、帰依於法離欲尊竟、帰依於僧衆中尊竟、従今已後、称仏為師、更不帰依余邪魔外道、惟願三宝慈悲摂受。

我某甲、仏両足中尊に帰依し、法離欲中尊に帰依し、僧諸衆中尊に帰依す。如来至真等正覚は是れ我が大師なり。我今帰依して更に余の邪魔外道に帰せず。惟だ願はくは三宝の慈悲もて摂受せんことを。（注省略）

我某甲、仏両足尊に帰依し竟り、法離欲尊に帰依し竟り、僧衆中尊に帰依し竟る。今より已後、仏を称して師と為し、更に余の邪魔外道に帰依せず。惟だ願はくは三宝の慈悲もて摂受せんことを。
また「汝等応当対三宝前、立誓要期、永捨邪魔及諸外道、帰依三宝、発正信心、為仏弟子、更不退転。能持不。」（汝等応当に三宝の前に対して誓を立て要期し、永く邪魔及び諸の外道を捨て、三宝に帰依し、正信心を発し、仏弟子と為り、更に退転せざるべし。能く持つや不や。）や「未発戒品、所以名翻邪者。」（未だ戒品を発さず。所以に翻邪と名づく。）と述べられている。[76] つまり翻邪帰依とは外道に帰依しないことを誓うのが目的であり、受戒のための正式な三帰依ではない。それ故にこの三帰依の段階では未だ戒を発することはできないのである。

発戒帰依については正発律儀の項に見える。これも「授五戒法」の解説を参照すると「向前三帰、但是翻邪、不発戒品、遍通五道、与授皆成。今三帰親能発戒、唯局人中、不霑余趣。[77]」（向前の三帰は但だ是れ邪を翻ずるのみにして戒品を発さず。遍く五道に通じて与授し皆成ず。今の三帰は親しく能く戒を発し、唯だ人中に局るのみにして、余趣を霑さず。）とあるように、翻邪帰依が戒品を発せず五道に通じるのに対して、この三帰依は戒を発することができ、五道の中の人道にのみ限られるとする。

三帰依の文句については、基本的には翻邪帰依と同じだが、「如来至真等正覚是我大師、我今帰依、更不帰余邪魔外道。惟願三宝慈悲摂受。」や「従今已後、称仏為師、更不帰依余邪魔外道。惟願三宝慈悲摂受。」の部分はなく、代わりに「我受八戒日夜律儀。願尊憶持慈悲護念。[78]」（我、八戒日夜の律儀を受く。願はくは尊よ、憶持し、慈悲もて護念せんことを。）となっている。

このように『略授三帰五八戒並菩薩戒』の「授五戒法」及び「授八戒法」では三帰依を翻邪帰依と発戒帰依の二種に分けている。もし土橋氏の説に従って受八斎戒儀の変遷を説明すれば、三帰依→懺悔というインド直訳的な順であったのが、『略授三帰五八戒並菩薩戒』に至って三帰依が翻邪帰依と発戒帰依に分けられて、発戒帰依が受戒のための三帰依として懺悔の後に新たに導入されたことになる。そして、その後に続く受八斎戒儀は、その形式の影響を受けるものの、翻邪帰依は省かれ、発戒帰依のみが残り、懺悔→三帰依という順が定型化する、ということになる。

果たして、このような変遷が妥当であるか、その他の受八斎戒儀における三帰依の取り扱いを見てみたい。『大智度論』の「受一日戒法」の三帰依は「帰依仏、帰依法、帰依僧。如是二、如是三帰依。我某甲帰依仏竟、帰依法竟、帰依僧竟、如是二、如是三帰依竟。」とあり、「如来至真等正覚是我大師」「従今已後、称仏為師、更不帰依余邪魔外道」「惟願三宝慈悲摂受」などの文句は未だ見えない。S四四九四の『受八関斎文』や信行の『受八戒法』等の三帰依も『大智度論』とほぼ同じで非常に素朴である。(79)

しかし、先の表に挙げた受八斎戒儀の三帰依の項を見ると、欠損しているものを除いて全てに「如来至真等正覚」「外道」「三宝慈悲摂受」に関する文句が揃って説かれるようになる。六門分別の形式の戒儀では、例えばS四〇八一の三帰依の文句は、

弟子某甲等合道場人、帰依仏両足中尊、帰依法離欲尊、帰依僧衆中尊、如来至真等正覚是我大師、我今帰依(如是三説)、弟子某甲等合道場人、帰依仏竟、帰依法竟、帰依僧竟、従今已往、尽未来際、称仏為師、更不帰余邪魔外道、惟願三宝慈悲摂受、慈愍故(三説)

弟子某甲等の道場に合う人、仏両足中尊に帰依し、法離欲尊に帰依し、僧衆中尊に帰依す。如来至真等正覚は是れ我が大師なり。我今帰依す(是の如く三説せよ)、弟子某甲等の道場に合う人、仏に帰依し竟り、法に帰依し竟り、僧に帰依し竟り、今より已往、未来際を尽くすまで、仏を称して師と為し、更に余の邪魔外道

に帰せず。惟だ願はくは三宝の慈悲もて摂受せんことを。慈愍するが故に。（三説せよ）

とある。さらに七門分別の形式になると注目すべき展開が見られる。即ち、俄Φ一〇九・S四六二四・P三六九七（五）S二六六八（二）では、帰依三宝を翻邪三帰と得戒三帰に分割しているのである。[80] これは『略授三帰五八戒並菩薩戒』における翻邪帰依・発戒帰依の発想と共通する。例えば俄Φ一〇九の三帰依を見ると、

善男子等、就此之中、先受翻（邪）三帰、後受得戒三帰者、能不能。能者於口宣請

弟子某甲等合道場人、帰依仏両足尊、帰依法離欲尊、帰依僧衆中尊

如来至真等正覚見《ママ》我大師、我令帰依、更不敢造。惟願三宝慈悲摂受。慈愍故。（三説）

後受得戒三帰

弟子某甲等合道場人、帰依仏竟、帰依法竟、帰依僧竟（三説）

従今已往称仏為師、更不帰依邪魔外道、惟願三宝慈悲摂受。慈愍故（三説）

善男子等、此の中に就きて、先ず翻（邪）三帰を受け、後に得戒三帰を受くれば、能くするや能はざるや。

能くせば口より宣請す。

弟子某甲等の道場に合ふ人、仏両足尊に帰依し、法離欲尊に帰依し、僧衆中尊に帰依す。

如来至真等正覚は（是れ）我が大師なり。我帰依せしめ、更に敢へて造らざらしむ。惟だ願はくは三宝の慈悲もて摂受せんことを。慈愍するが故に。（三説せよ）

後に得戒三帰を受く。

弟子某甲等の道場に合ふ人、仏に帰依し竟り、法に帰依し竟り、僧に帰依し竟る。（三説せよ）

今より已往、仏を称して師と為し、更に邪魔外道に帰依せず。惟だ願はくは三宝の慈悲もて摂受せんことを。

慈愍するが故に。（三説せよ）

とある。Ｓ四六二四・Ｐ三六九七（五）・Ｓ二六六八（二）の文言はこれとほぼ一致する。

これらの戒儀に見える三帰依の文句は、前半部分、即ち「帰依仏両足中尊、帰依法離欲中尊、帰依僧諸衆中尊」を翻邪三帰とし、後半部分、即ち「帰依仏竟、帰依法竟、帰依僧竟」を得戒三帰としている。よって『略授三帰五八戒並菩薩戒』のように懺悔前と受戒前に三帰依を分割配置していない。また「更不帰依邪魔外道……」という一文は内容からすれば翻邪三帰で説かれるべきであるが、得戒三帰に入れてしまっているところに不徹底な側面がある。これは恐らく三帰依の定型文を機械的に翻邪と得戒に二分割した結果起こったのであろう。定型化された三帰依文では外道に関する文句は後半部分に置かれるので、機械的に分割すると得戒三帰のほうにこれが入ってしまうのである。

このように、俄Φ一〇九等の三帰依には不備な点があるが、それはむしろ『略授三帰五八戒並菩薩戒』における翻邪帰依と発戒帰依の二種の三帰依より以前の段階であることを示している。

以上のことからすれば、六朝期の三帰依文は素朴な形式であったが、やがて「如来至真等正覚」「外道」「三宝慈悲摂受」などの文言を加えた定型文が出来上がり、それが七門分別の戒儀に至ると翻邪三帰と得戒三帰に二分割されて、最終的に『略授三帰五八戒並菩薩戒』で翻邪帰依と発戒帰依の三帰依を懺悔前と受戒前に配置する形式に整えられたという変遷があったと考えられる。

そうすると、『略授三帰五八戒並菩薩戒』は、Ｓ四四六四（二）以降、俄Φ一〇九等の七門分別の受戒儀が形成される過程を経た後に作成されたのであり、土橋氏の唱える成立順と逆になる。

(3)

また別の面から補足を加えると、第一に全体の構造に着目すれば、『略授三帰五八戒並菩薩戒』中の「授八戒法」の八門からなる組織には、六門分別や七門分別の定型本受八斎戒儀の要素を全て備えており、さらには内容が増補されている。

第二に、S四四六四(二)やS四六一〇(五)の未整備本の説戒相は単に八戒相を示すだけであるが、S四四〇七以降になると『阿含経』や唐・義浄訳『長爪梵志経』の経説に基づく解釈がなされるようになる。一方で『略授三帰五八戒並菩薩戒』中の「授八戒法」でもこの二経による同様な解釈が行なわれている。したがって「授八戒法」の後にS四四六四(二)等の未整備本が作成されるという過程は認めがたい。

第三に召請三宝の作法に着目すれば、S四〇八一以降定型化された受八斎戒儀には共通して三宝を啓請する作法が導入され、その目的は滅罪を証明することにある。つまり召請三宝は本来的な意義で行なわれている。これに対して『略授三帰五八戒並菩薩戒』では主に奉請という語が用いられ、その目的は受戒全体の証明することである。この点から見ても『略授三帰五八戒並菩薩戒』が他の受八斎戒儀に先行するものでないことが分かる。

因みに『略授三帰五八戒並菩薩戒』中の「授五戒法」や「授八戒法」において翻邪帰依を奉請三宝と懺悔の間に位置づけることができるのは、奉請三宝の目的が滅罪の証明から受戒の証明に拡大解釈された結果可能になったのである。このことは前章で述べた通りである。したがって、『略授三帰五八戒並菩薩戒』は、啓請三宝→懺悔→三帰依→受戒という従来の形式を、奉請三宝の目的を拡大させることにより、奉請三宝と懺悔の間にも三帰依を配置させる、奉請三宝→翻邪帰依→懺悔→発戒帰依→受戒の形式に発展させたといえる。

(4)
それでは『略授三帰五八戒並菩薩戒』に先行する受八斎戒儀はいつ頃作成されたのであろうか。このことを考察するにあたり手掛かりになるのは、S四四〇七以降の説戒相の項に唐・義浄訳『長爪梵志経』の経文が引用され、さらにこの経説に従って八戒の功徳が説かれていることである。八戒の功徳の内容についてはここでは省略する。義浄が『長爪梵志経』を訳出したのは久視元年（七〇〇）と分かっているので、S四四〇七以降の戒儀が成立したのは八世紀以降ということになる。

『長爪梵志経』の影響を受けていないS四四〇七に先行するS四四六四（二）・S四六一〇（五）の二本の成立時期は不明だが、この経典が未だ流布していない頃か、もしくは訳出以前に遡るかもしれない。ただし、この二本の戒儀の構造は未整備ではあるものの、後の整備本の内容と共通する部分が顕著なので、整備本の形成からさほど時期を隔てることはないと推測する。

さらに推測が許されるならば、同じく八世紀に作成された受菩薩戒儀である慧沼本・湛然本・明曠本には召請三宝の作法が未だ見えないことを考えると、S四〇八一等の定型本が作られたのは、明曠本の作成時期よりも後かもしれない。もっとも、『菩薩戒儀疏』に紹介される新撰本と称される受菩薩戒儀にはいち早く召請三宝の作法が導入されているので、S四〇八一等の定型本は八世紀のかなり早い段階で作成されていた可能性も否定はできない。よって、慧沼本・湛然本・明曠本の三本との成立の前後関係については今の段階では断定を差し控えたい。

最後に澄照本以後の受八斎戒儀について触れておくと、清・弘賛の『八関斎法』があるが[81]、この作法は簡略で懺悔・三帰依・説戒・発願の四門からなり、召請三宝は含まれてない。このことから唐代に整備増補された形式がさらに時代が下ると再び簡略化されていく変遷を読み取ることができる。

結語

以上、二章にわたって受菩薩戒儀と受八斎戒儀の成立順位を考察した。そこで最後に受菩薩戒儀と受八斎戒儀の変遷について総括的に論じて結語としたい。

まず受菩薩戒儀については、梁代には『梵網経』に基づく梵網本、『地持経』に基づく高昌本と玄暢本が流行し、また『優婆塞戒経』『菩薩瓔珞本業経』『普賢観経』による受戒法や『出家人受菩薩戒法』などが行なわれた。さらに七世紀末か八世紀初になると新撰本なる受戒法も作成された。新撰本が従来の受戒法と大きく異なるのは、新たに召請三宝の作法を導入したことである。この作法は、新撰本が作成されるよりも少し前に、懺法において整備された召請の儀礼に由来する。

唐代になると受菩薩戒儀の内容は複雑化の一途をたどるが、地持戒の系統では慧沼によって受菩薩戒儀が作成され、梵網戒の系統では湛然とその弟子である明曠が受菩薩戒儀を作成した。彼らの戒儀は慧沼本からの影響が随所に窺える。

慧沼、湛然、明曠の戒儀には召請三宝の作法は採用されていないが、恐らくこれら三本の成立後間もない頃に召請三宝の作法を導入した受戒儀が定型化されたと思われる。S一〇七三はちょうどその時期の受菩薩戒儀を反映している。この受戒法には三宝を召請するのに「啓請」という語が使われ、三宝を啓請する際に唱える文句が見られる。この啓請文は八世紀以降に作成された受八斎戒儀にもしばしばみられる定型化された文句である。召請三宝の作法の導入は受戒儀の全体構造に大きく関わっている。本来の受戒作法では三帰依→懺悔→受戒という次第であったが、中国では三帰依と受戒の関連を強調するために、三帰依の配置を受戒の前に設定する形式が考案されるようになった。それにより懺悔作法をさらに拡張する余裕が生じ、懺法で行なわれる召請三宝の作法が導入されるに至った。三宝を道場に召請するのは滅罪の証明が目的であるから、懺悔の前に行なわなければならない。そうなると三帰依の配置は本来の形式のように懺悔の前に置くことは不可能になるので、召請三宝・懺悔と三帰依・受戒という二つのプロセスをもつ形式が定着するようになったのである。

しかし、やがて澄照の戒儀以降になると、さらに構造上の展開が見られる。つまり、三宝を召請する目的が滅罪の証明から受戒全体の証明に拡大解釈されることにより、三帰依は再び懺悔の前に設置されるようになり、召請三宝→三帰依→懺悔という次第になった。この形式は慧思本、知礼本、遵式本、元照本にも受け継がれていく。

次に受八斎戒儀の変遷についてまとめると、初期の受戒作法は『大智度論』などにのっとり、三帰依→懺悔→説戒相→発願という素朴な次第であったが、信行本になると懺法で行なう礼仏を取り入れて受戒作法の懺悔部分の拡充を図り、三帰依を受戒の前に配置させて、三帰依と受戒の関連性を強調した。

唐代以降、作法の内容は複雑化の傾向をたどり、八世紀になると、第一讃戒功徳・第二明啓請・第三明懺悔・第四受三帰依・第五正受八戒・第六回向発願の六門分別の形式が整えられるに至った。この形式で注目すべきは、懺悔の前提として、三宝を道場に啓請する作法が導入されたことである。三帰依は信行本と同様に受八戒の作法と結びつき後置されている。この形式は受菩薩戒儀のＳ一〇七三と共通する。

さらに六門分別の受戒儀は、第五門にある受戒作法が二分割されて七門分別の形式に展開する。六門分別と七門分別の違いは項目の立て方にあるので、内容的にはほとんど変化はみられないが、三帰依作法が翻邪三帰と得戒三帰に分けて行なわれる点に新たな展開が見出される。この三帰依作法の形式は澄照の『略授三帰五八戒並菩薩戒』の「授五戒法」と「授八戒法」に発展的に継承される。よって、六門分別から七門分別への展開は八世紀以降、澄照の『略授三帰五八戒並菩薩戒』が成立するまでの間になされたことになる。澄照以降の受八斎戒儀の展開については資料がなく明確なことはいえないが、清・弘賛の『八関斎法』の如く簡略化する傾向にあったと思われる。

本論で考察の対象にした受菩薩戒儀と受八斎戒儀は実際に行なわれていた戒儀の中のごく一部に違いないので、さらに多様な形式の受戒作法があったものと想像する。したがって、ここで解明したことは受戒儀の変遷の片鱗に過ぎない。今回導き出した結果を基礎にさらに考察する必要がある。

（阿　純章）

（1）鎌田茂雄『中国仏教史』第三巻、第一章「新大乗経典の伝来と入竺求法僧の活躍」第二節「曇無讖―大般涅槃経の伝訳」（東京大学出版会、一九八四年）を参照。

（2）後述のごとく、梁武帝の勅によって書写された『出家人受菩薩戒法』巻第一（敦煌本P二一九六）に『梵網経』や『菩薩瓔珞本業経』に基づく受菩薩戒法が言及されている。

（3）『梵網経』には受戒作法が説かれていないが、梵網戒固有の受戒法は梁武帝の頃にはすでに存在していたので、恐らくこの経典の成立とともに受戒作法も考案されたと推測する。

（4）本稿に挙げる敦煌写本は以下の文献を参照した。黄永武主編『敦煌宝蔵』（新文豊）、『英蔵敦煌文献』「漢文仏教以外部分」（四川人民出版社）、敦煌吐魯番文献集成『法蔵敦煌西域文献』（上海古籍出版社）、敦煌吐魯番文献集成『俄蔵敦煌文献』（上海古籍出版社）、敦煌吐魯番文献集成『上海博物館蔵敦煌吐魯番文献』（上海古籍出版社）。

尚、本文中で扱う敦煌写本は、スタイン本は「S」、ペリオ本は「P」、レニングラード本は「俄Φ」、上海博物館本は「上博」と表記する。
（5）『出家人受菩薩戒法』巻第一については、土橋秀高『戒律の研究』（永田文昌堂、一九八〇年、八三二－八八六頁。初出は『仏教学研究』第二五・二六合併号、一九六八年）、諏訪義純「梁・天監十八年勅写『出家人受菩薩戒法巻第一』試論」（野上俊静編『大谷大学所蔵敦煌古写経』坤、大谷大学東洋学研究室、昭和四七年）、「天台疏の制旨について－ペリオ本『出家人受菩薩戒法巻第一』から－」（『印度学仏教学研究』二一・一、一九七二年）、船山徹「六朝時代における菩薩戒の受容過程－劉宋・南斉期を中心に－」（『東方学報』京都第六七冊、一九九五年）を参照。
（6）『菩薩戒義疏』は開皇十四年（五九四）に講説された『摩訶止観』の戒思想を受けているので、仮にこの疏を智顗自身の講述であるとしても、かなり晩年になってからである（拙論『天台智顗における菩薩戒思想の形成』〈『東洋の思想と宗教』第二十一輯、二〇〇四年〉参照）。また、もし智顗以降の成立であったとしても、この疏に説かれる梵網受戒の形式は湛然の『授菩薩戒儀』に比べると内容が非常に素朴なので、湛然の時代より成立が下ることはない。佐藤哲英氏によれば、天宮慧威の時代、即ち八世紀初頭にはこの疏が存在していたと考察している（佐藤哲英『天台大師の研究』第四編「経疏類の研究」〈百華苑、昭和三六年、四一二頁－四一五頁〉参照）。
（7）大正蔵四〇、五六八上。
（8）『出家人受菩薩戒法』巻第一に挙げる六種の菩薩戒法が『菩薩戒義疏』に全て言及され、さらに後者には制旨本と新撰本が加えられていることは船山氏の前掲論文を参照。
（9）大正蔵四〇、五六九上。
（10）P二一九六『出家人受菩薩戒法』巻第一が『菩薩戒義疏』に述べられる制旨本に相当することは諏訪氏の前掲論文を参照。
（11）この表は土橋氏、前掲書（八四二頁）を参考にして作成した。
（12）大正蔵四〇、五六八下。
（13）船山氏の前掲論文を参照。
（14）大正蔵四〇、五六八下。

(15) 大正蔵四〇、五六八中。
(16) 大正蔵四〇、五六八下。
(17) 大正蔵四〇、五六八中。
(18) 『出家人受菩薩戒法』の作法は基本的には『地持経』『菩薩善戒経』の三聚浄戒の伝授を行なうが、最後の項の「略説罪相九」に説かれる戒相(十波羅夷処法)は梵網十重戒に基づいている。このことからすれば、高昌本の十重相が梵網十重戒と同内容であっても決して奇異ではない。また『出家人受菩薩戒法』に「高昌云、弥勒所集、亦梵網経。」とあるのは、この事情を指すものと思われる。さらにいえば、『出家人受菩薩戒法』は高昌本の影響を受けて三聚浄戒とは別に十重戒相を導入したと思われる。
(19) 大正蔵四〇、五六八中。
(20) この指摘はすでに平川彰の『日本仏教と中国仏教』第八章「受菩薩戒儀の研究」(平川彰著作集第八巻、春秋社、一九九一年、四二三頁)の中で指摘されており、ここでの考察も氏の指摘に示唆を受けるところが大きい。
(21) 大正蔵四〇、五六九上。
(22) 厳密に言えば、しばしば三宝以外に諸天神等も召請されるが、ここでは煩雑になるので三宝とのみ記す。
(23) 『大方等陀羅尼経』(大正蔵二一、六五二中下)。『七仏八菩薩所説大陀羅尼神呪経』(大正蔵二一、五三八中)。
(24) 『大方等大雲経請雨品第六十四』の召請作法は、大正蔵十九、五〇六中に見える。尚、大正蔵にはこの経典と並んで『大雲経請雨品第六十四』という経典が収められており、こちらには召請作法が説かれていない。大正蔵はどちらの経典の訳出者も北周の闍那耶舎としているが、唐・静泰の『衆経目録』巻第二「大乗経重翻」(大正蔵五五、一九一上)によれば、闍那耶舎が訳出したのは『大雲経請雨品第六十四』のほうであり、召請作法を説く『大方等大雲経請雨品第六十四』は、隋・開皇年間になってから闍那耶舎の弟子である闍那崛多が達摩笈多と共に改めて訳出した異訳であることが分かる。
隋・那連提耶舎訳『大雲輪請雨経』の召請作法のほうは、大正蔵十九、五〇〇中に見える。翻訳時期については、『歴代三宝紀』巻第十一(大正蔵四九、一〇二下)に記載されている。

闍那崛多・耶舎崛多共訳の『仏説十一面観世音神呪経』の召請作法は大正蔵第二十巻、一四九下に見える。大正蔵では「諸十方諸仏」とあるが、最初の「諸」は「請」の誤りである。翻訳時期については『歴代三宝紀』巻第十一(大正蔵四九、一〇〇下）、『続高僧伝』巻第二（大正蔵五〇、四三三下）を参照した。
(25) 大正蔵八五、一三五二下、一三五三上。
(26) 隋・那連提耶舎訳『大雲輪請雨経』や唐・阿地瞿多訳『仏説陀羅尼集経』巻第四所収の『十一面観世音神呪経』の召請作法では、それ以前の異訳において「請」という語が用いられていたのに対して、「奉請」という語が使われている。このような訳語の変化は、智顗が「奉請」という用語を導入した結果なされたと思われる。
(27) 小林正美『六朝仏教思想の研究』第六章「智顗の懺法の思想」Ⅱ奉請三宝の儀式と道教の醮祭（創文社、一九九三年、三七一頁－四〇五頁）参照。
(28) 大正蔵四五、三九六上－三九七下。慧沼本の成立時期については、土橋氏の前掲書（七九六頁）を参照。
(29) 続蔵経一〇五（新文豊）十頁－一五頁。
(30) 大正蔵四〇、五八一下－五八三下。
(31) 大正蔵四〇、六〇二上。
(32) 続蔵経九五（新文豊）一〇三三－一〇四八。
(33) 土橋氏の前掲書（七四五頁）参照。
(34) 小寺文頴「智証大師と円戒－澄照纉、略授三帰五八戒並菩薩戒を中心として－」（『天台学報』第十五号、一九七三年）参照。
(35) 大正蔵四六、八五八下－八六二上。
(36) 続蔵経一〇一（新文豊）二一七－二二三。
(37) 続蔵経一〇五（新文豊）五三五－五四七。
(38) 続蔵経一〇五（新文豊）一－九。
(39) ここに挙げた九本を、授けられる戒相によって分類すれば、慧沼本は律儀戒・摂善法戒・饒益有情戒の三聚浄戒を戒相として説くので瑜伽系菩薩戒に属する。その他の戒儀では全て十重戒を戒相としている。この中では慧思本のみが『瓔珞経』の十重戒相を説き、残りは梵網十重戒である。
(40) 久野芳隆「最澄を終点とする受菩薩戒儀の成立過程」附。梵網戒に関する諸見解（宮本正尊編『常盤博士還暦記念仏教論叢』弘文堂書房、昭和八年）を参照。
(41)『仏書解説大辞典』第五巻、一〇二頁。
(42) 平了照「伝慧思本『受菩薩戒儀』について」（『大正大学研究紀要』第四〇輯、一九五五年）参照。
(43) 土橋氏の前掲書（七九二頁－八〇五頁）参照。
(44) 平川彰氏の前掲書（三九七頁）参照。
(45) ただし、慧沼本・湛然本・明曠本の三本に示される懺悔において特徴的なのは、三宝に対して（或いは三宝の前で）懺悔を行う点である。このようなことは従来の梵網本や瓔珞本の懺悔では明示されていない。三宝と懺悔を結び付ける最も早い例は中国で行われた『慈悲道場懺法』や『大通方広経』等の懺法である。特に「唯願三宝慈悲証明」という文句は、『慈悲道場懺法』に頻繁に見える「仰願十方一切諸佛・一切尊法・一切菩薩一切賢聖、以慈悲力、現為我証。」「帰依十方尽虚空界一切三宝、願以慈悲力、現為我証。」「常蒙三宝慈悲摂受。」（大正蔵四五、九三一上、九四九下）などに淵源があると思われる。尚、受八戒の作法では、かなり早い段階から三宝に対する懺悔を説いており、信行撰『受八戒法』（P二八四九）には慧沼本等の三本に類似する表現が見られる。
(46) 大正蔵四五、三九六上。この請師の作法が『普賢観経』（大正蔵九、三九三下）に基づくことはいうまでもない。
(47) ただし知礼本には、この請師の作法にも「奉請釈迦世尊等五座聖師降臨道場。」（大正蔵四六、八五九下）という如く、奉請三宝と同様に道場降臨の発想が窺える。
(48) 続蔵経九五（新文豊）一〇四三下。
(49) 続蔵経九五（新文豊）一〇三四上下。
(50) 大正蔵四六・八五九下、八六〇上。
(51) 続蔵経一〇一（新文豊）二一八下、二一九上。
(52) 続蔵経一〇五（新文豊）五三八上、五三九上。
(53) 続蔵経一〇五（新文豊）三上下。
(54) 啓請三宝の意義を述べる文言はS四〇八一以外にはP三二三五、S四六二四、俄Φ一〇九にも見られる。
(55) 金沢文庫の『菩薩羯磨戒文』については、土橋氏の前掲書（六三四－六四二頁、八〇六－八二四頁）参照。

(56) 「重受」については拙論「天台智顗の菩薩戒－大乗戒と小乗戒に対する見方を中心に－」（『天台学報』第四六号、平成十六年）の注(12)を参照。
(57) 西本照真『三階教の研究』第五章「三階教の教団規律」第二節『受八戒法』について（春秋社、一九九八年、四六〇頁）を参照。
(58) 遵式本はなぜか懺悔の項目が脱落している。
(59) ただし、土橋氏は知礼本を宗暁作と捉えているので、元照本よりも後の成立としている。
(60) 問難法とは、①一切の悪知識を捨離する、②常に念仏し善知識に親近する、③戒を犯さない、④大乗経典を読誦し深義を問う、⑤一切の苦悩する衆生を見て力に随って救護する、⑥無上菩提を深く信ずる、⑦力に随って三宝を供養する、⑧諸の懈怠を捨てて精進を発して仏道を勤求する、⑨一切の所有を捨てて捨て難きを捨てる、⑩五塵境に於いて煩悩が生じた時に心を制伏する、という十項目を問う作法である。（続蔵経一〇五、四上下）
(61) 続蔵経一〇五（新文豊）、四下。
(62) 大正蔵四〇、五八二中下。
(63) 続蔵経一〇五（新文豊）十一上。
(64) 大正蔵四〇、五六八中。
(65) 大正蔵四六、八六〇下。
(66) 続蔵経一〇一（新文豊）二二〇下。
(67) 大正蔵二五、一五九中下。
(68) 大正蔵二三、四九六中。
(69) 土橋氏の前掲書（七七二－七七五頁）参照。
(70) 信行の『受八戒法』には召請三宝の作法が未だ見えないものの、三宝の前で懺悔発露することが説かれている点に新しい展開を見ることができる。この発想が慧沼本・湛然本・明曠本に受け継がれることは注(45)に述べたとおりである。
(71) 土橋氏の前掲書（七七二頁）参照。
(72) 里道徳雄「敦煌文献にみられる八関斎関係文書について」（『東洋大学大学院紀要』十九、一九八二年）

(73)　敦煌文献の中には、今回取り上げたもの以外にも、左記の如く若干の受八斎戒儀が見出されるが、形式が例外的であったり、内容が不十分で全体の構造が分からないため、今のところ受戒儀の変遷のどの段階に位置づけるべきかはっきりしない。

・S五四三（五）「戒懺文」

本文に見出しは記されていないが、基本的な構成は、讃戒功徳・帰命啓告三宝等・懺悔・受三帰依・受戒・回向発願の六門に分別できる。ただし、定型化された六門分別に比べて簡略で、啓請三宝に相当する部分も異同が著しい。このような形式がいつ頃形成されたのか推測し難いが、恐らく六門分別が定型化した後の展開の中でつくられたと考えられる。土橋氏の前掲書（六〇四、六〇五頁）を参照。

・S二六八九

首尾が欠損しており、讃戒功徳と啓請三宝の断片しか残っていない。しかも定型化された六門分別や七門分別の文面とも若干の相違がある。したがって、他の受八斎戒儀の形式との前後関係を推察することは困難である。

・P三二一七（背面）「受三帰五戒八戒十戒文」

表題の如く、五戒・八戒・十戒の何れかを授ける戒法である。その構成は、讃戒功徳・啓請・懺悔・三帰依・受戒（受五戒法／受八戒法／受十戒法＋問十三遮難）・先説相、後示持犯之報であり、示持犯之報の項の途中で文が欠損しているが、本来はこの後に回向発願の項があったはずである。よって、全体の形式は七門分別の影響を受けている。また内容的にみても六門分別・七門分別の戒法と共通性がある。この戒法も作成時期を推定するのは困難であるが、七門分別の受戒儀の形成以後であることは間違いなかろう。Ｐ二九八四（Ｖ）もこれと同内容である。

・Ｐ三三一八

尾欠。形式は啓請・帰依三宝・発露懺悔・誡相識相護持・回向発願の五門分別で、讃戒功徳を説かない。さらに第四門の誡相識相護持を受戒意・烈相・顕持戒に分けているが、内容的には六、七門分別の正受戒、説戒相と共通性がある。恐らく、六、七門分別の形成以後の変則的な形式をもつ受戒儀であろう。尚、五門分別の順位を示すところでは、啓請→帰依三宝→発露懺悔となっているが、実際には啓請の直後に懺悔が位置づけられ、三帰依は第四門誡相識相護持の後に説かれている。ここからも啓請と懺悔が密接な関係にあることが分かる。

・Ｐ三〇九二「受八関斎戒文」

尾欠。讃戒功徳と啓請のみしか残っていないが、内容からすると、かなり整備されているので、六門分別の形式が整ってからの受戒儀であろう。
・北七一四五（薑六四）
首尾欠。受戒・説戒相・回向発願のみ。受戒と説戒相を分けていることからすると、七門分別の形式である可能性が高い。内容的にも定型化された受戒儀の風格をもつ。
(74) 土橋氏の前掲書（七八六頁－七八九頁）参照。
(75) 翻邪帰依、発戒帰依という語は『略授三帰五八戒並菩薩戒』の「授八戒法」には見えない。翻邪帰依は「授五戒法」にある文句により、発戒帰依は論者が内容に基づき便宜上名付けた。
尚、唐・道宣撰『広弘明集』巻第二七所収の南斉・蕭子良撰『浄住子浄行法門』「戒法摂生門第二十」には、いち早く「翻邪三帰」という語が見受けられる（大正蔵五二、三一六上）。このことについては船山徹氏の『南斉・竟陵文宣王蕭子良選『浄住子』の訳注作成を中心とする中国六朝仏教史の基礎研究』（平成十五年度～平成十七年度科学研究費補助金（基盤研究（C）（2）研究成果報告書）平成十八年）に指摘がある。
(76) 続蔵経九五（新文豊）一〇三四下、一〇三五上。
(77) 続蔵経九五（新文豊）一〇三六下。
(78) 続蔵経九五（新文豊）一〇四〇上。「授五戒法」では「我受五戒律儀。願尊憶持慈悲護念」という（続蔵経九五（新文豊）一〇三七上）。
(79) 同時期の受菩薩戒儀における三帰依文も同様に素朴である。例えば、金沢文庫の『菩薩羯磨戒文』では、「我某甲従今［身至］仏於其中間、帰依仏無上尊、帰依法離欲尊、帰依僧［衆］中尊。（如是三説）我某甲従今身至仏帰依仏竟、帰依法法竟、帰依僧竟。（如是三説竟。次為懺悔罪）」という。
(80) S六一四八（＝上博四九）の三帰依の部分は欠損している。上博四八は翻邪三帰と得戒三帰に分割されていない。
(81) 続蔵経一〇七（新文豊）一六四－一七三。
〔付記〕本論文は科学研究費（基盤研究（B）二一。斎醮の研究（課題番号一四三一〇〇一〇））の研究成果の一部である。

表1　受菩薩戒儀の構成

慧沼本	①序 （発殷浄心） ②帰依三宝 ③請師 受菩薩戒師 五師 ④発菩提心 三種菩提心 五法相似 ⑤懺悔 ⑥菩薩三聚戒 相 ⑦汝是菩薩非 ⑧発深重心 ⑨証明 ⑩三品心受戒 （現相） ⑫持犯之相 （四波羅夷） ⑬発願 ・受益門 （巻中三八七上）
湛然本	①開導 ②三帰 ③請師 ④懺悔 ⑤発心 四心 四種心 ⑥問遮 ⑦授戒 ⑧証明 ⑨現相 ⑩説相 ⑪広願 ⑫勧持
明曠本	①開悟 ②三帰 ③請師 ④懺悔 ⑤発心 四心 （四弘誓願） 又有四心 ⑥示相問遮 ⑦授戒 ⑧証明 ⑨現相 ⑩陳持犯 ⑪明広願 ⑫教持戒
S一〇七三	①序 （讃戒功徳） ②五種下心 ③六波羅蜜 三種施 ④八種勝法 ⑤啓請 ⑥問七遮 ⑦五種因縁 ⑧懺悔 ⑨請師 ⑩四不壊信 ⑪四弘誓願 ⑫三聚浄戒 ⑬十重
澄照本	①請証明 （奉請三宝） ②四不壊信法 ③懺除己業 A請二師 B問遮 C発菩提心 （四弘誓願） D菩薩行 （六波羅蜜） ④授三聚浄戒 ⑤証明 ⑥示相 （十重） ⑦勧修
慧思本	①序 （讃戒功徳） ②八種殊勝 ③観五法 ④興三観 ⑤発四弘願 ⑥請戒師 奉請五師 奉請三宝等 敬礼仏菩薩 僧 三帰依 ⑦問難 問難法 （十問） 懺悔 問七遮 ⑧受戒 三相（三聚 浄戒） 三回羯磨 十重 持戒功徳
知礼本	①求師授法 ②策導勧信 讃戒功徳 八種殊勝功徳 ③請聖証明 （奉請三宝等） ④授三帰依 ⑤召請聖師 ⑥白仏乞戒 ⑦懺悔罪愆 ⑧問無遮難 （七遮） ⑨羯磨授戒 （三番羯磨） ⑩略説戒相 （十重） ⑪発弘誓願 ⑫結撮廻向
遵式本	①開導信心 讃戒功徳 八種殊勝 五種利益 ②請三宝諸天 加護（奉請 三宝等） ③帰依三宝 ④請五聖師 ⑤下座仏前乞 戒 ⑥発四弘誓願 ⑦開遮問難 （七遮） ⑧三番羯磨 ⑨請仏証明 ⑩示持犯戒相 十重 ・発願
元照本	①求師授法 ②請聖証明 （虔請三宝等） ③帰仏求加 （三帰依） ④策導勧信 讃戒功徳 八種殊勝功徳 ⑤露過求悔 ⑥請師乞戒 ⑦立誓問遮 立十誓 問七遮 ⑧秉法授戒 （三番羯磨） ⑨説於示誡 （十重） ⑩歎徳発願 八種殊勝功徳 四弘誓願 大乗六念

三種施 ・八勝五想門 (巻下三九八上) 行殊勝相 発五観心 発四願					証明 現相 ⑨礼謝諸仏菩 薩 ⑩後文 五事功徳 回向発願			

備考　澄照本のAからDの作法は④授三聚浄戒よりも前であることは確かだが、《澄証本》は具体的な作法順位を明示していないので、①から③の作法との配置関係は不明である。

	已下受三帰	已下受八戒相		已下（ ）願（弥勒）
	三帰	次説戒相		次教発願（阿弥陀）
［讃戒功徳］ ［讃戒功徳］	（三帰依）	（受戒）	次説戒相	［発願］
	（帰依三宝）	（説戒相・受戒）		廻向発願（弥勒）
	次当帰依三宝	次当受八戒		
	四受三帰依	第五正受八戒		第六廻向発願（弥勒）
		次明戒法	次明説戒相 ［次明説戒相］	次廻向発願（弥勒） 次廻向発願（弥勒）
	（受三帰）	（当受八戒）	次説戒相	廻向発願
	次受三帰	次当受戒	次明説戒相	次回向（弥勒）
	（帰依三宝）	第五正受八戒	第六略釈戒相	廻向発願（弥勒）
	第四帰依三宝	第五政受羯磨	第六説其戒相	第七廻向発願（阿弥陀）
	第四帰依三宝	第五政受羯磨	第六説其戒相	第七廻向発願（阿弥陀）
	第四帰依三宝	第五政受羯磨	第六説其戒相	第七廻向発願（阿弥陀）
	第四帰依三宝	第五政受八戒羯磨	第六説其戒相	第七廻向発願（阿弥陀）
第五説法開導		正発律儀第六 （発戒三帰を含む）	第七示相護示	第八発願回向

容によって論者が付けた。また、項目の区分が曖昧な箇所は点線で示した。
のではない。よって、戒本の成立順序としてみれば若干前後することも考えられる。

表 2　敦煌文献に見られる受八斎戒儀の構成

S4464(2)「此是受戒法也」		完本	［讃戒功徳］			（懺悔）
S4610(5)「？？？」		完本		（仰啓）		次懺悔
S4407 ＝S972		首欠 首後欠				（懺悔） （懺悔）
P3235「八関斎戒文」	六門分別	完本	［讃戒功徳］	（啓請）		（懺悔）
S4438「受八？？」		首後欠	［讃戒功徳］	（啓請）		次当懺悔
S4081		首欠	［讃戒功徳］	二明啓請		三明懺悔
上博49 ＝S6148か？	七門分別	首欠 首欠				
上博48「受戒文」		完本	［讃戒功徳］	（啓請）		（次当懺悔）
P4522		完本	［讃戒功徳］	次教懺悔（［啓請賢聖］［懺悔］）		
S4624		首欠	［讃戒功徳］	［啓請賢聖］（省略）		（懺悔）
俄Φ109「八関斎戒文」		完本	第一讃戒功徳	第二啓請聖賢		第三懺悔罪障
北7143（地38）「受八関戒文」（俄109とほぼ同文）		完本	第一讃戒功徳	第二啓請聖賢		第三懺悔罪障
P3697(5)「？？？」		後欠	第一讃戒功徳	第二啓請聖賢		第三懺悔罪障
S2668(2)「受八関斎戒文」		完本	第一讃戒功徳	第二啓請賢聖		第三懺悔罪障
『略受三帰五八戒並菩薩戒』「授八戒法」			説受由序第一	第二請聖証明	（翻邪帰依）	第四懺除往業

注記

・見出しの無いものについては擬題を付けた。（　）中のものは本文中の語句により、［　］中のものは内

・この表は受八斎戒儀の構造の推移を上から順に示すものであるが、戒本そのものの撰述の順位を示すも

〔道教の斎法儀礼の思想史的研究〕 ISBN4-901654-81-0

2006年10月15日 第1刷印刷
2006年10月19日 第1刷発行

編者 小林正美
発行者 小山光夫
印刷者 藤原愛子

発行所 〒113-0033 東京都文京区本郷1-13-2
電話03(3814)6161 振替00120-6-117170
http://www.chisen.co.jp
株式会社 知泉書館

Printed in Japan 印刷・製本/藤原印刷

執筆者略歴

（執筆順）

小林　正美（こばやし・まさよし）
1943年生．早稲田大学大学院文学研究科博士課程修了（東洋哲学専攻）．早稲田大学文学学術院教授．文学博士（早稲田大学）．
〔業績〕『六朝道教史研究』創文社，東洋学叢書，1990年．『六朝仏教思想の研究』創文社，東洋学叢書，1993年．『中国の道教』創文社，中国学芸叢書，1998年．中国語版『六朝道教史研究』李慶訳，四川人民出版社，2001年．『唐代の道教と天師道』知泉書館，2003年．

二階堂善弘（にかいどう・よしひろ）
1962年生．東洋大学文学部卒，早稲田大学大学院博士課程退学，関西大学文学部教授，博士（文学）東洋大学．
〔業績〕「道教・民間信仰における元帥神の変容」関西大学出版部，2006年．「封神演義の世界」大修館書店，1998年．

横手　裕（よこて・ゆたか）
1964年生．東京大学大学院博士課程中退．東京大学大学院人文社会系研究科助教授．文学修士．
〔業績〕「道教における「本然の性」と「気質の性」」『三教交渉論叢』京都大学人文科学研究所，2005年．『世界像・人間像の変遷』共著，彩流社，2003年．

森　由利亜（もり・ゆりあ）
1965年生．早稲田大学文学研究科東洋哲学専攻博士後期課程単位取得退学．早稲田大学文学学術院教授．
〔業績〕「蒋予蒲の呂祖扶乩信仰と全真教――『清微宏範道門功課』の成立をめぐって」堀池信夫・砂山稔編『道教研究の最先端』大河書房，2006年．「清朝全真教の伝戒と呂祖扶乩信仰――天仙戒現行本の成立をめぐって」『福井文雅博士古稀記念論集・アジア文化の思想と儀礼』春秋社，2005年．「全真坐鉢――元明期の全真教儀礼を中心に」福井文雅編『東方学の新視点』五曜書房，2003年，ほか．

王　育成（Wang Yucheng）
1951年生．北京大学歴史系中国史学科卒業．中国社会科学院歴史研究所研究員，中国社会科学院研究生院歴史系教授，
〔業績〕『道教法印令牌探奥』宗教文化出版社，2000年．『明代彩繪全真宗祖圖研究』中国社会科学出版社，2003年．「東漢道符釋例」『考古学報』1991年1期．「考古所見道教簡牘考述」『考古学報』，2003年4期，その他，多数．

吾妻　重二（あづま・じゅうじ）
1956年生．早稲田大学大学院博士課程修了．関西大学文学部教授．文学（博士）．
〔業績〕『朱子学の新研究』創文社，2004年．『東アジア世界と儒教』主編，東方書店，2005年．馮友蘭『中国哲学史　成立篇』共訳，富山房，1995年．熊十力『新唯識論』訳注，関西大学出版部，2004年，ほか．

岡　純章（おか・すみあき）
1969年生，早稲田大学大学院博士課程退学．早稲田大学文学部非常勤講師．
〔業績〕「『潅頂経』の成立について」『早稲田大学大学院文学研究科紀要』第41輯，1995年．「天台智顗における誦呪について――方等懺法における誦呪を中心に」『印度学仏教学研究』第47巻，第1号，1998年．「天台智顗における三観思想の形成について」『東洋の思想と宗教』第17号，2000年．「天台智顗における菩薩戒思想の形成」『東洋の思想と宗教』第21号，2004年．

Research on the Intellectual History

of

Zhai Rituals in Daoism

Edited by

Masayoshi KOBAYASHI

Chisenshokan, Tokyo

2006

Table of Contents

II. The Development of *Zhai* Rituals in Daoism

III. *Zhai* Rituals and the Cultural Relics of Daoism

IV. Confucianism, Buddhism, and the Rituals of Daoism

Preface

1. When we speak of Daoism, to which of the many intellectual or religious traditions in Chinese history do we refer? What seems like an obvious question at first glance is in fact still unresolved. Even researchers who specialize in Daoism are still divided as to what the term actually means. It is not necessarily a disadvantage to have a variety of opinions in the academic world; rather, this often encourages progress. However, when even the definition of the concept 'Daoism' to be researched cannot be settled, this must surely be recognized as an obstacle. If individuals simply study what they consider to be 'Daoism' without providing a rigorous definition of exactly what 'Daoism' is, it becomes quite difficult to establish Daoism as a legitimate academic field. Consequently, it is necessary first to consider to what we are referring when we speak of Daoism as an object of academic research. The author would like to take this opportunity to begin with a brief discussion of the concept 'Daoism'.

The problem of determining what is referred to by Daoism in Chinese history is complicated by the fact that researchers have had various conceptual definitions of the term. In order to introduce a degree of objectivity into a conceptual definition of Daoism, the best method is to approach the subject from the standpoint of how Daoism is conceived by the Chinese people. Rather than adopting only the standpoint of contemporary Chinese, however, we must consider what has been regarded as Daoism throughout China's long history. By considering the historical changes to the concept of Daoism, we can come to a proper understanding of the ways in which Chinese people have thought about this subject.

Accordingly, what is the best way to go about understanding the historical changes to the Chinese people's concept of Daoism? This would be to begin with the historical methodology of how Daoism has been defined in the most straightforward manner. The most straightforward historical conception of

Daoism by the Chinese people is the term *Daojiao* 道教 as it appears in the Three Teachings of Confucianism (*Rujiao* 儒教), Buddhism (*Fojiao* 佛教), and Daoism (*Daojiao*). The term *Daojiao* as the name of a religion that we use today derives from this historical conception of Daoism as one of the Three Teachings. Consequently, if we define as the object of our research the term *Daojiao* as it existed historically in China as one of the Three Teachings, this should avoid confusion as to what we are referring when we speak of Daoism. This means of providing a conceptual definition for Daoism seems to be the most appropriate. Hence, the author would like to provide a conceptual definition of the term *Daoism* used here as the *Daojiao* referred to in the Three Teachings of Confucianism, Buddhism, and Daoism.

The author's opinion is that the modern concept of Daoism and the *Daojiao* that existed historically in China are one and the same. Consequently, if we want to use this conceptual definition as a means to understand the historical development of Daoism in China, we should begin by researching the historical usage of the term *Daojiao*. This conceptual definition is extremely effective for historical research on Daoism, since by conforming our research into the history of Daoism to the history of the term *Daojiao*, we provide it with a concrete focus.

In addition, for comparative research on Confucianism, Buddhism, and Daoism, if we use this conceptual definition of Daoism as *Daojiao*, we are able to conduct our research in accordance with historical fact by taking as its object the phenomena referred to historically by the terms *Rujiao*, *Fojiao*, and *Daojiao*. We are also able to eliminate the misunderstandings and biases concerning Daoism that have often been evident in research on Confucianism and Buddhism. Such research has shown a tendency to include various folk beliefs outside the historical usage of the term *Daojiao* in Daoism, and to identify Daoism a vulgar, 'popular' religion. However, if we understand Daoism as the *Daojiao* that was historically grouped together with the traditions of Confucianism and Buddhism as one of the Three Teachings, such misunderstandings and biases are nullified of their

own accord. Furthermore, in studying the historical interactions of the Three Teachings of Confucianism, Buddhism, and Daoism, if we identify Daoism with the historically used term *Daojiao*, research maintaining rigorous academic standards becomes possible.

2. To identify Daoism with the historical phenomenon *Daojiao* as one of the Three Teachings is to understand the religion of Daoism as type of *jiao* 教 or 'Teaching'. The Three Teachings are three types of *jiao*: *Rujiao* (Confucianism), *Fojiao* (Buddhism), and *Daojiao* (Daoism). It follows that *Daojiao* as one of the Three Teachings is a *jiao*, a fact that is important in considering its structure. In Chinese historical materials we often find Buddhism and Daoism, or Confucianism and Buddhism, grouped together as the 'Two Teachings' (*erjiao* 二教), and all three grouped together as the 'Three Teachings' (*sanjiao* 三教). This is because Confucianism, Buddhism, and Daoism all match the criteria for definition with the intellectual construct of *jiao*. Accordingly, by identifying Daoism as the *Daojiao* of the Three Teachings, we also identify it as a type of *jiao*. This is very significant in considering the place of Daoism within Chinese culture or thought, since as a *jiao*, Daoism is regarded highly as a Teaching of the Sages, in the same manner as Confucianism or Buddhism. To the Chinese of the past, then, Daoism was accepted as an eminent Teaching of the Sages.

If Daoism is a *jiao* like Confucianism or Buddhism, then it follows that Daoism was established with the formation of *Daojiao* in accordance with the intellectual construct of *jiao*. In other words, since the appellation *Daojiao* was first formed when it met the criteria for identification as a *jiao*, the formation of *Daojiao* as a *jiao* happened at essentially the same time as the establishment of the name *Daojiao*. Consequently, we can consider the establishment of the name *Daojiao* to have been the establishment of Daoism.

When was *Daojiao* established? In order to be a *jiao*, it was necessary to have a sagely founder, and scriptural classics that recorded the teachings of this founder. After the middle of the Liu-Song 劉宋 dynasty (420-479), the

Celestial Master movement (*Tianshidao* 天師道) had come to understand Laozi 老子 and the Great Way (*Dadao* 大道) as a single deity that served as the founder of *Daojiao*. Around the same time, they also used the Three Caverns (*Sandong* 三洞) theory to categorize the scriptures recognized by the Celestial Master movement into the 'Thirty Six Sections of Revered Scriptures' (*Sanshiliubu zunjing* 三十六部尊經), so that the 'Thirty Six Sections of Revered Scriptures' became the scriptural classics of *Daojiao*. Therefore, *Daojiao* with Laozi as its founder and the 'Thirty Six Sections of Revered Scriptures' as it scriptural classics recording his teachings was probably established after the middle of the Liu-Song dynasty.

Daojiao means "the teachings (*jiao*) of the Great Way (*Dadao*)," and since the Great Way was identified with Laozi, the religion was also sometimes called *Laojiao* 老教, or "the teachings (*jiao*) of Laozi." The terms *Daojiao* and *Laojiao* can be found in the biography of Gu Huan 顧歡 (420-483) in *juan* 巻 54 of the *Nanqishu* 南齊書 compiled by Xiao Zixian 蕭子顯 (489-537) during the Liang 梁 dynasty. It appears both in the text of the biography, and also in works by Gu Huan such as the *Yixialun* 夷夏論 included in his *Nanqishu* biography and a response by Gu addressed to Yuan Can 袁粲. Accordingly, by the time Gu Huan wrote his *Yixialun* about 467, it appears that the terms were widely used. Similarly, the biography of Lu Xiujing 陸修靜 in *juan* 7 of Ma Shu's 馬樞 *Daoxuezhuan* 道學傳 from the Chen 陳 dynasty states "Emperor Ming 明帝 of the Song dynasty wanted to spread *Daojiao*, and widely sought those of radiant virtue." The same text continues:

> The Song Emperor (Emperor Ming) built the Chongxuguan 崇虛館 Monastery in the northern suburb and presented it to Lu Xiujing; it had many buildings, and was filled with eminent associates. Lu Xiujing then widely opened the gates of the Dharma, and deeply expanded the mysteries of the classics. Both the court and the wilderness paid heed, and the hearts of both the faithful and the vulgar took refuge. From this resulted the great flourishing of *Daojiao*.

From this passage we can see that *Daojiao* first prospered during the reign (465–472) of Emperor Ming. Based on these records, it seems that we would not be too far off if we proposed that *Daojiao* began after the middle of the Liu-Song dynasty, around the decade of the 460s.

Who were the people that first established *Daojiao* as a *jiao*? They were the initiates of the Celestial Master movement during the Liu-Song dynasty. The biography of Gu Huan in the *Nanqishu* indicates that Gu's motivation for writing the *Yixialun* was that "The two houses of the Dao (*Daojia* 道家) and Buddha (*Fojia* 佛家) had already come into conflict as they established themselves as *jiao*, and scholars on either side rejected the other. Therefore Gu wrote the *Yixialun*." At the time, the 'houses' (*jia* 家) of the Buddha and the Dao were both trying to set themselves up as a *jiao*, and to criticize each other's *jiao*. "The 'house of the Dao' (*Daojia*) spoken of here refers to the Celestial Master movement, and the *jiao* established by the 'house of the Dao' is *Daojiao*. After the biography of Gu Huan cites the *Yixialun*, it continues to state that "Although Gu recognized both methods (*erfa* 二法), he allied himself with *Daojiao*," indicating that Gu's intention as an initiate of the Celestial Master movement was to promote *Daojiao*. In the previously cited biography of Lu Xiujing in Ma Shu's *Daoxuezhuan*, as well, it was recorded that *Daojiao* flourished under Lu, who was an initiate of the Celestial Master movement.

Daojiao was established by the Celestial Master movement as a *jiao*, but when we move forward to the Yuan 元 dynasty after the middle of the 13th century, the Complete Perfection movement (*Quanzhendao* 全眞道) first established by Wang Chongyang 王重陽 (1112–1170) also began to uphold the *Daojiao* of the Celestial Master movement, and after the early Yuan, *Daojiao* was followed by both movements. Consequently, in this book we will also take the *Daojiao* practiced by the Complete Perfection movement as an object of research.

From the above discussion, we can understand that *Daojiao* was an independent Teaching (*jiao*) of the Sages, and that this concept of *Daojiao* as the

name of a specific religion refers to a concrete phenomenon. Consequently, if we define Daoism as the religion that was called *Daojiao* in Chinese history, this will serve to advance historical research on Daoism.

In past research on Daoism, various schools of thought and religious movements that predate the establishment of *Daojiao*, as well as various schools of thought and religious movements that existed after the establishment of *Daojiao* but were outside the scope of the term, have been given the name of 'Daoism', as if Daoism existed in China since ancient times, or was a catch-all phrase for popular religion. However, from now on, when discussing these various schools of thought and religious movements, it would be better to avoid the term 'Daoism', and instead use terms that concretely reflect their contents.

3. This book is a compilation of articles that use the methodology of intellectual history to research the establishment and development of Daoist *zhai* rituals 齋法, as well as the formation of statuary and other cultural relics deeply associated with these rituals, and also closely related religious rituals in Confucianism and Buddhism.

I. The Establishment of *Zhai* Rituals in Daoism

This section includes an article on formation of doctrine and rituals by the Celestial Master movement as they advocated the Three Caverns and Four Supports (*Sifu* 四輔) theory during the Liu-Song to Southern Qi 南齊 periods, titled "The Doctrine and Rituals of the Celestial Master Movement during the Liu-Song and Southern Qi Periods" (Kobayashi Masayoshi), an article explaining the establishment and structure of the *Zhijiao zhaifa* 指教齋法, the prototype of all Daoist *zhai* rituals, titled "The Formation of the Prototypical Daoist *Zhai* Ritual: The Establishment and Structure of the *Zhijiao zhaifa*" (Kobayashi Masayoshi), and an article on the establishment and historical development of the most central of all Daoist *zhai* rituals, the *Lingbao zhaifa* 靈寶齋法, titled "The Establishment and Development of the *Lingbao zhaifa*" (Kobayashi Masayoshi).

II. The Development of *Zhai* Rituals in Daoism

This section includes an article on the establishment of the *Yuanshuai* 元帥 deities that appear in both popular religious rituals and Daoist *zhai* 齋 and *jiao* 醮 rituals, titled "Concerning *Yuanshuai* Deities in the *Fahai yizhu* 法海遺珠: *Yuanshuai* in Daoist *Jiao* and Popular Rituals" (Nikaido Yoshihiro), an article on the historical accounts of *zhai* rituals in texts by the Early Ming dynasty 43rd Celestial Master Zhang Yuchu 張宇初 such as *Daomen shigui* 道門十規 and *Xianquanji* 峴泉集 as clues to understanding the various rites and sects surrounding the *jilian* 祭鍊 and *liandu* 鍊度 rituals, titled "Zhang Yuchu's Perspective on *Zhai* Rituals and Related Issues: Preliminary Study of the Nanchang 南昌 Sect" (Yokote Yutaka), and an article that analyzes the circumstances surrounding the editing of the *Guangcheng yizhi taiqingzhang quanji* 廣成儀制太清章全集 included in the Qing 清 dynasty Daoist author Chen Zhongyuan's 陳仲遠 *Guangcheng yizhi* 廣成儀制 and elucidates the use of the Celestial Master *shangzhang* 上章 ritual by the Complete Perfection movement in Sichuan 四川 during the Qing dynasty, titled "The Complete Perfection Movement and Celestial Master Rituals in Qing Dynasty Sichuan: Concerning the *Taiqingzhang* 太清章 in the *Guangcheng yizhi*" (Mori Yuria).

III. *Zhai* Rituals and the Cultural Relics of Daoism

This section includes an article on the characteristics of ritual correspondence and contracts, particularly wood slips and tomb contracts, the characteristics of Daoist metal ritual objects, particularly mirrors, and questions concerning Tang dynasty Daoist tombstones, particularly stone memorial inscriptions, titled "Outline of Daoist Cultural Relics" (Wang Yucheng), and an article on the relationship between Daoist statuary and the *Jinluzhai* ritual 金籙斎法, based on a survey of Daoist cliff carvings in Sichuan province, titled "The Formation and Development of Daoist Statuary Based on the *Jinluzhai* Ritual: With Special Emphasis on the Daoist Cliff Carvings in Mianyang 綿陽, Anyue 安岳, and Dazu 大足 Counties, Sichuan Province" (Kobayashi Masayoshi).

IV. Confucianism, Buddhism, and the Rituals of Daoism

This section includes an article elucidating the character of the *Huanglu-zhai* 黄籙斎 and other *zhai* rituals performed at the *Jinglinggong* 景靈宮 Daoist monastery for the founder of the Song dynasty, Zhao Xuanlang 趙玄朗, and the character of the Confucian ancestral rites performed within the Imperial Ancestral Temple, and analyzing the circumstances surrounding the construction of these two institutions and their execution of Daoist and Confucian rituals, titled "Concerning the Song Dynasty *Jinglinggong*: The Intersection of Daoist and Confucian Rites" (Azuma Juji), and an article on the history of Buddhist *shoujie* 受戒 methods such as the Bodhisattva vow (*Shou pusajie* 受菩薩戒) and the *Shou bazhaijie* 受八斎戒, parts of which resemble Daoist *zhai* and *jiao* rituals in their ritual form, titled "The Changes in the Ordination of Bodhisattva Precepts and Eight Precepts" (Oka Sumiaki).

The authors of this book belong to the Waseda University Taoist Research Center, Project Leader Kobayashi Masayoshi, the charter of which runs from 2002 to 2006. They are Kobayashi Masayoshi (Professor, Waseda University, Faculty of Letters, Arts and Sciences), Mori Yuria (Professor, Waseda University, Faculty of Letters, Arts and Sciences), guest Research Center member Wang Yucheng (Professor, Chinese Academy of Social Sciences, Institute of History), Azuma Juji (Professor, Kansai University, Facuty of Letters), Yokote Yutaka (Assistant Professor, The University of Tokyo, Graduate School of Humanities and Sociology), Nikaido Yoshihiro (Professor, Kansai University, Faculty of Letters), and Oka Sumiaki (Part-time Lecturer, Waseda University, School of Letters, Arts and Sciences). From 2002 to 2005, the Taoist Research Center was supported by the Grant-in-Aid for Scientific Research from the JSPS, and was composed of Research Representative Kobayashi Masayoshi, Research Assistant Azuma Juji, Mori Yuria, Nikaido Yoshihiro, Oka Sumiaki, Yoshimura Makoto (Full Lecturer, Komazawa University, Faculty of Buddhism), and guest Researcher Wang Yucheng.

The articles in the book are reports on research conducted by the Waseda University Taoist Research Center, and derive from the research report "Research on *Zhai* and *Jiao* Rituals" (*Saishō no kenkyū* 齋醮の研究) submitted for the Grant-in-Aid for Scientific Research from the JSPS, with the addition of Yokote Yutaka's article. English translation of the Preface and Table of Contents was done by guest Research Center member Shawn Eichman (E. Rhodes and Leona B. Carpenter Curator of East Asian Art, The Virginia Museum of Fine Arts).

Finally, this book was published with the assistance of the Grant-in-Aid for Publication of Scientific Research Results from the JSPS.

July 7, 2006

Kobayashi Masayoshi

人 名 索 引

あ 行

か 行

さ 行

た　行

な～ら　行

事 項 索 引

あ 行

か 行

さ　行

た　行

な　行

は　行

ま　行

や　行

ら　行

書 名 索 引

あ 行

か 行

さ 行

た　行

な　行

は　行

ま・や　行

ら　行